民事诉讼法

CIVIL PROCEDURE LAW

叶榅平/著

法律出版社
LAW PRESS·CHINA
北京

图书在版编目（CIP）数据

民事诉讼法／叶榅平著. -- 北京：法律出版社，2024. -- ISBN 978-7-5197-9443-9

Ⅰ. D925.1

中国国家版本馆 CIP 数据核字第 2024V8081E 号

民事诉讼法
MINSHISUSONGFA

叶榅平 著

策划编辑 陈 睿
责任编辑 陈 睿
装帧设计 汪奇峰

出版发行 法律出版社
编辑统筹 法律出版社
责任校对 王 丰 郭艳萍
责任印制 胡晓雅
经　　销 新华书店

开本 710 毫米×1000 毫米 1/16
印张 24.25　**字数** 470 千
版本 2024 年 8 月第 1 版
印次 2024 年 8 月第 1 次印刷
印刷 北京虎彩文化传播有限公司

地址：北京市丰台区莲花池西里 7 号（100073）
网址：www.lawpress.com.cn
投稿邮箱：info@lawpress.com.cn
举报盗版邮箱：jbwq@lawpress.com.cn
销售电话：010-83938349
客服电话：010-83938350
咨询电话：010-63939796

书号：ISBN 978-7-5197-9443-9　**定价**：88.00 元

凡购买本社图书，如有印装错误，我社负责退换。电话：010-83938349

编写说明

近年来,我国民事诉讼法的理论、立法和实践都有了很大的发展,为了适应新时期民事诉讼法的教学研究需要,笔者根据我国理论、法律与实践的最新进展,编写了本书。本书突出以下几个特点:第一,以最新的法律为基础。近年来,民事法律领域有大量的新立法或法律修改,特别是第十四届全国人民代表大会常务委员会第五次会议通过《关于修改〈中华人民共和国民事诉讼法〉的决定》、《民法典》的颁布、《最高人民法院关于民事诉讼证据的若干规定》的重大修改等,都对民事诉讼法教学研究的更新提出了新要求。本书紧密结合法律的最新发展,全面阐释了新时期民事诉讼法体系框架、基本规则和主要制度。第二,简明扼要,突出重点。本书以更好地实现教学研究目标,尽量减少关于理论学说争辩的阐述,重点阐释知识点,突出重点,以期更好地实现教学目标。第三,编写学习导读。根据教学重点,在每章开头撰写导读,简明扼要地勾勒出每章的教学重点和逻辑脉络,以便教学和自学。第四,教与学相互结合。在每章结尾附有练习和思考题,便于教师讲解,也便于学生自我学习和巩固知识点。

本书可适用于法学本科生、法律硕士生教学,也可供法律实务界人士学习和参考。

虽然尽了很大的努力,但不完善之处在所难免,望读者批评指正。

缩略语表*

法律法规及规章	
《民事诉讼法》	《中华人民共和国民事诉讼法》(2023)
《民法典》	《中华人民共和国民法典》(2020)
《海事诉讼特别程序法》	《中华人民共和国海事诉讼特别程序法》(1999)
《仲裁法》	《中华人民共和国仲裁法》(2017)
《人民调解法》	《中华人民共和国人民调解法》(2010)
《劳动争议调解仲裁法》	《中华人民共和国劳动争议调解仲裁法》(2007)
《农地承包调解仲裁法》	《中华人民共和国农村土地承包经营纠纷调解仲裁法》(2009)
《公证法》	《中华人民共和国公证法》(2017)
《法院组织法》	《中华人民共和国人民法院组织法》(2018)
《检察院组织法》	《中华人民共和国人民检察院组织法》(2018)
《法官法》	《中华人民共和国法官法》(2019)
《检察官法》	《中华人民共和国检察官法》(2019)
《环境保护法》	《中华人民共和国环境保护法》(2014)
《著作权法》	《中华人民共和国著作权法》(2020)
《专利法》	《中华人民共和国专利法》(2020)
《商标法》	《中华人民共和国商标法》(2019)
《公司法》	《中华人民共和国公司法》(2023)
《证券法》	《中华人民共和国证券法》(2019)
《破产法》	《中华人民共和国企业破产法》(2006)
《保险法》	《中华人民共和国保险法》(2018)

* 略缩语表为本书涉及的主要法律和司法解释名称的略缩写,后面标注的时间为该法律法规或司法解释最新修订或修正版公布的时间。

续表

法律法规及规章	
《海商法》	《中华人民共和国海商法》(1992)
《票据法》	《中华人民共和国票据法》(2004)
《劳动法》	《中华人民共和国劳动法》(2018)
《劳动合同法》	《中华人民共和国劳动合同法》(2012)
《农地承包法》	《中华人民共和国农村土地承包法》(2018)
《土地管理法》	《中华人民共和国土地管理法》(2019)
《房地产法》	《中华人民共和国城市房地产管理法》(2019)
《海洋环境保护法》	《中华人民共和国海洋环境保护法》(2023)
《消费者权益保护法》	《中华人民共和国消费者权益保护法》(2013)
《税收征管法》	《中华人民共和国税收征收管理法》(2015)
《刑事诉讼法》	《中华人民共和国刑事诉讼法》(2018)
《国家赔偿法》	《中华人民共和国国家赔偿法》(2012)
《选举法》	《中华人民共和国全国人民代表大会和地方各级人民代表大会选举法》(2020)
《出境入境管理法》	《中华人民共和国出境入境管理法》(2012)
《行政诉讼法》	《中华人民共和国行政诉讼法》(2017)
《刑法》	《中华人民共和国刑法》(2020)
司法解释(最高人民法院颁布)	
《民事诉讼法解释》	《关于适用〈中华人民共和国民事诉讼法〉的解释》(2022)
《环境公益诉讼解释》	《关于审理环境民事公益诉讼案件适用法律若干问题的解释》(2020)
《立案规定》	《关于人民法院登记立案若干问题的规定》(2015)
《仲裁法解释》	《关于适用〈中华人民共和国仲裁法〉若干问题的解释》(2008)
《司法确认程序规定》	《关于人民调解协议司法确认程序的若干规定》(2011)
《合议庭工作规定》	《关于人民法院合议庭工作的若干规定》(2002)
《合议庭职责规定》	《关于进一步加强合议庭职责的若干规定》(2010)

续表

司法解释（最高人民法院颁布）	
《法庭规则》	《中华人民共和国人民法院法庭规则》(2016)
《级别管辖异议规定》	《关于审理民事级别管辖异议案件若干问题的规定》(2020)
《民事证据规定》	《关于民事诉讼证据的若干规定》(2019)
《法院调解规定》	《关于人民法院民事调解工作若干问题的规定》(2020)
《审理期限规定》	《关于严格执行案件审理期限制度的若干规定》(2008)
《简易程序规定》	《关于适用简易程序审理民事案件的若干规定》(2020)
《督促程序规定》	《关于适用督促程序若干问题的规定》(2008)(已失效)
《审判监督程序适用解释》	《关于适用〈中华人民共和国民事诉讼法〉审判监督程序若干问题的解释》(2020)
《执行程序解释》	《关于适用〈中华人民共和国民事诉讼法〉执行程序若干问题的解释》(2020)
《执行工作规定》	《关于人民法院执行工作若干问题的规定(试行)》(2020)
《执行回避制度若干规定》	《关于审判人员严格执行回避制度的若干规定》(2000)(已失效)
《委托执行规定》	《关于委托执行若干问题的规定》(2020)
《暂缓执行规定》	《关于正确适用暂缓执行措施若干问题的规定》(2002)
《执行期限规定》	《关于人民法院办理执行案件若干期限的规定》(2006)
《人身损害赔偿解释》	《关于审理人身损害赔偿案件适用法律若干问题的解释》(2022)
《诉讼时效规定》	《关于审理民事案件适用诉讼时效制度若干问题的规定》(2020)
《再审审查意见》	《关于受理审查民事申请再审案件的若干意见》(2009)
《著作权解释》	《关于审理著作权民事纠纷案件适用法律若干问题的解释》(2020)
《专利规定》	《关于审理专利纠纷案件适用法律问题的若干规定》(2020)
《商标法解释》	《关于审理商标民事纠纷案件适用法律若干问题的解释》(2020)
《建立衔接机制意见》	《关于建立健全诉讼与非诉讼相衔接的矛盾纠纷解决机制的若干意见》(2009)
《执行公开审判制度规定》	《关于严格执行公开审判制度的若干规定》(1999)

续表

司法解释（最高人民法院颁布）	
《军事法院管辖民事案件规定》	《关于军事法院管辖民事案件若干问题的规定》（2020）
《在线诉讼规则》	《人民法院在线诉讼规则》（2021）
《劳动争议案件适用法律解释（一）》	《关于审理劳动争议案件适用法律问题的解释（一）》（2020）

目　　录

CHAPTER 01
第一章

民事诉讼与民事诉讼法

本章导读

- 民事纠纷是市民社会领域发生的纠纷，从法律角度而言，它是以民事权利义务为内容的法律纠纷。纠纷隐含着对现存秩序的破坏，人类的历史就是不断解决纠纷、谋求和谐的历史。在现代社会中，私力救济、社会救济与公力救济共同构成了多元化的民事纠纷解决机制体系。
- 民事诉讼是一种最基本和最重要的民事纠纷解决方式，它以国家强制力为后盾，强调纠纷处理活动的程序性和处理结果的权威性，具有鲜明的公力救济色彩。
- 民事诉讼的过程以审判权与诉权的相互结合、相互作用、相互制约为脉络，强调审判权的中立性和权威性、诉权的平等性与对抗性、程序运行的公正性与效率性。因此，民事诉讼是一种最正式、最规范的民事纠纷处理机制。
- 民事诉讼法以民事诉讼为调整对象，通过规范审判权与诉权之间的相互关系，形成民事诉讼法律关系，为民事诉讼活动的规范性、公正性和效率性提供了制度上的保障。

第一节　民事纠纷与纠纷解决机制

一、民事纠纷

由人与人的相互作用、相互联系而构成的人类社会，自古以来就存在矛盾、存在纠纷。在通常情况下，纠纷是指社会主体之间的一种利益对抗状态。不同的社会领域存在不同性质的纠纷，人类社会通过不同的方式调整和化解不同的纠纷。在现代社会，法律已经成为调整和化解社会纠纷最重要和最有效的方式之一。按现代法律观念，可以将法律调整的社会纠纷分为民事纠纷、行政纠纷和刑事纠纷。

传统的民事纠纷是指在民事生活领域发生的纠纷。随着社会经济的发展，人们在经济领域的交往越来越频繁，经济利益、经济权益的冲突也就越来越多。这些纠纷都是市民社会中平等主体之间发生的纠纷。其中,有相当一部分是由民事法律规范加以调整的,人们习惯将这些纠纷称为民事纠纷、民事争议或民事冲突。因此,从法律角度而言,民事纠纷就是指市民社会主体之间因侵犯权益、违反约定或其他事由而产生的,以民事权利义务争议为内容的法律纠纷。[1]

民事纠纷是法律纠纷的一种,与其他法律纠纷相比具有以下主要特征:(1)民事纠纷涉及的是民事主体对民事权利义务的争议或冲突。作为民事纠纷的权利义务争议主要包括两大类:一类是财产权益纠纷,如涉及财产的归属和利用的物权纠纷、涉及财产流转的债权纠纷等;另一类是人身权益纠纷,如婚姻纠纷、收养纠纷、亲权纠纷等。不过,在许多情况下,民事权利义务争议中的财产权益与人身权益往往是交相并存、互为前提的,如因继承权、著作权等民事权利发生的纠纷就具有财产与人身的双重属性。(2)发生民事纠纷的主体法律地位平等。民事纠纷发生的前提是发生纠纷的民事主体之间存在民事法律关系,实际上就是因该民事法律关系而发生了争议或冲突。因此,纠纷主体之间的法律地位是平等的。(3)民事纠纷是私权纠纷。民事纠纷是民事主体对民事法律关系发生的争议,故民事纠纷属于私权纠纷。基于私法自治的原则,民事纠纷主体可以对发生纠纷的民事权益进行处分,因此,民事纠纷的解决具有可处分性。

二、民事纠纷的解决机制

世界是矛盾的统一体,人与人之间的矛盾和纠纷亦无法完全避免。纠纷隐含着对现存秩序的破坏。法国社会学家涂尔干说,纠纷意味着失范,代表了社会秩序紊乱和道德规范失衡的反动倾向。而社会又是以有机体的形式存在的,它的各个器官和组织相互协调地发生联系,环环相扣,一旦失范就意味着对这种有机体的整合模式的分解或破坏。[2] 因此,社会需要秩序,否则便要消散和瓦解。从更广阔的视野来看,人类的历史就是不断解决纠纷、谋求和谐的历史。为了化解纠纷,人类在长期的实践中创造了多种多样的纠纷解决机制,这些纠纷解决机制包括诉讼、仲裁、行政裁决、行政复议、申诉、信访、调解、和解等,这些形式涉及法院内和法院外、国家体制内和国家体制外、有第三者介入和没有第三者介入等多种类型。

美国学者埃尔曼将解决纠纷的方法归为两类:一类是纠纷主体通过协商,自己来确定解决结果,这并不排除在第三人斡旋中解决纠纷;另一类是将纠纷交付裁决,这意味着由一位中立的第三人来裁决纠纷,决定纠纷处理的结果。埃尔曼认为,这两种方法可用以解决民事、刑事和行政等各种纠纷。但是,在缺乏裁决结构或者蔑视诉讼的地方,人们会倾向性地选择通过协商解决纠纷。[3] 日本学者棚濑孝雄把解决纠纷的机制分为根据合意的纠纷解决方式和根据决定的纠纷解决方式。前者

---

[1] 参见相庆梅:《民事诉讼法学》,中国法制出版社 2020 年版,第 21 页。

[2] 参见田平安:《民事冲突与和谐社会》,载《甘肃政法学院学报》2006 年第 3 期。

[3] 参见[美]埃尔曼:《比较法律文化》,高鸿钧等译,三联书店 1990 年版,第 115 页。

是指双方当事人通过协商,就以何种方式和内容来解决纠纷等要点达成合意,从而化解纠纷,其典型是以协商性交涉为基础的调解。后者是指纠纷之外的第三者就纠纷应当如何解决作出一定的指示并据此决定终结纠纷。[1] 我国学者通常按照是否利用国家的力量来解决纠纷为标准,将纠纷解决机制分为私力救济、社会救济和公力救济。民事纠纷解决机制经历了由私力救济到公力救济的发展过程,其中也伴随社会救济的发展。在现代社会,这三种解决纠纷的机制是并存的,构成了一个系统化的纠纷解决体系。[2]

私力救济是一种最古老的纠纷解决机制,它是在没有第三方力量介入的情况下,纠纷主体依靠自己的力量解决民事纠纷的方式,如自决、和解等。[3] 在古代社会,私力救济是解决民事纠纷的一种常见方式,但是许多私力救济方式往往带有血腥、残暴的色彩,会对社会秩序造成更大的破坏。因此,近代国家形成之后,对私力救济予以了诸多限制,许多私力救济形式已经退出了历史舞台。

社会救济主要是基于纠纷双方主体的合意,依靠社会自治组织或民间力量的协助来解决民事纠纷,如调解、仲裁等。社会救济是解决民事纠纷的一种重要的方式。不过,社会救济需要以纠纷主体的自愿与合意为前提,因此,在许多情况下,社会救济会因纠纷主体达不成合意而无法化解纠纷。

公力救济是指依靠国家公权力(如行政权、司法权)来解决民事纠纷的方式和制度。国家公权力具有强制属性,因此,公力救济是以国家强制力为后盾的一种纠纷解决方式。公力救济方式主要有行政裁决与司法裁判,特别是司法裁判,现代国家都将其作为解决纠纷的最后一道屏障。

总体而言,在现代社会中,私力救济、社会救济与公力救济共同构成了多元化的民事纠纷解决机制和体系。[4]

第二节　民事诉讼

一、民事诉讼的概念和特征

在民事纠纷解决机制体系中,民事诉讼是最重要的民事纠纷解决方式。现代国家均制定民事诉讼法典,对民事诉讼予以专门规定。在我国,民事诉讼是指民事纠纷的当事人在向人民法院提出诉讼请求的情况下,人民法院在双方当事人和其他诉讼参与人的参加下,审理和裁判民事案件的程序和制度。就其本质而言,现代民事诉讼

---

〔1〕 参见[日]棚濑孝雄:《纠纷的解决与审判制度》,王亚新译,中国政法大学出版社1994年版,第7~15页。

〔2〕 参见宋歌:《民事自助行为的界定及法律后果》,载《法律适用》2020年第8期。

〔3〕 参见相庆梅:《民事诉讼法学》,中国法制出版社2020年版,第23页。

〔4〕 参见顾培东:《社会冲突与诉讼机制》,四川人民出版社1991年版,第36~50页。

是凭借国家力量保护民事权益和化解民事纠纷的司法程序,因而是国家强制解决民事纠纷的一种方式。需要注意的是,民事诉讼是一个约定俗成的传统概念,随着社会关系的发展以及纠纷类型的增加,现代民事诉讼的范围不仅包括传统意义上的处理民事案件的诉讼,还包括处理经济纠纷、知识产权纠纷、劳动合同纠纷以及海事和海商等案件纠纷的诉讼。随着市场经济的发展和繁荣,各种新的诉讼类型也相继出现,如票据诉讼、股权诉讼、期货诉讼、环境民事公益诉讼、消费者权益保护公益诉讼等,这些诉讼也属于民事诉讼的范围。此外,法律规定适用民事诉讼法审理的案件也属于民事诉讼的范围。随着社会的发展,民事诉讼的范围还在进一步发展之中。

与其他民事纠纷解决机制相比,民事诉讼具有下列特点:(1)民事诉讼具有强制性。民事诉讼是人民法院根据当事人的请求,利用国家司法权解决民事纠纷或处理其他民事案件的程序与制度。因此,民事诉讼属于公力救济,一旦人民法院根据当事人的请求启动了诉讼程序,当事人就必须应诉;人民法院对民事案件作出的裁判,当事人必须服从、必须履行。(2)民事诉讼是审判权与诉权相互作用的表现。民事诉讼由法院的审判活动与当事人的诉讼活动构成,整个民事诉讼的程序就是在审判权与诉权相互推动、相互制约中发生、发展和结束的。审判权与诉权相互作用的过程也就是通过民事诉讼解决民事案件的过程。(3)民事诉讼是可分阶段的程序性活动。民事诉讼是一种程序性的活动,全过程可以分为前后衔接但任务各不相同的若干阶段。民事诉讼经历的主要阶段包括起诉与受理、开庭准备、开庭审理、宣告判决、执行判决等。(4)民事诉讼是一种法定的程序性活动。为了保证程序的公正性,现代国家民事诉讼法规定了复杂的诉讼程序,这些规定具有强制性,在整个民事诉讼活动中,人民法院与当事人都必须依照法定程序和方式进行;若是违反法定程序,将会导致不利的后果。(5)民事诉讼是终局性的纠纷解决机制。尽管现代国家建立了多元化的纠纷解决机制,但是司法最终解决的原则却一直被信奉和遵守。法院的裁判是对纠纷的最终解决,裁判生效后,当事人之间的纠纷从法律上就得到了终局性的解决,当事人不能就同一纠纷再次提起诉讼或寻求其他解决机制。

二、民事诉讼的目的和价值

(一)民事诉讼的目的

民事诉讼的目的是民事诉讼制度所要达到的目标或结果。耶林认为:“目的是全部法律的创造者,每条法律规则的产生都源于一种目的,即一种事实上的动机。”[1]每一个立法者在制定或修改、解释法律时,都必须首先明确目的。目的不同,民事诉讼制度的设计也会不同。[2] 关于民事诉讼目的的主要学说有:(1)私权保护说。该说认为,国家设立民事诉讼制度,表明其禁止当事人通过私力救济来保护其权利;而作

---

〔1〕 参见[美]E. 博登海默:《法理学:法律哲学与法律方法》,邓正来译,中国政法大学出版社2017年版,第122页。

〔2〕 参见任重:《民法典的实施与民事诉讼目的之重塑》,载《河北法学》2021年第10期。

为代价,国家就应承担起保护当事人权利的任务。因此,国家设立民事诉讼制度的目的在于保护社会成员的私权。(2)私法秩序维持说。该说认为,民事诉讼制度是国家设立的,其目的在于满足社会整体的需要,而不是维护某个当事人的私权。尽管客观上民事诉讼制度起到了保护私权的作用,但从设立者的角度看,维持社会现存的私法秩序才是其根本目的。(3)纠纷解决说。该说认为,民事诉讼不是以对原有实体权利的确认为出发点,而是以解决纠纷为其出发点。作为一项制度,其存在的必要性在于当事人之间的某些纠纷不能通过诉讼外方式解决,而必须要有国家强制力介入。因此,民事诉讼的目的在于以国家强制力解决当事人之间的纠纷。(4)程序保障说。该说从"正当程序"的观念出发,认为民事诉讼的正当性来自其程序的正当,而不是其结果的正当;民事诉讼程序并不是达到正确判断的手段,其过程本身就是民事诉讼的目的。因此,民事诉讼制度的目的在于"为实现当事人自律性的纷争解决提供程序保障"[1]。

除上述四种主要学说外,在日本还有主张"民事诉讼的目的应该多元"的"多元说",以及认为"对民事诉讼目的论的研究并无太大意义"而主张将其搁置起来的"搁置说"。但上述四种学说无疑是论述最为充分和影响最大的,对上述四种学说的介绍已能使我们大致了解民事诉讼目的论研究的概况和主要争议点。

(二)民事诉讼的价值

所谓民事诉讼的价值,是指民事诉讼对诉讼主体合理需要的积极满足或正面满足。讨论民事诉讼的价值,即讨论和诠释民事诉讼原则与程序应当包含和体现怎样的价值,民事诉讼诸价值发生冲突时应当根据什么标准进行评价和取舍。一般认为,民事诉讼最基本的价值追求包括公正和效率。

1. 民事诉讼的公正价值

尽管学者在论及法的价值序位上颇存争议,但都认为法的正义价值可以兼有公平、公正的含义,并与法治的发展密切联系。"正义是实在法的基本原则和依据,它表现为以正义的要求作为其追求目标,并将其确定为一套可操作的行为准则,给人们提供行为模式和标准"[2]。美国著名哲学家罗尔斯在《正义论》中指出,公正是"社会制度的首要价值,正像真理是思想体系的首要价值一样"[3]。作为社会制度重要组成的民事诉讼制度,其首要价值追求当然是实现诉讼公正。诉讼公正包括程序公正和实体公正两个方面。我们认为,民事诉讼的公正价值应当包括程序公正和实体公正。程序公正追求司法过程的公正,实体公正则主要追求司法结果的公正。

(1)程序公正。诉讼公正首先是程序公正。正如罗尔斯所说:"公正的法治秩序是正义的基本要求,而法治取决于一定形式的正当过程,正当过程又主要通过程

---

[1] 严仁群:《平衡论抑或目的论?——民事诉讼法修改中的元问题》,载《法治研究》2022 年第 4 期。
[2] 李龙主编:《法理学》,武汉大学出版社 1996 年版,第 22 页。
[3] [美]罗尔斯:《正义论》,何怀宏等译,中国社会科学出版社 1988 年版,第 3 ~4 页。

序来体现。"[1]程序公正是指民事诉讼过程的公正。一般认为，在现代正当程序中，程序公正的标准或要求主要有：一是法官中立。正如法谚所言，任何人都不能是自己案件的法官，法官必须中立，平等对待双方当事人。二是诉讼当事人平等。正义的根本要素是平等，当事人是否能够处于平等的诉讼地位、是否享有平等的诉讼权利，是衡量诉讼程序是否公正的重要标准。三是程序公开。程序公开是现代诉讼程序区别于中世纪诉讼程序的重要特征，是防止司法黑暗、保障程序公正的重要机制。程序公开包括审判公开和执行公开，包括对当事人的公开和对社会的公开。四是程序参与。在诉讼中，任何一方的诉词都要被听取。法院必须对当事人及相关第三人进行有效的程序通知，以便其参加诉讼，行使诉讼听审权。在诉讼中，当事人或相关第三人有权提出诉讼主张和提供事实证据，对方当事人应能对此陈述意见，法院不得将当事人及相关第三人未发表过意见或未进行过辩论的事实证据或诉讼请求作为裁判基础和裁判内容，即禁止突袭性裁判。

(2)实体公正。民事诉讼的实体价值主要是指实体公正。民事诉讼的实体价值体现了民事诉讼价值与民事诉讼目的之间的关联性，即实体价值的实现能够充分达到民事诉讼的目的。民事诉讼的实体价值是评价和判断民事诉讼程序在达到民事诉讼目的方面是否有用或是否有效的标准。实体公正通常是指法院裁判结果的公正，主要体现为法院判决认定事实真实、适用法律正确。其中，特别强调和遵守"相似案件应作相似处理"的公正标准。

(3)程序公正与实体公正的关系。程序公正与实体公正的关系包括两个方面：一方面，程序公正与实体公正具有一致性。一般来说，符合程序价值的诉讼程序能够产生符合实体价值的诉讼结果。在符合程序价值的诉讼中，当事人能够平等和充分地陈述诉讼请求、主张事实、提供证据和进行辩论，从而最大限度地再现案件真相。与诉讼过程和诉讼结果之间的一体性相一致，程序价值与实体价值相辅相成并共同实现。在正当程序中，践行直接言词审理原则，当事人之间、当事人与法官之间直接对话并相互说服，诉讼法与实体法相互作用，共同决定法院判决的内容或结果。正当程序赋予诉讼结果或判决结果正当性。在正当程序的充分保障下，当事人平等、充分地陈述主张、提出证据和进行辩论，法官进行公正审理并作出公正裁判。若当事人因为自己的原因没有说服法官而导致败诉，往往也会心悦诚服地认同、接受法院的裁判。从辩证的角度来说，实体价值也会反作用于程序价值，即通过符合程序价值的诉讼程序及时实现实体价值，能够使人们意识到正当程序的重要性和必要性，从而促成人们对程序价值的积极追求。另一方面，程序公正与实体公正具有矛盾性。体现程序价值的正当程序并不必然能够实现民事诉讼的实体价值。民事诉讼中充满了诸多价值之间的冲突，如谋求真实与追求效率之间的冲突、追求实体真

---

[1] [美]罗尔斯：《正义论》，何怀宏等译，中国社会科学出版社1988年版，第121页。

实与维护程序公正之间的冲突等。例如,当事人无正当理由超出举证期限所提供的证据、违反法定程序收集到的证据,纵然有关联性和真实性,原则上也不被采用。当程序价值与实体价值发生冲突时,需要权衡利弊而作出选择。

诉讼程序具有独立价值,通过正当程序获得实体公正的概率远高于非正当程序,所以,不应为了追求个案的实体价值而放弃程序价值。当然,因维护程序价值而过分牺牲个案的实体公正,这样的程序设计是否合理和正当值得怀疑。因此,需要根据具体案情作出合理选择。例如,虽然原则上不采用原告无正当理由超出举证期限所提供的证据,但是若该证据是本案唯一的或重要的证据,不采用则无法查明案件事实,原告的合法权益因此将得不到保护,此时就应当采用该证据。同时,在维护程序价值的原则下,可以通过设置法定程序的途径来纠正个案实体的不公正,如通过严格的再审程序来纠正实体不公正的裁判等。

2. 民事诉讼的效率价值

在保证诉讼公正的前提下,程序效率追求的是及时审判和执行、节约诉讼成本。诉讼成本被喻为“生产正义的成本”,是指法院、当事人和证人等进行民事诉讼所耗费的财产、劳力和时间等,包括货币成本和非货币成本。

缺乏效率的民事诉讼程序是不合理的,“法律总是痛恨迟延”,尤其是面对现代社会中权利救济大众化的要求和趋势,缺少成本意识的民事诉讼制度更容易产生功能不全的弊病。[1] 当今国际社会已将提高效率或促进诉讼作为宪法上的要求、正当程序和法治原理的内容。为了实现民事诉讼的效率价值,在民事诉讼程序制度的设计方面,应降低诉讼成本,提高程序效率。在既定程序制度的前提下,应通过规范诉讼权利的行使,发挥法院的职能,促进诉讼的顺利进行,提高诉讼效率。

程序公正与程序效率之间存在一致性。“迟到的正义非正义”,是指应当及时实现正义,迟延实现的正义是残缺的正义甚至是非正义。如前所述,按照公正程序审判能够提高程序效率,缺乏效率的诉讼程序是不合理的,只有符合公正与效率要求的诉讼程序才是正当程序。培根曾言:“(法官)不公平的判断使审判变苦,迟延不决则使之变酸。”[2]但是,在追求程序公正与程序效率的过程中也可能发生冲突矛盾。偏重慎重的程序和多审级的程序,在满足诉讼公正的同时,往往要付出更多的诉讼成本。偏重简捷的程序,在满足程序效率的同时可能有失诉讼公正。

法律和诉讼的最高价值是公正,所以,应在维护程序公正和实体公正的前提下追求诉讼效率。一般来说,对于诉讼标的额越大或案情越复杂的案件,当事人和国家就越愿意适用公正程序保障比较充分的诉讼程序,由此得到正确判决的可能性也就越大;而对于诉讼标的额较小或案情较简单的案件,则更应强调经济性的解决。

---

[1] 参见[日]棚濑孝雄:《纠纷的解决与审判制度》,王亚新译,中国政法大学出版社 2004 年版,第 267 页。

[2] [英]培根:《培根论说文集》(第 2 版),水同天译,商务印书馆 1983 年版,第 193 页。

第三节 民事诉讼法

一、民事诉讼法的含义

民事诉讼法就是国家制定或者认可的,用以调整法院与诉讼参与人之间的诉讼活动和诉讼关系的法律规范的总称。民事诉讼法的概念有狭义与广义之分。狭义的民事诉讼法是指民事诉讼法典,在我国就是指《民事诉讼法》,该法于1991年4月9日由第七届全国人民代表大会第四次会议通过。随着时代和法治的发展,全国人民代表大会常务委员会分别在2007年、2012年、2017年、2021年和2023年对《民事诉讼法》进行了五次修正。经过几次修正,我国的《民事诉讼法》日趋完善。广义的民事诉讼法是指所有规范民事诉讼的法律、法规以及司法解释的总称。由于我国目前的《民事诉讼法》比较原则、简要,最高人民法院颁布了若干关于民事诉讼法的司法解释,对《民事诉讼法》及相关的法律、法规进行了补充、完善,是我国广义民事诉讼法的重要组成部分。

民事诉讼法与民事诉讼既有区别又有联系。两者的区别在于:民事诉讼是诉讼主体所进行的民事诉讼活动、实施的诉讼行为,以及在此过程中发生的各种诉讼关系的结合;民事诉讼法则是规范民事诉讼主体进行诉讼活动、实施诉讼行为和调整诉讼关系的法律规范。两者的联系在于:民事诉讼是民事诉讼法调整的对象,民事诉讼应当按照民事诉讼法的规定进行;而民事诉讼实践活动既是民事诉讼立法的基础,又为民事诉讼立法的发展和完善不断提供经验,民事诉讼法就是在不断的民事诉讼实践过程中逐步成熟和完善起来的。

二、民事诉讼法的属性

从不同的角度出发,可以看出民事诉讼法具有以下多重属性:第一,民事诉讼法为基本法。民事诉讼法由最高国家权力机关制定和修改,在我国的法律体系中,其效力仅次于宪法,与民法、刑法、刑事诉讼法等同属于我国的基本法范畴。第二,民事诉讼法为程序法。相对于规定实体权利义务的实体法而言,民事诉讼法是民事程序法的主要组成部分,是规范民事诉讼活动的程序与方式的法律。第三,民事诉讼法为部门法。根据调整对象的不同,可以将一个国家的法律体系划分为不同的部门法,民事诉讼法是调整民事诉讼活动和民事诉讼关系的专门性法律,属于部门法。第四,民事诉讼法为公法。公法与私法的划分是理解一个现代国家法律体系的重要方法。与规范民事权利义务的民事实体法不同,民事诉讼法是规范人民法院行使司法权与当事人行使诉权的法律规范。司法权与诉权都是公权,因此,以公力救济为规范对象的民事诉讼法属于公法范畴。

三、民事诉讼法的效力

民事诉讼法的效力,是指民事诉讼法对什么人、什么事、在什么空间和时间范围内发生作用。因此,民事诉讼法的效力也被称为民事诉讼法的适用范围。一般而言,我国民事诉讼法的效力包括以下四个方面。

第一,民事诉讼法对人的效力。民事诉讼法对人的效力,是指民事诉讼法适用于哪些人,即哪些人进行民事诉讼应当遵守我国的民事诉讼法。我国《民事诉讼法》第4条规定:“凡在中华人民共和国领域内进行民事诉讼,必须遵守本法。”据此,我国民事诉讼法应当适用于下列人员和组织:(1)中国公民、法人和其他组织;(2)居住在我国领域内的外国人、无国籍人以及在我国登记的外国企业和组织;(3)申请在我国人民法院进行民事诉讼的外国人、无国籍人以及外国的企业和组织;(4)享有外交特权或豁免权,但根据国际惯例和我国的有关规定,其民事诉讼应当受我国法院管辖的外国人。

第二,民事诉讼法对事的效力。民事诉讼法对事的效力通常是指根据民事诉讼法审理的民事案件的范围。根据《民事诉讼法》第3条的规定,人民法院受理公民之间、法人之间、其他组织之间以及他们相互之间因财产关系和人身关系提起的民事诉讼,适用本法的规定。根据该条规定,可以将民事诉讼法管辖的案件分为以下三类:第一类是由受民法调整的民事主体之间的财产关系和人身关系所引起的纠纷;第二类是由受劳动法调整的劳动关系所引起的依法应适用《民事诉讼法》审理的劳动争议纠纷;第三类是法律规定的适用《民事诉讼法》审理的其他纠纷或事项。

第三,民事诉讼法的时间效力。民事诉讼法的时间效力,是指民事诉讼法的有效期间,即民事诉讼法发生效力和终止效力的时间。我国现行《民事诉讼法》的生效时间是1991年4月9日。法不溯及既往,这是自罗马法以来普遍遵循的一条原则。但是,我国《民事诉讼法》规定了有限的溯及效力,即民事诉讼法生效前人民法院已经受理但尚未审结的案件,也应按照《民事诉讼法》规定的程序审理。

第四,民事诉讼法的空间效力。民事诉讼法的空间效力,是指适用民事诉讼法的地域范围。我国民事诉讼法的空间范围为中华人民共和国的整个领域,即我国的领土、领空、领海及其延伸部分,如驻外使馆、航行或停泊于国外或公海上的航空器或船舶等。

思考与练习

1. 关于民事诉讼法的性质,下列选项中正确的有(　　)。

A. 根据其调整的社会关系,民事诉讼法是程序法

B. 根据其在法律体系中的地位,民事诉讼法是程序法

C. 根据其规定的内容,民事诉讼法是程序法

D. 根据公法与私法的划分标准,民事诉讼法是程序法

2. 吴某大学毕业后到武汉自谋职业,由武汉市人才交流服务中心推荐到某信息中心工作。吴某到该中心正式上班后,双方并未签订聘用合同。上班不久,吴某生

病住院,花去医疗费若干。该信息中心以未签劳动合同为由拒付医疗费。下列解决方式中,吴某可以采纳的有(　　)。

A. 吴某必须首先向该信息中心劳动争议调解委员会申请调解;调解不成的,可向劳动争议仲裁委员会申请仲裁

B. 吴某可直接向劳动争议仲裁委员会申请仲裁,无须先行经过调解

C. 吴某只能向法院起诉,因为其与用人单位未签仲裁协议

D. 吴某必须先向劳动争议仲裁委员会申请仲裁,对此仲裁裁决不服的,方可向法院起诉

3. 王某是某电网公司员工,在从事高空作业时受伤,为赔偿问题与电网公司发生争议。下列解决方式中,王某可以采纳的有(　　)。

A. 向本公司劳动争议调解委员会申请调解,调解不成的,可以申请劳动仲裁

B. 直接向劳动争议仲裁委员会申请仲裁,对仲裁裁决不服的,可以向法院提起诉讼

C. 可以不申请劳动仲裁而直接向法院起诉

D. 如果进行诉讼并按简易程序处理,法院开庭审理时,可以申请先行调解

4. 2015 年 4 月,居住在 B 市(直辖市)东城区的林剑与居住在 B 市西城区的钟阳(二人系位于 B 市北城区正和钢铁厂的同事)签订了一份借款合同,约定钟阳向林剑借款 20 万元,月息 1%,2017 年 1 月 20 日前连本带息一并返还。合同还约定,如因合同履行发生争议,可向 B 市东城区仲裁委员会仲裁。至 2017 年 2 月,钟阳未能按时履约。2017 年 3 月,二人到正和钢铁厂人民调解委员会(下称调解委员会)请求调解。调解委员会委派了三位调解员主持该纠纷的调解。如调解委员会调解失败,解决的办法有(　　)。

A. 双方自行协商达成和解协议

B. 在双方均同意的情况下,要求林剑居住地的街道居委会的人民调解委员会组织调解

C. 依据借款合同的约定通过仲裁的方式解决

D. 通过诉讼方式解决

CHAPTER 02
第二章

民事诉讼法的基本原则和基本制度

本章导读

- 民事诉讼法的基本原则是民事诉讼法的根本性规则，它具有抽象性和模糊性的特点，在民事诉讼法的实施中具有指导功能和引导功能。民事诉讼法的基本原则包括当事人平等原则、处分原则、辩论原则、检察监督原则和诚信原则。
- 民事诉讼法规定的基本制度是对人民法院行使审判权的基本要求，它从审判权行使的角度反映了民事诉讼的规律和特性，目的在于保证审判权的公正行使。我国《民事诉讼法》规定了四项基本制度，即合议制度、回避制度、公开审判制度和两审终审制度。

第一节　民事诉讼法的基本原则

一、民事诉讼法基本原则概述

（一）民事诉讼法基本原则的含义

民事诉讼法的基本原则，是指贯穿于整个民事诉讼法的根本性规则，是指导民事诉讼活动正常进行的基本理念与原理，也是民事诉讼主体在诉讼中必须共同遵守的根本行为准则。因此，民事诉讼法的基本原则是我国民事诉讼法的有机组成部分。我国民事诉讼法的基本原则是以宪法为依据，从民事诉讼自身的规律出发，综合民事诉讼法的特点而确定的。因此，民事诉讼法的基本原则是民事诉讼性质和特点的集中体现，反映了民事诉讼的目的，指导着整个民事诉讼活动，是民事诉讼具体程序、制度创制与适用的依据。

（二）民事诉讼法基本原则的功能

一般认为，民事诉讼法的基本原则具有以下重要功能：(1)指导性功能。民事诉讼法的基本原则是民事诉讼法的根本性规则，是民事诉讼法具体规则的体现。民事诉讼法的具体规定都是以民事诉讼法的基本原则为基础的，是对民事诉讼法基本原则的展开。因此，民事诉讼法的基本原则反映的是民事诉讼法的精神实质。只有正确理解民事诉讼法的基本原则,才能正确理解和适用民事诉讼法的具体规定。就此而言,民事诉讼法的基本原则对民事诉讼法的正确实施具有指导意义,对人民法院和当事人从事民事诉讼活动具有指导功能。(2)准则性功能。民事诉讼法的基本原则不仅是行为规范,而且是其他行为规范的基础,其他具体行为规范是从基本原则中派生出来的,是基本原则的具体化表现。这说明,民事诉讼法的基本原则具有双重功能——作为行为准则的功能和生成行为准则的功能。当事人、法院和其他诉讼参与人依据基本原则可以实施相应的诉讼行为,这种相应的诉讼行为不会因为缺乏具体规则的调整而变得无效。(3)克服民事诉讼法局限性的功能。当今人们普遍意识到,成文法具有天然的局限性,实体法如此,程序法亦如此。任何完备的民事诉讼法典,随着社会与法治的发展,总会显露出漏洞与缺陷。在出现漏洞与缺陷时,法院可以遵循民事诉讼法基本原则的指导,进行恰当的处理。可以说,正是有了基本原则的指导,法院方能在具体规则出现缺失、发生冲突时作出正确和恰当的选择。

二、当事人平等原则

(一)当事人平等原则的含义

当事人平等原则,是指当事人在民事诉讼中处于平等的诉讼地位,享有平等的诉讼权利,人民法院在审理民事案件的过程中,要平等地对待双方当事人。《民事诉讼法》第8条规定:“民事诉讼当事人有平等的诉讼权利。人民法院审理民事案件,应当保障和便利当事人行使诉讼权利,对当事人在适用法律上一律平等。”这就是当事人平等原则的法律依据,也是《宪法》规定的“法律面前人人平等”原则在民事诉讼法中的具体表现。平等原则要求立法者在制定民事诉讼法时对当事人的诉讼权利进行平等的规定和分配,也要求司法机关在民事诉讼中平等地对待和保护当事人。

当事人平等原则是民事诉讼的本质要求,其基本法理依据包括:(1)当事人平等是程序公正的基本要求。程序公正是司法公正的重要指标,程序不公正,司法也就不可能公正。要实现程序公正,必须要满足能够确保程序公正实现的要素。当事人在诉讼中保持地位上的平等性,是程序公正的基本要素之一。缺少了当事人之间地位上的平等性,程序公正就无从谈起,司法正义也就无法实现。可见,当事人诉讼地位平等原则是实现程序公正的前提条件和基本保障。(2)当事人平等是宪法上平等原则的具体体现。《宪法》是我国的根本大法,它规定了法律面前人人平等的原则。作为宪法在法律制度上的具体化,民事诉讼法规定了平等原则以实现公民在法律面前一律平等。没有诉讼权利的平等,适用法律的平等便难以最终实现。可见,宪法上的平等原则是民事诉讼法上的平等原则的根本依据。(3)当事人平等是民事主体平等的必要延伸。民事主体平等是现代民法的基本原则,任何自然人、法人在民事法律关系中都平等地享有权利,其权利平等地受到保护。作为程序法的民事诉讼法应当体现民事实体法的内在精神和基本要求。如果在民事诉讼中当事人之间不平等,那么,民事实体法上的平等只能是一句空洞的口号。因此,民法上的平等原则是民事诉讼法上平等原则的实体依据。[1]

(二)当事人平等原则的内容

根据《民事诉讼法》及相关司法解释的规定,民事诉讼中的平等原则包含以下内容。

1. 当事人诉讼地位平等

首先,民事诉讼当事人的地位平等体现为一种平等理念。无论是原告、被告还是第三人,无论是实体权利的享有者还是实体义务的承担者,也无论是外国人还是本国人及无国籍人,不管其民族、性别、职业、社会出身、政治背景、宗教信仰、文化程度、经济状况差异和优劣,在民事诉讼中一律平等。民事诉讼中的原告和被告是诉讼中相互对立的双方,但是两者只是称谓上的不同,在诉讼地位上并没有优劣之分。原告与被告的确定与区分只是一种假定,是根据谁先起诉加以确定的,与实体权利的真正享有尚不能画等号,原、被告双方都有可能最后胜诉。因此,在民事诉讼法中,双方当事人应当享有平等的诉讼地位。其次,当事人诉讼地位平等意味着当事人有平等的攻击与防御的权利与机会。在民事诉讼中,双方当事人都可以提出诉讼请求和主张事实理由,并提供证据予以证明,并可以对相对方的诉讼请求、事实主张及证据等进行防御与反驳。

2. 当事人诉讼权利平等

当事人平等既指诉讼地位平等,也指诉讼权利平等。所谓"诉讼权利",是指民事诉讼法中规定的当事人所应享有的一切权利,如双方当事人都有权委托代理人、申请回避、收集证据、进行辩论、请求和解、申请再审和申请执行等。同样,双方当事人都应履行民事诉讼法规定的义务,如遵守诉讼程序,履行发生法律效力的判决、裁定和调解书。人民法院在审判工作中,应当保障诉讼当事人平等地行使诉讼权利,要求诉讼当事人依法履行义务。需要说明的是,诉讼权利平等并不意味着原告、被告双方享有的权利完全相同,如原告享有起诉权,被告则享有应诉权和反诉权。当事人双方的权利义务对等体现了当事人双方权利义务的平等。

在民事诉讼中,法院应平等地对待双方当事人,不管当事人有何社会地位、属于何种民族,在适用法律、作出裁判时,都只能依据法律的规定,而不能考虑任何其他因素。只有这样,才能保证最后的结果符合实体公正的要求,真正保证当事人平等地位的实现。适用法律上的平等性包括适用诉讼法上的平等和适用实体法上的平等。

人民法院对双方当事人应当一视同仁,不应存有偏见或采取区别对待的方法。为了保障当事人诉讼地位的平等,最重要的是审理案件的人民法院及法官必须在审判案件的过程中保持中立,不偏不倚,对双方当事人的攻击与防御给予同等重视,只

[1] 参见谭兵主编:《民事诉讼法学》,法律出版社2004年版,第108页。

有这样才能实现诉讼当事人的平等。因此,人民法院为当事人平等地进行诉讼提供保障是当事人平等原则应有的内涵。

三、处分原则

(一)处分原则的含义

《民事诉讼法》第13条第2款规定:“当事人有权在法律规定的范围内处分自己的民事权利和诉讼权利。”这是我国民事诉讼处分原则的法律依据。处分原则又称处分权原则,是现代民事诉讼中的一项基本原则,是指民事诉讼的当事人可以在法律允许的范围内,通过行使或放弃诉讼权利或实体权利的方式,自由决定是否起诉或终结诉讼,自由决定实施主张和诉讼请求的内容和范围,原则上法院均不得干预。简而言之,民事诉讼中的处分原则,是指当事人有权在法律许可的范围内自由支配自己的民事权利和诉讼权利。

民事诉讼之所以实行处分原则是由民事法律关系的特点和民事权利的性质决定的。民事法律关系是平等主体之间关于财产和人身方面的权利义务关系,民事权利义务一般与国家利益和社会公共利益没有直接的关系。法院允许民事主体自由处分自己的民事权利,体现了对当事人主体地位的尊重,体现了私法意思自治的精神。民事诉讼权利是法律从民事诉讼的实际需要出发赋予诉讼当事人在诉讼中实施特定诉讼行为的可能性。民事诉讼权利是民事权利在诉讼中的延伸,也是其实现的手段。强化当事人的诉讼权利并尊重当事人行使诉讼权利的自由,也是诉讼民主的一个要求。

(二)处分原则的内容

处分原则决定了当事人在民事诉讼中的基本作用,决定了审判权作用的范围,是民事诉讼的性质和规律的反映。具体而言,处分原则由以下几个方面的内容构成:(1)处分权的主体是当事人。在民事诉讼中,享有处分权的主体只限于民事诉讼当事人,其他诉讼参与人不享有处分权,即使代理人也不享有处分权,只有得到当事人的特别授权,被委托人才能代当事人行使处分权。(2)处分权的对象是民事权利和诉讼权利。在民事诉讼中,当事人行使处分权的对象包括处分自己依法享有的民事权利和诉讼权利。对民事权利的处分和对诉讼权利的处分并不截然分开,当事人在诉讼中往往通过处分诉讼权利来处分民事权利。当事人可以通过积极方式或消极方式行使处分权,前者如起诉、申请执行等,后者如不申请回避、不进行答辩等。(3)处分权的行使不得违反法律的禁止性规定。当事人可以依法行使处分权,但不得违反法律的禁止性规定,不得损害国家利益、社会公共利益和他人合法权益,否则,人民法院将会对当事人处分权的行使实施干预,通过审批确认处分行为无效或不允许当事人行使处分权。此外,2021年6月,最高人民法院发布《在线诉讼规则》要求,在线诉讼的适用以当事人同意、案件适宜在线办理、诉讼主体具备相应技术能力为基本条件,充分尊重当事人审理方式选择权,确保案件审理的质量效率。2021年修正之后的《民事诉讼法》增加第16条,该条将《在线诉讼规则》的这一做法上升为法律规则，明确规定："经当事人同意，民事诉讼活动可以通过信息网络平台在线进行。民事诉讼活动通过信息网络平台在线进行的，与线下诉讼活动具有同等法律效力。"

当然，当事人可以行使处分权的范围一般限于民事权益争议案件，对于涉及公益的民事诉讼案件和非讼程序审理的案件，则不允许当事人行使处分权；相反，在这些领域实行国家干预原则，人民法院可依职权进行调查和处理。[1]

(三)处分原则在民事诉讼中的体现

处分原则贯穿于民事诉讼的全过程，主要体现在以下三个方面：(1)诉讼程序的启动由当事人决定。现代诉讼通常都实行"不告不理"原则，民事诉讼程序因当事人的起诉而开始，因此，只有当事人行使起诉权，民事诉讼程序才能开始。(2)处分权的行使关系着诉讼程序的进行和终结。在民事诉讼程序开启后，当事人的处分行为对于诉讼程序的发展和终结有着重要影响。例如，当事人通过起诉、反诉、撤诉、放弃诉讼请求等形式，影响着诉讼程序的展开或结束。(3)司法保护的范围和方法由当事人确定。首先，原告在提起诉讼时可以自由地确定请求司法保护的范围，并有权选择保护的方法。例如，当事人因合同纠纷向法院起诉请求权利保护时，既可以选择要求继续履行，也可以选择要求对方支付违约金或者予以赔偿，还可以同时提出这两种要求；既可以对其全部损失要求赔偿，也可以只就其中部分损失要求赔偿。其次，原告一方可以放弃、变更、扩大或缩小诉讼请求，被告一方可以全部或部分承认对方的诉讼请求，也可以决定是否就此提起反诉。最后，在诉讼进行的过程中，双方当事人可以对各自的诉讼主张作出让步，进行和解或者接受法院的调解。此外，当事人还可以选择是否上诉，是否申请再审以及是否申请强制执行等。

四、辩论原则

(一)辩论原则的含义

一般认为，民事诉讼中的辩论原则是指在人民法院主持下，当事人有权就实体和程序上的问题各自陈述其主张和依据，互相进行反驳和答辩。《民事诉讼法》第12条规定："人民法院审理民事案件时，当事人有权进行辩论。"该条被认为是辩论原则的法律依据。

(二)辩论原则的内容

民事诉讼中的辩论原则包括以下内容：(1)辩论权的行使贯穿诉讼的全过程。辩论原则贯穿民事诉讼的各个阶段，包括一审程序、二审程序和再审程序。民事诉讼中除特别程序之外，都适用辩论原则。从诉讼一开始，双方当事人便有权就事实的认定与法律的适用问题收集并提供证据、陈述事实、说明理由，从而论证本方诉讼请求的合法性与正当性，或反驳对方的诉讼请求。辩论原则集中体现在法庭辩论阶

---

[1] 参见张宝山：《民诉法修改：助推司法质量效率全方位提升》，载《中国人大》2022年第1期。

段，但当事人之间的辩论并不局限于此阶段，在诉讼的各个阶段，当事人都可进行辩论。(2)辩论的范围包括程序和实体两个方面。在民事诉讼中，当事人可以围绕存在争议的实体问题和程序问题进行辩论。就实体问题而言，当事人可以对案件事实的认定和实体法律的适用展开辩论。通常情况下，实体问题是辩论的重点，但程序问题也不容忽视，当事人同样可以对存在争议的程序问题，如管辖权问题、回避问题等展开辩论。(3)辩论可以采用口头和书面形式。在民事诉讼中，当事人可以采用口头形式进行辩论，也可以按法律规定的形式提供书面辩论意见。通常情况下，在法庭审理的过程中，尤其是在法庭调查和法庭辩论阶段，当事人主要以口头形式进行辩论；在其他阶段，则可以提交书面辩论意见。(4)人民法院应当充分保障当事人的辩论权。人民法院在诉讼过程中，应当保障当事人充分行使辩论权。人民法院应当严格按照民事诉讼法的规定，为双方当事人行使辩论权提供充分的时间和平等的机会，并通过指挥权的行使对当事人的辩论进行适当的引导，确保当事人能够围绕争议的焦点充分发表辩论意见。

(三)辩论原则与辩论主义

我国民事诉讼中的辩论原则继受于苏联民事诉讼法的规定，与大陆法系的辩论主义有很大的区别。[1] 大陆法系实行的辩论主义的基本含义是：作为裁判基础的法律事实和证据必须是出现于当事人辩论过程中的事实和证据，没有在辩论中出现的事实和证据不能作为裁判的基础。因此，大陆法系的辩论主义是当事人在民事诉讼中的主导作用在审理对象上的反映，当事人辩论的内容和结果对法院有拘束力，法院必须在当事人辩论的范围内进行审判，而对没有在辩论过程中出现的事实和主张不能进行审判。与此相比，我国的辩论原则没有要求人民法院裁判的基础必须限于辩论中出现的事实和证据，因此，当事人辩论的内容和结果对人民法院没有拘束力，在实践中也常常表现为人民法院可以根据辩论中没有出现的事实和证据进行审判。因此，有学者认为，大陆法系的辩论主义是约束性的辩论主义，而我国的辩论原则是非约束性的辩论原则。[2]

五、检察监督原则

(一)检察监督原则概述

检察监督原则，是指检察机关有权对民事诉讼实施法律监督。人民检察院是我国的法律监督机关，对民事诉讼进行法律监督是其法律监督职能在民事诉讼中的体现。检察监督既是一项法律原则，又是一项重要的法律制度。1991 年颁布的《民事诉讼法》第 14 条规定，"人民检察院有权对民事审判活动实行法律监督"，2012 年修正后的《民事诉讼法》将该条改为"人民检察院有权对民事诉讼实行法律监督"，将原来的"民事审判活动"改为"民事诉讼"，进一步突出了检察监督权在民事诉讼法

---

〔1〕 参见江伟主编：《民事诉讼法》(第 6 版)，中国人民大学出版社 2013 年版，第 51 页。

〔2〕 参见张卫平：《民事诉讼法》(第 6 版)，法律出版社 2023 年版，第 56 页。

上的地位和作用，充实了民事检察监督原则的内容，使民事检察监督制度从单一的抗诉制度中走出来，形成了涵盖诉前监督、诉中监督、诉后监督和执行监督在内的全面监督新阶段，充分体现了检察监督的原则性地位。

检察监督权被导入民事诉讼领域，其初衷在于控权，希望通过检察监督权来制衡和监督审判权，以达到公正司法、高效司法、廉洁司法的制度性目标。在民事诉讼中确立检察监督原则，对于维护国家法治统一、完善我国的民事审判监督机制、保障和监督诉权的依法公平行使、保证法院正确行使民事审判权具有十分重要的意义。[1]

（二）检察监督原则的内容

检察机关可以对“民事诉讼”进行监督，这就意味着检察监督的范围很广泛，不仅包括审判活动，而且包括执行活动和调解活动；从监督的对象看，主要是行使民事审判权的人民法院和审判人员。此外，对于损害社会公共利益的行为，检察机关也可以进行监督，甚至可以通过提起民事公益诉讼的方式要求损害社会公共利益的主体停止侵害、排除妨碍、赔偿损失等。具体而言，主要包括：(1)对人民法院及审判人员是否存在违法违纪行为进行监督。根据《民事诉讼法》的相关规定，检察机关主要监督审判人员在审理案件时是否存在贪污受贿、徇私舞弊、枉法裁判的行为。(2)对人民法院的审判过程和审判结果进行监督。(3)在执行程序中，检察机关可以对人民法院的执行活动进行监督，促使人民法院依法执行，保障生效法律文书能够得到顺利执行，维护当事人的合法权益。(4)对损害社会公共利益的行为进行监督，可以提起民事公益诉讼。

（三）检察监督的方式

在实践中，检察机关可以通过以下方式对民事诉讼进行监督：(1)提起诉讼。对于涉及或损害国家和社会公共利益的重大民事案件，检察机关可以提起民事公益诉讼，维护国家和社会的公共利益。(2)提起抗诉。对于人民法院作出的生效裁判，检察机关发现确实存在错误的，可以提起抗诉，要求人民法院对案件进行再审，纠正错误的裁判。(3)提出检察建议。对于人民法院驳回再审申请的、人民法院逾期未对再审申请作出裁定的、再审判决或裁定有明显错误的情形，当事人可以向人民检察院申请检察建议或者抗诉，人民检察院对当事人的申请应当在3个月内进行审查，作出提出或者不予提出检察建议或者抗诉的决定。(4)检察机关参与并监督民事诉讼。检察机关有权以国家法律监督者的身份出庭，对法院的民事审判活动和诉讼参与人的民事诉讼活动进行监督，使之依法进行。[2]

人民检察院因履行法律监督职责而提出检察建议或者抗诉，因其需要，可以向当事人或者案外人调查核实有关情况。

---

〔1〕 参见谭兵、李浩主编：《民事诉讼法学》（第2版），法律出版社2013年版，第89页。

〔2〕 参见谭兵、李浩主编：《民事诉讼法学》（第2版），法律出版社2013年版，第89页。

六、诚信原则

(一)诚信原则的含义

诚信原则在私法领域尤其是在民法债权理论中被视为"帝王条款"和"最高行为准则",其基本语意是要求人们在民事活动中行使民事权利和履行民事义务时,应当讲信用、守诺言、诚实不欺,在不损害他人利益的前提下追求自己的利益,否则将获得不利的法律评价。《民法典》颁布之前,1986 年颁布的《民法通则》第 4 条规定:"民事活动应当遵循自愿、公平、等价有偿、诚实信用的原则。"首次以法律明文规定的形式确定了诚信原则在我国民法中的地位。2020 年颁布的《民法典》第 7 条规定:"民事主体从事民事活动,应当遵循诚信原则,秉持诚实,恪守承诺。"突出了诚信原则在民法体系中的地位。如今,无论是大陆法系还是英美法系,都承认诚信原则适用于民事诉讼法领域,谁也不会否定诚信原则作为民事诉讼基本原则之一的存在价值。[1]《民事诉讼法》第 13 条第 1 款规定的"民事诉讼应当遵循诚信原则",确立了诚信原则在我国民事诉讼中的地位。将诚信原则法定化,有助于引导、规范人们的诉讼行为,也有助于提升整个社会的诚信度。人们相信只要遵循诚信原则,诉讼公正、高效、低成本的价值追求就能够充分得以实现。

(二)确立诚信原则的法理根据

1. 适应新型诉讼模式的需要

我国传统的民事诉讼采用职权主义诉讼模式,人民法院在民事诉讼中占据主导地位,当事人的诉讼权利受人民法院多方面的制约。随着我国民事诉讼模式向当事人主义诉讼模式的转换,当事人在诉讼中逐渐占据主导地位,随之而来的当事人滥用诉讼权利、拖延诉讼、恶意诉讼的现象便时常发生。诚信原则在民事诉讼法中确立的主要目的在于防止过度重视当事人主义的倾向,保障诉讼程序能顺利进行,但这种遏制并非简单地向职权主义回归,而是通过强化当事人诉讼义务的途径,使当事人主义能够正常地发挥作用。

2. 适应法律发展的需要

在当代法学理论以及司法实务中,不管是在公法还是私法领域,也不管是在实体法还是程序法领域,诚信早已构成诸法共同的基本理念和原理。在今天,将审判权的运用及审判结果视为一种服务和服务产品,将寻求解决纠纷的当事人视为司法服务的消费者的观念已经被人们广为接受。因此,从人民法院是为社会和个人提供公共司法服务的主体这一视角来考察,人民法院与当事人之间的关系,实则是服务者与消费者之间的关系,显然服务者(人民法院)须以诚信原则提供服务,消费者(当事人)亦须以诚信的态度来接受服务。

---

[1] 参见[日]谷口安平:《程序的正义与诉讼》,王亚新、刘荣军译,中国政法大学出版社 1996 年版,第 65 页。

3. 符合市场经济解决纠纷的需要

市场经济不仅是法治经济，而且是道德经济。在这个大背景下解决民事经济冲突，不仅要遵循程序法的规范，而且要体现善良、诚实的诉讼意思内容。民事诉讼中的科学性、效益性、公平性和合理性就蕴含独特的道德内容，从这个意义上讲，将民事活动的诚信原则纳入民事诉讼活动的范畴，有利于提高诉讼效益、降低诉讼成本、解决纠纷、发现真相，这符合市场经济条件下纠纷解决机制的内在要求。

4. 克服法律局限性的需要

诚信原则的实质在于，当出现民事诉讼法中没有规定的程序问题时，法院可以根据该原则行使实体裁量权，直接对当事人的权利义务进行调整。对在什么情况下能够根据诚信原则来解决问题，各国学者一般都认为，诚信原则应当具有理论和实践上的补充作用。民事诉讼法中所规定的诉讼当事人平等原则、辩论原则、处分原则，在一定程度上体现了诉讼公正的基本价值要求，但这些原则都侧重一个方面，要想做到真正的司法公正，只能由诚信原则来进行补充和完善，从而使民事诉讼法成为一个完整、协调的体系。

（三）诚信原则的适用

对于诚信原则的适用主体问题，学术上存在争论。多数学者认为，诚信原则应该分别适用于当事人之间及当事人与法院之间，即一方面，当事人可以基于自己的利益申请法院适用诚信原则，法院可以根据当事人的申请来判断应否予以适用；另一方面，在当事人与法院之间，法院可以依职权判断是否适用诚信原则。在此对适用诚信原则的民事诉讼法律关系主体的范围加以界定的实际意义，主要是便于法院进行自由裁量。但有不少学者认为，诚信原则只适用于当事人之间，即该原则只能调整当事人之间的利益，法院作为审判机关在履行自己的义务时不需要考虑是否应该取得当事人的信赖，对当事人的不诚实行为、缺乏信用的行为，法院应该以滥用诉讼权利为由加以排斥。美国在民事诉讼中确立了禁反言规则，当事人在民事诉讼过程中所实施的诉讼行为必须前后一致，如果当事人变更其诉讼行为会给对方当事人造成不公平的结果，对前后矛盾的行为应该予以禁止。[1] 我们认为，诚信原则主要是规范民事诉讼当事人的行为。对此，日本学者谷口安平将民事诉讼中诚信原则的各类表现形式归纳为四种：禁反言、诉讼状态的不当形成、诉讼上的权能丧失和诉讼上的权能滥用。[2] 为了保证民事诉讼在主体的协助下顺利、公正地进行，有必要将诚信原则作为诉讼行为是否合法、有效的判断准则。

笔者认为，诚信原则对民事诉讼法律关系主体的制约性主要体现在以下五个方面。

---

〔1〕 参见占善刚：《民事诉讼运行的内在机理研究》，武汉大学出版社 2020 年版，第 20 页。

〔2〕 参见［日］谷口安平：《程序的正义与诉讼》，王亚新、刘荣军译，中国政法大学出版社 1996 年版，第 145～146 页。

1. 当事人真实陈述的义务

当事人真实陈述的义务简称“真实义务”。真实义务通常被认为是诚信原则的主要内容。有的大陆法系国家虽然没有将诚信原则作为一般规定,却有关于真实义务的规定;相反,有的国家虽有诚信原则的一般规定,但没有明确规定真实义务,仅理论上认为这是基于诚信原则而发生的一种法定义务。在外国法理上,一般认为,当事人的真实义务仅为主观性义务(正直义务或真诚义务)或主观真实义务,即只要当事人根据本意为真实陈述时就属于履行了义务。也就是说,即使事后发现和认定当事人的陈述与案件事实不符,也不属于违反真实义务。要求真实义务为当事人陈述的客观真实是无法做到的;而如果定义为主观性义务,则真实义务对于发现案件真相的作用就十分有限了。真实义务应当如何界定,在国外依然有较大争议。

2. 禁止当事人滥用诉讼权利

当事人在诉讼中享有法律赋予的各种权利,如回避请求权、反诉权等,这是为了保障当事人更好地维护自己的权益。但如果当事人为了私利企图拖延诉讼或干扰诉讼而滥用这些诉讼权利,将违背国家赋予当事人这些权利的初衷,也损害了他人的合法利益,将造成司法资源的浪费,影响诉讼的公正和效率。因此,当事人不在适当的期限内提出攻击或防御的方法,或者怠慢期日或期间及其他应归责于当事人的原因而致诉讼拖延时,即使在胜诉的情况下,法院也应使其负担由于拖延而引起的诉讼费用的全部或一部分。

禁止当事人滥用诉讼权利是诚信原则的基本要求之一。它要求当事人在诉讼中不得实施迟延或拖延诉讼行为,或者干扰诉讼的进行,应协助法院有效率地进行诉讼,完成审判,具体体现在:(1)不得迟延提出攻击和防御方法;(2)不得故意申请无理由的回避(回避权的滥用);(3)不得故意拆分诉讼标的,以规避相应的诉讼程序;等等。

3. 禁止矛盾行为

诚信原则要求当事人的诉讼行为必须前后一致,不允许实施前后矛盾的诉讼行为。如果一方当事人在诉讼进行中先实施了一定的行为,对方当事人对该行为深信并作出了响应行为,实施先行行为者不得又作出与先行行为相矛盾的行为,否则法院可以否定后行行为。构成反言的第一要件是当事人有矛盾行为,第二要件是对方当事人相信了该行为,第三要件是该反言行为给对方造成了利益上的损害。法官应该根据具体情况,在综合考虑并平衡当事人之间的利益后,作出是否构成反言的判断。但并不是任何前后矛盾的行为都可以用禁反言规则来加以排斥。

4. 禁止恶意制造诉讼状态

诚信原则要求当事人不得以不正当的手段和方法形成利己的诉讼状态,从而获得不正当的诉讼利益,导致对方在诉讼中处于不利的诉讼地位。例如,管辖权的滥用,原告通过编造虚假的管辖原因事实,从而获得有利于自己的管辖;以不正当的理由获得财产保全等。根据诚信原则,如果当事人使用不正当手段(该手段违反法律或违反公序良俗)制造出能够适用有利于自己的诉讼法规或者能够回避适用不利于自己的诉讼法规的情形,可以根据诚信原则否定其所期待的法律后果,或视为该状态未发生并承担相关的费用。对此,《民事诉讼法》第115条明确规定,当事人之间恶意串通,企图通过诉讼、调解等方式侵害国家利益、社会公共利益或者他人合法权益的,人民法院应当驳回其请求,并根据情节轻重予以罚款、拘留;构成犯罪的,依法追究刑事责任。当事人单方捏造民事案件基本事实,向人民法院提起诉讼,企图侵害国家利益、社会公共利益或者他人合法权益的,适用同样的规定处理。此外,《民事诉讼法》第114条第1款还规定,诉讼参与人或者其他人有下列行为之一的,人民法院可以根据情节轻重予以罚款、拘留;构成犯罪的,依法追究刑事责任:(1)伪造、毁灭重要证据,妨碍人民法院审理案件的;(2)以暴力、威胁、贿买方法阻止证人作证或指使、贿买、胁迫他人作伪证的;(3)隐藏、转移、变卖、毁损已被查封、扣押的财产,或者已被清点并责令其保管的财产,转移已被冻结的财产的;等等。这条规定是对当事人及其他诉讼参与人在诉讼中违反诚信原则、恶意制造诉讼状态最直接的否定。

5. 诉讼上权能的丧失

行为人长时间不行使诉讼上的特定权能,使对方产生一种行为人大概不会行使该权能的期待,一旦达到如此阶段,行为人行使权能就将有损对方的期待。因此,为了维护这种期待,在此情形下,权能的行使是不合法的,也就是所谓失权原则。在规定的期间内不行使权利救济的方法,可以适用失权原则。但诉权的失效或失权问题与诉权的滥用问题同样需要谨慎对待。诉讼上权能的丧失与诉讼上权能因滥用而被禁止的不同之处在于,前者是因消极的不作为而发生的,后者却是因积极的作为而发生的;前者的效果是失权,后者的效果是无效。

诚信原则会限制当事人的诉讼权利,是对当事人行使诉讼权利的制约,因此,在没有明确制度规定的情形下,容易以诚信原则的适用为由,发生对当事人诉讼权利的不当干预,有损程序正义和诉讼平等,尤其是以追求实质正义、实质平等的名义。要使诚信原则在民事诉讼中发挥其应有的作用,还需要进一步提升司法的权威性和公信力,强化裁判的功能,增强审判中法律理论的解释和说理作用,否则,诚信原则很容易被束之高阁。

第二节　民事诉讼法规定的基本制度

一、基本制度概述

民事诉讼法规定的基本制度,是指人民法院在审理民事案件时必须遵循和采取的基本方式或结构。民事审判活动是一种规范性的活动,必须体现审判的规律、反映审判的目的，因而需要一定的基本制度予以保障。[1]

首先，基本制度的主要规范对象是人民法院。《民事诉讼法》规定的基本制度包括合议制度、回避制度、公开审判制度和两审终审制度。这些基本制度侧重于从审判权运用的角度加以规范，因此是针对审判主体，即对法院的要求，而不是针对当事人或其他诉讼参与人所作的规范。需要注意的是，虽然民事审判制度主要规范法院的审判行为，但与当事人的权益也密切相关。法院严格按照基本制度的要求组织审判活动，实施审判行为，既是贯彻执行民事诉讼法、保证审判活动顺利进行的要求，也是保障当事人合法权益的要求。

其次，基本制度确立了民事审判的基本方式。民事审判的基本制度规定了民事审判的基本方式和结构，是对法院行使审判权的基本要求；同时，基本制度也体现了民事诉讼的自身规律，反映了民事诉讼的自身特色。

最后，基本制度是民事诉讼价值的制度化。与民事诉讼法的基本原则相比，民事审判的基本制度更加具体化，是法院在审理案件时的一系列具体操作规范。因此，民事审判的基本制度是民事诉讼基本价值的制度化。

二、合议制度

(一)合议制度概述

合议制度简称合议制，是指在一般情况下，应当由三名以上审判人员组成审判庭，对民事案件进行审理并作出裁判的制度。合议制度的组织形式是合议庭。

合议制度是相对于独任制度而言的。所谓独任制度，是指由一名审判人员组成审判庭，对民事案件进行审理并作出裁判的制度。下列案件适用独任制审理：第一，适用简易程序审理的民事案件。第二，基层人民法院审理的基本事实清楚、权利义务关系明确的第一审民事案件。第三，适用特别程序审理的案件，但选民资格案件或者重大、疑难案件应适用合议制度。第四，适用督促程序审理的案件，人民法院受理申请后，由审判员一人进行审查。第五，适用公示催告程序审理的案件，可由审判员一人独任审理；但是，判决宣告票据无效的，应当组成合议庭审理。第六，中级人民法院对第一审适用简易程序审结或者不服裁定提起上诉的第二审民事案件，事实清楚、权利义务关系明确的，经双方当事人同意，可以由审判员一人独任审理。除上述规定的案件可以由审判员一人审理外，人民法院应当以合议庭形式审理案件。

合议制度作为基本的审判制度，意味着合议庭是基本的审判组织，人民法院原则上应当采用合议庭来审理案件；只有对于特别规定的案件，才可以采用独任庭进行审理。由合议庭审理案件，可以发挥集体的智慧，避免因单个审判人员认识的片面性和知识的局限性而造成错误，有利于提高审判的质量。合议庭实行民主集中制的评议制度，在形式上更能体现审判的公正性。

---

[1] 参见占善刚：《降低程序事实证明标准的制度逻辑与中国路径》，载《比较法研究》2021年第6期。

（二）合议庭的组成

合议庭的组成有单一制和混合制两种形式。单一制是指合议庭完全由法院的专职审判人员组成；混合制是指由人民法院的专职审判人员和人民陪审员共同组成。合议庭的组成因人民法院的级别和审判程序的不同而有所不同。人民法院审理一审民事案件，合议庭由审判员、助理审判员或者人民陪审员随机组成。合议庭成员相对固定的，应当定期交流。人民陪审员参加合议庭的，应当从人民陪审员名单中随机抽取确定。

合议庭应当由三名以上单数的审判人员组成，并且要由其中一人担任审判长，主持审判活动。合议庭的审判长由院长或者庭长指定审判员一人担任；院长或者庭长参加审判的，由院长或者庭长担任。人民陪审员不得担任审判长。具体而言，在不同的审判程序中，合议庭的组成人员有所不同。人民法院适用普通程序审理第一审民事案件时，可以由审判员和陪审员共同组成合议庭或者由审判员组成合议庭。对于被第二审人民法院判决发回重审的案件，原审人民法院应当按照第一审普通程序另行组成合议庭；另行组成合议庭时，同样可以有人民陪审员参加。

人民法院审理第二审民事案件，由审判员组成合议庭，合议庭的成员人数必须是单数。由于第二审程序不仅审理当事人的上诉请求，而且是对第一审认定事实和适用法律是否正确的审查，在合议庭的组成上，要求比第一审合议庭的组成更严格，即第二审合议庭应由审判员组成，人民陪审员不能作为合议庭成员。

对于发回重审的案件，原审人民法院应当按照第一审程序另行组成合议庭。对此，需明确以下三点：(1)对于发回重审的案件，无论原来是否组成合议庭审理，重审时都需要组成合议庭进行审理；(2)重审时，应另行组成合议庭，原审合议庭的组成人员或独任审判人员不得参加重审案件的合议庭；(3)另行组成合议庭时，可以由审判人员组成合议庭，也可以由审判人员和陪审员组成合议庭。

审理再审案件，原来是第一审的，按照第一审程序另行组成合议庭；原来是第二审或者上级人民法院提审的，按照第二审程序另行组成合议庭。因此，再审程序中的合议庭组成取决于作为再审对象的原生效裁判的审级，具体而言，有以下两种方式：(1)按审判监督程序进行再审的案件，原来是第一审的，按照第一审程序另行组成合议庭，按第一审程序另行组成合议庭时同样可以有人民陪审员参加；(2)按审判监督程序进行再审的案件，原来是第二审或者上级人民法院提审的，按照第二审程序另行组成合议庭。

此外，在非讼程序中，应当注意必须组成合议庭审理案件的有：第一，在特别程序中，对选民资格案件和重大、疑难复杂案件，合议庭应当由审判员组成，不能由陪审员和审判员混合组成。第二，在公示催告程序中，在公告审理阶段，由审判员独任审理；在除权判决阶段，应当由合议庭审理。

（三）合议庭及组成人员的职责

1. 合议庭职责

合议庭承担下列职责：（1）根据当事人的申请或者案件的具体情况，可以作出财产保全、证据保全、先予执行等裁定；（2）确定案件委托评估、委托鉴定等事项；（3）依法开庭审理第一审、第二审和再审案件；（4）评议案件；（5）提请院长将案件提交审判委员会讨论决定；（6）按照权限对案件及有关程序性事项作出裁判或提出裁判意见；（7）制作裁判文书；（8）执行审判委员会决定；（9）办理有关审判的其他事项。

2. 审判长及其职责

合议庭的审判长由院长或者庭长指定审判员一人担任；院长或者庭长参加审判的，由院长或者庭长担任。审判长是负责案件审判活动，特别是法庭审理活动的审判员。审判长履行下列职责：（1）指导和安排审判辅助人员做好庭前调解、庭前准备及其他审判业务辅助性工作；（2）确定案件审理方案、庭审提纲，协调合议庭成员的庭审分工以及做好其他必要的庭审准备工作；（3）主持庭审活动；（4）主持合议庭对案件进行评议；（5）依照有关规定，提请院长将案件提交审判委员会讨论决定；（6）制作裁判文书，审核合议庭其他成员制作的裁判文书；（7）依照规定权限签发法律文书；（8）根据院长或者庭长的建议主持合议庭对案件进行复议；（9）对合议庭遵守案件审理期限制度的情况负责；（10）办理有关审判的其他事项。当然，审判长只是对合议庭的审判活动起主持作用，不能包揽案件。相反，合议庭全体成员应平等参与案件的审理、评议和裁判，共同对案件认定事实和适用法律负责。

3. 案件承办法官及其职责

合议庭接受案件后，应当根据有关规定确定案件承办法官，或者由审判长指定案件承办法官。承办法官的职责包括：（1）主持或者指导审判辅助人员进行庭前调解、证据交换等庭前准备工作；（2）拟定庭审提纲，制作阅卷笔录；（3）协助审判长组织法庭审理活动；（4）在规定期限内及时制作审理报告；（5）案件需要提交审判委员会讨论的，受审判长指派向审判委员会汇报案件；（6）制作裁判文书提交合议庭审核；（7）办理有关审判的其他事项。

（四）合议庭评议规则

合议庭的职能是代表人民法院行使审判权，对具体案件进行审理并作出裁判。组成合议庭的审判人员地位平等，享有同等的权利；人民陪审员在参加审判活动时，除法律另有规定外，与审判员有同等的权利义务。合议庭评议案件实行少数服从多数的原则。评议应当制作笔录，由合议庭成员签名。评议中的不同意见必须如实记入笔录。

合议庭评议规则主要有：（1）评议时限规则。合议庭评议案件应当在庭审结束后5个工作日内进行。（2）评议次序规则。合议庭评议案件时，先由承办法官对认定案件事实、证据是否确实、充分以及适用法律等发表意见，审判长最后发表意见；

审判长作为承办法官的,由审判长最后发表意见。对案件的裁判结果进行评议时,由审判长最后发表意见。审判长应当根据评议情况总结合议庭评议的结论性意见。(3)独立评议规则。合议庭成员进行评议时,应当认真负责,充分陈述意见,独立行使表决权,不得拒绝陈述意见或仅作同意与否的简单表态。同意他人意见的,应当提出事实根据和法律依据并分析论证。(4)评议形式规则。合议庭成员对评议结果的表决以口头表决的形式进行;必要时,合议庭成员还可提交书面评议意见。(5)多数意见规则。合议庭进行评议时,如果意见出现分歧,应当按多数人的意见作出决定,但少数人的意见应当记入笔录。(6)豁免规则。合议庭成员评议时发表的意见不受追究。(7)笔录规则。评议笔录由书记员制作,由合议庭的组成人员签名。

三、回避制度

(一)回避制度的概念和意义

民事诉讼中的回避制度,是指在民事诉讼中,审判人员或其他有关人员在遇到法律规定的可能影响案件公正审理的法定情形时,应当退出该案件的审判程序的制度。

设立回避制度的主要目的是保障民事审判的公正性。审判人员或相关人员必须不受利益驱动或情感的影响,保持不偏不倚的中立地位。因此,与案件或当事人存在利害关系或可能影响案件公正审理的其他关系的审判人员或相关人员不应该参加该案的审理活动,必须将其从诉讼程序中排除出去,以消除当事人的顾虑,保证审判活动和审判结果的公正性。[1]

(二)回避制度的适用对象与法定原因

回避制度的适用对象即应当回避人员的范围,是指民事诉讼法关于回避的规定对哪些人员适用。回避制度适用于审判员、法官助理、书记员、司法技术人员、翻译人员、鉴定人、勘验人。审判员,包括参与本案审理的人民法院院长、副院长、审判委员会委员、庭长、副庭长、审判员、助理审判员和人民陪审员。书记员和执行员适用审判人员回避的有关规定。

具有以下法定情形,相关人员应当回避:(1)是本案当事人或者当事人、诉讼代理人近亲属的;(2)与本案有利害关系的;(3)与本案当事人、诉讼代理人有其他关系,可能影响对案件的公正审理的。此外,审判人员接受当事人、诉讼代理人请客送礼,或者违反规定会见当事人、诉讼代理人的,当事人有权要求其回避。对于“法定情形”的解释,需要明确以下三点。

第一,审判人员具有下列情形之一的,应当自行回避,当事人有权申请其回避:(1)是本案的当事人或者当事人近亲属的;(2)本人或者其近亲属与本案有利害关系的;(3)担任过本案的证人、翻译人员、鉴定人、诉讼代理人或辩护人的;(4)是本

---

〔1〕 参见占善刚:《民事诉讼运行的内在机理研究》,武汉大学出版社2020年版,第31页。

案诉讼代理人的近亲属的;(5)本人或者其近亲属持有本案非上市公司当事人的股份或者股权的;(6)与本案当事人或者代理人有其他利害关系,可能影响案件的公正审理的。

第二,审判人员有下列情形之一的,当事人有权申请其回避:(1)接受本案当事人及其受托人宴请,或者参加由其支付费用的活动的;(2)索取、接受本案当事人及其受托人财物或者其他利益的;(3)违反规定会见本案当事人、诉讼代理人的;(4)为本案当事人推荐、介绍诉讼代理人,或者为律师、其他人员介绍代理本案的;(5)向本案当事人及其受托人借用款物的;(6)有其他不正当行为,可能影响公正审理的。

第三,凡在一个审判程序中参与过本案审判工作的审判人员,不得再参与该案其他程序的审判。发回重审的案件,在一审法院作出裁判后又进入第二审程序的,原第二审程序中的合议庭组成人员不受本条规定的限制。

(三)回避的程序和后果

回避的方式有三种:一是自行回避,即审判人员等有关人员认为自己不适合参与本案审理时,应当主动要求回避。二是申请回避,即当事人或诉讼代理人认为审判人员及其他有关人员具有法定回避原因的,可以向人民法院申请,要求具有法定回避原因的有关人员回避。三是决定回避,即审判人员应当回避,本人没有自行回避,当事人及其法定代理人也没有申请其回避的,院长或者审判委员会应当决定其回避。

在审前准备和开庭时,人民法院应当依法告知当事人对合议庭组成人员、独任审判员和书记员等人员有申请回避的权利。当事人及其法定代理人有权以口头或者书面形式申请回避。当事人申请回避的,应当在案件开始审理时提出,若在开始审理后才发现存在应当回避的法定事由,也可以在法庭辩论终结前提出。

回避申请提出后,是否准许,由法院决定,具体程序为:法院院长的回避由审判委员会决定;审判人员的回避由法院院长决定;其他人员的回避由审判长或独任审判员决定。法院对当事人提出的回避申请,应当在申请提出 3 日内以口头或书面形式作出决定。

对回避申请,人民法院应该以决定方式作出。当事人对决定不服的,可以向作出决定的人民法院提出复议申请,申请复议仅限一次。复议期间,被申请回避的人员不停止参加本案的工作。对于复议申请,人民法院应当在 3 日内作出复议决定并通知复议申请人。

在当事人提出回避申请到人民法院作出是否回避的决定前,被申请回避人员应暂时停止职务行为,但需要采取紧急措施的除外。一般认为,紧急措施包括财产保全、证据保全和强制措施。对于法院作出的不回避决定,申请人可以提出复议申请,在复议期间,被申请回避人员不需要停止职务行为。

因回避需要更换审判人员的,已经进行的诉讼程序无须重新进行。但是在回避决定作出前,被申请回避人员应当停止而没有停止职务行为的,其所作出的职务行为不具有法律效力。

四、公开审判制度

(一)公开审判制度的概念和意义

公开审判制度,是指人民法院审判民事案件时,应当依法公开进行的制度。公开审判是现代司法的巨大成就,是防止司法“黑暗”的重要制度措施,也是人类文明进步的表现。《世界人权宣言》第10条规定:“人人完全平等地有权由一个独立而无偏倚的法庭进行公正的和公开的审讯,以确定他的权利和义务,并判定对他提出的任何刑事指控。”我国《宪法》第130条规定:“人民法院审理案件,除法律规定的特别情况外,一律公开进行。被告人有权获得辩护。”这一宪法性原则确立了我国公开审判制度。在明确公开审判制度的法律地位时,必须根据权利保护的世界潮流和我国历史文化传统的影响,正确处理好当事人的隐私权与审判机关正确行使审判权、社会公众监督审判公正性之间的关系。

实行公开审判制度的重要意义在于:它将民事案件的审判活动置于社会的广泛监督之下,增加了审判活动的透明度,通过社会监督制约审判人员的恣意性,保障审判的公正。公开审判也为社会对司法活动的监督提供了具体的依据与方式,有利于实现对审判权有效制约,防止“暗箱操作”和审判权的滥用。[1]

(二)公开审判制度的内容

实践中,主要通过以下四个方面落实公开审判制度。

第一,案件公告。依法公开审理案件应当在开庭3日前公告。公告应当包括案由、当事人姓名或者名称、开庭时间和地点。依法公开审理案件,公民可以旁听,但精神病人、醉酒的人和未经人民法院批准的未成年人除外。根据法庭场所和参加旁听人数等情况,旁听人需要持旁听证进入法庭的,旁听证由人民法院制发。外国人和无国籍人持有效证件要求旁听的,参照中国公民旁听的规定办理。依法公开审理案件,经人民法院许可,新闻记者可以记录、录音、录像、摄影、转播庭审实况。外国记者的旁听按照我国有关外事管理规定办理。旁听人员必须遵守法庭规则,并应当接受安全检查。

第二,向当事人告知本案审判人员。无论是采用独任庭还是合议庭,都应在法庭组成后的3日内将法庭组成人员告知当事人。司法实践中,在开庭审理宣布开庭时,审判长还应当当庭宣读审判人员及书记员名单。

第三,审理过程公开。依法公开审理案件,案件事实未经法庭公开调查的不能认定。证明案件事实的证据未在法庭公开举证、质证的,不能进行认证,但无须举证的事实除外。缺席审理的案件,法庭可以结合其他事实和证据进行认证。法庭能够

---

〔1〕 参见江伟主编:《民事诉讼法》(第6版),中国人民大学出版社2013年版,第68页。

当庭认证的,应当当庭认证。

第四,审判结果公开。人民法院审理的所有案件应当公开宣告判决。宣告判决应当对案件的事实和证据进行认定,并在此基础上正确适用法律。法院作出的判决书,除法律规定属于保密不应公开的外,都应该录入判决书查询系统,供社会公众查询。

(三)公开审判的例外

根据法律规定,以下三类案件不公开审判,是公开审判的例外:第一,涉及国家秘密的案件。为了不使国家秘密泄露,涉及国家秘密的案件实行不公开审理的原则。国家秘密包括党的秘密、政府的秘密和军队的秘密等。第二,涉及个人隐私的案件。隐私是个人不愿为他人所知和干涉的私人生活的一部分,主要涉及个人生理、性生活、家庭不幸、感情经历等事关私人感情的信息。对于涉及个人隐私的案件,不应公开审理。第三,离婚案件,涉及商业秘密的案件。《民事诉讼法》第 137 条第 2 款规定:"离婚案件,涉及商业秘密的案件,当事人申请不公开审理的,可以不公开审理。"离婚案件往往涉及个人隐私,因此,当事人可以申请不公开审理。所谓商业秘密,是指生产工艺、配方、贸易联系和购销渠道等当事人不愿公开的技术秘密、商业情报及信息。商业秘密的性质决定其本身是不为社会公众所知且具有独占性的。一旦泄露商业秘密,将对商业秘密的持有者造成经济损失。因此,对于商业秘密也可以申请不公开审理。

五、两审终审制度

两审终审制度,是指一个民事案件经过两级人民法院的审判即告终结的制度。审级制度涉及对审判活动的监督,也涉及诉讼成本和诉讼效率,所以,应当根据一国的具体情况,确定适当的审级制度。我国现行的审级制度原则上是两审终审制。

一般情况下,对于第一审人民法院的裁判不服的,当事人可以提起上诉。上一级人民法院应当对上诉案件进行审理,第二审人民法院作出的裁判是最终裁判,当事人不得提起上诉。但是,对于以下案件则实行一审终审,当事人对人民法院作出的判决、裁定不得提起上诉:(1)最高人民法院审理的第一审民事案件;(2)适用特别程序、督促程序、公示催告程序审理的案件;(3)适用《民事诉讼法》第 165 条规定审理的小额诉讼案件;(4)除了不予受理破产申请的裁定、驳回破产申请的裁定、不予受理起诉的裁定、驳回管辖权异议的裁定和驳回起诉的裁定可以提起上诉,对于其他裁定,当事人不得提起上诉。

我国人民法院分为基层人民法院、中级人民法院、高级人民法院和最高人民法院四个级别,1954 年《人民法院组织法》首次确立了我国统一的四级两审终审的审级制度。1979 年、1983 年先后修改公布的《人民法院组织法》沿用了上述规定。《民事诉讼法》将两审终审作为一项基本制度规定下来,并以此对案件管辖和诉讼程序等作了具体的规定,形成了具有中国特色的审级制度。

一些学者认为,我国地域辽阔,多审级会给当事人双方造成大量人力、物力和时间上的浪费，而且容易使案件缠讼不清，当事人之间的权利义务关系长期处于不稳定状态，不利于民事流转和社会安定。实行两审终审，大部分案件可以在当事人所在辖区内解决，可以方便诉讼、减少讼累；也便于高级人民法院或最高人民法院摆脱审判具体案件的负担，集中精力搞好审判业务的指导和监督工作。[1] 我国的上诉审既是事实审又是法律审，这种全面审查的制度能够充分发挥上诉审的纠错作用，即使个别案件的裁判发生了错误，我国的审判监督程序也可以在一定程度上弥补审级相对较少的不足。[2]

思考与练习

1. 关于辩论原则的表述，下列选项中正确的是（　　）。

A. 当事人辩论权的行使仅限于一审程序中开庭审理的法庭调查和法庭辩论阶段

B. 当事人向法院提出起诉状和答辩状是其行使辩论权的一种表现

C. 证人出庭陈述证言是证人行使辩论权的一种表现

D. 督促程序不适用辩论原则

2. 关于当事人的诉讼处分行为，下列选项中正确的是（　　）。

A. 必要共同原告中一人或数人与对方当事人达成和解协议，经其他共同原告的承认，才对其他共同原告发生效力

B. 诉讼代表人与对方当事人进行和解，必须经被代表的当事人同意

C. 无独立请求权的第三人可以承认、放弃、变更诉讼请求，进行和解和申请撤诉

D. 法定代理人代为承认、放弃、变更诉讼请求或进行和解，必须有当事人的特别授权

3. 王某以借款纠纷为由起诉吴某。经审理，法院认为该借款关系不存在，王某交付吴某的款项为应支付的货款，王某与吴某之间存在买卖关系而非借贷关系。法院向王某作出说明，但王某坚持己见，不予变更诉讼请求和理由。法院遂作出裁定，驳回王某的诉讼请求。关于本案，下列说法中正确的是（　　）。

A. 法院违反了不告不理原则　　B. 法院适用裁判形式错误

C. 法院违反了辩论原则　　D. 法院违反了处分原则

4. 王某与钱某系夫妻，因感情不和，王某提起离婚诉讼，一审法院经审理判决不准予离婚。王某不服提出上诉，二审法院经审理认为应当判决离婚，并对财产分割与子女抚养一并作出判决。二审法院的判决违反了（　　）。

---

[1] 参见柴发邦主编：《民事诉讼法学新编》，法律出版社1992年版，第119页。

[2] 参见杨荣新主编：《民事诉讼法学》，中国政法大学出版社1997年版，第105页。

A. 处分原则　　　　　　　　　　B. 辩论原则

C. 两审终审制度　　　　　　　　D. 回避制度

5. 根据我国《民事诉讼法》和相关司法解释的规定，下列关于审判组织的表述中正确的是(　　)。

A. 再审程序中只能由审判员组成合议庭

B. 二审法院裁定发回重审的案件，原审法院应当组成合议庭进行审理

C. 法院适用特别程序审理的案件，陪审员不参加案件的合议庭

D. 中级人民法院作为一审法院时，合议庭可以由审判员与陪审员共同组成；作为二审法院时，合议庭则一律由审判员组成

6. 下列有关民事诉讼实行公开审判的表述中，不正确的是(　　)。

A. 案件的审理、合议庭的评议、判决的宣告应当公开

B. 对于涉及国家秘密的案件不公开审理，但要公开宣判

C. 对于涉及个人隐私的案件，人民法院应当根据当事人的申请不公开审理

D. 离婚案件只能不公开审理

7. 王某彪诉刘某仓房屋租赁纠纷一案由丹江县人民法院受理。第一次开庭时，因原告未带有关证据的原件，法庭决定休庭；第二次开庭时，原告在法庭辩论时提出，本案合议庭中的书记员刘某江为被告刘某仓的弟弟，故要求刘某江回避。审判长以法庭调查已结束为由，驳回了原告的回避申请。一审法院判决后，原告以一审法院判决认定事实不清且程序上违法——刘某江应当回避而没有回避为由，提起上诉。二审法院经审理认为，一审法院的判决认定事实清楚，适用实体法也无不当之处，同时还查明刘某江确实是刘某仓的弟弟。

请问：在此情况下，二审法院对本案应当如何处理？

CHAPTER 03

第三章

诉权与诉

本章导读

- 诉权是民事主体启动诉讼程序获得司法裁判以保护民事权益的资格，是宪法保障的司法保护请求权在民事诉讼中的具体表现。无论是对一个法治国家而言，还是对具体的当事人而言，保障诉权都具有十分重要的意义。
- 关于诉权的本质，存在私法诉权说、公法诉权说和双重诉权说等不同的观点。
- 诉是诉讼上的一种请求，是连接诉权与审判权的桥梁。根据其内容，可以将诉分为确认之诉、给付之诉和变更之诉。
- 诉讼标的是法院审判的对象，也是审判权作用的范围。识别诉讼标的的学说主要有传统诉讼标的理论、新诉讼标的理论和新实体法说等。
- 诉的利益说明了有无必要及可能通过法院对特定的民事纠纷进行审理和裁判的问题。若有必要性和可能性，法院就必须根据当事人的起诉行使审判权对案件进行裁判；若无必要性，法院就应当不予受理。
- 在诉讼中，为了案件审理的需要和提高诉讼效率等，往往需要适用诉的合并、变更和追加等制度；在本诉进行中，被告可以提出反诉。通过这些制度，有助于简化诉讼程序、提高诉讼效率、节约诉讼成本。

第一节　诉　　权

一、诉权的概念

一般认为，诉权是指当事人为了维护自己的民事权益，请求人民法院行使审判权对民事权益争议进行审判或对需要法院处理的事项进行处理的权利。〔1〕诉权是

〔1〕 参见相庆梅：《民事诉讼法学》，中国法制出版社2020年版，第85页。

一项基本权利,没有这项权利,公民、法人和其他组织的实体权利受到侵害或与他人发生纠纷后就不能启动民事诉讼程序以获得司法保护或救济。[1]

具体而言,可以从以下三个方面理解诉权的含义。

第一,诉权是一项司法裁判请求权,是一种程序性的权利,是一个国家的基本法直接赋予当事人请求保护民事权益的权利。没有该项权利,当事人的权益就无法获得司法保护。但是,一般情况下,诉权的具体行使必须结合民事实体法的规定,当事人只有在实体权利受到侵害或与他人发生纠纷时向法院请求司法保护,法院才会受理。没有实体法为依据,诉权就会变为空洞的概念。[2]

第二,诉权是当事人平等享有的权利。诉权通过当事人实施诉讼行为的形式贯穿于诉讼的整个过程,表现为当事人所享有的各项具体诉讼权利,当事人通过行使这些诉讼权利实现诉权。从内容上看,诉权包括进行诉讼的权利和满足诉讼请求的权利。

第三,诉权不同于诉讼上的请求。诉权是当事人向法院提起诉讼和进行诉讼的资格或权限,而诉讼上的请求是当事人行使这种权限的诉讼行为。因此,诉权只是实现实体权利的一种潜在的权能,其本身不能引起诉讼上法律关系的发生。只有当事人通过诉讼上的请求运用该权限时,才能引起民事诉讼法律关系的发生。[3]

二、诉权的学说

诉权虽然在民事诉讼理论中占有重要的地位,但诉权问题也是一个具有很大争议的问题,如关于诉权的内涵和诉权的作用等。在长期的争论中,逐渐形成了以下主要诉权学说。

(一)私法诉权说

私法诉权说是最早的诉权学说。该学说认为,诉权是私法上权利的延伸和变形,原告在对被告享有的私法上的权利得不到满足时,即产生诉权,因而诉权是一种私权,是私法上的权利在审判中行使的过程或手段。私法诉权说在当时占主导地位,但私法诉权说漠视了诉讼法的独立价值,并且在以下方面难以自圆其说:一是诉权的指向对象是国家司法机关而非私人;二是在消极的确认之诉上,原告并未向被告主张私权的存在;三是私法诉权不符合案件审理的规律,在案件尚未审理之前,怎么知道当事人是否享有私权?私权尚未确定,该学说又如何能认为当事人享有诉权?[4]

(二)公法诉权说

由于私法诉权说存在上述局限,加上社会和法律的发展,特别是随着公法观念

---

〔1〕 参见谭兵主编:《民事诉讼法学》,法律出版社2004年版,第57页。

〔2〕 参见谭兵主编:《民事诉讼法学》,法律出版社2004年版,第60~62页。

〔3〕 参见张卫平:《民事诉讼法》,法律出版社2004年版,第31页。

〔4〕 参见[日]山本隆司、袁浦:《私法与公法的协动形式》,载《交大法学》2023年第5期。

的兴起，公权的概念得以成立，而私法诉权说愈来愈显示出其不合理性，故而逐渐被公法诉权说所取代。公法诉权说认为，当事人和法院在民事诉讼中的法律关系不是私法性质的关系，而是公法性质的关系，引起这种关系发生的依据是当事人对国家公法上的请求权即诉权，因此，诉权在性质上不是依据私法上的请求权而派生的权利，而是一种公法上的权利，由此决定了诉讼法上的"诉"与实体法上的"请求"具有不同的性质。[1]

公法诉权说在发展过程中又经历了抽象的公法诉权说（抽象诉权说）、具体诉权说（权利保护请求权说）、本案判决请求权说（纠纷解决请求权说）和司法行为请求权说（诉讼内诉权说）等学说的演变。[2]

（三）双重诉权说

双重诉权说又称"二元诉讼说"。由于受苏联民事诉讼理论的影响，在我国的民事诉讼理论中，一般认为诉权具有双重含义，即诉权包括程序意义上的诉权和实体意义上的诉权。也有人将此称为诉权的双重法律意义或者诉权的二重性。所谓程序意义上的诉权，是指当事人进行诉讼、实施诉讼行为的权利。所谓实体意义上的诉权，是指当事人通过诉讼满足其诉讼请求的权利。就诉权对诉讼的影响而言，程序意义上的诉权为权利成立要件，实体意义上的诉权为权利保护要件。两者相辅相成，是形式与内容、手段与目的的关系，两者共同构成了诉权的完整内容。[3]

三、诉权的保障

诉权作为当事人请求人民法院行使审判权以保护自己合法权益的权利，是司法保护请求权的具体表现。因此，无论是对一个法治国家而言还是对具体的当事人而言，诉权保障都具有十分重要的意义。从我国民事诉讼的实践来看，要保障诉权的充分性与实效性，应当从以下几个方面加以努力：首先，应该完善立法，在规定启动诉讼程序的条件时，应该确立适当的标准，不宜过于严格，否则无异于限制当事人的诉权。其次，人民法院应当为当事人行使诉权提供必要的方便及指导，重视程序的意义，保持中立的地位，平等保护当事人的诉权。最后，当事人应当加深对诉权重要性的认识程度，了解行使诉权的条件和方式，并能通过行使诉权保护自己的权益。

第二节　诉

一、诉的概念

诉是民事诉讼中的一项重要制度，是由实体法和诉讼法相互协调、相互结合形成的制度。对于诉的理解与诉权一样，也存在许多分歧。一般认为，诉是指当事人

---

〔1〕 参见江伟主编：《民事诉讼法学原理》，中国人民大学出版社 1999 年版，第 234 页。

〔2〕 参见张卫平：《民事诉讼法》，法律出版社 2004 年版，第 33 ~ 34 页。

〔3〕 参见谭兵主编：《民事诉讼法学》，法律出版社 2004 年版，第 58 ~ 59 页。

向人民法院提出的，请求人民法院就一定的民事纠纷或权利主张进行裁判的诉讼行为。

具体而言，可以从以下四个方面理解诉的含义。

第一，诉是连接诉权与审判权的桥梁。一方面，诉权是当事人可以行使诉讼上的请求的权限和资格，其本身不会引起诉讼上法律关系的发生，只有当事人提出了诉讼上的请求，才能与人民法院形成诉讼上的法律关系。因此，诉是当事人行使诉权的表现。与此同时，人民法院审判权的行使是消极被动的，在当事人未为请求时，人民法院不能主动行使审判权，不能对民事纠纷或权利主张进行审理和裁判；只有在当事人提出诉讼上的请求后，人民法院才能行使审判权，与当事人形成诉讼上的法律关系。因此，诉是连接诉权与审判权的桥梁，具有启动诉讼程序、促使人民法院行使审判权的功能。

第二，诉是民事主体获得司法保护的一种请求。诉权平等意味着任何民事主体在其民事权益受到侵害时，都有权请求人民法院予以司法保护，诉正是民事主体行使诉权的表现。因此，诉是当事人用以保护自己民事权益的司法救济手段。

第三，诉不同于诉讼请求。对于诉与诉讼请求之间的关系，主要有三种观点：第一种观点认为，不管是诉还是诉讼请求，两者都是原告向法院实施的诉讼行为，但是，诉讼请求只是一种实体主张，而诉则是要求法院对诉讼请求进行审理的请求。第二种观点认为，诉是原告要求法院进行审理和裁判的请求，诉讼请求则是原告向被告提出的实体法上的权利主张。第三种观点认为，诉讼请求有狭义和广义之分，狭义的诉讼请求的含义与第一种观点相同，广义的诉讼请求除狭义的诉讼请求的含义外，还包括原告对法院提出的要求审理和裁判的请求。[1] 严格来说，诉与诉讼请求的含义应有所不同，诉是原告要求法院进行审理和裁判的请求；诉讼请求是原告通过法院向被告提出的实体法上的权利主张。但是，由于两者的区别不是非常明显，人们在使用这一概念时并没有严格区分。

第四，诉与起诉之间既有联系又有区别。一般而言，起诉是具体的诉讼行为，诉是抽象的诉讼行为。诉是起诉的基础和内容；起诉是实现诉的具体方式和形式。起诉的功能是启动一审程序，使诉的目的能够得以实现。

二、诉的构成要素

诉的构成要素是指一个完整的诉（或案件）所必备的内容或因素，是对诉进行内容分析。通说认为，一个完整的诉由三方面要素构成：诉的主体、诉的客体和诉的原因，立法者据此设定起诉要件。[2] 一个完整的诉必须同时具备以上三方面的要素，否则法院不予受理或驳回起诉。

---

〔1〕 参见张卫平：《民事诉讼法》，法律出版社 2004 年版，第 36 页。

〔2〕 参见江伟主编：《民事诉讼法》（第 6 版），中国人民大学出版社 2013 年版，第 26 页。

（一）诉的主体：原告与被告

诉是原告提起的，原告提起诉（起诉）的目的主要是请求法院按照民事诉讼程序，利用国家审判权来解决民事纠纷或保护民事权益。由于诉和诉讼请求中有关实体（法）上的具体地位或具体效果存在于原告与被告或纠纷双方主体之间，为实现起诉的目的，原告必须针对被告提起诉，因此，诉的主体是原告与被告，在上诉审程序中则为上诉人与被上诉人。

在民事诉讼程序中，双方当事人相互平等对抗，其中，双方当事人之间的质证和辩论是争讼程序不可或缺的程序阶段。民事诉讼的主要功能是对特定纠纷主体之间已经发生的具体纠纷的事后性解决，所以在某个具体的诉中，原告和被告均须具体化或明确化。通常须在起诉和受理阶段就得具体明确原告和被告，即当事人的确定。

（二）诉的客体：诉讼标的与诉讼请求

诉讼标的和诉讼请求是原告与被告之间争议的实体内容，共同体现原告起诉的目的，共同构成法院审判的主要对象或主要范围。所以，诉讼标的和诉讼请求是诉的构成要素。

按我国学界通说，诉讼标的是指民事当事人之间争议的、请求法院审判的民事实体法律关系或者民事实体权利。诉讼请求则是原告以诉讼标的为基础提出的具体实体请求。具体实体请求即原告行使诉权或提起诉讼所欲获得的具体的实体法律地位或实体法律效果，构成了诉讼请求的实体内容。

（三）诉的原因：案件实体事实

原告起诉时，应当主张支持诉讼标的和诉讼请求的案件实体事实，即权利产生的事实，或称诉的原因或诉的原因事实。权利产生的事实包括：(1)产生民事实体权的法律事实；(2)产生民事救济权的纠纷事实。这两类事实中，前者是基础和前提，而若无后者，则无诉的利益，也就不能请求诉讼救济，即无民事诉权。

三、诉的种类

在民事诉讼法学理论上，一般根据诉的性质与内容将诉分为确认之诉、给付之诉和变更之诉三种。

（一）确认之诉

确认之诉，是指原告要求法院确认其所主张的法律关系存在或不存在的诉讼请求。确认之诉分为积极的确认之诉与消极的确认之诉。请求法院确认法律关系存在的确认之诉是积极的确认之诉，如请求确认原告与被告之间的婚姻关系成立。请求法院确认法律关系不存在的确认之诉是消极的确认之诉，如请求法院确认原告与被告不存在婚姻关系。

确认之诉与给付之诉的区别在于，当事人只请求人民法院确认其与对方当事人之间发生争议的法律关系的存在状态，并不直接请求人民法院判令对方当事人进行某种给付。确认之诉与变更之诉也不同，确认之诉的双方当事人对所涉及的法律关系存有争议;而在变更之诉中,双方当事人对存在某种法律关系没有争议。

由于确认之诉具有预决性和防范性,在实践中,确认之诉往往是作为补充之诉提起的,即在审理给付之诉过程中,当事人对于作为给付之诉前提的基础性法律关系是否存在发生争议,一方当事人进而请求法院对该法律关系是否存在先行确认,以便给付之诉的后续审理。因此,有学者认为,确认之诉具有补充的性质,是一种补充之诉。

(二)给付之诉

给付之诉,是指对被告享有给付请求权的原告要求人民法院判令被告向自己履行一定的给付义务的诉讼请求。给付之诉以原告享有给付请求权为前提,人民法院审理给付之诉时,一般要先查明当事人之间是否存在给付权利义务关系。确实存在给付权利义务关系而义务人不主动履行义务的,人民法院应作出给付判决,判令义务人履行义务。

从时间效力来看,给付之诉可以分为现在给付之诉与将来给付之诉。现在给付之诉,是指给付之诉的判决生效后,具有给付义务的当事人必须立即履行义务的给付之诉;将来给付之诉,是指给付之诉的判决生效后,具有给付义务的当事人并不需要立即履行义务,而是在履行期限届满或具备履行条件时才履行义务的给付之诉。

按照给付的内容不同,给付之诉不仅包含物的交付,而且包含所有要求对方履行义务的请求,包括作为和不作为。例如,要求对方赔礼道歉,要求对方停止侵害,要求对方不作为等。因此,原告可以根据给付请求权的内容请求给付判决。

(三)变更之诉

变更之诉又称形成之诉,是指原告要求人民法院变更或消灭其与被告之间的特定法律关系的请求。在实体法中,当事人一方通过单方面的法律行为变更或者消灭一定法律关系的实体权利为形成权。一般情况下,存在形成权时,当事人可以根据行使的条件单方面变更或消灭一定的法律关系,没有必要向法院请求变更。例如,法律行为存在撤销或解除条件时,享有撤销权或解除权的一方当事人可以直接行使撤销权或解除权以撤销或解除一定的法律关系。但是,对于一些法律关系而言,即使存在实体上的变更原因或条件,若没有法院的变更判决,该法律关系仍然有效。当事人为了使现存的法律关系发生变更,只有向人民法院提起变更之诉。例如,当事人对解除婚姻关系、收养关系存在争议时,就需要向法院提起变更之诉。

与给付之诉和确认之诉相比,变更之诉具有以下特点:第一,变更之诉的当事人双方对现存的法律关系没有争议,但对是否要变更或如何变更这一关系有争议。第二,变更之诉中并不包含要求对方履行义务的内容。在司法实务中,离婚诉讼、分割财产诉讼、解除合同诉讼等都属于变更之诉。第三,变更之诉的双方当事人之间现存的法律关系从判决生效之日起解除。即使判决解除了现存的法律关系,在判决生效前,双方之间的法律关系仍然存在。

四、诉讼标的

(一)诉讼标的的概念

诉讼标的是民事诉讼法上的概念,也称诉的标的、诉讼客体、诉讼对象或系争标的,是指诉讼上的一种请求权,即原告在诉讼中向被告所为的权利主张。它表明了原告在诉讼中所追求的目标,同时是法院进行审理和裁判的对象。具体而言,可以从以下几个方面理解诉讼标的:(1)诉讼标的是法院审理和裁判的对象。诉讼标的是一种民事上的实体法律关系,但其与一般的民事法律关系不同,是当事人之间发生争议并请求法院以裁判的形式予以解决的民事实体法律关系。在民事诉讼中,一般民事案件都遵循处分原则,当事人没有主张的诉讼标的,法院不得加以审理和裁判。因此,法院的审理活动是围绕诉讼标的进行的,法院对案件的裁判也就是对案件诉讼标的的裁判。(2)诉讼标的是当事人诉讼活动的基础和中心。诉讼标的是当事人的诉讼权利主张,是法院裁判的对象,因此,当事人双方在诉讼中的证明和辩论活动都以案件诉讼标的为中心而展开,否则,证明和辩论活动就会失去意义。(3)诉讼标的是判断当事人是否重复起诉的依据。一事不再审是民事诉讼的一项原则,即当事人不得就已经起诉的案件再行起诉;即使起诉,法院也不得受理。那么,如何判断当事人的起诉是否属于再行起诉的案件?就是看前诉的诉讼标的是否与后诉的诉讼标的相同,若两诉的诉讼标的相同,根据一事不再审原则,对于后诉,法院就不能受理。[1] (4)诉讼标的决定判决既判力的客观范围。既判力是民事判决效力的重要内容和核心,而诉讼标的是衡量既判力客观范围的标准。因此,要确定既判力的客观范围,首先应当确定诉讼标的的内涵与外延,在理论上使两者前后衔接。(5)诉讼标的是诉的合并、追加和变更的依据。所谓诉的合并、追加,实际上就是法院将几个相互牵连的诉讼标的通过合并、追加的方式合并在一个诉讼程序中审理;所谓诉的变更,就是在诉讼中,法院经原告同意后将其起诉时主张的诉讼标的变更为另一种诉讼标的进行审理。因此,诉讼标的也就是法院进行诉的合并、追加和变更的依据。

(二)诉讼标的的识别

诉讼标的的核心问题是诉讼标的的识别依据,即以什么为依据区别不同的诉讼标的,这也是诉讼标的理论中最核心的问题。[2]

长期以来,围绕诉讼标的的概念界定和识别标准,民事诉讼法学界存在传统诉讼标的理论、新诉讼标的理论和新实体法学说等几种主要学说的争论。[3]

---

〔1〕 参见陈巍:《重复起诉认定标准之重构》,载《中外法学》2020 年第 6 期。

〔2〕 参见曹志勋:《民事诉讼诉讼标的基础论》,载《苏州大学学报(法学版)》2023 年第 1 期。

〔3〕 关于诉讼标的识别的理论学说,参见[日]高桥宏志:《民事诉讼法——制度与理论的深层分析》,林剑锋译,法律出版社 2003 年版,第 22 ~ 51 页;谭兵、李浩主编:《民事诉讼法学》(第 2 版),法律出版社 2013 年版,第 46 ~ 49 页;江伟主编:《民事诉讼法学原理》,中国人民大学出版社 1999 年版,第 256 ~ 261 页。

1. 传统诉讼标的理论

传统诉讼标的理论又称旧诉讼标的理论或旧实体法学说，认为诉讼标的是原告在诉状中所提出的一定实体法上的权利主张，判定诉讼标的的多少须以原告所享有的实体法上所规定的实体权利为标准。由此可以看出，传统诉讼标的理论虽然在概念方面已经认识到诉讼标的应与实体法上的权利有所区别，但在识别诉讼标的的依据上仍然以实体法规定的实体权利为标准。传统诉讼标的理论因无法合理解释和处理请求权竞合问题而受到批判。

2. 新诉讼标的理论

在批判传统诉讼标的理论的基础上，德国学者为解决请求权竞合问题提出了新诉讼标的理论。新诉讼标的理论又存在二分支说和一分支说之分。二分支说认为，应以诉的声明与事实理由两个要素作为识别诉讼标的的依据，而不能以实体法上的权利为依据。当事实理由与诉的声明两要素中任何一个要素为多数时，诉讼标的即为多数，从而发生诉的合并、追加或变更。当事实理由与诉的声明两者都是单一时，诉讼标的即为单一。二分支说虽然能合理解决传统诉讼标的理论无法解释的请求权竞合现象，但对于以同一给付为目的的数个请求权，如基于同一给付目的的数个请求权的发生系基于不同的事实理由的场合，却无法解释。针对这一缺陷，德国学者伯特赫尔和施瓦布等又提出了一分支说，即“诉之声明说”，认为应当将事实理由从诉讼标的的识别标准中剔除，只保留“诉之声明”作为判断和识别诉讼标的的标准。

3. 新实体法学说

新诉讼标的理论产生后受到了大多数学者的拥戴，但也遭到了一些学者的批评，认为该理论在诉讼标的的界定和识别标准上割裂了与实体请求权的联系是有失科学的，并认为传统诉讼标的理论的缺陷并不在于诉讼标的与实体请求权的联系上，而在于对实体请求权竞合问题的处理上。基于这个思路，从修正实体请求权竞合理论出发，德国学者尼克逊等提出了新实体法学说，认为凡基于同一事实关系而发生的、以同一给付为目的的数个请求权并存时，并不是实体请求权的竞合，而是请求权基础竞合，实际上此时只存在一个请求权，因为发生请求权的事实关系是单一的。真正的请求权竞合是因不同事实关系所发生的数个请求权；但在请求权竞合时，如果给付目的同一，那么，其中一个请求权的行使便意味着另一或其他请求权的消灭，在此情况下，诉讼标的仍然是单一的。

4. 其他学说

除了上述三大学说，还存在其他一些学说。例如，日本的三月章把识别诉讼标的的着眼点放在各种诉讼的具体机能上，认为诉讼标的的概念和识别标准应依各种诉讼类型的不同而有所不同。而小山升则认为诉讼标的系原告对被告的利益主张，诉讼标的是一个统一的概念，并不因为诉讼类型的不同而有所不同。两者均不认为实体法上的请求权的主张是诉讼标的，而将其降为判决的理由。另外，还有学者提出了所谓“动态的诉讼标的说”，认为应把诉讼标的的内容视为随着程序的进程而变动的实体形成状态。[1]

在我国，对诉讼标的的识别依据可谓众说纷纭。有主张旧实体法学说的，有主张新实体法学说的，有主张新诉讼标的理论的，也有主张对二分支说进行改造使用的，还有主张按不同类型的诉来确定识别诉讼标的的依据的。[2]

本书认为，关于诉讼标的的识别依据问题应当从民事诉讼的实际情况出发，按照不同类型的诉来确定。不同类型的诉，诉讼标的的识别依据应当有所不同。按照这样的思路，笔者认为给付之诉与确认之诉、变更之诉的诉讼标的的识别依据应当有所区别。对于给付之诉来说，诉讼标的是当事人关于对方履行给付义务的诉讼请求。识别标准是发生给付请求的具体事实。当事人之间所争议的某种实体法律关系或实体请求权既不是诉讼标的，也不是识别给付之诉的诉讼标的的标准。[3] 对于确认之诉与变更之诉来说，诉讼标的应当是当事人请求法院确定或变更实体法律关系的诉讼请求。识别确认之诉或变更之诉的标准应当是当事人有争议的实体法律关系。

五、诉的合并和变更

（一）诉的合并

诉的合并，是指将两个或两个以上相互之间有一定联系的诉合并在同一诉讼程序中审理的诉讼制度。一般认为，诉的合并的意义在于提高诉讼效率，降低诉讼成本。

一般情况下，一个诉即构成一个诉讼，只有在满足一定条件时，才可以将几个诉合并在同一个诉讼中审理。通说认为，诉的合并需要满足以下条件：(1)若干诉之间存在一定的联系。诉之间的联系可以是诉的主体方面存在联系，也可以是诉的客体之间存在联系。在有些情况下，诉在主体和客体方面都存在联系。(2)受诉法院对其中一个诉具有管辖权。在不违反专属管辖的情况下，受理的人民法院只要对其中一个诉有管辖权，即可以将相互牵连的诉合并审理。(3)合并的若干诉须可适用同种诉讼程序。可以适用相同诉讼程序的诉才可以合并审理。若是依案件性质需要适用不同诉讼程序审理，一般不能进行合并审理。(4)符合合并的目的。诉的合并主要是为了提高诉讼效率，节约诉讼成本。若是将诉合并审理不仅达不到此目的，反而会使审理活动更加复杂，就不宜进行诉的合并。

（二）诉的变更

一般认为，诉的变更是指诉讼请求的变更，即在同一诉讼程序中，当事人以新的

---

〔1〕 参见梁君瑜：《论行政诉讼中的重复起诉》，载《法制与社会发展》2020年第5期。

〔2〕 参见谭兵主编：《民事诉讼法学》，法律出版社2004年版，第79～80页。

〔3〕 参见曹志勋：《禁止重复起诉规则之重构：以合同效力的职权审查为背景》，载《中国法学》2022年第1期。

诉讼请求代替原来的诉讼请求。

诉讼请求在量上的变更,即诉讼请求的性质没有变,只是诉讼请求范围的扩大或缩小。

诉讼请求在质上的变更,即改变原来诉讼请求的性质,如将强制债务人履行合同的诉讼请求变更为请求损害赔偿的诉讼请求。

根据《民事证据规定》第55条的规定,当事人增加、变更诉讼请求或者提出反诉的,人民法院应当根据案件具体情况重新确定举证期限。

六、反诉

(一)反诉的概念和特征

反诉就是指在本诉进行的过程中,本诉的被告以本诉原告为被告向人民法院提起的一项新的诉讼请求。反诉是相对于本诉而言的,本诉的原告是反诉的被告,本诉的被告是反诉的原告。因此,如果不是本诉的被告对本诉的原告提起的诉讼就不是反诉。此外,关于反诉的含义,还需注意以下两点:其一,反诉与抗辩不同。反诉是一种独立的诉,是针对原告提出的一项新的诉讼请求;而抗辩只是一种针对本诉原告诉讼请求的防御方法。其二,反诉与反驳也有本质区别。反驳是针对对方当事人的诉讼请求、事实主张或法律主张进行否定而采取的防御方法和手段,原告和被告都可以针对对方主张进行反驳。因此,在本质上,反驳与抗辩具有相同的性质,其本身并不包含针对原告的诉讼请求。而反诉是一种独立的诉讼请求,是专门针对原告提出的。

反诉是相对于本诉而言的,因而,反诉具有以下特征:第一,反诉主体具有特定性。反诉是本诉的被告针对本诉的原告提出的诉讼请求,而不是其他当事人提出的诉讼请求。第二,反诉请求具有独立性。反诉是本诉被告针对原告提出的诉讼请求,其成立与否依诉的条件加以判断,不受本诉的影响,本诉撤诉或被驳回不会导致反诉不成立或被驳回。第三,反诉请求应当与本诉具有一定的牵连性。反诉是在本诉进行中提出的,通常情况下,反诉与本诉的诉讼请求是基于一个法律关系而产生的目的相对抗的不同的实体请求。第四,反诉时间的特定性。一般认为,反诉原则上应当在一审举证时限内提出。如果在二审程序中提出反诉,则应当在自愿、合法的基础上以调解的方式结案;如果调解不成,则就反诉部分告知当事人另行起诉。

(二)反诉的要件和程序

一般认为,通过反诉制度,可以利用一个诉讼程序解决两个相互牵连的纠纷,从而达到简化程序、提高诉讼效率和节约诉讼成本等目的。通过反诉制度,将相互牵连的诉讼请求在同一个程序中审理和判决,还可以防止法院在相关联的问题上作出相互矛盾的判决,维护法律的严肃性。但是,并不是在所有诉讼中都可以提起反诉。反诉的当事人应当限于本诉当事人的范围。反诉与本诉的诉讼请求基于相同的法律关系、诉讼请求之间具有因果关系,或者反诉与本诉的诉讼请求基于相同事实的,人民法院应当合并审理。[1] 反诉应由其他人民法院专属管辖,或者与本诉的诉讼标的及诉讼请求所依据的事实、理由无关联的,裁定不予受理,告知另行起诉。因此,提起反诉应当具备以下五个要件。

第一,在反诉的时间方面,被告提起反诉必须在本诉进行中、辩论终结前提起。如果本诉尚未提起或本诉辩论已经终结,则不能提起反诉。

第二,在反诉的管辖方面,反诉只能向受理本诉的法院提起,并且反诉为不属于其他法院专属管辖的案件。

第三,在适用诉讼程序方面,反诉与本诉必须可以适用同一程序。如果反诉不能与本诉适用同一诉讼程序,如本诉适用简易程序而反诉需要适用普通程序,则因程序的不同,不能在本诉系属中提起反诉。

第四,在诉的关联性方面,反诉与本诉要有牵连关系。如果反诉与本诉之间没有牵连,则无法合并审理。在司法实践中,反诉与本诉之间有牵连,一般是指反诉与本诉是基于同一法律关系和同一事实产生的。例如,本诉原告请求本诉被告退换商品,而本诉被告反诉请求本诉原告支付价款,在此,本诉与反诉都是基于双方之间的同一买卖关系而产生的。

第五,在反诉的主体方面,反诉必须是本诉的被告向本诉的原告提起。反诉作为一种诉,其提起与本诉的提起相同。只要符合上述要件,被告就可以按照一般诉的程序与方式向人民法院提起反诉。人民法院在收到反诉书等材料后,应当进行审查,符合反诉条件的,应当受理。受理之后,应当将反诉与本诉合并审理,审理终结后,应当针对本诉与反诉分别作出判决。

思考与练习

1. 关于诉的种类的表述,下列选项中正确的是(　　)。

A. 甲公司以乙公司违约为由诉至法院要求解除合同,属于变更之诉

B. 甲公司以乙公司的履行不符合约定为由诉至法院要求乙公司继续履行,属于给付之诉

C. 甲向法院起诉乙,要求返还借款 1000 元,乙称自己根本没有向甲借过钱,该诉讼属于确认之诉

D. 甲公司起诉乙公司,要求乙公司立即停止施工或采取有效措施降低噪音,属于变更之诉

2. 2003 年 8 月,设立于同一行政区域内的甲公司向乙公司订购了 40 台电脑,协议约定乙公司于 2004 年 1 月 31 日之前交货,甲公司于 2004 年 3 月 15 日之前付清

---

〔1〕 参见张卫平:《"案多人少"困境的程序应对之策》,载《法治研究》2022 年第 3 期。

货款。乙公司按期向甲公司交付了40台电脑,但甲公司只在2004年3月向乙公司交付了29台电脑的货款,其余11台电脑的货款一直未交付。2005年1月,乙公司起诉甲公司,要求甲公司支付余款及利息,法院受理了此案。甲公司认为,乙公司的电脑质量不合格,准备提起反诉。关于提起反诉,下列选项中正确的是(　　)。

A. 甲公司的反诉在主体、管辖和牵连关系上都符合反诉条件

B. 该反诉应该在答辩期届满之前提出

C. 反诉所需要交纳的受理费较通常的起诉减半收取

D. 该反诉已经超过了诉讼时效,法院应依法裁定不予受理

3. 通东市总工会在该工会礼堂举办了一场文艺演出。5月3日,《通东晚报》刊登了由该报记者王某声写的一则消息:“著名歌星林某申因不满市总工会用国产车将其从通东宾馆接送至演出场地,演出时迟迟不肯出场,导致冷场30分钟之久……”林某申见此消息十分气愤,认为其内容失实。《通东晚报》报社位于通东市F区,《通东晚报》发行范围为市属各县、区。林某申据此采取了两种措施:一是分别在该市公共场所张贴自己针对《通东晚报》该则消息的“辟谣告示”;二是以《通东晚报》报社和王某声为被告向法院提起诉讼。本案被告认为林某申的“辟谣告示”侵犯了其名誉权,在答辩的同时以林某申为被告向受诉法院提起诉讼。

请问:被告提起的诉讼是否构成反诉?为什么?

CHAPTER 04

第四章

民事诉讼的受案范围与管辖

本章导读

- 在现行法律体系中存在多元的纠纷解决机制。确立民事诉讼的受案范围就是为了明确人民法院与其他国家机关、社会组织在受理民事案件上的权限划分和工作分工。
- 一般情况下，凡是属于平等主体之间的财产权益纠纷和人身权益纠纷案件，人民法院都有权受理。
- 在处理法院与调解组织、仲裁机构等纠纷处理组织之间的关系时，应当遵循尊重当事人选择的原则和司法最终解决的原则。
- 我国《民事诉讼法》关于受案范围标准的规定比较抽象和原则，给司法实践带来诸多问题，在确定民事诉讼受案范围时，应当遵循法定原则、诉权保障原则、合理分流原则和司法最终解决原则。
- 民事诉讼的管辖是在人民法院系统内部对受理第一审民事案件的权限所进行的划分和分工，通过管辖制度，确定了对特定民事案件有权进行审判的具体人民法院。
- 我国民事诉讼法首先规定了级别管辖，确定了上下级人民法院之间受理第一审民事案件的权限划分。
- 在地域管辖中，一般地域管辖实行"原告就被告"的原则来确定第一审案件的管辖法院，而特殊地域管辖则通过确定民事案件涉及的当事人、诉讼标的、诉讼标的物、法律事实等因素的所在地与人民法院之间的联系来确定第一审案件的管辖法院。
- 专属管辖制度对特殊民事案件的管辖确定了专属法院，当事人和法院都不得对此进行变更。协议管辖制度赋予当事人对某些民事案件协议选择管辖法院的权利，体现了管辖中当事人的自治性；而裁定管辖则赋予人民法院在特定条件下以自由裁量的方式确定具体案件的管辖法院,体现了管辖制度的灵活性。

- 管辖权异议制度对于保障和落实法律规定的管辖制度,纠正管辖错误,克服民事诉讼中的地方保护主义具有积极意义。

第一节 民事诉讼的受案范围和管辖概述

一、民事诉讼的受案范围

(一)受案范围的概念

在现代法治社会中,处理民事纠纷的主体多种多样。通常情况下,当事人除了通过人民法院以诉讼的方式来解决纠纷,还可以通过诉讼外的纠纷解决机制,如行政裁决、仲裁、调解等方式解决纠纷。因此,应当事先确定不同主体或组织在解决民事纠纷上的权力划分与界限。民事诉讼的受案范围就是为了确定人民法院在解决民事纠纷方面的权限而设立的制度。

民事诉讼的受案范围又称法院主管或审判权的作用范围,是指人民法院依法受理和解决一定范围内的民事纠纷的权限,即明确人民法院与其他国家机关、社会组织之间解决民事纠纷的分工,其实质是确定人民法院行使民事审判权的范围和权限。[1] 凡属于受案范围的民事案件,当事人起诉符合条件的,人民法院都应依法受理,并适用《民事诉讼法》规定的程序予以审判;凡不属于受案范围的民事案件,人民法院则无权受理,也不能对此予以解决。

明确民事诉讼受案范围具有重要意义:第一,明确民事诉讼受案范围有利于人民法院正确地行使民事审判权和履行审判职责,以便合法、及时地解决民事纠纷。第二,明确民事诉讼受案范围有利于加强人民法院的责任感,及时处理主管范围内的民事案件,消除法院越权受理案件或者推诿主管的弊端。第三,明确民事诉讼受案范围有利于保障当事人依法行使诉讼权利,维护自己的合法权益,避免告状无门的现象发生。总之,民事诉讼的主管问题是人民法院正确行使审判权的重要前提,也是当事人进行民事诉讼的基本保障,具有极其重要的意义。

(二)民事诉讼的受案范围

《民事诉讼法》第 3 条规定:“人民法院受理公民之间、法人之间、其他组织之间以及他们相互之间因财产关系和人身关系提起的民事诉讼,适用本法的规定。”本条实际上是人民法院受理民事案件的标准,是对民事诉讼受案范围的抽象界定。该条以法律关系的性质为基础,以发生争议的实体法律关系是否属于财产关系或人身关系作为划分受案范围的标准,具有高度概括性。

---

〔1〕 在江伟教授主编的《民事诉讼法专论》(中国人民大学出版社 2005 年版)中使用的是“民事审判权的作用范围”,在张卫平教授主编的《民事诉讼法》(法律出版社 2004 年版)中使用的是“民事裁判权的范围”。

具体而言,属于民事诉讼受案范围的民事案件主要有以下几类:第一,由民法调整的平等权利主体之间因财产关系和人身关系发生纠纷而引起的案件,具体包括物权法律关系、债权法律关系、知识产权关系和人身权关系等纠纷引起的案件。第二,由婚姻法调整的平等权利主体之间因婚姻家庭关系发生纠纷而引起的案件。第三,由经济法调整的平等权利主体之间因经济关系发生纠纷而引起的案件,如因不正当竞争引起的损害赔偿案件等。第四,由劳动法调整的用人单位与劳动者之间因劳动关系发生纠纷而引起的案件。第五,由其他法律调整的社会关系发生争议,法律明确规定依照民事诉讼程序审理的案件。第六,由海商法调整的海上运输关系和船舶关系发生纠纷而引起的海事案件。第七,适用民事诉讼法中的特别程序、督促程序、公示催告程序或企业法人破产还债程序审理的几类非民事权益争议案件。

(三)司法最终解决原则

正如前面所言,解决民事纠纷的机构除了人民法院,还有行政机关、仲裁机构和人民调解委员会等民间组织。由于民事诉讼法无法对民事诉讼的受案范围作出具体、明确的规定,各个机构或组织有时会争夺民事案件的主管权,有时又会相互推诿自己主管的民事案件,造成当事人陷入无法行使诉权的尴尬境地。我国在处理人民法院与其他机关和社会组织之间主管民事纠纷问题上的相互关系时,应当遵循司法最终解决的原则。司法最终解决原则包括两个内容:一是任何非司法组织解决不了的案件,最后都可以由法院通过审判方式解决;二是当一个纠纷涉及几个法律关系,其中既有属于法院主管的,又有属于其他机关主管的,则一并由法院主管。法院通过审判方式解决纠纷,是解决纠纷的最后手段,具有最强的权威性,任何单位和个人不得对此提出异议,再寻求其他方式解决纠纷。[1]

二、管辖概述

(一)管辖概念及意义

民事案件的管辖,是指确定各级人民法院之间和同级人民法院之间受理第一审民事案件的分工和权限。在民事诉讼中,确定某一纠纷属于人民法院主管以后,接下来需要明确的是该纠纷具体应该由哪个法院来处理。管辖制度正是为了解决此类问题而设置的民事诉讼制度。法院管辖制度涉及两方面的问题:其一,对于特定的民事案件,应当由哪一级人民法院管辖,即首先要确定基层人民法院、中级人民法院、高级人民法院和最高人民法院这四级法院受理第一审民事案件的分工与权限;其二,对于特定的民事案件,应当由同级人民法院中的哪一个人民法院管辖,即要在同级人民法院中进一步确定应当由哪个具体的人民法院来管辖第一审民事案件。因此,管辖又包括级别管辖和地域管辖。

管辖与受案范围都是落实人民法院审判权的具体制度保障,但受案范围是法院

---

〔1〕 参见杨荣新主编:《中国民事诉讼法》,中国政法大学出版社1992年版,第60~62页。

与外部机构、组织之间的权限划分,而管辖是法院系统内部的权限划分。因此,民事案件的管辖与受案范围既有区别又有联系。受案范围先于管辖,它是确定管辖的前提和基础,只有先确定某一纠纷属于民事诉讼受案范围后,才有必要通过管辖将它具体分配到某个人民法院;而管辖制度是对受案范围的落实,确定了审理案件的具体法院,才能保证属于受案范围的民事案件得到及时的处理和解决。

一般认为,正确确定民事案件的管辖具有以下理论和实践意义:第一,司法权是由具体的法院来行使的,确定管辖就是使审判权的行使得到落实;第二,通过管辖的确定,可以使当事人明确案件的受理法院,有利于当事人正确行使起诉权,维护其合法权益;[1]第三,有利于人民法院之间在受理案件时规范有序,避免发生互相推诿和争抢管辖的现象,也有利于上级人民法院对下级人民法院的管辖监督。

(二)确定管辖的原则

一般认为,《民事诉讼法》在确定管辖时,主要兼顾了以下五项原则。

第一,便利当事人进行诉讼的原则。方便当事人起诉是我国《民事诉讼法》立法的指导思想。从民事诉讼的立法精神来看,如何便利当事人起诉、应诉以及进行其他各项诉讼活动是确定管辖的首要原则,如允许当事人合议选择合同案件的管辖法院等就是这一原则的体现。

第二,便于人民法院行使审判权和执行权的原则。管辖制度的设置应当考虑人民法院审判权的行使,包括方便对案件的审理和对判决的执行。《民事诉讼法》关于地域管辖的条文规定,一般的案件大多由被告所在地人民法院行使管辖权,体现了便于案件审理和裁判执行的原则。

第三,有利于保障案件公正审理的原则。公正是民事诉讼的首要价值,各项制度都应当有利于保障公正价值的实现,管辖制度的设计也不例外。因此,《民事诉讼法》在规定管辖时,也体现了对公正价值的追求,如对合同纠纷的协议管辖、管辖权异议等制度的规定。

第四,有利于平衡各级人民法院的工作负担的原则。各级人民法院的职能和分工是不同的:基层人民法院的职能比较简单,只负责审理第一审民事案件。中级以上人民法院除了作为第一审法院和第二审法院审理案件,还要负责指导和监督下级法院的审理工作,而且级别越高的法院,指导和监督工作的量就越大。因此,在确定管辖时就应当考虑不同级别的法院在职能和分工上的区别,平衡它们之间的工作负担。《民事诉讼法》将绝大多数民事案件划归基层人民法院管辖,并且使级别越高的法院审理的第一审民事案件越少,正是这一原则的体现。

第五,有利于维护国家主权的原则。审判权是国家主权的重要组成部分,而管辖权是审判权的重要内容,通过行使管辖权能够体现国家主权。尤其在涉外民事纠

---

〔1〕 参见潘剑锋主编:《民事诉讼法》,清华大学出版社2008年版,第87页。

纷中，管辖权常常是与国家主权联系在一起的。因此，在涉外案件中，应当尽可能拓宽我国法院对案件的管辖权，以维护国家主权，维护我国民事主体的合法权益。[1]

（三）管辖的分类和种类

按不同的标准，可以对民事案件的管辖在理论上作如下分类。

1. 法定管辖和裁定管辖

根据管辖是由法律直接规定还是由法院裁定确定，可以将管辖分为法定管辖和裁定管辖。法定管辖是指由民事诉讼法直接规定的管辖，如地域管辖和级别管辖。裁定管辖是指需要人民法院根据具体情况通过裁定来确定的管辖，如移送管辖、指定管辖和管辖权转移。法定管辖是法律对管辖的通常情形所作的规定，体现了确定管辖的规范性原则。裁定管辖则是民事诉讼法针对特殊情形所作的规定，体现了确定管辖的灵活性原则。

2. 专属管辖和协议管辖

根据管辖是由法律强制性规定还是允许当事人协商，可以将管辖分为专属管辖和协议管辖。专属管辖是指法律明确特定类型的案件只能由特定的法院管辖，其他法院均没有管辖权，当事人不得通过协议来变更管辖。协议管辖是指在法律允许的范围内，当事人可以通过协议来确定民事案件的管辖法院的管辖制度。专属管辖体现了管辖的强制性与排他性，协议管辖体现了当事人在管辖上的自主性。[2]

3. 共同管辖与牵连管辖

根据当事人、诉讼标的和法院辖区的管辖的不同，可以将管辖分为共同管辖和牵连管辖。共同管辖是指对同一案件，两个以上人民法院均有权管辖。牵连管辖也称合并管辖或者连带管辖，是指对于某一案件有管辖权的法院可以合并管辖与该案有牵连但又没有管辖权的另一案件，即由于有管辖权的案件与另一案件有牵连关系，人民法院因受理有管辖权的案件而获得另一本来没有管辖权的案件的管辖权。

《民事诉讼法》规定的管辖种类包括级别管辖、地域管辖、移送管辖、指定管辖和管辖权的转移等。

（四）专门法院管辖

我国由以下专门法院管辖一定范围内的民事案件。

第一，军事法院。双方当事人都是军人或者军队单位的案件（但法律另有规定的除外），涉及机密级以上军事秘密的案件，军队设立选举委员会的选民资格案件及认定营区内无主财产案件，由军事法院管辖。根据《军事法院管辖民事案件规定》第2条，下列民事案件，地方当事人向军事法院提起诉讼或者提出申请的，军事法院应当受理：（1）军人或者军队单位执行职务过程中造成他人损害的侵权责任纠纷案件；（2）当事人一方为军人或者军队单位，侵权行为发生在营区内的侵权责任纠纷案件；

〔1〕 参见张卫平：《民事诉讼法》（第6版），法律出版社2023年版，第30～32页。

〔2〕 参见洪冬英主编：《民事诉讼法学通论》（第3版），北京大学出版社2020年版，第51页。

(3)当事人一方为军人的婚姻家庭纠纷案件;(4)《民事诉讼法》第33条规定的不动产所在地、港口所在地、被继承人死亡时住所地或者主要遗产所在地在营区内,且当事人一方为军人或者军队单位的案件;(5)申请宣告军人失踪或者死亡的案件;(6)申请认定军人无民事行为能力或者限制民事行为能力的案件。此外,《军事法院管辖民事案件规定》第3条规定:"当事人一方是军人或者军队单位,且合同履行地或者标的物所在地在营区内的合同纠纷,当事人书面约定由军事法院管辖,不违反法律关于级别管辖、专属管辖和专门管辖规定的,可以由军事法院管辖。"

第二,海事法院。当事人因海事侵权纠纷、海商合同(包括海上运输合同、海船租用合同、海上保赔合同、海船船员劳务合同等)纠纷及法律规定的其他海事纠纷提起的诉讼,由海事法院管辖。

第三,知识产权法院。根据党的十八届四中全会精神,我国在北京、上海和广州成立知识产权法院;根据《全国人民代表大会常务委员会关于设立海南自由贸易港知识产权法院的决定》,我国设立海南自由贸易港知识产权法院。知识产权法院专门管辖一定范围内的知识产权案件。根据《民事诉讼法解释》第2条第1款的规定,专利纠纷案件由知识产权法院、最高人民法院确定的中级人民法院和基层人民法院管辖。

第四,铁路运输法院。铁路运输合同纠纷案件,代办托运、包装整理、仓储保管、接取送达等铁路运输延伸服务合同纠纷案件,铁路系统内部的经济纠纷案件,对铁路造成损害的侵权纠纷案件等,由铁路运输法院管辖。

(五)互联网法院管辖

随着互联网的广泛应用,因涉互联网交易和监管的纠纷越来越多,互联网法院也开始在实践中兴起。为规范互联网法院诉讼活动,保护当事人及其他诉讼参与人合法权益,最高人民法院于2018年9月印发《关于互联网法院审理案件若干问题的规定》,根据该规定,北京、广州、杭州互联网法院集中管辖所在市的辖区内应当由基层人民法院受理的第一审民事案件包括:(1)通过电子商务平台签订或者履行网络购物合同而产生的纠纷;(2)签订、履行行为均在互联网上完成的网络服务合同纠纷;(3)签订、履行行为均在互联网上完成的金融借款合同纠纷、小额借款合同纠纷;(4)在互联网上首次发表作品的著作权或者邻接权权属纠纷;(5)在互联网上侵害在线发表或者传播作品的著作权或者邻接权而产生的纠纷;(6)互联网域名权属、侵权及合同纠纷;(7)在互联网上侵害他人人身权、财产权等民事权益而产生的纠纷;(8)通过电子商务平台购买的产品,因存在产品缺陷,侵害他人人身、财产权益而产生的产品责任纠纷;(9)上级人民法院指定管辖的其他互联网民事案件。对于上述合同及其他财产权益纠纷范围内,当事人可以依法协议约定与争议有实际联系地点的互联网法院管辖。电子商务经营者、网络服务提供商等采取格式条款形式与用户订立管辖协议的,应当符合法律及司法解释关于格式条款的规定。

当事人对北京互联网法院作出的判决、裁定提起上诉的案件,由北京市第四中级人民法院审理,但互联网著作权权属纠纷和侵权纠纷、互联网域名纠纷的上诉案件,由北京知识产权法院审理。当事人对广州互联网法院作出的判决、裁定提起上诉的案件,由广州市中级人民法院审理,但互联网著作权权属纠纷和侵权纠纷、互联网域名纠纷的上诉案件,由广州知识产权法院审理。当事人对杭州互联网法院作出的判决、裁定提起上诉的案件,由杭州市中级人民法院审理。

第二节　级别管辖

一、级别管辖的概念和依据

所谓级别管辖,是指上、下级人民法院受理第一审民事案件的分工和权限。级别管辖制度是纵向确定不同级别人民法院一审民事案件管辖权限的制度。

级别管辖与人民法院的组织体系有一定联系。我国现设有四级人民法院,即基层人民法院、中级人民法院、高级人民法院和最高人民法院。依据民事诉讼法的分级管辖原则,这四级法院都有权受理一定范围内的民事案件。级别管辖就是按人民法院组织体系的层级结构,从纵向上解决第一审民事案件应当由哪一级人民法院受理的问题。

我国设有四级人民法院,各级人民法院由于职能、分工不同,受理第一审民事案件的权限范围也不同。从《民事诉讼法》的规定和司法实践的情况来看,确定不同级别的人民法院管辖第一审民事案件的主要依据是案件的性质、影响范围、繁简程度以及争议金额的大小等。

二、第一审民事案件的级别管辖

除法律另有规定外,第一审民事案件原则上由基层人民法院管辖,这是因为在人民法院组织系统中,基层人民法院的数量多、分布广,审判人员的数量多,并且没有审理上诉案件的任务,所以,绝大多数第一审民事案件都由基层人民法院管辖。

法律规定由中级人民法院管辖第一审民事案件包括:(1)重大涉外案件。涉外民事案件,是指民事法律关系的主体、内容、客体三者中含有涉外因素的民事案件。只有重大涉外民事案件是由中级人民法院管辖,一般涉外民事案件仍然由基层人民法院管辖。所谓重大涉外案件,包括争议标的额大、案情复杂,或者一方当事人人数众多等具有重大影响的案件。(2)在本辖区内有重大影响的案件。一般认为,在中级人民法院的辖区内有重大影响的案件是指案情复杂、涉及范围广、诉讼标的的金额较大的案件,以及案发后案件处理结果的影响超出了基层人民法院的辖区范围,基层人民法院不便行使管辖权,而由中级人民法院作为第一审管辖法院比较适宜,如诉讼标的额大或诉讼单位为省、自治区、直辖市以上的经济纠纷案件。(3)最高人民法院确定由中级人民法院管辖的案件。这是概括性的规定,最高人民法院根据审判工作的需要和司法实践经验,以规范性文件或司法解释的形式将某些案件指定由中级人民法院管辖。例如,最高人民法院将海事、海商案件、专利纠纷案件、著作权民事纠纷案件、虚假陈述证券民事赔偿案件等指定由中级人民法院审理。

高级人民法院管辖在本辖区有重大影响的第一审民事案件。此外,对于级别管辖的确定,高级人民法院有一定的权力。对于著作权纠纷案件,各高级人民法院根据本辖区的实际情况,可以报请最高人民法院批准,由若干基层人民法院管辖第一审著作权民事纠纷案件。

最高人民法院是我国的最高审判机关,其主要任务是对审判过程中如何具体适用法律、法规进行司法解释,指导和监督地方各级人民法院和各专门人民法院的审判工作,并审理不服高级人民法院裁判的上诉案件。因此,《民事诉讼法》只规定下列两类第一审民事案件由最高人民法院受理:(1)在全国有重大影响的案件;(2)认为应当由本院审理的案件。

党的十八届四中全会通过的《中共中央关于全面推进依法治国若干重大问题的决定》明确提出最高人民法院设立巡回法庭,审理跨行政区的重大行政案件和民商事案件。根据这一决定精神,最高人民法院颁布了《关于巡回法庭审理案件若干问题的规定》,根据该规定第3条第1款,巡回法庭审理或者办理巡回区内应当由最高人民法院受理的以下与民商事有关的案件:(1)在全国有重大影响的第一审民商事案件;(2)不服高级人民法院作出的第一审行政或者民商事判决、裁定而提起上诉的案件;(3)对高级人民法院作出的已经发生法律效力的行政或者民商事判决、裁定、调解书申请再审的案件;(4)依法定职权提起再审的案件;(5)高级人民法院因管辖权问题报请最高人民法院裁定或者决定的案件;(6)高级人民法院报请批准延长审限的案件;(7)涉港澳台民商事案件和司法协助案件;(8)最高人民法院认为应当由巡回法庭审理或者办理的其他案件。

第三节　地域管辖

一、地域管辖概述

地域管辖,是指同级人民法院之间受理第一审民事案件的分工和权限。级别管辖从纵向划分上、下级人民法院之间受理第一审民事案件的权限和分工,解决了某一民事案件应由哪一级人民法院管辖的问题;而地域管辖从横向划分同级人民法院之间受理第一审民事案件的权限和分工,解决的是某一民事案件应由同级人民法院中的哪一个人民法院管辖的问题。因此,在确定了级别管辖之后,再通过地域管辖来进一步落实民事案件的受诉法院,才能使民事案件系属于民事诉讼,接受人民法院的审理和裁判。因此,级别管辖是地域管辖的前提和基础,地域管辖是级别管辖的具体落实,两者共同构成管辖制度的核心内容。

地域管辖分为一般地域管辖、特殊地域管辖、专属管辖、共同管辖和协议管辖。

二、一般地域管辖

一般地域管辖又称普通管辖,是指以当事人住所地与法院辖区的关系来确定管辖法院。我国《民事诉讼法》规定,地域管辖以被告住所地管辖为原则,以原告住所地管辖为例外。

(一)一般地域管辖的原则规定

确定一般地域管辖的原则是“原告就被告”,即对公民提起的民事诉讼,由被告住所地人民法院管辖;被告住所地与经常居住地不一致的,由经常居住地人民法院管辖。对法人或者其他组织提起的民事诉讼,由被告住所地人民法院管辖。

一般认为,实行“原告就被告”原则有利于人民法院调查、核实证据,迅速查明案情,正确处理民事纠纷;有利于传唤被告出庭应诉;有利于采取财产保全和先予执行措施;如果被告败诉,有利于执行;同时,还可以防止原告滥用诉权,给被告造成不应有的损失。

对于公民来说,住所地即公民的户籍所在地,经常居住地是指公民离开住所地至起诉时已连续居住1年以上的地方,但公民住院就医的地方除外。经常居住地的适用优先于住所地。因此,经常居住地需要满足以下条件:(1)至起诉时居住的地点;(2)要求连续居住,中间没有中断;(3)需居住满1年以上。

被告被注销户籍的,由原告住所地或经常居住地法院管辖;原告、被告均被注销户籍的,由被告居住地人民法院管辖。当事人的户籍迁出后尚未落户,有经常居住地的,由该地人民法院管辖;没有经常居住地的,由其原户籍所在地人民法院管辖。双方当事人都被监禁或者被采取强制性教育措施的,由被告原住所地人民法院管辖。被告被监禁或者被采取强制性教育措施1年以上的,由被告被监禁地或者被采取强制性教育措施地人民法院管辖。另外,夫妻双方离开住所地超过1年,一方起诉离婚的案件,由被告经常居住地人民法院管辖;没有经常居住地的,由原告起诉时被告居住地人民法院管辖。

对于法人和非法人组织来说,住所地是指法人或者其他组织的主要办事机构所在地。法人或者其他组织的主要办事机构所在地不能确定的,法人或者其他组织的注册地或者登记地为住所地。对没有办事机构的个人合伙、合伙型联营体提起的诉讼,由被告注册登记地人民法院管辖。没有注册登记,几个被告又不在同一辖区的,被告住所地的人民法院都有管辖权。

(二)一般地域管辖的例外规定

一般地域管辖的“原告就被告”原则在某些特殊情况下无法适用或者适用后将对原告或法院比较不便。为此,以下几种例外情况,由原告住所地人民法院管辖;原告的住所地与经常居住地不一致的,由经常居住地或其他地点的人民法院管辖:第一,对于符合不在中国领域内居住、与身份有关的诉讼案件(如涉及婚姻关系、亲子关系、收养关系等的案件),由原告住所地或者经常居住地人民法院管辖。第二,对下落不明或者宣告失踪的人提起的有关身份关系的诉讼。在被告下落不明或者已经宣告失踪的情况下,根本无法确定其住所地或者经常居住地,则由原告住所地或者经常居住地人民法院管辖,可以方便原告行使诉权。第三,对被采取强制性教育措施的人提起的诉讼。第四,对被监禁的人提起的诉讼。正在被监禁的人包括已决犯和未决犯，其都丧失了人身自由，脱离了住所地或者经常居住地，不仅不便原告向被告被监禁地人民法院起诉，而且由被告被监禁地人民法院管辖很可能造成其工作量过大，因此，法律规定原告住所地或经常居住地人民法院为有管辖权法院是比较恰当的。

此外，对于不服指定监护或者变更监护关系的案件，可以由被监护人住所地人民法院管辖。追索赡养费案件的几个被告住所地不在同一辖区的，可以由原告住所地人民法院管辖。此处的规定是"可以"，说明被告住所地的人民法院也有权管辖，成立共同管辖。夫妻一方离开住所地超过 1 年，另一方起诉离婚的案件，可以由原告住所地人民法院管辖。

(三)涉外婚姻案件的管辖

涉及国外华侨的离婚案件的管辖有特殊性，应当根据具体情况确定由原告住所地或者被告住所地法院管辖：第一，在国内结婚后定居国外的华侨，如定居国法院规定离婚诉讼必须由婚姻缔结地法院管辖，当事人向人民法院提出离婚诉讼的，由婚姻缔结地或一方在国内的最后居住地法院管辖。第二，在国外结婚并定居国外的华侨，如定居国法院以离婚诉讼须由国籍所属国法院管辖为由不予受理，当事人向人民法院提出离婚诉讼的，由一方原住所地或在国内的最后居住地法院管辖。第三，中国公民一方居住在国外，另一方居住在国内，不论哪一方向人民法院提起离婚诉讼，国内一方住所地的法院都有管辖权。国外一方在居住国法院起诉，国内一方向人民法院起诉的，受诉人民法院有权管辖。第四，中国公民双方在国外但未定居，一方向人民法院起诉离婚的，应由原告或者被告原住所地的法院管辖。第五，已经离婚的中国公民，双方均定居国外，仅就国内财产分割提起诉讼的，由主要财产所在地人民法院管辖。

三、特殊地域管辖

特殊地域管辖是相对于一般地域管辖而言的，是指以诉讼标的、诉讼标的物、法律事实等因素与人民法院之间的隶属关系为标准所确定的管辖。在特殊地域管辖中，确定管辖法院的因素有多个，因此，对于同一案件，有管辖权的法院也就可能有多个，这便是共同管辖。

(一)合同纠纷案件的管辖

合同纠纷案件的管辖主要有以下三种情形。

第一，一般合同纠纷案件的管辖。对于一般合同来说，因合同纠纷提起的诉讼由被告住所地或者合同履行地人民法院管辖。合同履行地是指履行合同义务的地点。合同约定履行地点的，以约定的履行地点为合同履行地。合同对履行地点没有约定或者约定不明确，争议标的为给付货币的，接收货币一方所在地为合同履行地；交付不动产的，不动产所在地为合同履行地；其他标的，履行义务一方所在地为合同履行地。即时结清的合同，交易行为地为合同履行地。合同没有实际履行，当事人双方住所地都不在合同约定的履行地的，由被告住所地人民法院管辖。

此外,财产租赁合同、融资租赁合同以租赁物使用地为合同履行地。合同对履行地有约定的,从其约定。以信息网络方式订立的买卖合同,通过信息网络交付标的的,以买受人住所地为合同履行地;通过其他方式交付标的的,收货地为合同履行地。合同对履行地有约定的,从其约定。

第二,保险合同纠纷案件的管辖。因保险合同纠纷提起的诉讼,由被告住所地或者保险标的物所在地人民法院管辖。保险合同,是指投保人支付保险费给保险人,保险人对于投保人因自然灾害或意外事故所致的损害承担赔偿责任或支付一定金额的合同。因保险合同发生的纠纷,是指投保人或者保险受益人与保险人之间发生的争议。因保险合同纠纷提起的诉讼,被告住所地和保险标的物所在地人民法院都有管辖权。保险标的物是投保人与保险人订立保险合同所指向的对象,如财产、人身健康或生命等。因财产保险合同纠纷提起的诉讼,如果保险标的物是运输工具或者运输中的货物,可由运输工具登记注册地、运输目的地、保险事故发生地人民法院管辖。因人身保险合同纠纷提起的诉讼,可以由被保险人住所地人民法院管辖。

第三,运输合同纠纷案件的管辖。因铁路、公路、水上、航空运输和联合运输合同纠纷提起的诉讼,由运输始发地、目的地或者被告住所地人民法院管辖。运输合同纠纷,是指承运人与托运人双方在履行运输合同过程中发生的权利义务争议。例如,因托运的货物损坏、丢失引起的纠纷,旅客因乘坐运输工具时人身受到伤害引起的纠纷等。对于这类纠纷,运输始发地(客运或货运合同规定的出发地点)、目的地(合同约定的客运、货运最终到达地)、被告住所地的人民法院都有管辖权。必须注意的是,运输合同纠纷与因铁路、公路、水上、航空事故请求损害赔偿诉讼的管辖是不同的。另外,在司法实践中,还应该注意当事人的诉讼请求和案由,是侵权之诉还是违约之诉。如果是侵权之诉,则应当按照侵权纠纷案件来确定管辖。此外,铁路运输合同纠纷及与铁路运输有关的侵权纠纷由铁路运输法院管辖。

(二)侵权纠纷案件

因侵权行为提起的诉讼,由侵权行为地或者被告住所地人民法院管辖。侵权行为地,包括侵权行为实施地、侵权结果发生地。因产品质量不合格造成他人财产、人身损害提起的诉讼,产品制造地、产品销售地、服务提供地、侵权行为地和被告住所地的人民法院有管辖权。因侵犯著作权提起的诉讼,由侵权行为实施地、侵权复制品储藏地或者查封扣押地、被告住所地人民法院管辖。因侵犯注册商标专用权行为提起的民事诉讼,由侵权行为的实施地、侵权商品的储藏地或者查封扣押地、被告住所地人民法院管辖。信息网络侵权行为实施地包括实施被诉侵权行为的计算机等信息设备所在地,侵权结果发生地包括被侵权人住所地。

如果一项纠纷属于违约和侵权竞合,分别按照违约即合同纠纷以及侵权纠纷确定管辖,所有相关规定确定的人民法院都有管辖权。

(三)海事、海商纠纷案件

海事和海商案件主要有三类,属于海事法院管辖。

第一,海事损害事故案件。因船舶碰撞或者其他海事损害事故请求损害赔偿提起的诉讼,由碰撞发生地、碰撞船舶最先到达地、加害船舶被扣留地或者被告住所地人民法院管辖。其他海损事故,是指船舶在航行过程中,除碰撞以外发生的触礁、触岸、搁浅、浪损、失火、爆炸、沉没、失踪等事故。因船舶碰撞或者其他海损事故造成财产、人身损害,原告追索损害赔偿的诉讼,以下四个地方的人民法院都有管辖权:(1)碰撞发生地,即船舶碰撞的侵权行为发生的具体地点;(2)碰撞船舶最初到达地,即船舶碰撞事故发生后,受害船舶最先到达的港口所在地;(3)加害船舶被扣留地,即加害船舶实施侵权行为后继续航行,后被有关机关扣留的具体地点;(4)被告住所地,一般是加害船舶的船籍港所在地,即该船舶进行登记并获得航行权的具体港口。

第二,海难救助费纠纷案件。因海难救助费用提起的诉讼,由救助地或者被救助船舶最先到达地人民法院管辖。海难救助,是指救助人对海上遇难的船舶及所载的货物或者人员给予援救。实施救助行为的救助人可能是从事救助的专业单位,也可能是邻近或者经过的船舶。救助活动完成后,救助人有权要求被救助的一方给付一定报酬,即海难救助费用。根据《民事诉讼法》的规定,因追索海难救助费用提起的诉讼,救助地、被救助船舶最先到达地人民法院都有管辖权。所谓救助地,即实施救助行为或者救助结果发生地;所谓被救助船舶最先到达地,即被救助船舶经营救脱离险情后的最初到达地。

第三,共同海损案件。因共同海损提起的诉讼,由船舶最先到达地、共同海损理算地或航程终止地人民法院管辖。共同海损,是指海上运输过程中,船舶遭遇海难等意外事故时,为了避免共同危险而有意地、合理地作出特殊的物质牺牲和支付的特殊费用。例如,为灭火而引海水入舱,为避免全船覆没而将全部或部分货物抛入大海,为进行船舶紧急修理而自动搁浅等。共同海损的牺牲和费用经过清算,由有关受益各方按比例分担。如果共同海损的全体受益人因对共同海损的构成及分担比例等问题发生争议而诉诸法院,就是共同海损诉讼。

因共同海损提起的诉讼,船舶最先到达地、共同海损理算地或航程终止地人民法院都有管辖权。船舶最先到达地是对遇难船舶采取挽救措施,使其继续航行后最初到达的港口所在地。航程终止地是发生共同海损船舶的航程终点。共同海损理算地是处理共同海损损失,理算共同海损费用的工作机构所在地。

(四)其他特殊管辖

除上述特殊地域管辖案件外,民事诉讼法还规定了以下特殊管辖。

第一,票据纠纷案件的管辖。因票据纠纷提起的诉讼,由票据支付地或者被告住所地人民法院管辖。票据是指由出票人签发的,写明在一定的时间、地点,由本人或者指定他人按照票面所载文义向执票人无条件支付一定金额的有价证券。票据主要有本票、汇票和支票三种。所谓票据纠纷,是指出票人或付款人与持票人之间因票据承兑等发生的争议。因票据纠纷提起的诉讼,可以由票据支付地或被告住所地人民法院管辖。票据支付地,即票据上载明的付款地。如果票据未载明付款地,则票据付款人的住所地或主要营业场所所在地为票据付款地,原告可以任选其中一个人民法院起诉。

第二,交通事故损害赔偿纠纷案件。因铁路、公路、水上和航空事故请求损害赔偿提起的诉讼,由事故发生地或车辆、船舶最先到达地,航空器最先降落地或被告住所地人民法院管辖。铁路、公路、水上、航空事故是由车辆、船舶或者航空器的所有人或管理人的侵权行为造成的。例如,火车相撞、脱轨;汽车倾覆,撞击了其他车辆、人员;轮船相撞、沉没;航空器坠毁;因排油、抛物造成环境污染和人身伤亡;等等。因这些事故引起的损害赔偿纠纷,法律规定事故发生地、车辆最先到达地(事故发生后,车辆的第一个停靠站)、船舶最先到达地(事故发生后,船舶的第一个停靠港或沉没地)、航空器最先降落地(飞机、飞艇、卫星等最先降落地或因事故而坠落地)和被告住所地人民法院都有管辖权。

第三,公司设立、确认股东资格、分配利润、解散等公司诉讼案件。因公司设立、确认股东资格、分配利润或解散等纠纷提起的诉讼,由公司住所地人民法院管辖。因股东名册记载、请求变更公司登记、股东知情权、公司决议、公司合并、公司分立、公司减资、公司增资等纠纷提起的诉讼,由公司住所地人民法院管辖。

第四,财产保全案件的管辖。当事人申请诉前保全后没有在法定期间起诉或者申请仲裁,给被申请人、利害关系人造成损失引起的诉讼,由采取保全措施的人民法院管辖。当事人申请诉前保全后在法定期间内起诉或者申请仲裁,被申请人、利害关系人因保全受到损失提起的诉讼,由受理起诉的人民法院或者采取保全措施的人民法院管辖。

四、专属管辖

专属管辖,是指对某些特定类型的案件,法律强制规定只能由特定的人民法院行使管辖权。凡是专属管辖的案件,只能由法律明文规定的人民法院管辖,其他人民法院均无管辖权,从而排除了一般地域管辖和特殊地域管辖的适用。对于专属管辖的案件,当事人双方无权以协议或约定的方式变更管辖法院,从而排除了协议管辖的适用。外国的法院更没有管辖权,从而排除了外国法院行使管辖权的可能性。[1] 总之,专属管辖是既排斥其他类型的法定管辖,又排斥协议管辖的管辖制度。属于专属管辖的案件有三种。

第一,不动产纠纷案件。因不动产纠纷提起的诉讼,由不动产所在地人民法院管辖。不动产纠纷是指因不动产的权利确认、分割、相邻关系等引起的物权纠纷。另外,农村土地承包经营合同纠纷、房屋租赁合同纠纷、建设工程施工合同纠纷和政策性房屋买卖合同纠纷,按照不动产纠纷确定管辖。不动产已登记的,以不动产登

〔1〕 参见毕玉谦主编:《民事诉讼法学》(第2版),中国政法大学出版社2021年版,第38页。

记簿记载的所在地为不动产所在地;不动产未登记的,以不动产实际所在地为不动产所在地。不动产纠纷由不动产所在地人民法院管辖,便于受诉人民法院勘验现场、收集证据,也便于裁判生效后的执行。

第二,港口作业纠纷案件。因港口作业过程中发生纠纷提起的诉讼,由港口所在地人民法院管辖。从实践的情况来看,港口作业过程中发生的纠纷主要有两类:一是在港口进行货物装卸、驳运、保管等作业过程中发生的纠纷;二是船舶在港口作业过程中,由于违章操作造成他人人身或财产损害的侵权纠纷。因此类纠纷提起的诉讼,由港口所在地人民法院管辖。一般情况下,港口作业纠纷属于海事、海商案件,应由该港口所在地的海事法院管辖。

第三,继承遗产纠纷案件。因继承遗产纠纷提起的诉讼,由被继承人死亡时住所地或主要遗产所在地人民法院管辖。遗产是指死者生前的个人财产,包括动产和不动产。继承人为继承被继承人的遗产而发生纠纷诉诸法院的诉讼,称为继承遗产诉讼。继承遗产诉讼由被继承人死亡时住所地或主要遗产所在地人民法院管辖。

五、共同管辖

共同管辖,是指根据法律的规定,两个或两个以上人民法院对同一诉讼案件都有管辖权。在几个人民法院对同一案件都有管辖权的情况下,就形成了管辖权的积极冲突。解决管辖权冲突的最主要的办法是赋予原告选择权,原告可以向其中任一法院起诉。如果原告向两个以上有管辖权的人民法院起诉,由最先立案的人民法院管辖。两个以上人民法院都有管辖权的诉讼,先立案的人民法院不得将案件移送给另一有管辖权的人民法院;人民法院在立案前发现其他有管辖权的人民法院已经立案的,不得重复立案;立案后发现其他有管辖权的人民法院已经立案的,应裁定将案件移送给先立案的人民法院。

六、协议管辖

协议管辖又称合意管辖或约定管辖,是指双方当事人在纠纷发生之前或之后,以合意方式约定解决他们之间纠纷的管辖法院。协议管辖是处分原则在管辖制度中的反映,体现了当事人在管辖领域的自主选择权。

(一)明示的协议管辖

合同或者其他财产权益纠纷的当事人可以书面协议选择被告住所地、合同履行地、合同签订地、原告住所地、标的物所在地等与争议有实际联系的地点的人民法院管辖,但不得违反级别管辖和专属管辖的规定。据此,协议管辖制度包含以下要点:(1)当事人可以协议管辖的案件。当事人可以协议管辖的案件包括第一审合同纠纷或者其他财产权益纠纷案件。(2)当事人可以约定与合同有实际联系的地点的法院管辖。当事人可以协议约定管辖法院的范围,限于被告住所地、合同履行地、合同签订地、原告住所地、标的物所在地等与合同有实际联系的地点的人民法院。如果当事人选择了与合同没有实际联系的地点的人民法院,该协议无效。管辖协议约定由一方当事人住所地人民法院管辖,协议签订后当事人住所地变更的,由签订管辖协议时的住所地人民法院管辖,但当事人另有约定的除外。(3)必须以书面的形式约定管辖。首先,书面协议包括书面合同中的协议管辖条款或者诉讼前以书面形式达成的选择管辖的协议。其次,合同转让的,合同的管辖协议对合同受让人有效,但转让时受让人不知道有管辖协议,或者转让协议另有约定且原合同相对人同意的除外。最后,经营者使用格式条款与消费者订立管辖协议,未采取合理方式提请消费者注意,消费者主张管辖协议无效的,人民法院应予支持。(4)管辖协议的约定应当明确。根据管辖协议,起诉时能够确定管辖法院的,从其约定;不能确定的,依照《民事诉讼法》的相关规定确定管辖。管辖协议约定两个以上与争议有实际联系的地点的人民法院管辖的,原告可以向其中一个人民法院起诉。(5)应当在诉讼前约定管辖。当事人可以在书面合同中约定协议管辖条款或者诉讼前以书面形式达成选择管辖的协议。(6)协议管辖不得违反关于级别管辖和专属管辖的规定。

当事人的约定符合上述条件的,按照约定确定管辖;管辖协议无效的,由被告所在地或合同履行地人民法院管辖。当事人对主合同和担保合同选择的管辖法院不一致的,应当根据主合同的约定确定案件的管辖。

(二)默示的协议管辖

根据民事诉讼法的规定,人民法院受理案件后,当事人对管辖权有异议的,应当在提交答辩状期间提出。人民法院对当事人提出的异议应当审查。异议成立的,裁定将案件移送有管辖权的人民法院;异议不成立的,裁定驳回。当事人未提出管辖异议,并应诉答辩或者提出反诉的,视为受诉人民法院有管辖权,但违反级别管辖和专属管辖规定的除外,这就是默示协议管辖。默示协议管辖需要具备下列条件:(1)人民法院受理了原告的起诉,并向被告送达了起诉状副本;(2)被告未提出管辖异议,并积极应诉;(3)不违反级别管辖和专属管辖的规定。设置默示管辖制度有利于促使当事人及时提出管辖异议,防止当事人在开庭审理后以管辖异议为由拖延诉讼,从而提高诉讼效率。

第四节 裁定管辖

人民法院以裁定的方式确定案件的管辖,称为裁定管辖。裁定管辖是对法定管辖的补充和变通,既可以弥补法定管辖的不足,又可以解决因管辖问题而发生的争议,以便适应司法实践中复杂多变的情况。《民事诉讼法》规定的移送管辖、指定管辖、管辖权的转移,都是通过裁定的方式确定管辖法院的,都属于裁定管辖的范畴。

一、移送管辖

移送管辖,是指已经受理案件的人民法院,因发现本法院对该案件没有管辖权而将案件移送给有管辖权的人民法院审理。移送管辖是案件从无管辖权的法院向有管辖权的法院的移送。

人民法院发现受理的案件不属于本院管辖的,应当移送有管辖权的人民法院,受移送的人民法院应当受理。受移送的人民法院认为受移送的案件依照规定不属于本院管辖的,应当报请上级人民法院指定管辖,不得再自行移送。由此可见,移送管辖必须符合以下条件:(1)移送法院已经受理了案件;(2)移送法院经审查发现对该案件确无管辖权;(3)受移送的人民法院依法对该案件具有管辖权。

对于移送管辖的适用,还需要注意以下几点:第一,当事人在答辩期间届满后未应诉答辩,人民法院在一审开庭前,发现案件不属于本院管辖的,应当裁定移送有管辖权的人民法院。第二,两个以上人民法院都有管辖权的诉讼,先立案的人民法院不得将案件移送给另一个有管辖权的人民法院。人民法院在立案前发现其他有管辖权的人民法院已先立案的,不得重复立案;立案后发现其他有管辖权的人民法院已先立案的,裁定将案件移送给先立案的人民法院。此外,当事人基于同一法律关系或者同一法律事实而发生的纠纷,以不同的诉讼请求分别向有管辖权的不同人民法院起诉的,后立案的法院在得知有关法院先立案的情况下,应当在7日内将案件移送给先立案的人民法院合并审理。第三,案件受理后,受诉人民法院的管辖权不受当事人住所地、经常居住地变更的影响。有管辖权的人民法院受理案件后,不得以行政区域变更为由,将案件移送给变更后有管辖权的人民法院。

在审判实践中,常常出现因审理困难而移送、因行政区划变动而移送、因怕结案后执行困难而移送等情形,这些做法都是违反管辖规定的。因此,实践中,适用移送管辖时,应当遵循两点:(1)受移送的人民法院对所移送的案件应当受理,不得再自行移送;(2)受移送的人民法院如果认为受移送的案件依法不属于本法院管辖,应当报请上级人民法院指定管辖。

二、指定管辖

指定管辖,是指根据法律的规定,上级人民法院以裁定的方式指定其辖区内的下级人民法院对某一民事案件行使管辖权。指定管辖制度的设置旨在赋予上级人民法院一定的权限,以便在下级人民法院出现管辖困难或者管辖争议时,及时依职权指定案件的管辖法院。

有管辖权的人民法院由于特殊原因,不能行使管辖权的,由上级人民法院指定管辖。人民法院之间因管辖权发生争议,由争议双方协商解决;协商解决不了的,报请它们的共同上级人民法院指定管辖。实践中,遇到下列情况需要由上级人民法院指定管辖:第一,有管辖权的人民法院由于特殊原因不能行使管辖权的,由上级人民法院指定管辖。第二,人民法院之间因管辖权发生争议,由争议双方协商解决;协商解决不了的,报请它们的共同上级人民法院指定管辖。第三,在移送管辖中,受移送的人民法院认为受移送的案件依法不属于本法院管辖的,应当报请上级人民法院指定管辖。

发生管辖权争议的两个人民法院因协商不成报请它们的共同上级人民法院指定管辖时,双方为同属一个地、市辖区的基层人民法院的,由该地、市的中级人民法院及时指定管辖;同属一个省、自治区、直辖市的两个人民法院的,由该省、自治区、直辖市的高级人民法院及时指定管辖;双方为跨省、自治区、直辖市的人民法院,高级人民法院协商不成的,由最高人民法院及时指定管辖。依照前述规定报请上级人民法院指定管辖时,应当逐级进行。

由人民法院指定管辖的,应当作出裁定。对报请上级人民法院指定管辖的案件,下级人民法院应当中止审理。指定管辖裁定作出前,下级人民法院对案件作出判决、裁定的,上级人民法院应当在裁定指定管辖的同时,一并撤销下级人民法院的判决、裁定。

三、管辖权转移

(一)管辖权转移的条件

管辖权转移,是指经上级人民法院决定或同意,将某一案件的诉讼管辖权由下级人民法院转移给上级人民法院,或者由上级人民法院转移给下级人民法院。管辖权的转移是对级别管辖的补充和变通。

上级人民法院有权审理下级人民法院管辖的第一审民事案件;确有必要将本院管辖的第一审民事案件交下级人民法院审理的,应当报请其上级人民法院批准。下级人民法院对其所管辖的第一审民事案件,认为需要由上级人民法院审理的,可以报请上级人民法院审理。由此可见,管辖权转移应符合下列条件:(1)实施移送的人民法院对案件依法享有管辖权;(2)移送应当在具有隶属关系的上下级人民法院之间进行;(3)移送须由上级人民法院决定或同意,并且对于上级人民法院将其已受理的案件交由下级人民法院审理的,还应当报请其上级人民法院批准;(4)移送管辖具有必要性。

(二)管辖权转移的种类

1. 上调性转移

上调性转移是指将下级人民法院管辖的案件上移给上级人民法院管辖。上调性转移包括两种情况:一种是上级人民法院认为应当由自己审理依法应由下级人民法院管辖的案件时,有权决定把案件调上来自己审理;另一种是下级人民法院对它所管辖的第一审民事案件,认为需要由上级人民法院审理的,可以报请上级人民法院审理。

2. 下放性转移

下放性转移是指上级人民法院将自己的管辖权下移给下级人民法院行使。上级人民法院确有必要将本院管辖的第一审民事案件交下级人民法院审理的,应当报请其上级人民法院批准。为了克服实践中下放性转移的失范现象,上级人民法院将其管辖的第一审民事案件交由下级人民法院审理的,应当作出裁定。对于下列第一审民事案件,人民法院可以在开庭前交下级人民法院审理:(1)破产程序中有关债务人的诉讼案件;(2)当事人人数众多且不方便诉讼的案件;(3)最高人民法院确定的其他类型案件。人民法院交下级人民法院审理前,应当报请其上级人民法院批准。上级人民法院批准后,人民法院应当裁定将案件交下级人民法院审理。

第五节 管辖权异议

一、管辖权异议的条件

管辖权异议，是指在民事诉讼中，当事人对受诉人民法院对案件行使管辖权提出的意见和疑问。当事人未提出管辖异议，并应诉答辩或者提出反诉的，视为受诉人民法院有管辖权，但违反级别管辖和专属管辖规定的除外。在我国民事诉讼中，它作为当事人的一项诉讼权利，对于保障和落实法律规定的管辖制度，纠正管辖错误，克服民事诉讼中的地方保护主义具有积极意义。

当事人提出管辖权异议，必须符合以下三个方面的条件。

第一，提出异议的主体符合规定。一般情况下，提出管辖权异议的主体是案件的被告，原则上原告不能提出管辖权异议。不过，原告在一些特殊情况下应该享有管辖权异议权，可以提出管辖权异议，这是基于维护原告的合法诉讼权利的需要。例如，起诉后案件被移送管辖或指定管辖，原告对此不服的。

此外，第三人是否可以提出管辖权异议？由于有独立请求权的第三人可以选择参加他人已经开始的诉讼或者向有管辖权的法院另行提起诉讼，无须赋予其提出管辖权异议的权利。有独立请求权的第三人如果参加他人已经开始的诉讼，应视为承认和接受受理诉讼法院的管辖权；如果是受诉法院通知有独立请求权的第三人参加诉讼，该第三人若认为受理的法院对他的诉讼没有管辖权，可以拒绝参加诉讼，以原告身份另行向有管辖权的法院提起诉讼，而不必提出管辖权异议。因此，有独立请求权的第三人不应作为管辖权异议的主体。[1] 人民法院判决承担民事责任的无独立请求权的第三人有当事人的诉讼权利义务。从该规定看，无独立请求权的第三人在被判决承担民事责任后才有当事人的诉讼权利义务，因此，管辖权异议权对其似乎没有意义。

第二，提出异议的客体符合规定。当事人提出管辖权异议的客体应当是人民法院对第一审民事案件的管辖权。对于第二审民事案件，当事人不能提出管辖权异议。管辖权异议制度作为管辖制度的组成部分，是针对第一审民事案件的管辖设立的，第二审民事案件只能由审理第一审民事案件的上一级人民法院管辖。

第三，在法定期间提出异议。当事人对管辖权有异议的，应当在第一审提交答辩状期间提出。当事人因不可抗拒的事由或者其他正当理由耽误期限的，在障碍消除后 10 日内可以申请顺延期限，是否准许由人民法院决定。因此，当事人确有正当理由未能在答辩期间提出管辖权异议的，可以申请顺延。[2]

对于级别管辖异议，提交答辩状期间届满后，原告增加诉讼请求金额致使案件

---

〔1〕 参见江伟主编：《民事诉讼法学原理》，中国人民大学出版社 1999 年版，第 374 页。

〔2〕 参见江伟主编：《民事诉讼法》(第 6 版)，中国人民大学出版社 2013 年版，第 112 页。

标的额超过受诉人民法院级别管辖标准，被告提出管辖权异议，请求由上级人民法院管辖的，人民法院应当进行审查并作出裁定。

债权人在主张违约责任或侵权责任之间作出选择后，在一审开庭前又变更诉讼请求，并经人民法院准许后，对方当事人可以提出管辖权异议。此时，人民法院经审查，认为异议成立的，应当直接驳回起诉，而不是对管辖权异议作出裁定。

二、对管辖权异议的处理

一般情况下，当事人应当通过书面方式提出管辖权异议，受诉人民法院对当事人提出的管辖权异议应当进行审查。经过审查，认为当事人对管辖权的异议成立的，裁定将案件移送有管辖权的法院；异议不成立的，裁定驳回当事人的异议。除法律规定外，对人民法院就管辖权异议所作的裁定，当事人如果不服，可以在裁定书送达后10日内向上一级人民法院提起上诉。上一级人民法院收到上诉状后，应当依法进行审理，并作出终审裁定。对于适用小额诉讼程序审理的案件，当事人对管辖权异议的裁定不能提起上诉。

上级人民法院将其管辖的第一审民事案件交由下级人民法院审理的，应当作出裁定。当事人对裁定不服提起上诉的，第二审人民法院应当依法审理并作出裁定。被告以受诉人民法院同时违反级别管辖和地域管辖规定为由提出管辖权异议的，受诉人民法院应当一并作出裁定。对人民法院就级别管辖异议作出的裁定，当事人不服提起上诉的，第二审人民法院应当依法审理并作出裁定。

在管辖权异议裁定作出前，原告申请撤回起诉，受诉人民法院作出准予撤回起诉的裁定的，对管辖权异议不再审查，并在裁定书中一并写明。人民法院对管辖权异议审查后确定有管辖权的，不因当事人提起反诉、增加或者变更诉讼请求等改变管辖，但违反级别管辖、专属管辖规定的除外。人民法院发回重审或者按第一审程序再审的案件，当事人提出管辖权异议的，人民法院不予审查。

思考与练习

1. 根据《民事诉讼法》和相关司法解释，关于中级人民法院，下列表述中正确的是（　　）。

A. 既可受理一审涉外案件，又可受理一审非涉外案件

B. 审理案件组成合议庭时，均不可邀请陪审员参加

C. 审理案件均须以开庭审理的方式进行

D. 对案件所作的判决均为生效判决

2. 甲公司因与乙公司发生合同纠纷而起诉至法院。乙公司提出的管辖权异议被一审法院裁定驳回，乙公司不服并提起上诉。在二审法院对此进行审理期间，甲公司向一审法院提出撤回起诉的申请。根据法律规定，下列选项中正确的是（　　）。

A. 应由一审法院裁定准予撤诉

B. 应由二审法院裁定准予撤诉

C. 应由二审法院先对被告乙关于驳回管辖权异议裁定的上诉作出裁定后，再由一审法院根据二审法院的裁定作出相应处理

D. 若二审法院查明一审法院无管辖权，应直接裁定将案件移送有管辖权的法院

3. 下列案件中，可以由被告住所地法院管辖的是(　　)。

A. 专利侵权案件　　B. 海难救助费用案件

C. 共同海损案件　　D. 遗产继承案件

4. 李某在甲市A区新购一套住房，并请甲市B区的装修公司对其新房进行装修。在装修过程中，装修工人不慎将水管弄破，导致楼下住户的家具受损。李某与该装修公司就赔偿问题交涉未果，遂向甲市B区人民法院起诉。B区人民法院认为该案应由A区人民法院审理，于是裁定将该案移送A区人民法院。A区人民法院认为该案应由B区人民法院审理，不接受移送，又将案件退回B区人民法院。关于本案的管辖，下列选项中正确的是(　　)。

A. 甲市A、B区人民法院对该案都有管辖权

B. 李某有权向甲市B区人民法院起诉

C. 甲市B区人民法院移送管辖的做法是错误的

D. A区人民法院不接受移送，将案件退回B区人民法院的做法是错误的

5. 2000年12月，昆明市彩云文化艺术公司与徐州市红山音像出版公司在曲靖市签订合同，双方约定制作以弘扬少数民族风土人情为主题的CD一张，由彩云文化艺术公司收集曲目、编曲创作、解决有关版权的问题，由红山音像出版公司制作发行。后彩云文化艺术公司收集歌曲12首，进行艺术处理并制作成母盘。红山音像出版公司因设备发生故障，便请个旧市文化馆协助，红山音像出版公司派工作人员前往个旧市文化馆利用其设备制作CD，文化馆还派职工姚某等人参与制作。事后，红山音像出版公司付给个旧市文化馆2万元设备磨损费和劳务费。该CD取名为“孔雀之乡”，在A市、B市发行销售。此后，刺乐队认为该CD中第五首歌曲的版权应归其所有，云大出版社认为该CD中两首歌曲的版权应归其所有，两单位发现“孔雀之乡”的制作单位为彩云文化艺术公司和红山音像出版公司，便提出交涉，但未能解决争议，遂提起诉讼。

一审法院将刺乐队和云大出版社列为原告，将彩云文化艺术公司和红山音像出版公司列为被告，经审理，判决确认被告行为构成侵权。法院于2002年6月3日将判决书送达双方当事人。此后连降暴雨，交通不便，直到2002年7月20日二被告才以“事先曾与刺乐队和云大出版社解决过此问题”为由，不服判决，到邮电局向法院寄发了上诉状。

本案经二审法院调解，双方达成协议，被告当即按协议对原告进行了赔偿，并口头道歉。法院在此情况下制作了调解书。法院送达调解书时，原告对调解书中的内

容提出异议,拒绝在送达回证上签字。在这种情况下,法院采取了留置送达的方式。事后,双方当事人未提出任何意见,法院就此结案。

请问:

(1)什么地方的法院对本案有管辖权?为什么?

(2)如果本案的几家法院都有管辖权,原告向其中一家法院起诉,立案受理后,被告要求将此案移送另一家有管辖权的法院,先立案的法院是否有权移送?为什么?

CHAPTER 05
第五章

民事诉讼当事人

本章导读

- 民事诉讼当事人是民事诉讼法律关系的主体，是诉讼构造中必不可少的一端，也是诉讼程序发生、运作最基本的要件之一。当事人的诉讼权利能力与民事权利能力既有相一致的一面，也存在相分离的一面；诉讼行为能力则与当事人的民事行为能力有关，只有具备完全民事行为能力的人才能享有诉讼行为能力。
- 当事人适格是关于正当当事人的界定，一般情况下，只有对争议的民事实体权益享有管理权或具有诉的利益的人才是适格当事人。民事诉讼只有在适格当事人之间进行才有法律上的意义，因此，当人民法院发现当事人为非适格当事人时，应当进行当事人的更换。
- 原告与被告是最基本的诉讼当事人。原告与被告的两造对立是构成民事诉讼的基本形式，缺少任何一方，诉讼程序便不会发生；诉讼过程中，若失去了一方，诉讼便会因此而终结。为了正确确定当事人，《民事诉讼法》及司法解释对许多特殊情形下原告和被告的认定进行了详细的规范。

第一节　当事人概述

一、当事人的概念和特征

在民事诉讼中，当事人是指因发生民事纠纷或存在其他需要解决的事项，以自己的名义请求人民法院行使审判权以解决纠纷或其他民事事项的人。民事诉讼当事人是民事法律关系的主体，是诉讼构造中必不可少的一端，是诉讼程序发生、运作最基本的要件之一。当事人行使诉权的诉讼行为对民事诉讼的发生、进行和终结具有重要作用。

当事人有狭义当事人与广义当事人之分。狭义当事人仅包括原告和被告。从诉讼中直接对抗的当事人结构来讲，当事人也只包括原告和被告。广义当事人除原告和被告外,还包括共同诉讼人、诉讼代表人及有独立请求权的第三人。也有人认为,广义当事人只包括原告、被告、有独立请求权的第三人和被法院判决承担民事责任的无独立请求权的第三人,不包括共同诉讼人和诉讼代表人。因为,共同诉讼人总要成为原告或者被告;代表人诉讼中,人数众多的一方当事人也要推举或者与人民法院商定代表人作为原告或被告参加诉讼,所以,诉讼代表人也可以包括在狭义当事人的范围之内。[1]

民事诉讼当事人具有以下几个特征:第一,以自己的名义行使诉权,实施诉讼行为。当事人必须以自己的名义起诉、应诉,进行诉讼活动,因此,当事人是诉讼权利的享有者和诉讼义务的承担者。第二,向人民法院请求解决争议或保护民事权益。当事人必须是向人民法院请求解决民事纠纷或保护民事权益的一方及相对方。第三,必须在诉状内明确表示。当事人必须是在诉状中明确表示为原告或被告的人。凡是在诉状中明确表示为原告或被告的人,不论其是否为民事权利或法律关系的主体,以及对诉讼标的是否有诉讼实施权,都是民事诉讼的当事人。[2]

民事诉讼是在利益相互对立的两方当事人之间进行的,但由于审级和诉讼程序的不同,当事人在诉讼中的称谓也不完全相同:在第一审普通程序和简易程序中,被称为原告和被告。在第二审程序中,被称为上诉人和被上诉人,其中既包括第一审程序中的原告和被告,又包括有独立请求权的第三人和被人民法院判决承担民事责任的无独立请求权的第三人。在审判监督程序中,若适用第一审程序审理,则分别被称为原审原告、原审被告和原审第三人;若适用第二审程序审理,则分别被称为原审上诉人、原审被上诉人和原审第三人。在特别程序中,通常被称为申请人;但在选民资格案件中,则被称为起诉人。在其他非讼程序中,一般被称为申请人与被申请人。在执行程序中,则被称为申请人和被申请人(或申请执行人和被执行人)。

二、诉讼权利能力与诉讼行为能力

(一)当事人的诉讼权利能力

诉讼权利能力也被称为当事人诉讼权利能力或当事人能力,是指可以作为民事诉讼当事人,能够享有民事诉讼权利和承担民事诉讼义务的能力或资格。因此,诉讼权利能力是一个国家的法律赋予当事人的一种法律资格。作为一种资格,诉讼权利能力是在民事诉讼法中作为法律主体进行诉讼活动所应具备的能力或资格。享有这种资格的人,方可成为民事诉讼活动中各种诉讼行为与诉讼效果的归属主体。因此,作为一种资格,当事人的诉讼权利能力具有严格的身份性,既不能抛弃,也不能转让,同时不允许被剥夺。

一般情况下,诉讼权利能力以民事权利能力为基础,并与民事权利能力相适应,即凡具有民事权利能力、能够参加民事活动的主体,也就同时具有诉讼权利能力,能

---

〔1〕 参见江伟主编:《民事诉讼法学原理》,中国人民大学出版社 1999 年版,第 383 页。

〔2〕 参见齐树洁主编:《民事诉讼法》(第 3 版),厦门大学出版社 2009 年版,第 133 页。

够成为诉讼当事人,参加诉讼活动。但这种一致性并非在任何情况下都必不可少。在某些情况下,民事诉讼法赋予不具有民事主体资格的民事实体诉讼权利能力,也就是说,不具有民事权利能力者可能具有诉讼权利能力,即发生诉讼权利能力与民事权利能力相分离的情形。

《民法典》规定的民事主体有自然人、法人和非法人组织三类。《民事诉讼法》规定的民事诉讼主体包括公民、法人和其他组织,这里的公民应与自然人同义,其他组织应与非法人组织同义。自然人具有诉讼权利能力。一般情况下,自然人的诉讼权利能力与民事权利能力是一致的。自然人的诉讼权利能力始于出生,终于死亡。无论是未成年人,还是精神病人,都享有诉讼权利能力,能够作为当事人。法人的诉讼权利能力与民事权利能力均始于法人的成立而终于法人的终止。不过,法人的诉讼权利能力与民事权利能力也会出现分离的情形。法人的诉讼权利能力是完全的,不存在限制,而法人的民事权利能力受其性质的限制,不能享有具有自然人属性的人格权,如姓名权和肖像权等。非法人组织是一类民事主体,具有民事权利能力,也具有民事诉讼权利能力。

此外,对于自然人的诉讼权利能力问题,还涉及以下两个问题:一是胎儿的诉讼权利能力问题。按照我国传统民法理论,自然人的民事权利能力始于出生。但是,《民法典》第16条规定,涉及遗产继承、接受赠与等胎儿利益保护的,胎儿视为具有民事权利能力。但是,胎儿娩出时为死体的,其民事权利能力自始不存在。据此,胎儿具有有限的民事权利能力。但是,民事诉讼权利能力是不受限制的,具有普遍性,只要胎儿被赋予一定的实体权利,就具有了普遍的诉讼权利能力。因此,尽管胎儿的民事权利能力是有限的,但其民事诉讼权利能力却是完全的。〔1〕为了强化对胎儿的保护,若我国将来民事立法能顺应民法发展的潮流,在胎儿保护上采用总括的保护主义,即一般地将胎儿视为已出生,〔2〕则胎儿的民事权利能力与诉讼权利能力即可取得一致。二是死者的诉讼权利能力问题。各国立法一般都规定自然人的民事权利能力终于死亡。但事实上,各国又往往在特别法中规定对死者某些人格利益的保护。在死者的这些民事权益受到侵害时,死者的近亲属可以原告的身份提起诉讼,请求法院保护。〔3〕因此,从某种意义上看,死者具有一定的民事权利能力。法律及司法解释将诉讼实施权赋予死者的继承人或近亲属,使其具有诉讼权利能力。由此便出现了民事权利能力与诉讼权利能力的分离。

(二)当事人的诉讼行为能力

当事人的诉讼行为能力又称诉讼能力,是指当事人能够以自己的行为有效实施

---

〔1〕参见齐树洁主编:《民事诉讼法》(第3版),厦门大学出版社2009年版,第137页。

〔2〕参见梁慧星:《民法总论》(第3版),法律出版社2007年版,第89页。

〔3〕最高人民法院在1988年就"荷花女案"复函天津市高级人民法院和1990年就"海灯法师案"复函四川省高级人民法院时,均指出自然人死亡后其名誉权应受法律保护。我国《著作权法》及其实施条例规定,作者的继承人或受遗赠人可以原告身份提起诉讼以保护死者的著作权益。

诉讼,行使诉讼权利和履行诉讼义务的资格。既有诉讼权利能力,又有诉讼行为能力的人,才能够亲自实施诉讼行为、行使诉讼权利、履行诉讼义务。

自然人的诉讼行为能力与民事行为能力有密切的联系,当事人的诉讼行为能力也以民事行为能力为基础,与民事行为能力相适应,但不完全一致。民事行为能力分为完全民事行为能力、限制民事行为能力和无民事行为能力三种。而在民事诉讼中,自然人的诉讼行为能力只分为有诉讼行为能力和无诉讼行为能力两种。具有完全民事行为能力的自然人也具有诉讼行为能力,即凡是具有完全民事行为能力者便有诉讼行为能力,可以自己进行民事诉讼活动;限制民事行为能力人与无民事行为能力人属于无诉讼行为能力人。如果当事人只有诉讼权利能力而无诉讼行为能力,则需要由其法定代理人代为诉讼。因此,自然人的诉讼权利能力与诉讼行为能力在取得和消灭的时间上不同,而且这两种能力可以分离。当事人的诉讼行为能力与诉讼权利能力具有不同的法律后果。[1]

法人和其他组织的诉讼行为能力与其诉讼权利能力一样,始于成立,终于消灭。与自然人相比,法人和其他组织的诉讼行为能力有两点不同:一是法人和其他组织的诉讼行为能力与诉讼权利能力同时取得,同时消灭;二是法人的诉讼行为能力需要通过其法定代表人才能实现。

三、当事人的诉讼权利与诉讼义务

当事人是民事诉讼必不可缺的主体之一,也是诉讼法律关系的主体。当事人的诉讼权利是诉权的具体表现,他们在诉讼中行使诉讼权利,目的是实现实体上的权利。当事人为维护自己的合法权益,在诉讼中享有的诉讼权利主要包括:(1)起诉的权利、应诉的权利、反驳的权利和反诉的权利;(2)委托代理人的权利;(3)申请回避的权利;(4)收集和提供证据的权利;(5)陈述、质证和辩论的权利;(6)选择调解的权利和自行和解的权利;(7)申请财产保全与先予执行的权利;(8)上诉的权利;(9)申请再审的权利;(10)申请执行的权利;(11)查阅、复制与本案有关的上诉资料的权利;(12)变更、放弃上诉请求的权利。

当事人在行使诉权的同时,必须履行相应的诉讼义务。当事人的主要诉讼义务包括:(1)服从人民法院指挥,遵守诉讼秩序;(2)依法行使诉讼权利;(3)交纳诉讼费用;(4)履行生效裁判;(5)遵守诚实信用原则,不滥用诉讼权利。

第二节　当事人适格

一、当事人适格的含义

当事人适格,是指就具体的诉讼而言,有资格以自己的名义成为原告或被告,因

---

〔1〕 参见汤维建主编:《民事诉讼法学》(第3版),北京大学出版社2023年版,第73～74页。

而受本案判决拘束的当事人,也称正当当事人。

只有适格的当事人起诉或者应诉,以自己的名义实施诉讼,并受本案判决拘束,诉讼才有实质意义。这种有资格以自己的名义为当事人而受本案判决拘束的权能,称为诉讼实施权或诉讼行为权。具有诉讼实施权的原告,称为适格原告;具有诉讼实施权的被告,称为适格被告。因此,当事人适格与诉讼权利能力不同。诉讼权利能力是抽象的诉讼当事人的资格,它与具体的诉讼无关。而当事人适格是具体的诉讼当事人的资格,是针对具体案件的诉讼而言当事人适格与否,要将当事人与具体的诉讼联系起来,看当事人与特定的诉讼标的有无直接联系。[1] 因此,当事人适格实质是指对本案的诉讼标的,谁有权要求法院作出判决和谁应当作为被请求的相对人。当事人适格与纯粹程序上的当事人不同。纯粹程序上的当事人仅以原告主观上的主张为准,原告就是向人民法院起诉请求保护民事权利的主体,被告就是被原告起诉的主体。

二、判断当事人是否适格的标准

当事人适格的意义在于,排除不适当的当事人,避免无意义的诉讼程序发生。因此,需要一定的标准来判断实际起诉的原告或应诉的被告是否为本案的适格当事人。

民事诉讼的目的是解决民事法律关系主体之间的民事纠纷,也正是因为当事人之间的民事法律关系发生争议,才有民事诉讼活动的发生。因此,一般而言,应当以当事人是否为争议的民事法律关系的主体或与其存在直接利害关系作为判断当事人是否适格的标准。根据这一标准,只有系属诉讼的民事法律关系的主体或民事权利的主体或直接利害关系人才是适格的当事人。我国的民事诉讼实践中没有区分诉讼当事人与当事人适格的概念,最高人民法院在司法解释中对原告与被告的规定,实际上指的就是适格当事人。这一标准受到了我国学界的猛烈批评。批评者认为,只有民事实体法律关系的主体才能成为民事诉讼的当事人,如果起诉不符合该条件,法院将不予受理或者予以驳回。这种在审查起诉阶段就进行实体审查的做法否定了当事人本应具有的诉讼法上的独立意义,使当事人问题成为超越程序的一个实体问题,并且与保障诉权的理念产生了冲突。[2]

(一)诉讼实施权理论

传统的诉讼实施权理论起源于德国,它以管理权为基础,确立了适格当事人的一般标准。该理论将作为适格当事人所需要具备的一般实体要件抽象出来,称为诉讼实施权。到了德国普通法末期,诉讼实施权概念就专门用于第三人对于他人实体法上的权利或法律关系有权进行诉讼的场合,并用它作为确定法律关系外的第三人

[1] 参见张卫平:《民事诉讼法》(第2版),法律出版社2009年版,第143页。

[2] 参见齐树洁:《诉权保障与当事人适格之扩张》,载《西南民族大学学报(人文社会科学版)》2006年第12期。

能够成为适格当事人的标准。[1]

1. 管理权或处分权

在民事诉讼中,系争权利或法律关系的主体应具有诉讼实施权,即属于当事人适格,包括与具体案件有实体法律上的利害关系,具有“实体的诉讼权能”的人,以及为保护他人利益而具有“程序的诉讼权能”的人,后者是对实体法上的利害关系人的范围予以扩大解释的结果,包括失踪人的财产代管人、破产管理人和遗嘱执行人等。

以管理权为基础的诉讼实施权标准把民事权利与诉权统一起来,把实体权利与要求保护这种权利的程序性权利联系起来,达到民事权利与诉权的统一。这在实体法统合程序法的时代,确实是可行的;然而,随着社会和法律的发展,这种标准逐渐显示出其局限性。可以说,管理权或处分权是给付之诉当事人适格的基础;但是,很难说它是形成之诉当事人适格的基础,更不是确认之诉当事人适格的基础。如诉讼担当、群体诉讼等情形,就很难以传统的当事人适格理论来解释。于是,诉讼法适格理论体系在诉讼实施权标准的基础上发展出了诉的利益标准。[2]

2. 诉的利益标准

根据学者的定义,所谓诉的利益,是指原告谋求判决时的利益,即诉讼追行利益。这种诉讼追行利益与成为诉讼对象的权利或者作为法律内容的实体性利益以及原告的胜诉利益是有区别的,它是原告所主张的利益(原告认为这种利益存在而作出主张)面临危险和不安时,为了去除这种危险和不安而诉诸法的手段即诉讼,从而谋求判决的利益及必要,这种利益在原告主张的实体利益现实地陷入危险和不安时才得以产生。[3] 诉的利益学说与管理权学说的不同之处在于,诉的利益的存在并不以起诉者享有法律预先设定的权利为前提。即使当事人对请求法院承认和保护的权利没有管理权或处分权,只要有诉的利益,仍然可被认为是适格当事人,可以对实体权利生成的事实进行举证和抗辩。[4] 有的学者甚至认为,诉的利益是启动权利主张、进入诉讼审判过程的关键,也是通过诉讼审判而创制实体法规范这一过程的重要开端。因为在没有明确的实体法规范可循而当事人却提出权利主张的情况下,在起诉时承认原告有诉的利益为法院通过个案审判创制实体规范提供了条件。[5] 由此可见,以诉的利益作为适格当事人的衡量标准无疑为当事人适格的扩张提供了可能性。当然,在不同类型的诉讼案件中,当事人适格扩张的条件和程度

---

[1] 参见齐树洁:《诉权保障与当事人适格之扩张》,载《西南民族大学学报(人文社会科学版)》2006年第12期。

[2] 参见齐树洁:《诉权保障与当事人适格之扩张》,载《西南民族大学学报(人文社会科学版)》2006年第12期。

[3] 参见[日]谷口安平:《程序的正义与诉讼》,王亚新、刘荣军译,中国政法大学出版社1996年版,第78页。

[4] 参见肖建华:《民事诉讼当事人研究》,中国政法大学出版社2002年版,第105页。

[5] 参见江伟主编:《民事诉讼法专论》,中国人民大学出版社2005年版,第196页。

有所不同。[1]

(二)诉讼担当理论

所谓民事诉讼担当,是指本不是权利或民事法律关系主体的第三人对他人的权利或法律关系有管理权,以当事人的地位就该法律关系所产生的纠纷行使诉讼实施权,判决的效力及于原民事法律关系的主体。[2] 其意义在于通过诉讼上的授权,使第三人能够享受诉讼实施权,使本来不合格的当事人成为适格的当事人,但诉讼标的的实体权利义务仍存在于直接利害关系人的名义之下。

根据诉讼担当权的来源不同,民事诉讼担当一般可分为两大类:法定的诉讼担当和任意的诉讼担当。

法定的诉讼担当,是指诉讼担当人根据法律明确规定的授权条款取得诉讼实施权,以自己的名义为他人的权利进行诉讼。这种诉讼担当常常被规定在不同的实体法中。从我国实体法的规定来看,主要有以下几类:(1)清算组织。根据《公司法》的规定,公司进入清算程序时,应当成立清算组,负责公司的清算事务。在清算过程中涉及诉讼的,清算组织应当代表公司的利益参加诉讼。(2)破产管理人。企业法人破产的,应当成立破产管理人,负责企业法人的破产清算事务。在破产清算过程中涉及诉讼的,破产管理人应当代表破产人的利益参加诉讼。(3)失踪人的财产代管人。人民法院宣告公民为失踪人的,应当确定失踪人的财产代管人。在代管财产的过程中涉及诉讼的,代管人应当为维护失踪人的利益而参加诉讼。(4)遗产管理人、遗嘱执行人。在管理遗产或执行遗嘱的过程中涉及诉讼的,遗产管理人和遗嘱执行人应当为了维护遗产及继承人的利益参加诉讼。(5)为保护死者名誉而提起诉讼的死者的近亲属。这包括死者的配偶、父母、子女、兄弟姐妹、祖父母、外祖父母、孙子女和外孙子女。(6)公益诉讼中社会公共利益的担当主体。

与法定的诉讼担当相对应,任意的诉讼担当是指受托的第三人依据法律关系主体的直接意思表示,以双方合意的方式取得诉权,分为法律明确规定的任意的诉讼担当和扩大适用的任意的诉讼担当两种。法律明确规定的任意的诉讼担当,是指根据法律的规定,对某些特定类型的诉讼可以由实体的利害关系人授权他人实施诉讼,也即法律明确允许一定类型的案件由他人担当诉讼。最典型的如德国的团体诉讼、日本的选定当事人诉讼以及我国的代表人诉讼等形式。这类诉讼通常一方当事人人数众多,范围特定或不特定,其中部分代表或团体基于授权,可以代表多数人进行诉讼,所获判决对所代表的没有参加诉讼的其他多数人有拘束力。由于这类诉讼判决的效力可以扩张至一个群体,影响面很广,必须由法律明确规定。我国民事诉讼中的任意诉讼担当主要有以下几种情况:(1)诉讼代表人制度中的诉讼代表人为任意诉讼担当人;(2)合伙负责人或合伙企业执行人基于全体合伙人的授权,成为任

---

[1] 参见江伟主编:《民事诉讼法》(第6版),中国人民大学出版社2013年版,第121~122页。

[2] 参见江伟主编:《民事诉讼法》(第6版),中国人民大学出版社2013年版,第122页。

意诉讼担当人;(3)被授权行使著作权或与著作权有关的权利的著作权集体管理组织可以成为任意诉讼担当人;(4)业主委员会可基于业主大会的决定而享有对业主的共同权益进行诉讼的诉讼实施权。

三、当事人的变更

当事人变更是指在诉讼进行过程中,根据法律的规定或基于当事人的同意,将原诉讼的当事人变更为新的当事人的一种制度。当事人变更主要包括非正当当事人的变更和法定的当事人变更。

(一)非正当当事人的变更

非正当当事人的变更,是指在诉讼过程中,人民法院发现起诉或应诉的人为不合格的当事人,在征得有关当事人同意的情况下,通知有关的适格当事人参加诉讼,而要求不合格的当事人退出诉讼的一种活动。因此,非正当当事人的变更,实际上是将不合格的当事人更换为适格的当事人。《民事诉讼法》并没有关于非正当当事人变更的规定。不过,长期以来我国的民事诉讼法教科书多有关于非正当当事人变更的论述;司法实践中,人民法院也时常有更换当事人的做法。理论与实践一般都认为将不合格的当事人直接变更为适格的当事人的效果比以起诉不符合条件为由直接驳回起诉要好。[1]

根据非正当当事人变更理论,若是原告为不合格当事人,人民法院可以在征得其同意的情况下,将不合格的原告变更为适格的原告。不合格的原告不同意变更的,人民法院应当驳回其起诉;作为案外人的适格原告不同意参加诉讼的,法院应当裁定终结诉讼程序。人民法院不能强制当事人提起诉讼,所以也不能强制变更原告。同样的,若要变更不合格的被告,也应当以原告提出申请或者更改诉状为前提。若作为案外人的适格被告不愿意参加诉讼,人民法院应当命令其参加诉讼。开庭审理前,被告一方被确认为不合格,原告在没有申请或者不同意变更被告的情况下,人民法院应当裁定驳回原告的起诉。

(二)法定的当事人变更

法定的当事人变更,是指当出现法律所规定的特殊情形时所发生的当事人变更。发生法定的当事人变更的情况后,原诉讼当事人的诉讼权利义务由新的诉讼当事人承担,原当事人所实施的行为对新的当事人仍然有效。也就是说,新的当事人是继续原当事人的诉讼程序,而不是使诉讼程序重新开始。法定的当事人变更主要有以下几种情形:(1)作为诉讼当事人的公民死亡的。在诉讼中,一方当事人死亡,有继承人的,裁定中止诉讼。人民法院应及时通知继承人作为当事人承担诉讼,被继承人已经进行的诉讼行为对承担诉讼的继承人有效。需要注意的是,在作为诉讼当事人的公民死亡的情况下,若符合诉讼终止的特殊规定,也可能直接发生诉讼终

[1] 参见江伟主编:《民事诉讼法学原理》,中国人民大学出版社1999年版,第408~409页。

止而不发生诉讼承担。(2)作为诉讼当事人的法人发生合并、分立的。企业法人合并的,因合并前的民事活动发生的纠纷,以合并后的企业为当事人;企业法人分立的,因分立前的民事活动发生的纠纷,以分立后的企业为共同诉讼人。也就是说,只要法人分立,就由分立后的法人作为共同诉讼人接替原法人继续进行诉讼;只要法人合并,就由合并后的新法人接替原法人继续进行诉讼。(3)作为诉讼当事人的法人解散或破产的。法人被人民法院宣告破产后,即由破产管理人接替原法人继续进行诉讼。在法人解散的情况下,根据《民事诉讼法解释》第64条的规定,依法清算并注销前,以该企业法人为当事人;未依法清算即被注销的,以该企业法人的股东、发起人或者出资人为当事人。

第三节 原告与被告

一般情况下,民事争议案件都是在相对的双方之间发生的,因此,以解决此争议为目的的民事诉讼就要有两造对立的当事人结构才能成立。原告与被告的两造对立便是民事诉讼当事人的基本形式。

所谓原告,是指为了维护自己或自己所管理的他人的民事权益,以自己的名义向法院起诉,请求保护民事权益或者解决其他争议,从而引起民事诉讼程序发生的人。所谓被告,是指被原告声称侵犯其民事权益或者与之发生其他民事争议,由人民法院通知应诉,并以自己的名义参加民事诉讼的人。

原告与被告是最基本的诉讼当事人,是利益相互对立的双方,他们是民事诉讼得以存在和继续的前提。因此,缺少任何一方,民事诉讼程序便不会发生;诉讼过程中若失去了一方,诉讼便会因此而终结。

在我国,自然人、法人和其他组织都可以作为当事人。但在司法实践中,自然人、法人和其他组织作为原告和被告的情况比较复杂,为了正确认定民事诉讼中的原告与被告,有关司法解释对当事人的认定进行了专门规定。

一、自然人

自然人作为民事主体,在与他人发生民事纠纷时,可以自己的名义起诉或应诉,成为原告或被告。实践中,发生以下情况,应以相关自然人为当事人:(1)以经营者为原告或被告。在诉讼中,个体工商户以营业执照上登记的经营者为当事人。有字号的,以营业执照上登记的字号为当事人,但应同时注明该字号经营者的基本信息。营业执照上登记的经营者与实际经营者不一致的,以登记的经营者和实际经营者为共同诉讼人。(2)以合伙人为原告或被告。未依法登记领取营业执照的个人合伙的全体合伙人在诉讼中为共同诉讼人。个人合伙有依法核准登记的字号的,应在法律文书中注明登记的字号。全体合伙人可以推选代表人,被推选的代表人应由全体合伙人出具推选书。(3)以死者的近亲属为当事人。对侵害死者遗体、遗骨以及姓名、肖像、名誉、荣誉、隐私等行为提起诉讼的,死者的近亲属为当事人。(4)以直接责任人为原告或被告。下列情形以行为人为当事人：一是法人或者其他组织应登记而未登记，行为人即以该法人或者其他组织名义进行民事活动的；二是行为人没有代理权、超越代理权或者代理权终止后以被代理人名义进行民事活动的，但相对人有理由相信行为人有代理权的除外；三是法人或者其他组织依法终止后，行为人仍以其名义进行民事活动的。(5)以挂靠人和被挂靠人为共同诉讼人。以挂靠形式从事民事活动，当事人请求由挂靠人和被挂靠人依法承担民事责任的，该挂靠人和被挂靠人为共同诉讼人。(6)以出借单位和借用人为原告或被告。借用业务介绍信、合同专用章、盖章的空白合同书或者银行账户的，出借单位和借用人为共同诉讼人。(7)以接受劳务一方为被告。提供劳务一方因劳务造成他人损害，受害人提起诉讼的，以接受劳务一方为被告。(8)以无民事行为能力人、限制民事行为能力人和其监护人为共同被告。无民事行为能力人、限制民事行为能力人造成他人损害的，无民事行为能力人、限制民事行为能力人和其监护人为共同被告。

二、法人

法人是民事主体，在与他人发生民事纠纷后，可以自己的名义起诉或应诉，成为原告或被告。法人作为当事人时，应由其法定代表人实施诉讼。法人的法定代表人以依法登记的为准，但法律另有规定的除外。依法不需要办理登记的法人，以其正职负责人为法定代表人；没有正职负责人的，以其主持工作的副职负责人为法定代表人。法定代表人已经变更，但未完成登记，变更后的法定代表人要求代表法人参加诉讼的，人民法院可以准许。在诉讼中，法人的法定代表人变更的，由新的法定代表人继续进行诉讼，并应向人民法院提交新的法定代表人的身份证明书。原法定代表人进行的诉讼行为有效。

对于以下情形，应以法人为原告或被告：第一，法人或者其他组织的工作人员因职务行为或者授权行为发生的诉讼，该法人或其他组织为当事人。第二，企业法人合并的，因合并前的民事活动发生的纠纷，以合并后的企业为当事人；企业法人分立的，因分立前的民事活动发生的纠纷，以分立后的企业为共同诉讼人。第三，法人非依法设立的分支机构，或者虽依法设立，但没有领取营业执照的分支机构，以设立该分支机构的法人为当事人。第四，企业法人解散的，依法清算并注销前，以该企业法人为当事人；未依法清算即被注销的，以该企业法人的股东、发起人或者出资人为当事人。企业法人未经清算即被撤销，有清算组织的，以该清算组织为当事人；没有清算组织的，以作出该撤销决定的机构为当事人。

另外，企业法人的分支机构为他人提供保证的，人民法院在审理保证纠纷案件时，可以将该企业法人作为共同被告参加诉讼；但是，商业银行、保险公司的分支机构提供保证的除外。因此，在企业法人的分支机构为他人提供保证的情况下，应当将其列为当事人。

三、非法人组织

非法人组织，在民事诉讼法中也称为其他组织，具有诉讼权利能力，可以成为民事诉讼中的原告和被告。民事诉讼法规定的其他组织是指依法成立、有一定的组织机构和财产,但又不具备法人资格的组织,具体包括:(1)依法登记领取营业执照的个人独资企业、合伙企业。(2)依法登记领取我国营业执照的中外合作经营企业、外资企业。需要注意的是,这里所说的依法登记领取我国营业执照的中外合作经营企业、外资企业,是指没有取得法人资格的中外合作经营企业、外资企业。而根据我国法律,中外合资经营企业必须是法人,因而不属于"其他组织"。(3)依法成立的社会团体的分支机构、代表机构。(4)法人依法设立并领取营业执照的分支机构。需要注意的是,法人分支机构享有诉讼权利能力必须具备两个条件,缺一不可,即依法设立和领取营业执照。非依法设立或者虽依法设立但没有领取营业执照的分支机构,不能作为当事人,应当以设立的法人作为当事人。(5)依法设立并领取营业执照的商业银行、政策性银行和非银行金融机构的分支机构。银行的分支机构只能是各地的分支机构,即分行、支行,而储蓄所不具有诉讼权利能力。(6)经依法登记领取营业执照的乡镇企业、街道企业。(7)居民委员会、村民委员会或者村民小组与他人发生民事纠纷的,居民委员会、村民委员会或者有独立财产的村民小组为当事人。(8)其他符合《民事诉讼法解释》第52条规定条件的组织。

思考与练习

1. 某大学4名师生联名起诉甲公司污染某条大河,请求判决甲公司出资治理该河流的污染。起诉者除列了4名师生外,还列了该河流中的某著名岛屿作为原告,法院没有受理。对此,下列说法中符合法律规定的是(　　)。

A. 只有自然人和法人能够成为民事诉讼的当事人

B. 本案当事人不合格

C. 本案属于侵权诉讼,被污染河段流经地区的法院均有管辖权

D. 本案的起诉属于公益诉讼,现行《民事诉讼法》没有规定

2. 周某(5岁)星期天和祖母李某去公园玩,游戏过程中周某将林某甲(6岁)的双眼划伤致使林某甲的右眼失明、左眼视力下降。林某甲的父亲林某乙要求周家赔偿林某甲的医疗费、伤残费共计6万元。周某的父亲周某伟以周某是未成年人为由拒绝赔偿。林家无奈只好诉至法院。下列关于本案诉讼参与人地位的表述中,正确的是(　　)。

A. 本案原告是林某甲,其父林某乙是林某甲的法定代理人;被告是周某,其父周某伟是周某的法定代理人,李某是证人

B. 本案被告是周某,周某伟是其法定代理人,李某是无独立请求权的第三人

C. 本案原告是林某乙,被告是周某伟和李某

D. 本案原告是林某乙和林某甲,被告是周某伟、李某和周某

3. 复兴小学学生王某(10岁)曾在某省小学生围棋比赛中获得瓷质奖杯一个。2009年,复兴小学为筹办校庆,校领导委托王某的班主任刘某华到王某家借其奖杯用于校庆展览。在展出过程中,来宾李某与陈某因为争相观看奖杯,不慎在交接时将奖杯摔碎。事后,王某的父亲王某强多次找复兴小学校长方某及班主任刘某华索赔,但都遭到了拒绝。

请问:如王某强要向人民法院起诉,请列明诉讼参加人的地位并说明理由。

CHAPTER 06
第六章

多数人诉讼

本章导读

- 《民事诉讼法》规定的多数人诉讼主要有共同诉讼、代表人诉讼、第三人诉讼和民事公益诉讼等形式。
- 共同诉讼是诉的主体合并，通过共同诉讼制度，可以简化诉讼程序、节约诉讼成本、防止矛盾判决。根据诉讼标的是否同一，可以将共同诉讼分为必要的共同诉讼和普通的共同诉讼。
- 代表人诉讼制度是为了便利人数众多的诉讼主体参与诉讼而设立的制度。它兼具共同诉讼制度与诉讼代理制度的特点。通过这一制度，可以将群体性的民事纠纷案件纳入民事诉讼的同一程序中解决，从而达到简化诉讼程序、节约诉讼成本的目的。根据众多当事人之间关系的不同，民事诉讼法设立了人数确定的代表人诉讼和人数不确定的代表人诉讼。
- 诉讼第三人是指对原告和被告争议的诉讼标的有独立请求权或与案件的处理结果有法律上的利害关系而参加他人之间的诉讼的人。有独立请求权的第三人以提起第三人之诉的方式参加诉讼，无独立请求权的第三人可以申请参加诉讼或被人民法院通知参加诉讼。通过这一制度，可以在同一程序中一次性解决具有“三角关系”的民事纠纷，有利于纠纷的彻底解决，也有利于简化诉讼程序、提高诉讼效率。若当事人之间生效的判决、裁定、调解书内容错误，侵害了因不可归责于其本人的事由而未参加诉讼的第三人的合法权益，合法权益受到侵害的第三人可以向人民法院提起撤销该生效判决、裁定或调解书的诉讼。
- 对污染环境、侵害众多消费者合法权益等损害社会公共利益的行为，法律规定的机关和有关组织可以向人民法院提起诉讼，这就是所谓的民事公益诉讼。《民事诉讼法》第58条对此只进行了原则性的规定，民事公益诉讼制度还需要在实践发展的基础上进一步完善。

第一节　共同诉讼

一、共同诉讼的概念

在民法所预设的权利归属情形中,存在特定的权利属于多个主体享有,那么,对该权利发生争议时,就可能出现多个权利主体处于相同的诉讼地位与相对方当事人进行诉讼的情形。例如,因共同共有财产与他人发生争议,共同共有人就是处于相同诉讼地位的多个当事人。当事人一方或者双方为两人以上而形成的诉讼为共同诉讼。在共同诉讼中一起参加诉讼的当事人为共同诉讼人。共同诉讼是诉的合并的一种形式,属于诉的主体合并,即诉讼当事人的合并。在共同诉讼中,一个原告与多个被告或多个原告与一个被告或多个原告与多个被告之间可能存在一个诉讼标的,也可能存在同一种类的数个诉讼标的。一般认为,法律确立共同诉讼制度主要有以下几个方面的意义:(1)为了保障民事实体法的相关制度能够得到有效实施;(2)可以简化诉讼程序,节省时间和费用;(3)可以避免法院对同一案件或者同类案件的处理作出互相矛盾的判决。[1]

二、共同诉讼的分类

(一)以共同诉讼人的人数为依据的分类

在民事诉讼理论中,根据共同诉讼人的人数的不同,可以把共同诉讼分为以下三种:(1)原告为两人以上的共同诉讼,称为积极的共同诉讼;(2)被告为两人以上的共同诉讼,称为消极的共同诉讼;(3)原告和被告均为两人以上的共同诉讼,称为混合的共同诉讼。

(二)以共同诉讼发生的原因为依据的分类

按照共同诉讼发生的原因的不同,共同诉讼可以分为原始的共同诉讼和后发的共同诉讼。原始的共同诉讼是指产生共同诉讼的原因在诉讼开始时就存在。原始的共同诉讼一般是因为两人以上原告共同起诉或两人以上被告共同应诉形成的,也就是因共同起诉或应诉构成共同诉讼,此即原始的共同诉讼。此外,在一些特殊情况下,也可能是由开始时当事人一对一的诉讼转化成共同诉讼,即后发的共同诉讼。因后发原因而形成的共同诉讼主要有以下情形:(1)诉讼进行中,因追加当事人而形成共同诉讼;(2)诉讼进行中,因作为原告或被告的公民死亡,或因作为原告或被告的法人分立等,诉讼由继承人或权利义务承受人承担而形成共同诉讼;(3)诉讼进行中,人民法院将分别提起的诉讼合并审理而形成共同诉讼。

(三)法定的分类

在《民事诉讼法》中,共同诉讼分为必要共同诉讼和普通共同诉讼两种类型。区

---

〔1〕 参见刘君博:《当事人与法院交互视角下共同诉讼研究》,载《清华法学》2022年第6期。

分二者的标准在于诉讼标的是否同一。其中,必要共同诉讼争议的诉讼标的同一;普通共同诉讼争议的诉讼标的不同一,但属于同一类。

三、必要共同诉讼

(一)必要共同诉讼的概念与特征

一般认为,必要共同诉讼是指当事人一方或者双方为两人以上,诉讼标的同一,法院必须合一审理并合一判决的多数人诉讼。所谓同一的诉讼标的,是指共同诉讼人在与对方发生争议的实体法律关系中存在共同的利害关系或有共同的权利,或有共同的义务,因而共同诉讼人必须一同参加诉讼。例如,多个人的共同侵权行为对他人造成损害,受害人诉至法院,以所有侵权人为被告,要求他们共同承担赔偿责任。因为必要共同诉讼中当事人的诉讼标的具有同一性,属于不可分之诉,所以要求共同诉讼人一同起诉或应诉,法院也应当合并审理。如果共同诉讼人未一同起诉或应诉,法院应当追加。必要共同诉讼的目的在于提高诉讼效率,防止出现矛盾判决。

必要共同诉讼的法律基础在于,多数人在实体上的处分权或管理权必须由全体权利人共同行使,单独行使将构成无权处分或其他违法后果。因此,必要共同诉讼具有下列显著特征:(1)当事人一方或双方为两人以上;(2)有同一的诉讼标的;(3)人民法院必须合并审理并作出合一判决。

(二)形成必要共同诉讼的原因与情形

必要共同诉讼的共同诉讼人之间对诉讼标的是否具有共同的权利或义务关系,是由实体法决定的。也就是说,共同诉讼人之所以对诉讼标的享有共同的权利或承担共同的义务,是因为共同诉讼人之间本来就存在实体法上的共同关系。在司法实务中,这种共同关系存在的原因主要有:(1)各共同诉讼人之间存在权利义务共同关系,如合伙人对合伙财产的共同共有;(2)各共同诉讼人之间存在连带债权或连带债务,如承担连带保证责任的保证人与被保证的主债务人之间存在连带债务清偿关系;(3)他人向数个共同侵权人或共同危险行为人要求损害赔偿的诉讼,在损害发生前,数人之间既没有共同关系,也没有连带关系,只是因为发生了共同加害行为或共同危险行为的事实,才使共同诉讼人之间有了连带关系。

根据《民事诉讼法解释》《人身损害赔偿解释》《劳动争议案件适用法律解释(一)》等相关司法解释规定,以下情形为必要共同诉讼,相关当事人应当以共同诉讼人的形式参加诉讼:(1)以挂靠形式从事民事活动,当事人请求由挂靠人和被挂靠人依法承担民事责任的,该挂靠人和被挂靠人为共同诉讼人。(2)在劳务派遣期间,被派遣的工作人员因执行工作任务造成他人损害的,以接受劳务派遣的用工单位为当事人。当事人主张劳务派遣单位承担责任的,该劳务派遣单位为共同被告。(3)在诉讼中,个体工商户以营业执照上登记的经营者为当事人。有字号的,以营业执照上登记的字号为当事人,但应同时注明该字号经营者的基本信息。营业执照上登记的经营者与实际经营者不一致的,以登记的经营者和实际经营者为共同诉讼人。(4)在诉讼中,未依法登记领取营业执照的个人合伙的全体合伙人为共同诉讼人。个人合伙有依法核准登记的字号的,应在法律文书中注明登记的字号。全体合伙人可以推选代表人;被推选的代表人,应由全体合伙人出具推选书。(5)企业法人合并的,因合并前的民事活动发生的纠纷,以合并后的企业为当事人;企业法人分立的,因分立前的民事活动发生的纠纷,以分立后的企业为共同诉讼人。(6)借用业务介绍信、合同专用章、盖章的空白合同书或者银行账户的,出借单位和借用人为共同诉讼人。(7)因保证合同纠纷提起的诉讼,债权人向保证人和被保证人一并主张权利的,人民法院应当将保证人和被保证人列为共同被告。保证合同约定为一般保证,债权人仅起诉保证人的,人民法院应当通知被保证人作为共同被告参加诉讼;债权人仅起诉被保证人的,可以只列被保证人为被告。(8)无民事行为能力人、限制民事行为能力人造成他人损害的,无民事行为能力人、限制民事行为能力人和其监护人为共同被告。(9)在继承遗产的诉讼中,部分继承人起诉的,人民法院应通知其他继承人作为共同原告参加诉讼;被通知的继承人不愿意参加诉讼又未明确表示放弃实体权利的,人民法院仍应将其列为共同原告。(10)原告起诉被代理人和代理人,要求承担连带责任的,被代理人和代理人为共同被告。原告起诉代理人和相对人,要求承担连带责任的,代理人和相对人为共同被告。(11)共有财产权受到他人侵害,部分共有权人起诉的,其他共有权人为共同诉讼人。(12)赔偿权利人起诉部分共同侵权人的,人民法院应当追加其他共同侵权人作为共同被告。赔偿权利人在诉讼中放弃对部分共同侵权人的诉讼请求的,其他共同侵权人对被放弃诉讼请求的被告应当承担的赔偿份额不承担连带责任。责任范围难以确定的,推定各共同侵权人承担同等责任。人民法院应当将放弃诉讼请求的法律后果告知赔偿权利人,并将放弃诉讼请求的情况在法律文书中叙明。(13)用人单位与其他单位合并的,合并前发生的劳动争议,由合并后的单位为当事人;用人单位分立为若干单位的,其分立前发生的劳动争议,由分立后的实际用人单位为当事人。用人单位分立为若干单位后,具体承受劳动权利义务的单位不明确的,分立后的单位均为当事人。原用人单位以新的用人单位和劳动者共同侵权为由提起诉讼的,新的用人单位和劳动者列为共同被告。劳动者在用人单位与其他平等主体之间的承包经营期间,与发包方和承包方双方或者一方发生劳动争议,依法提起诉讼的,应当将承包方和发包方作为当事人。未办理营业执照、营业执照被吊销或者营业期限届满仍继续经营的用人单位,以挂靠等方式借用他人营业执照经营的,应当将用人单位和营业执照出借方列为当事人。

(三)必要共同诉讼人之间的关系

从理论上讲,必要共同诉讼人之间的关系具有牵连性和独立性两个特点。

必要共同诉讼人的牵连性表现为,必要共同诉讼人中一人实施的诉讼行为只有有利于全体共同诉讼人时才发生效力。共同诉讼人中一人的诉讼行为是否有利于全体共同诉讼人,应从形式上以其实施行为之时进行判断,而不是在行为实施之后或判决时再作判断。共同诉讼中有利于全体共同诉讼人的诉讼行为通常表现为：(1)共同原告主张有利于全体共同诉讼人的诉讼请求，陈述有利的事实，提出有利的证据，对全体原告发生效力。(2)共同被告中一人对原告的诉讼请求进行的反驳、抗辩，提出反证，对全体被告发生效力。(3)共同诉讼人中一人所为的不利行为，如诉讼上的自认、放弃诉讼请求等，对全体共同诉讼人不发生效力；但不利行为是全体共同诉讼人一致作出的，则对全体共同诉讼人发生效力。(4)共同诉讼人中一人遵守期间，则对全体共同诉讼人发生效力；共同诉讼人中一人有中断或中止诉讼的原因发生时，其中断或中止对全体共同诉讼人发生效力。

必要共同诉讼人的独立性表现为：(1)诉的有效性审查应分别进行，即各共同诉讼人是否适格及其诉讼是否成立，应分别审查；(2)对与本案无直接关系的事项，各共同诉讼人可以单独实施诉讼行为并独立承担其后果。[1]

共同诉讼的一方当事人对诉讼标的有共同权利义务的，其中一人的诉讼行为经其他共同诉讼人承认，对其他共同诉讼人发生效力；对诉讼标的没有共同权利义务的，其中一人的诉讼行为对其他共同诉讼人不发生效力。我国学术界通常把处理共同诉讼人内部关系的这一规则简称为"协商一致"的原则，共同诉讼人中一人的诉讼行为经其他共同诉讼人承认的，对其他共同诉讼人发生效力。不过，这样的规定过于强调必要共同诉讼当事人地位的独立性，如果完全按照这样的规则进行诉讼，必然很不方便，甚至会导致诉讼拖延。因此，在司法实践中采用了较宽泛的解释，认为这种承认包括明示承认和默示承认。所谓默示承认，是指只要共同诉讼人未对其他共同诉讼人实施的诉讼行为表示异议，即表明该共同诉讼人已经承认。不过，承认原则也有例外，共同诉讼人中一人对判决不服提起上诉的，如果上诉后为不可分之诉，不管其他共同诉讼人是否承认该上诉行为，上诉的效力都及于共同诉讼人全体。

(四)必要共同诉讼人的追加

在必要共同诉讼中，由于诉讼标的具有同一性，当事人不能单独行使诉讼实施权，只能一同起诉或应诉，否则当事人将不合格。对于必要共同诉讼，人民法院必须合并审理和一并判决。因此，在起诉或应诉时，如果只有部分当事人起诉或应诉，而部分当事人没有参加诉讼，人民法院就需要追加当事人。

在必要共同诉讼中，追加当事人的方式有两种：一是由人民法院依职权进行追加；二是由人民法院根据当事人的申请追加。

1. 依职权追加

如果在起诉时法院发现必须共同进行诉讼的当事人没有参加诉讼，应当通知其参加。对应当追加的原告，已明确表示放弃实体权利的，可不予追加；既不愿意参加

[1] 参见齐树洁主编：《民事诉讼法》(第3版)，中国人民大学出版社2013年版，第152页。

诉讼,又不放弃实体权利的,仍追加为共同原告,其不参加诉讼,不影响人民法院对案件的审理和依法作出判决。对被追加的被告,如果不愿参加诉讼,法院一般可以对其作出缺席判决,但对符合拘传条件的被告,则可以通过拘传,强制其到庭参加诉讼。

2. 申请追加

必须共同进行诉讼的当事人没有参加诉讼的,可以向人民法院申请追加。人民法院对当事人提出的申请,应当进行审查,申请理由不成立的,裁定驳回;申请理由成立的,书面通知被追加的当事人参加诉讼。

四、普通共同诉讼

普通共同诉讼,是指当事人一方或双方是两人以上,其诉讼标的是同一种类,当事人同意合并诉讼,人民法院也认为可以合并审理的共同诉讼。多数当事人与对方当事人之间的诉讼标的为同种类是形成普通共同诉讼的基础,当事人的同意和法院的认可是形成普通共同诉讼的条件。设立普通共同诉讼的目的是提高诉讼效率、减少诉讼成本,使两个以上同种类的案件通过同一诉讼程序得到解决。

普通共同诉讼与必要共同诉讼都至少有一方当事人为两人以上,人民法院都在同一诉讼程序中合并审理多数当事人之间的民事纠纷。因此,两者之间存在共同之处。不过,与必要共同诉讼相比,普通共同诉讼也具有特别之处:(1)普通共同诉讼的诉讼标的是同一种类的。这是普通共同诉讼与必要共同诉讼的基本区别。例如,某房产公司对数个购房人无法如期交房构成违约,数个购房人作为共同诉讼人分别向房产公司提出违约损害赔偿请求。因为普通共同诉讼人之间的诉讼标的是同种类的,而不是同一的,所以共同诉讼人之间没有共同的权利义务,对其中一个诉讼标的作出的判决的效力也不及于其他的诉讼标的。(2)普通共同诉讼中各共同诉讼人与对方当事人之间一定存在两个以上的诉讼请求。(3)普通共同诉讼是一种可分之诉,共同诉讼人的诉讼行为具有独立性,因此,普通共同诉讼既可以单独起诉,也可以共同起诉。共同起诉的,法院认为可以合并审理而当事人又同意合并审理的,就形成了普通共同诉讼。(4)法院对案件合并审理,但应分别裁判。普通共同诉讼是对不同的诉进行合并审理,合并审理并不改变诉的独立性本质。不同共同诉讼人与对方当事人之间的诉讼标的是各自独立的,各自享有不同的实体权利或承担不同的实体义务,因而人民法院应对不同的共同诉讼人与对方当事人之间的争议分别作出判决。如此便于共同诉讼人各自决定是否行使上诉权,以及判决生效后是否行使申请执行权。

在司法实践中,进行普通共同诉讼需要具备下列条件:第一,共同诉讼人之间的诉讼标的属于同一种类。“同一种类”是指多数当事人与对方当事人之间发生争议的民事法律关系同属一种法律类型,如同是租赁关系、买卖关系、承包合同关系等。第二,人民法院认为可以合并审理。具体而言,人民法院对同一种类诉讼标的的若干诉讼都有管辖权,才可以适用同一诉讼程序,起到提高诉讼效率的作用。第三,当事人同意合并审理。这是处分原则的体现,即合并审理以征得普通共同诉讼中的共同诉讼人同意为前提,否则人民法院应当分别审理。

在普通共同诉讼中,共同诉讼人各自与对方当事人存在独立的诉讼标的,原本是可分之诉,只因诉的合并而共同进行诉讼。因此,对诉讼标的没有共同权利义务的,其中一人的诉讼行为对其他共同诉讼人不发生效力。在普通共同诉讼中,共同诉讼人对自己的行为负责,其中一人的诉讼行为对其他共同诉讼人不发生效力。

普通共同诉讼人共同出席法庭,在法庭上一同参加法庭调查、法庭辩论。但是,这些诉讼行为不是同一内容的共同行为,而是共同诉讼人各自的独立行为,如各自进行举证、各有各的诉讼请求或反驳诉讼请求。因此,共同诉讼人虽在同一程序中进行诉讼,但其诉讼行为是独立的,其中任何一个共同诉讼人的诉讼行为对其他共同诉讼人均不发生效力。例如,一人撤诉不影响其他共同诉讼人诉讼的进行,一人减少诉讼请求或承认诉讼请求不影响其他共同诉讼人的诉讼请求或反驳诉讼请求。

第二节 代表人诉讼

一、代表人诉讼概述

(一)代表人诉讼的概念

代表人诉讼,是指为了便于诉讼,在一方或者双方当事人人数众多时,由人数众多的一方当事人推选出代表人,代表本方当事人的利益而实施的诉讼。被推选出代表多数当事人一方实施诉讼行为的人为诉讼代表人。

从性质上说,我国《民事诉讼法》规定的代表人诉讼制度是以共同诉讼制度为基础,并吸收了诉讼代理人制度的某些机能所形成的一种当事人制度。[1] 一般而言,诉讼代表人所进行的诉讼首先应当符合共同诉讼的基本条件,如果诉讼代表人所代表的当事人不能作为共同诉讼人,也就不能在诉讼中推选代表人实施诉讼行为。同时,代表人诉讼制度吸收了诉讼代理人制度的某些机制,[2] 使众多诉讼当事人的诉讼行为通过推选代表来集中实施,扩大了诉讼解决纠纷的机能,避免了众多当事人直接参加诉讼带来的不便,简化了诉讼程序,提高了诉讼效率。

根据民事诉讼法与司法实践,可以将代表人诉讼具有的特征归纳如下:(1)当事人一方人数众多(人数众多是指人数在 10 人以上),并且人数众多的一方当事人只需推选出诉讼代表人实施诉讼行为,而无须亲自参加诉讼。(2)诉讼代表人参加诉讼不仅为了维护自己的利益,而且要维护他所代表的其他当事人的利益。(3)诉讼代表人所实施的诉讼行为,除法律规定必须经过被代表的当事人同意才对其有效外,原则上对所代表的当事人全体有效。(4)诉讼代表人参加诉讼,人民法院所作的

---

〔1〕 参见张卫平:《民事诉讼法》(第 2 版),法律出版社 2009 年版,第 160 页。

〔2〕 参见汤维建:《中国式证券集团诉讼研究》,载《法学杂志》2020 年第 12 期。

裁判不仅对诉讼代表人发生效力，而且对被代表的其他当事人发生效力。

代表人诉讼制度虽然吸收了诉讼代理人制度的某些机能，但两者毕竟是不同的制度，存在多方面的区别：(1)与案件是否有利害关系不同。诉讼代理人与案件没有直接的利害关系，他是根据法律规定或当事人委托而参加诉讼的。诉讼代表人与案件有直接的利害关系，是案件的当事人。(2)维护的利益主体不同。诉讼代理人为维护被代理人的利益而参加诉讼，他本身在诉讼中没有利益。而诉讼代表人既为维护自己的利益，也为所代表的其他当事人的利益实施诉讼行为。(3)诉讼权利来源不同。诉讼代理人参加诉讼的权利是根据法律的规定或当事人的授权。诉讼代表人参加诉讼的权利一方面是其本身就是当事人，享有当事人的诉讼地位与权利，另一方面来自被代表人的授权。

(二)代表人诉讼的意义

在当今社会，群体性纠纷的大量出现已经使传统的个人利益问题变成了广泛的社会性问题。例如，环境侵权、产品侵权等案件涉及面广泛，受害人数众多，已经成为引起广泛关注的社会问题。为了避免广大人民群众的利益遭受侵害，民事诉讼法许可有共同利益的多数人选任代表人进行诉讼，为群体性纠纷提供更为便捷的解决途径和方式，扩大了司法解决纠纷的功能。此外，对于人数众多的案件，让所有当事人参加诉讼不仅增加诉讼成本、极为不便，而且会给法院的传唤、开庭、审理等诉讼活动带来困难。代表人诉讼正是为了以最低成本化解群体性纠纷而产生的诉讼制度。

当事人一方或者双方人数众多不是代表人诉讼的充分条件，代表人诉讼需受到民事诉讼法规定的处分原则的限制。如果当事人不愿意将诉讼实施权授予代表人，也可以亲自参加诉讼或分别单独进行诉讼。特别是对于诉讼标的为同一种类的案件，人民法院不一定要强制要求多数当事人一方选出代表人进行诉讼，而主要应当根据当事人的意愿来决定是否适用代表人诉讼制度。

(三)代表人诉讼的种类

《民事诉讼法》将代表人诉讼分为两类：一类是起诉时当事人人数可以确定的代表人诉讼，称为“人数确定的代表人诉讼”；另一类是起诉时当事人人数不能确定，需要法院受理案件后公告告知多数人全体进行登记并选定代表人进行诉讼，称为“人数不确定的代表人诉讼”。这两类代表人诉讼的人数下限一般为10人以上。当事人的人数越多，越有必要适用代表人诉讼。人数众多时，让所有当事人参加诉讼不仅极为不便，而且会给法院的传唤、审理和开庭带来困难，在人数不确定的情况下更是如此。因此，由多数当事人选定代表人进行诉讼非常必要。

二、代表人诉讼的要件

代表人诉讼是一种特殊形式的诉讼，除须具备一般的诉讼条件外，代表人诉讼还应当具备下列要件：(1)当事人一方人数众多。当事人人数众多，是指一方当事人在10人以上。一方当事人未超过10人的案件不得适用代表人诉讼。也就是说，代表人诉讼的人数没有上限,人数越多,越能发挥代表人诉讼制度的功能。(2)众多当事人一方的诉讼标的相同或者属于同一种类。代表人诉讼的多数当事人之间应当存在一定的利益关系。当事人一方人数众多且人数确定的,其内部关系可能是必要共同诉讼人关系,也可能是普通共同诉讼人关系。当事人一方人数众多且起诉时人数不确定的,多数人之间一般是普通共同诉讼人关系,其诉讼标的是同一种类。(3)诉讼请求或者抗辩的方法相同。多数当事人推举代表人进行诉讼,除诉讼标的同一或者同类外,还应当具有相同的诉讼请求或者抗辩方法;如不相同,至少其请求或者抗辩方法对于各个当事人都能成立,而且不能互相矛盾。例如,多数当事人全体都是请求人民法院判决责令被告停止侵害、赔偿损失,都否认对方的诉讼请求或者提出反诉。在请求性质或者抗辩方法一致的情况下,如果多数当事人内部对于适用法律发生分歧,按新诉讼标的理论,这并不影响人民法院依法进行裁判,作出统一的判决。在多数人内部对诉讼请求或者抗辩不能达成一致意见的情况下,可由部分当事人推选自己的代表人进行诉讼。人民法院也可以在多数人诉讼中,要求分别选定代表人。(4)诉讼代表人适格。虽然当事人适格在一般情况下不是诉讼成立的要件,但在代表人诉讼中代表人的适格具有特殊的重要性,如果诉讼代表人不符合条件,则代表人诉讼不能成立。[1] (5)符合人民法院管辖的规定。当事人提起代表人诉讼,必须符合级别管辖与地域管辖的规定。只有众多当事人一方的诉讼都属于相同法院管辖时才可以提起代表人诉讼。

三、代表人诉讼的程序

代表人诉讼在程序启动、诉讼代表人的确定、代表人权限及法院判决效力等方面与一般诉讼不同,需要遵循特殊的程序性规定。具体而言,主要有以下方面:(1)代表人诉讼案件的受理。人民法院经过审查,认为代表人诉讼既符合一般起诉要件,又符合代表人诉讼的特别要件的,应当依法受理。经审查,认为代表人诉讼不符合条件的,裁定不予受理。人民法院裁定不予受理后,多数当事人可以分别行使诉权,单独起诉。(2)公告和权利登记。人数确定的代表人诉讼无须公告程序。对于人数不确定的代表人诉讼案件而言,人民法院受理案件,可以发出公告,通知权利人向人民法院登记。公告期间根据案件的具体情况确定,但不得少于30日。在公告期间,权利人应当向发布公告的人民法院登记权利。向人民法院登记的权利人,应当证明其与对方当事人的法律关系和所受到的损害;证明不了的,不予登记,权利人可以另行起诉。人民法院的裁判在登记的范围内执行。(3)诉讼代表人的确定。当事人一方人数众多且人数在起诉时能确定的,可以由全体当事人推选共同的代表人,也可以由部分当事人推选自己的代表人;推选不出代表人的当事人,在必要的共

〔1〕 一般认为,诉讼代表人需要具备下列条件:①必须是本案的当事人;②具有诉讼行为能力;③能够履行诉讼代表人职责,是人数众多一方当事人中的一员,与其他成员具有共同的利害关系,并能够正确履行代表义务,能善意地维护被代表的全体当事人的合法权益;④必须经合法程序产生。

同诉讼中可由自己参加诉讼,在普通的共同诉讼中可以另行起诉。人数不确定的代表人诉讼,是指在起诉时众多当事人一方的人数尚未确定的代表人诉讼。当事人一方人数众多在起诉时不确定的,由当事人推选代表人;当事人推选不出的,可以由人民法院与当事人协商确定代表人,协商不成的,也可以由人民法院在起诉的当事人中指定代表人。(4)诉讼代表人的权限。推选的代表人人数为2~5人,每位代表人可以委托1~2人作为诉讼代理人。诉讼代表人既是当事人一方的成员,又是多数当事人一方诉讼行为的具体实施者,代表人的诉讼行为对其所代表的当事人发生效力。为保障多数当事人的全体利益,代表人的诉讼行为对其所代表的当事人发生效力;同时为了保障被代表人的利益,代表人变更、放弃诉讼请求或者承认对方当事人的诉讼请求、进行和解,必须经被代表的当事人同意。(5)法院裁判的效力。在人数确定的代表人诉讼中,人民法院对案件所作的裁判的效力及于诉讼代表人和所代表的全体当事人。若人民法院判决被告对人数众多的原告承担民事赔偿责任,可以在判决书中对赔偿总额作出判决,并将每个原告的姓名、应获得的赔偿金额等列表附于民事判决书后。在人数不确定的代表人诉讼中,人民法院的裁判对诉讼代表人所代表的当事人发生效力,即判决的效力原则上仅及于参加登记的权利人。未参加登记的权利人在诉讼时效期间内提起诉讼,人民法院认定其请求成立的,裁定适用人民法院已经作出的判决、裁定。也就是说,在人数不确定的代表人诉讼中,法院判决的效力表现在两个方面:一是对已经登记的全体权利人有直接效力;二是对未参加登记的权利人有预决效力。

第三节　第三人诉讼

一、诉讼第三人概述

所谓诉讼第三人,是指在一个已经开始的诉讼中,因对原告和被告争议的诉讼标的有独立请求权或与案件处理结果有法律上的利害关系而参加诉讼的人。对于已经开始的诉讼,他人辅助该诉讼的一方当事人进行诉讼,可以成为民事诉讼中的第三人。因此,第三人参加诉讼,或者以本诉的原告、被告为共同被告提出一个独立的诉讼请求,或者被本诉的原告、被告申请进入诉讼后主张独立的利益,或者为了自己的利益辅助本诉一方当事人进行诉讼活动。这种有第三人参加的诉讼,称为第三人诉讼。由此可见,第三人诉讼具有以下特征:(1)他人之间已经存在一个诉讼。这是第三人诉讼的前提,若不存在他人之间的诉讼,第三人也没有必要以第三人诉讼的形式维护自己的利益。(2)第三人在他人的诉讼已经开始、法院作出裁判之前参加诉讼。(3)为自己的权益而参加诉讼。第三人是为维护自己的利益而参加诉讼,要么以自己的名义直接对本诉的原告和被告提起诉讼,要么被本诉的一方当事人引进诉讼。

许多国家的民事诉讼法都设有第三人制度,尽管各国立法对诉讼第三人的称谓有所不同,但其基本机能却是大致相同的。一般认为,第三人诉讼制度通过给予第三人参加诉讼的机会,使第三人能够更好地维护自己的利益。第三人诉讼制度将相互牵连的法律关系置于同一诉讼程序中进行处理,能够防止法院作出错误或矛盾的裁判,实现诉讼经济。

因此,《民事诉讼法》第 59 条第 2 款规定,对当事人双方的诉讼标的,第三人认为有独立请求权的,有权提起诉讼。对当事人双方的诉讼标的,第三人虽然没有独立请求权,但案件处理结果与其有法律上的利害关系的,可以申请参加诉讼,或者由人民法院通知其参加诉讼。人民法院判决承担民事责任的第三人,有当事人的诉讼权利义务。根据该条规定,可以将诉讼第三人分为两类,即“有独立请求权的第三人”和“无独立请求权的第三人”。

二、有独立请求权的第三人

(一)有独立请求权的第三人的概念

有独立请求权的第三人,是指对他人诉讼所争议的诉讼标的有独立请求权而参加诉讼的人。他人已经开始的诉讼被称为本诉,第三人提起的诉讼被称为第三人之诉。有独立请求权的第三人提起的第三人之诉本质是第三人以本诉的原告和被告共同作为第三人之诉中的被告而提起的诉讼。

在司法实践中,常常容易将有独立请求权的第三人与必要共同诉讼人混淆起来。实际上,从诉讼构造上看,有独立请求权的第三人与必要共同诉讼人存在明显区别:(1)与诉讼标的的关系不同。必要共同诉讼人争议的诉讼标的是共同的,他们是争议的法律关系的一方当事人,在同一法律关系中,或者共同享有权利,或者共同承担义务。有独立请求权的第三人提起的诉讼的诉讼标的与本诉的诉讼标的可能是共同的,也可能是不同的,但有独立请求权的第三人与诉讼标的的关系不可能与本诉的任何一方当事人相同,与本诉当事人的任何一方都不具有共同的权利义务。有独立请求权的第三人的主张具有独立性,与本诉的原告及被告的利益均相排斥。(2)争议的对方当事人不同。必要共同诉讼人只能与另一方当事人发生争议,对方当事人要么是被告,要么是原告;而有独立请求权的第三人是与本诉的原告、被告双方发生争议,与之争议的对方当事人既包括本诉的原告,也包括本诉的被告。(3)参加诉讼的方式不同。必要共同诉讼是不可分之诉,共同诉讼人既可以自己申请参加诉讼,也可以经人民法院通知参加诉讼;而有独立请求权的第三人只能以起诉的方式参加诉讼。(4)诉讼地位不同。必要共同诉讼人在诉讼中既可能处于原告的诉讼地位,也可能处于被告的诉讼地位;而有独立请求权的第三人只能处于原告的诉讼地位。(5)诉讼行为的效力不同。必要共同诉讼人中一人的诉讼行为经全体共同诉讼人承认的,可以对全体共同诉讼人发生法律效力;有独立请求权的第三人的诉讼行为无论如何只对其自己发生法律效力,既不可能对本诉的当事人发生效力,也不受本诉任何一方当事人的牵制。

(二)有独立请求权的第三人参加诉讼的条件

有独立请求权第三人参加诉讼,需要满足以下条件。

1. 第三人对他人之间的诉讼标的有独立请求权

对他人之间的诉讼标的有独立请求权,这是有独立请求权的第三人参加诉讼的根据。有独立请求权的第三人有权向人民法院提出诉讼和事实、理由,成为当事人。因此,有独立请求权的第三人在诉讼中既不同意原告的主张,也不同意被告的主张,而有自己独立的主张。无论是原告胜诉还是被告胜诉,都将损害他的利益。例如,人民法院审理重婚导致的无效婚姻案件时,涉及财产处理的,应当准许合法婚姻当事人作为有独立请求权的第三人参加诉讼。

2. 本诉正在进行中

第三人参加诉讼的时间限于本诉开始后、审理终结前,若他人之间的诉讼尚未开始或已结束,则不会形成第三人参加的诉讼。原则上,第三人参加诉讼也应当在第一审程序中参加。第一审程序中未参加诉讼的第三人,申请参加第二审程序的,人民法院可以准许,不过,第三人若是在第二审程序中参加诉讼,人民法院对第三人之诉应当进行调解;调解不成的,应当告知其另行起诉。

3. 以起诉的方式参加诉讼

有独立请求权的第三人应以起诉的方式参加诉讼。[1] 有独立请求权的第三人以起诉的方式参加诉讼,是将本诉的原告、被告作为其参加诉讼的被告,自己作为参加诉讼的原告。

有独立请求权的第三人在第三人参加之诉中的诉讼地位是原告。在诉讼中,有独立请求权的第三人既对抗本诉的原告,又对抗本诉的被告,并且有独立的诉讼请求。因此,有独立请求权的第三人参加之诉不依赖于本诉,不受本诉是否成立的影响。有独立请求权的第三人可以撤回参加之诉,而本诉继续进行。有独立请求权的第三人提起第三人之诉后,原告申请撤诉,人民法院在准许原告撤诉后,有独立请求权的第三人作为另案原告,原案原告、被告作为另案被告,诉讼继续进行。

三、无独立请求权的第三人

(一)无独立请求权的第三人参加诉讼的根据

无独立请求权的第三人是指对诉讼当事人双方的诉讼标的没有独立请求权,但案件处理结果与其有法律上的利害关系,申请参加诉讼或者由人民法院通知其参加诉讼的人。例如,保管人甲未经寄存人乙的同意,将乙寄存的名贵字画卖给了丙。在乙诉甲非法出卖字画的诉讼中,如果乙胜诉,丙就有可能要返还字画,因此,丙与该案的处理结果有法律上的利害关系,可以作为无独立请求权的第三人参加诉讼。

无独立请求权的第三人参加诉讼的根据是本诉案件的审理结果与其有法律上

---

〔1〕 参见张卫平:《民事诉讼法》(第2版),法律出版社2009年版,第164页。

的利害关系。所谓有法律上的利害关系,是指无独立请求权的第三人与本诉的当事人之间存在与本诉诉讼标的不同的法律关系,而且本诉当事人争议的法律关系与该第三人和本诉当事人之间的法律关系具有一定的牵连性。因为这种牵连性存在,可能导致本诉案件处理结果影响到第三人的权利义务。实践中常表现为第三人与本诉被告之间存在牵连关系,当本诉被告败诉后,第三人可能面临利益减损的不利后果。但是,从理论上说,不能排除无独立请求权的第三人与本诉原告之间存在牵连性法律关系的可能性。

在司法实践中,无独立请求权的第三人参加诉讼的典型情形有以下几种:(1)代位权诉讼。代位权诉讼,是指债务人怠于行使其到期债权,对债权人造成损害的,债权人向人民法院请求以自己的名义代位行使债务人的债权而提起的诉讼。根据《民法典》第535条的相关规定,债权人代位行使的债权不能是专属于债务人自身的债权,如基于扶养、抚养、赡养、继承关系而产生的给付请求权和劳动报酬、退休金、养老金、抚恤金、安置费、人寿保险、人身伤害赔偿请求权等权利。在代位权诉讼中,债权人以次债务人为被告向人民法院提起代位权诉讼,债务人是无独立请求权的第三人。债权人起诉时未将债务人列为第三人的,人民法院可以追加债务人为第三人。在代位权诉讼中,该无独立请求权的第三人可对债权人的债权提出异议,经审查异议成立的,人民法院应当裁定驳回债权人的起诉。代位权诉讼判决的效力比较特殊。判决认定代位权成立的,次债务人向债权人履行清偿义务,债权人与债务人、债务人与次债务人之间相应地债权债务关系即予消灭;代位权不成立的,债权人对债务人的诉权并不消失,原告可以债务人为被告再次提起诉讼。(2)撤销权诉讼。债务人放弃其到期债权或者无偿转让或以不合理的低价转让财产,对债权人造成损害的,债权人可以请求人民法院撤销债务人的行为。这种诉讼称为撤销权诉讼。债权人提起撤销权诉讼时,只以债务人为被告,未将受益人或者受让人列为第三人的,人民法院可以追加该受益人或者受让人为无独立请求权的第三人。(3)合同转让中的第三人。合同的转让包括债权的转让和债务的转让。债权人转让合同权利后,债务人与受让人之间因履行合同发生纠纷诉至人民法院,债务人对债权人的权利提出抗辩的,人民法院可以将债权人列为第三人;经债权人同意,债务人转移合同义务后,受让人与债权人之间因履行合同发生纠纷诉至人民法院,受让人就债务人对债权人的权利提出抗辩的,人民法院可以将债务人列为第三人;合同当事人一方经对方同意将其在合同中的权利义务一并转让给受让人,对方与受让人因履行合同发生纠纷诉至人民法院,对方就合同权利义务提出抗辩的,人民法院可以将出让方列为第三人。上述三种第三人都是无独立请求权的第三人。(4)保证合同发生纠纷引起债权人反诉的诉讼。有保证的债务合同发生纠纷,债务人对债权人提起诉讼,债权人提起反诉的,保证人可以作为第三人参加诉讼。(5)劳动争议中的第三人。用人单位招用尚未解除劳动合同的劳动者,原用人单位与劳动者发生的劳动争议可以列新的用人单位为第三人。原用人单位以新的用人单位侵权为由向人民法院起诉的,可以列劳动者为第三人。

(二)无独立请求权的第三人参加诉讼的方式

无独立请求权的第三人参加诉讼的方式主要有以下两种,即申请参加和通知参加。

1. 申请参加诉讼

通常情况下,都是由被告在诉讼中要求人民法院通知第三人参加诉讼。当然,原告也可以申请人民法院通知第三人参加诉讼。原告在起诉状中直接列写第三人的,视为其申请人民法院追加该第三人参加诉讼。是否通知第三人参加诉讼,由人民法院审查决定。

从理论上讲,第三人尽管对当事人正在争议的诉讼标的没有独立的请求权,但是,案件的处理结果与其有法律上的利害关系,无独立请求权的第三人为了维护自己的利益,也可以主动依法申请参加诉讼,对此,人民法院同样可以根据案情决定是否准许其参加诉讼。因此,无独立请求权的第三人主动申请参加诉讼也应该是第三人参加诉讼的重要方式。

2. 由人民法院通知其参加诉讼

无独立请求权的第三人与案件处理结果之间的利害关系,通常是因其与被告之间存在法律上的利害关系。在这种情况下,人民法院可以通知该第三人作为无独立请求权的第三人参加诉讼。可见,经通知参加诉讼也是无独立请求权的第三人参加诉讼的方式之一。

(三)无独立请求权的第三人的诉讼地位

由于案件的处理结果与其有法律上的利害关系,无独立请求权的第三人参加诉讼是为了维护自己的利益,其在诉讼中的地位明显不同于诉讼代理人。由于对当事人正在争议的诉讼标的没有独立的请求权,无独立请求权的第三人在诉讼中不是完全独立的诉讼当事人。具体而言,关于无独立请求权第三人的诉讼地位,需要有以下几项规定:第一,人民法院判决承担民事责任的无独立请求权的第三人有当事人的诉讼权利义务。第二,在诉讼中有当事人的诉讼权利义务,被判决承担民事责任的无独立请求权的第三人有权提起上诉,但该第三人在一审中无权对案件的管辖权提出异议,无权放弃、变更诉讼请求或者申请撤诉。第三,无独立请求权的第三人参加诉讼的案件,人民法院调解时需要确定无独立请求权的第三人承担义务的,应当经第三人同意,调解书应当同时送达第三人。无独立请求权的第三人在调解书送达前反悔的,人民法院应当及时判决。第四,无独立请求权的第三人经人民法院传票传唤,无正当理由拒不到庭,或者未经法庭许可中途退庭的,不影响案件的审理。第五,第一审程序中未参加诉讼的第三人申请参加第二审程序的,人民法院可以准许。不过,第三人若是在第二审程序中参加诉讼,人民法院不能直接判决第三人承担民事责任。

四、第三人撤销之诉

(一)第三人撤销之诉概述

一般情况下,对当事人双方的诉讼标的有独立请求权或与案件处理结果有利害关系的第三人,可以通过第三人诉讼制度参加诉讼,以维护自己的利益。但是,在当事人之间的诉讼进行过程中,第三人若因不能归责于本人的事由而未参加诉讼,其利益就可能受到人民法院作出的裁判的损害。为了保护第三人的合法权益,《民事诉讼法》规定了案外人申请再审制度和第三人撤销诉讼制度。第三人撤销诉讼是一般的救济程序;而案外人申请再审制度是例外的救济程序,本书将在再审程序的有关章节中阐述。

第三人撤销之诉是指人民法院作出的生效的判决、裁定、调解书内容错误,侵害了因不可归责于其本人的事由而未参加诉讼的第三人的合法权益,合法权益受到侵害的第三人向人民法院提起的撤销该生效判决、裁定或调解书的诉讼。

未能参加诉讼的第三人,包括有独立请求权第三人和无独立请求权的第三人,均有可能事后提起请求改变或撤销生效判决、裁定或调解书的诉讼。设置第三人撤销之诉的目的主要体现在两个方面:一方面是向因故未能参加诉讼而没有获得程序保障,却可能受到判决既判力扩张效果拘束的第三人提供救济途径;[1]另一方面则是防止第三人的合法权益受到他人利用诉讼审判骗取法院生效法律文书等方式的不当侵害。第三人撤销之诉的建立,有利于使受到不当侵害的第三人及时得到救济,尤其是对于受到非法利用诉讼、保全或调解协议的司法确认等程序实施这种行为侵害的第三人具有保护意义。

(二)第三人撤销之诉的构成要件

第三人撤销之诉,应当符合下列条件。

1. 撤销之诉的原告是第三人

提起撤销之诉的第三人是撤销之诉的原告。第三人撤销之诉的原告包括有独立请求权的第三人和无独立请求权的第三人,而生效判决、裁定或调解书中的双方当事人在撤销之诉中是必要的共同被告。所谓因不能归责于本人的事由而未参加诉讼,是指没有被列为生效判决、裁定、调解书的当事人,并且无过错或者无明显过错的情形,包括:(1)不知道诉讼而未参加的;(2)申请参加未获准许的;(3)知道诉讼,但因客观原因无法参加的;(4)因其他不能归责于本人的事由而未参加诉讼的。

2. 涉及第三人利益的判决、裁定或调解书内容错误

判决、裁定或调解书错误,只限于对案件实体问题处理方面的错误,不包括程序方面的错误。这是撤销之诉与再审之诉的一个区别。

---

〔1〕 参见苏志强:《论第三人撤销之诉适用完善——以既判力相对性原则关系为展开》,载《社会科学家》2022年第6期。

3. 第三人的合法民事权益受到侵害

生效判决、裁定或调解书的内容侵害了第三人的合法民事权益，实际上就是生效判决、裁定或调解书的内容错误与第三人合法民事权益受到侵害之间具有因果关系，因此，第三人才能主张撤销该错误的内容。第三人受到侵害的合法民事权益包括债权、物权等财产权及一些特定的人格权等。

4. 在法定期间内提起诉讼

第三人可以自知道或者应当知道其民事权益受到损害之日起 6 个月内向作出该判决、裁定、调解书的人民法院提起诉讼。该期间与当事人申请再审的期间一样，都属于不变期间，不适用中止、中断、延长的规定。

5. 向有管辖权的人民法院提起

第三人撤销之诉应向作出该判决、裁定、调解书的人民法院提起。

（三）第三人撤销之诉的诉讼程序

1. 起诉与受理

第三人提起撤销之诉，应当提交起诉状。第三人对已经发生法律效力的判决、裁定、调解书提起撤销之诉的，应当自知道或者应当知道其民事权益受到损害之日起 6 个月内向作出生效判决、裁定、调解书的人民法院提出，并应当提供存在下列情形的证据材料：（1）因不能归责于本人的事由而未参加诉讼；（2）发生法律效力的判决、裁定、调解书的全部或者部分内容错误；（3）发生法律效力的判决、裁定、调解书内容错误损害其民事权益。

人民法院应当自收到起诉状和证据材料之日起 5 日内送交对方当事人，对方当事人可以自收到起诉状之日起 10 日内提出书面意见。人民法院应当对第三人提交的起诉状、证据材料以及对方当事人的书面意见进行审查。必要时，可以询问双方当事人。经审查，符合起诉条件的，人民法院应当自收到起诉状之日起 30 日内立案。不符合起诉条件的，应当自收到起诉状之日起 30 日内裁定不予受理。

人民法院在审查时要进行必要的实体审查，可以进行相应的调查取证，以核实第三人提起的诉讼是否具有一定的事实依据，防止第三人滥用诉权，影响裁判的既判力。对下列情形提起的第三人撤销之诉，人民法院不予受理：（1）适用特别程序、督促程序、公示催告程序、破产程序等非讼程序处理的案件；（2）婚姻无效、撤销或者解除婚姻关系等判决、裁定、调解书中涉及身份关系的内容；（3）未参加登记的权利人对代表人诉讼案件的生效裁判；（4）损害社会公共利益行为的受害人对公益诉讼案件的生效裁判。

2. 第三人撤销之诉的审理

第三人撤销之诉是独立的诉讼，属于第一审民事案件，应适用第一审普通程序进行审理。此外，对于第三人撤销之诉，法院在审理中需要遵循以下规则：（1）合议庭开庭审理。法院对第三人撤销之诉案件，应当组成合议庭开庭审理。（2）准确确定第三人撤销之诉的当事人。对于第三人提起撤销之诉，人民法院应当将该第三人列为原告,将生效判决、裁定、调解书的当事人列为被告,将生效判决、裁定、调解书中没有承担责任的无独立请求权的第三人列为第三人。(3)担保和停止执行。受理第三人撤销之诉案件后,原告提供相应担保,请求中止执行的,人民法院可以准许。

3. 第三人撤销之诉的裁判

人民法院对第三人撤销之诉的案件进行审理后,认为诉讼请求成立的,应当改变或者撤销原判决、裁定、调解书;认为诉讼请求不成立的,驳回诉讼请求。具体而言,对第三人撤销或者部分撤销发生法律效力的判决、裁定、调解书内容的请求,人民法院经审理,按下列情形分别处理:(1)请求成立且确认其民事权利的主张全部或部分成立的,改变原判决、裁定、调解书内容的错误部分;(2)请求成立,但确认其全部或部分民事权利的主张不成立,或者未提出确认其民事权利请求的,撤销原判决、裁定、调解书内容的错误部分;(3)请求不成立的,驳回诉讼请求。当事人对第三人之诉的裁判不服的,可以上诉。原判决、裁定、调解书的内容未改变或者未撤销的部分继续有效。

(四)第三人撤销之诉与再审、执行异议的关系

1. 第三人撤销之诉与再审

在第三人撤销之诉案件审理期间,人民法院对生效判决、裁定、调解书裁定再审的,受理第三人撤销之诉的人民法院应当裁定将第三人的诉讼请求并入再审程序;但有证据证明原审当事人之间恶意串通损害第三人合法权益的,人民法院应当先行审理第三人撤销之诉案件,裁定中止再审诉讼。第三人诉讼请求并入再审程序审理的,按照下列情形分别处理:(1)按照第一审程序审理的,人民法院应当对第三人的诉讼请求一并审理,所作的判决可以上诉;(2)按照第二审程序审理的,人民法院可以调解,调解达不成协议的,应当裁定撤销原判决、裁定、调解书,发回一审法院重审,重审时应当列明第三人。

2. 第三人撤销之诉与执行异议

第三人提起撤销之诉后,未中止生效判决、裁定、调解书的执行的,执行法院对第三人提出的执行异议,应予审查。第三人不服驳回执行异议裁定,申请对原判决、裁定、调解书再审的,人民法院不予受理。[1] 案外人对人民法院驳回其执行异议裁定不服,认为原判决、裁定、调解书内容错误损害其合法权益的,应当申请再审;提起第三人撤销之诉的,人民法院不予受理。

---

〔1〕《民事诉讼法》第238条规定:执行过程中,案外人对执行标的提出书面异议的,人民法院应当自收到书面异议之日起15日内审查,理由成立的,裁定中止对该标的的执行;理由不成立的,裁定驳回。案外人、当事人对裁定不服,认为原判决、裁定错误的,依照审判监督程序办理;与原判决、裁定无关的,可以自裁定送达之日起15日内向人民法院提起诉讼。

第四节　民事公益诉讼

一、民事公益诉讼概述

(一)民事公益诉讼的概念与特征

公益诉讼是一个与私益诉讼相对的概念。民事公益诉讼,是指一定的组织和个人为了保护社会公共利益,可以根据法律法规的授权,对违反法律、侵害社会公共利益的行为,向人民法院提起诉讼,由法院按照民事诉讼程序依法审判并追究违法者法律责任的诉讼。

相对于普通的民事诉讼而言,民事公益诉讼有如下特征:(1)民事公益诉讼的直接目的是维护社会公共利益,但公益诉讼仅仅是对国家机关执法能力不足的补充与协助,而非取代国家机关进行执法活动。一般民事诉讼的目的是维护个人、法人或者其他组织的合法权益。换言之,民事公益诉讼的建立可以更方便、更有力地保护社会公共利益。(2)民事公益诉讼的原告一般是与民事诉讼标的无直接利害关系的特定的国家机关、公民组织或者社会个人;而一般民事诉讼的原告必须是因民事权利义务关系而与他人发生争执或者权益受到侵害的公民、法人或其他组织。而一般民事诉讼的原告与案件处理结果有着直接的利害关系,维护自身利益是原告起诉的原因。

(二)民事公益诉讼的意义

民事公益诉讼制度的建立在民事诉讼发展过程中具有重大的意义。

首先,民事公益诉讼矫正了传统民事诉讼保护私益的价值偏好。长期以来,我国的民事诉讼法一直遵循着传统的观念,旨在保护法律主体的私人合法权益,当处于平等主体地位的公民、法人和其他组织的权利义务关系发生争议,或者该主体的合法权益受到损害时,有权依据《民事诉讼法》规定的司法程序进行救济。在此种观念的影响下,国家设立民事诉讼制度的根本目的是保护私人的合法权益不受侵害,从而维护私法秩序的稳定。[1] 因此,传统上民事诉讼法的调整对象也就仅限于体现私人利益的民事纠纷。

其次,民事公益诉讼使传统的当事人适格理论得到了发展。由于民事诉讼制度所保护的是私益,原则上要求参与的诉讼主体在实体法上与民事案件存在直接的利害关系,即只有与民事纠纷具有直接利害关系的当事人才能成为适格的民事诉讼主体。民事公益诉讼制度意味着原告可以与本案没有直接利害关系而是为了维护社会公共利益,以此打破了原告资格的直接利害关系人说,推动当事人适格理论向诉讼担当理论说发展。

最后,民事公益诉讼是司法救济手段的完善。对于社会公共利益的保护问题通

---

〔1〕 参见梁慧星等:《关于公益诉讼》,载吴汉东主编:《私法研究》(创刊号),中国政法大学出版社2002年版。

常是由国家行政机关依靠行政手段完成的。虽然通过行政手段维护社会公共利益有着高效、快捷等优势，但我们更清楚地看到其已经暴露出的种种弊端。例如，在行政执法过程中，容易发生行政权力滥用或行政不作为等现象，这样既不利于对社会公共利益的合理保护，也背离了我国法治的基本要求。因此，从克服行政失能的角度来说，有必要通过司法途径来保护、救济社会公共利益。这一司法途径便是通过开放民事司法救济程序来达到保护社会公共利益的目的，使其能够通过民事裁判的方式予以确认和保护的，这也是当今经济社会发展的必然要求。[1]

二、提起民事公益诉讼的条件

民事公益诉讼属于民事诉讼的特别形态，但《民事诉讼法》没有具体规定提起民事公益诉讼的条件。从理论上讲，人民法院受理民事公益诉讼的条件，除《民事诉讼法》有特别规定的外，应当适用起诉与受理条件的一般规定。《环境保护法》《消费者权益保护法》等法律规定的机关和有关组织对污染环境、侵害众多消费者合法权益等损害社会公共利益的行为，符合下列条件的，人民法院应当受理：(1)有适格的原告；(2)有明确的被告；(3)有具体的诉讼请求；(4)属于人民法院受理民事诉讼的范围和受诉人民法院管辖。

(一)民事公益诉讼的原告

根据《民事诉讼法》第58条的规定，对污染环境、侵害众多消费者合法权益等损害社会公共利益的行为，法律规定的机关和有关组织可以向人民法院提起诉讼。人民检察院在履行职责中发现破坏生态环境和资源保护、食品药品安全领域侵害众多消费者合法权益等损害社会公共利益的行为，在没有法律规定的机关和组织或者法律规定的机关和组织不提起诉讼的情况下，可以向人民法院提起诉讼。由此可见，民事公益诉讼的原告有三类，即法律规定的机关、有关组织和检察机关。

1.法律规定的机关

"机关"的概念宽泛、类型多样，包括立法机关、行政机关和人民法院、人民检察院等。这里的"机关"应当有所限定，仅限于行政机关。部分法律对行政机关提起民事公益诉讼的行政机关作出了规定，比如，根据《海洋环境保护法》第114条的规定，对污染海洋环境、破坏海洋生态，造成他人损害的，依照《中华人民共和国民法典》等法律的规定承担民事责任。对污染海洋环境、破坏海洋生态，给国家造成重大损失的，由依照本法规定行使海洋环境监督管理权的部门代表国家对责任者提出损害赔偿要求。前款规定的部门不提起诉讼的，人民检察院可以向人民法院提起诉讼。前款规定的部门提起诉讼的，人民检察院可以支持起诉。该条规定的生态环境损害赔偿可以通过环境民事公益诉讼的方式现实，因此，行使海洋环境监督管理权的部门，应当属于"法律规定的机关"，可以提起海洋环境民事公益诉讼。

---

[1] 参见王曦、郭祥：《中美环保社会组织环境民事公益诉讼起诉资格规则之比较：基于立法与司法的视角》，载《中国地质大学学报（社会科学版）》2023年第5期。

法律允许行政机关提起民事公益诉讼的原因有以下几点。(1)行政机关具有专业优势。行政机关掌握有关环境评价、环境监测、检验、评估报告、现场检查记录等方面的信息资料,便于收集证据。(2)行政机关负担诉讼成本的能力较强。虽然社会组织能够作为民事公益诉讼的适格原告,但是社会组织普遍存在诉讼意愿不强、诉讼成本负担过重等缺陷;相反,行政机关作为社会公益维护人的角色定位,并具有稳定的财政收入,可以克服社会组织在民事公益诉讼中的上述弊端。不过,涉及环境污染、消费者权益保护的公益诉讼案件影响范围大、涉及人数多、社会关注度高,协调复杂利益冲突的难度和压力大,区、县一级行政机关恐难以胜任。对提起公益诉讼的行政机关应当限定为地、市级以上行政机关为宜,与之相对的是,公益诉讼级别管辖以中级人民法院为宜。

2. 有关组织

"有关组织"数量众多,类型包括社会团体、民办非企业单位和基金会等。上述各种组织,情况复杂,参差不齐,不一而足。因此,有学者认为,有必要通过司法解释对可以起诉的有关组织的范围进行必要的过滤和限制,如下的具体措施和实质性标准可以考虑:(1)依法设立、登记或备案;(2)起诉必须符合组织或团体章程的目的和业务范围;(3)符合组织或团体活动的区域要求;(4)组织或团体设立时间的限制,要求必须是设立2年以上;(5)应当具有一定的经费来源和经费保障;(6)社团法人应当有一定数量的会员;(7)组织或团体须配备相关的法律专业人士。[1]

实际上,《环境保护法》已经对提起民事公益诉讼的有关组织的条件作出了明确规定。据此,对污染环境、破坏生态、损害社会公共利益的行为,符合下列条件的社会组织可以向人民法院提起诉讼:(1)依法在设区的市级以上人民政府民政部门登记;(2)专门从事环境保护公益活动连续5年以上且无违法记录。符合前述规定的社会组织向人民法院提起诉讼,人民法院应当依法受理。具体而言,可以提起环境民事公益诉讼的社会组织是指依照法律法规的规定,在设区的市,自治州、盟、地区,不设区的地级市,直辖市的区以上人民政府民政部门登记的,其宗旨和主要业务范围是维护社会公共利益,并且从事环境保护公益活动的社会团体、民办非企业单位以及基金会等。"无违法记录"是指社会组织在提起诉讼前5年内未因从事业务活动违反法律法规的规定受过行政、刑事处罚。

社会组织提起的诉讼所涉及的社会公共利益,应与其宗旨和业务范围具有关联性,不得通过诉讼牟取经济利益。社会组织有通过诉讼违法收受财物等牟取经济利益的行为的,人民法院可以根据情节轻重依法收缴其非法所得、予以罚款;涉嫌犯罪的,依法移送有关机关处理。社会组织通过诉讼牟取经济利益的,人民法院应当向登记管理机关或者有关机关发送司法建议,由其依法处理。

---

〔1〕 参见江伟主编:《民事诉讼法》(第6版),中国人民大学出版社2013年版,第158页。

3. 检察机关

一般认为,人民检察院可以提起民事公益诉讼,这是因为:(1)检察机关在我国宪法中居于法律监督者的特殊地位,检察机关是国家利益和社会公共利益的代表者、维护者和实现者;(2)检察机关在收集证据、调查证据的权限、担负诉讼成本的能力和进行诉讼所必需的法律专业素养等方面优越于享有公益诉权的社会团体或民间组织;(3)《刑事诉讼法》已经赋予检察院提起附带民事诉讼的公诉权,即当国家财产、集体财产因被告人的犯罪行为而遭受损失时,人民检察院在提起刑事公诉的同时可以提起附带民事诉讼;(4)检察院已经积累了许多提起公益诉讼的实践经验。因此,人民检察院在履行职责中发现破坏生态环境和资源保护、食品药品安全领域侵害众多消费者合法权益等损害社会公共利益的行为,在没有法律规定的机关和组织或者该机关和组织不提起诉讼的情况下,可以向人民法院提起诉讼。法律规定的机关或者组织提起诉讼的,人民检察院可以支持起诉。

(二)有明确的被告

原告提起诉讼,必须有"明确的被告"。"明确的被告"包含两层含义,一是在形式上被告要明确,原告通过身份和空间两个要素把相对方固定成为明确的被告;二是被告在实质上也要明确,即不仅要明确原告起诉相对方形式上的身份(姓名、年龄、性别等),而且要明确相对方与原告之间的法律关系和法律事实。据此,应从如下两个方面判断被告是否明确:其一,被告的身份情况。在被告的身份情况中,被告的姓名或名称是否准确或正确最为重要。籍贯、职业、工作单位和职务等身份情况并非起诉的必要条件。有的法官要求原告提供被告的身份证和电话号码,均出于法官确认被告身份或方便联系被告的需要,不应成为起诉的充分必要条件。其二,被告的住址或住所地。根据《民法典》的规定,被告是自然人的,以户籍登记或者其他有效身份登记记载的居所为住所,住所地与经常居住地不一致的,经常居所视为住所。被告是企业法人或其他组织的,以其主要办事机构所在地为住所。

(三)有具体的诉讼请求

民事公益诉讼早期以禁止性诉讼请求为主,原告通过主张被告承担停止侵害、消除危险的民事责任来实现对公共利益的保护。除了禁止性诉讼请求外,民事公益诉讼请求还发展出了预防性诉讼请求。二者区别在于,禁止性诉讼请求要求在出现侵害结果时才能提出;预防性诉讼请求在出现侵害结果之前即可提出,因此具有事前预防的功能。

民事公益诉讼一般以要求被告承担民事责任为主要内容,《民法典》第179条规定的权利救济方式,原告都可以主张。例如,对污染环境、破坏生态,已经损害社会公共利益或者具有损害社会公共利益的重大风险的行为,原告可以请求被告承担停止侵害、排除妨碍、消除危险、恢复原状、赔偿损失、赔礼道歉等民事责任。人民法院认为原告提出的诉讼请求不足以保护社会公共利益的,可以向原告释明变更或者增加停止侵害、恢复原状等诉讼请求。

(四)属于受诉人民法院管辖

民事环境公益诉讼案件由侵权行为地或者被告住所地中级人民法院管辖,但法律、司法解释另有规定的除外。例如,最高人民法院《关于审理海洋自然资源与生态环境损害赔偿纠纷案件若干问题的规定》第2条规定,在海上或者沿海陆域内从事活动,对中华人民共和国管辖海域内海洋自然资源与生态环境造成损害,由此提起的海洋自然资源与生态环境损害赔偿诉讼,由损害行为发生地、损害结果地或者采取预防措施地海事法院管辖。另外,如果原告就同一侵权行为分别向两个以上人民法院提起民事公益诉讼的,应当根据《民事诉讼法》的规定,由最先立案的人民法院管辖,必要时由它们的共同上级人民法院指定管辖。

《环境公益诉讼解释》对环境民事公益诉讼的管辖作出了具体规定。第一审环境民事公益诉讼案件由污染环境、破坏生态行为的发生地、损害结果地或者被告住所地中级以上人民法院管辖。中级人民法院认为确有必要的,可以在报请高级人民法院批准后,裁定将本院管辖的第一审环境民事公益诉讼案件交由基层人民法院审理。同一原告或者不同原告对同一污染环境、破坏生态的行为分别向两个以上有管辖权的人民法院提起环境民事公益诉讼的,由最先立案的人民法院管辖,必要时由共同的上级人民法院指定管辖。经最高人民法院批准,高级人民法院可以根据本辖区环境和生态保护的实际情况,在辖区内确定部分中级人民法院受理第一审环境民事公益诉讼案件。中级人民法院管辖环境民事公益诉讼案件的区域由高级人民法院确定。

三、民事公益诉讼特别程序

(一)起诉与受理

民事公益诉讼具有特殊性,《民事诉讼法》的有些一般规则难以适用于审理民事公益诉讼案件,因此,民事公益诉讼案件是审理需要有自己的特殊规则,下面以环境民事公益诉讼为例作出进一步说明。

第一,起诉规则。原告提起民事公益诉讼,应当按照《民事诉讼法》的规定提交起诉状和相应的诉讼材料。就环境民事公益诉讼而言,提起环境民事公益诉讼应当提交下列材料:(1)起诉状,并按照被告人数提交副本;(2)被告的行为已经损害社会公共利益或者具有损害社会公共利益的重大风险的初步证明材料;(3)社会组织提起诉讼的,应当提交社会组织登记证书、章程、起诉前连续5年的年度工作报告书或者年检报告书,以及由其法定代表人或者负责人签字并加盖公章的无违法记录的声明。

第二,受理和公告。对于原告的起诉,人民法院应当进行审查,人民法院认为原告提出的诉讼请求不足以保护社会公共利益的,可以向其释明变更或者增加停止侵害、恢复原状等诉讼请求。经审查符合立案条件的人民法院应当受理。受理环境民事公益诉讼后,应当自立案之日起5日内将起诉状副本发送被告,并公告案件受理情况。有权提起诉讼的其他机关和社会组织自公告之日起30日内申请参加诉讼,经审查符合法定条件的,人民法院应当将其列为共同原告;逾期申请的,不予准许。

第三,告知相关的行政主管部门。对于侵害公共利益的行为,一般都有相关的行政主管部门负监督管理职责,因此,当有适格的原告提起民事公益诉讼后,相关主管部门应当关注并协助民事公益诉讼。人民法院受理民事公益诉讼案件后,应当在10 日内书面告知相关行政主管部门。

第四,民事公益诉讼与私益诉讼之间的关系。法律规定的机关和社会组织提起环境民事公益诉讼的,不影响因同一污染环境、破坏生态行为受到人身、财产损害的公民、法人和其他组织依据《民事诉讼法》的规定提起诉讼。

第五,支持民事公益诉讼。为了保障原告提起的民事公益诉讼能够顺利进行,相应的机关和社会主体应当支持原告进行诉讼。在环境民事公益诉讼中,检察机关、负有环境保护监督管理职责的部门及其他机关、社会组织、企事业单位可以通过提供法律咨询、提交书面意见、协助调查取证等方式支持社会组织依法提起环境民事公益诉讼。

第六,撤诉和反诉的限制。民事公益诉讼维护的是公益利益,原告只是为了公共利益提起诉讼,原告对公共利益没有自由处分权,撤诉的权利也应受到一定的限制。民事公益诉讼案件的原告在法庭辩论终结后申请撤诉的,人民法院不予准许。在环境民事公益诉讼中,法庭辩论终结后,原告申请撤诉的,人民法院不予准许。但是,在环境民事公益诉讼中,若生态环境监管部门负有环境保护监督管理职责的部门已依法履行监管职责而使原告的诉讼请求全部实现,原告申请撤诉的,人民法院应予准许。另外,在环境民事公益诉讼案件的审理过程中,被告以反诉方式提出诉讼请求的,人民法院不予受理。

(二)环境民事公益诉讼中的证明

在环境民事公益诉讼中,原告请求被告提供其排放的主要污染物名称、排放方式、排放浓度和总量、超标排放情况以及防治污染设施的建设和运行情况等环境信息,法律、法规、规章规定被告应当持有或者有证据证明被告持有而拒不提供,原告主张相关事实不利于被告的,人民法院可以推定该主张成立。对于审理环境民事公益诉讼案件需要的证据,人民法院认为必要的,应当调查收集。对于应当由原告承担举证责任且为维护社会公共利益所必要的专门性问题,人民法院可以委托具备资格的鉴定人进行鉴定。

在环境民事公益诉讼中,当事人申请通知有专门知识的人出庭,就鉴定人作出的鉴定意见或者就因果关系、生态环境修复方式、生态环境修复费用以及生态环境受到损害至恢复原状期间服务功能的损失等专门性问题提出意见的,人民法院可以准许。专家意见经质证,可以作为认定事实的根据。

在环境民事公益诉讼中,原告在诉讼过程中承认的对己方不利的事实和认可的证据,人民法院认为损害社会公共利益的,应当不予确认。

(三)民事公益诉讼中的调解或和解

对于民事公益诉讼是否能够适用调解或和解,理论界主要存在两大观点:否定者认为，民事公益诉讼案件涉及公共利益，无论是调解还是和解，都会使公共利益因代表人的单独意志而受损，这是公众所不能接受的，因此，民事公益诉讼不适用民事诉讼中的调解原则和和解原则。[1] 支持者认为，民事公益诉讼案件与私益案件确实有一定的区别，但这些区别不至于要改变民事诉讼的基本原则和权利义务规范。[2] 民事诉讼中当事人诉讼地位的平等性决定了他们应当享有基本的诉讼权利和履行基本的诉讼义务。处分权是当事人的基本权利，调解或者和解也是当事人处分权的体现，是在自治和合意基础上替代判决的一种纠纷解决机制，其在公益诉讼中的适用也是有重要意义的。

我们认为，在民事公益诉讼中可以适用调解、和解。因为民事公益诉讼目的并不在于要消灭损害公共利益的行为人的民事主体资格，而是要预防和救济社会公共利益遭受损害。因为损害行为人对自己行为可能造成的后果更为了解，所以社会公共利益的救济离不开损害行为人的合作与配合。如果由双方当事人围绕相关诉讼请求和解决方案进行协商，或者在法官的主持下进行调解，将有助于更好地寻求可行的治理方案，更好地消除损害行为所造成的影响，有利于解决民事公益诉讼纠纷。不过，根据民事诉讼法的法院调解原则和处分原则，当事人在民事公益诉讼调解中的处分权及其行使、达成的调解书应当受到人民法院的审查和把关。

对此，《民事诉讼法解释》第 287 条规定，对公益诉讼案件，当事人可以和解，人民法院可以调解。当事人达成和解或调解协议后，人民法院应当将和解或者调解协议进行公告，公告期间不得少于 30 日。公告期满后，人民法院经审查，和解或调解协议不违反社会公共利益的，应当出具调解书；和解或者调解协议违反社会公共利益的，不予出具调解书，继续对案件进行审理并依法作出裁判。

（四）民事公益诉讼的判决

1. 诉讼请求与判决

对污染环境、破坏生态，已经损害社会公共利益或者具有损害社会公共利益重大风险的行为，原告可以请求被告承担停止侵害、排除妨碍、消除危险、恢复原状、赔偿损失、赔礼道歉等民事责任。原告为防止生态环境损害的发生和扩大，请求被告停止侵害、排除妨碍、消除危险的，人民法院可以依法予以支持。原告为防止生态环境损害的发生和扩大而采取合理预防、处置措施发生的费用，请求被告承担的，人民法院根据案情依法予以支持。原告请求恢复原状的，人民法院可以依法判决被告将生态环境修复到损害发生之前的状态和功能；无法完全修复的，可以准许采用替代性修复方式。

受损生态环境能够修复的，人民法院应当依法判决被告承担修复责任，并同时

---

〔1〕 参见汤维建、齐天宇：《民事诉讼法全面修改的若干重点研判及立法建议》，载《苏州大学学报（哲学社会科学版）》2012 年第 3 期。

〔2〕 参见蔡彦敏：《中国环境民事公益诉讼的检察担当》，载《中外法学》2011 年第 1 期。

确定被告不履行修复义务时应承担的生态环境修复费用。生态环境修复费用包括制定、实施修复方案的费用和监测、监管等费用，以及修复完成后的验收费用、修复效果后评估费用等。原告请求被告赔偿生态环境受到损害至恢复原状期间服务功能的损失的，人民法院依法予以支持。

原告请求被告承担下列费用的，人民法院根据具体案情予以判决：(1)实施应急方案、清除污染以及为防止损害的发生和扩大所支出的合理费用；(2)为生态环境损害赔偿磋商和诉讼支出的调查、检验、鉴定、评估等费用；(3)合理的律师费以及其他为诉讼支出的合理费用。

2. 生态环境修复费用的确定及用途

《环境公益诉讼解释》第 23 条、第 24 条规定，生态环境修复费用难以确定或者确定具体数额所需鉴定费用明显过高的，人民法院可以结合污染环境、破坏生态的范围和程度，生态环境的稀缺性，生态环境恢复的难易程度，防治污染设备的运行成本，被告因侵害行为所获得的利益以及过错程度等因素，并可以参考负有环境保护监督管理职责的部门的意见、专家意见等，予以合理确定。人民法院判决被告承担的生态环境修复费用、生态环境受到损害至恢复原状期间服务功能的损失等款项，应当用于修复被损害的生态环境。其他环境民事公益诉讼中败诉原告所需承担的调查取证、专家咨询、检验、鉴定等必要费用，可以酌情从上述款项中支付。

《民事诉讼法解释》第 289 条规定，民事公益诉讼案件的裁判发生法律效力后，其他依法具有原告资格的机关和有关组织就同一侵权行为另行提起公益诉讼的，人民法院裁定不予受理，但法律、司法解释另有规定的除外。对此，《环境公益诉讼解释》第 28 条规定，环境民事公益诉讼案件的裁判生效后，有权提起诉讼的其他机关和社会组织就同一污染环境、破坏生态的行为另行起诉，有下列情形之一的，人民法院应予受理：(1)前案原告的起诉被裁定驳回的；(2)前案原告申请撤诉被裁定准许的。环境民事公益诉讼案件的裁判生效后，有证据证明存在前案审理时未发现的损害，有权提起诉讼的机关和社会组织另行起诉的，人民法院应予受理。

民事公益诉讼判决对因同一污染环境、破坏生态行为受到损害的当事人没有拘束力。法律规定的机关和社会组织提起环境民事公益诉讼的，不影响因同一污染环境、破坏生态行为受到人身、财产损害的公民、法人和其他组织提起诉讼。但是，环境民事公益诉讼判决对事实的认定具有预决效力，根据《环境公益诉讼解释》第 30 条的规定，已为环境民事公益诉讼生效裁判认定的事实，因同一污染环境、破坏生态行为提起诉讼的原告、被告均无须举证证明，但原告对该事实有异议并有相反证据足以推翻的除外。对于环境民事公益诉讼生效裁判就被告是否存在法律规定的不承担责任或者减轻责任的情形、行为与损害之间是否存在因果关系、被告承担责任的大小等所做的认定，因同一污染环境、破坏生态行为提起诉讼的原告主张适用的，人民法院应予支持，但被告有相反证据足以推翻的除外。被告主张直接适用对其有利的认定的，人民法院不予支持，被告仍应举证证明。

发生法律效力的环境民事公益诉讼案件的裁判，需要采取强制执行措施的，应当移送执行。被告因污染环境、破坏生态而在环境民事公益诉讼和其他民事诉讼中均承担责任，其财产不足以履行全部义务的，应当先履行其他民事诉讼生效裁判所确定的义务，但法律另有规定的除外。

思考与练习

1. 个体工商户崔某从1994年起在某市经营一家饭店，领有营业执照，1997年因妻子生病急需用钱而将饭店转让给赵某经营，但双方并未到工商局办理营业执照更名手续。赵某在经营过程中致使多名顾客食物中毒，这些顾客决定向法院起诉要求赔偿损失。此案中关于当事人的诉讼地位，下列选项中正确的是（　　）。

A. 顾客是原告，赵某是被告，崔某与本案无关

B. 顾客是原告，崔某是被告，赵某与本案无关

C. 顾客是原告，崔某和赵某是共同被告

D. 顾客是原告，赵某是被告，崔某是无独立请求权的第三人

2. 关于当事人的诉讼处分行为，下列选项中正确的是（　　）。

A. 必要共同原告中一人或数人与对方当事人达成和解协议，经其他共同原告的承认，才对其他共同原告发生效力

B. 诉讼代表人与对方当事人进行和解，必须经被代表的当事人同意

C. 无独立请求权的第三人可以承认、放弃、变更诉讼请求，进行和解，申请撤诉

D. 法定代理人代为承认、放弃、变更诉讼请求，进行和解，必须有当事人的特别授权

3. 甲有两个儿子乙和丙，甲死后遗有房屋6间。乙趁丙外出之机将房屋全部卖给丁，后因支付价款发生纠纷，乙将丁诉至法院。在诉讼过程中，丙知道了这一情况，要求参加诉讼。丙在诉讼中的地位是（　　）。

A. 必要的共同原告　　　　B. 普通的共同原告

C. 有独立请求权的第三人　　　　D. 无独立请求权的第三人

4. 某企业使用霉变面粉加工馒头，潜在受害人不可确定。甲、乙、丙、丁等20多名受害者提起损害赔偿诉讼，但未能推选出诉讼代表人。法院建议由甲、乙作为诉讼代表人，但丙、丁等人反对。关于本案，下列选项正确的是（　　）。

A. 丙、丁等人作为诉讼代表人参加诉讼

B. 丙、丁等人推选代表人参加诉讼

C. 诉讼代表人由法院指定

D. 在丙、丁等人不认可诉讼代表人情况下，本案裁判对丙、丁等人没有约束力

5. 庄某到甲超市购买乙公司生产的饼干，因饼干存在质量问题，庄某食用后生

病。庄某起诉甲超市索赔,法院判决庄某胜诉。该判决生效后,乙公司认为饼干不存在质量问题,向法院提起第三人撤销之诉,甲超市认可乙公司的主张。关于本案,下列哪一说法是正确的?(　　)

A. 甲超市可作为第三人撤销之诉的共同原告

B. 甲超市可作为第三人撤销之诉的第三人

C. 法院应裁定驳回乙公司的起诉

D. 法院应判决驳回乙公司的诉讼请求

6. 下列可以提起环境公益诉讼的主体是(　　)。

A. 连续十年从事环保工作的某企业

B. 在某省级民政部门登记注册的某环保联盟协会

C. 国外某环保协会

D. 某县登记的环保协会

7. 依法注册登记的汉江石油分公司在L地造成环境污染,A环保机构提出公益诉讼。下列说法正确的有(　　)。

A. 本案由L地中院管辖

B. 汉江石油分公司是适格被告

C. 环保组织需要提交环境污染的初步证据

D. A环保机构起诉前应先发出公告

8. 1998年某村委会将果园平均分给各户承包,规定承包期为5年。其中,韩某承包了40棵苹果树。1999年,村委会又全部收回果园搞专业承包,发包给以鲁某为首的6人专业队,合同约定承包期为10年。后因管理不便,经村委会同意,鲁某等6人又将其中原韩某承包过的40棵苹果树转包给了刘某。一年后,韩某以其与村委会1990年的合同未到期为由,强行抢摘这40棵苹果树的苹果400多千克,故引起纠纷。村委会调解不成,即宣布解除其与鲁某等6人的合同,准备重新平均分包到各户。鲁某等6人即诉至法院,请求继续履行合同。刘某则向法院请求韩某返还400多千克苹果。一审法院即将韩某列为被告,将村委会和刘某列为第三人。判决后村委会提起上诉,二审法院发回重审,认为应将村委会和韩某列为共同被告,将刘某列为第三人。

请问:

(1) 从民事诉讼法律关系上讲,法院对本案的纠纷应如何立案处理?

(2) 韩某的诉讼地位应如何确定?为什么?

(3) 村委会的诉讼地位应如何确定?为什么?

(4) 刘某的诉讼地位应如何确定?为什么?

(5) 鲁某等6人的诉讼地位应如何确定?为什么?

CHAPTER 07

第七章

诉讼代理人

本章导读

- 诉讼代理人制度是为了弥补和增强当事人的诉讼行为能力而设立的。根据代理权限取得方式的不同,诉讼代理可以分为法定诉讼代理和委托代理。
- 监护人是无诉讼行为能力人的法定代理人。法定代理人的代理权限来自法律的规定,享有与当事人相同的诉讼权利。
- 当事人及法定代理人可以委托代理人。诉讼代理人应当在代理权限范围内进行民事诉讼活动。
- 诉讼代理人应当根据代理权限诚信履行代理职责,积极维护被代理人的合法权益。

第一节　诉讼代理人概述

一、诉讼代理人的概念

诉讼代理人,是指根据法律的规定或当事人的委托而取得代理权,并以当事人的名义为当事人的利益进行民事诉讼活动的人。在民事诉讼中,诉讼代理人代理当事人进行诉讼活动的权限称为诉讼代理权。被代理的一方当事人称为被代理人。诉讼代理的内容包括代为诉讼行为和代受诉讼行为。前者如代为起诉,代为提供证据、陈述事实,代为变更或者放弃诉讼请求等;后者如代为应诉,代为答辩,代为接受对方当事人的给付等。

诉讼代理制度在民事诉讼中是一项重要的制度,它可以帮助公民、法人和其他组织获得司法保护,有利于维护当事人的合法权益。具体而言,其作用主要表现为:第一,补充当事人诉讼行为能力的不足。在法定诉讼代理中,诉讼代理制度能够弥补无民事行为能力人、限制民事行为能力人在当事人诉讼行为能力方面的不足。[1]第二，增强当事人的诉讼行为能力。在委托代理中，诉讼代理人能够帮助具有诉讼行为能力的当事人克服在诉讼知识和诉讼能力上的局限性，增强其诉讼行为能力。第三，可以帮助法院全面查清案情和正确适用法律，有利于保障案件的公正处理。[2]

二、诉讼代理人的特征

民事诉讼代理人不同于当事人。民事诉讼代理人具有以下特征：(1)以被代理人的名义进行诉讼活动。诉讼代理人不是案件的一方当事人，与案件没有直接的利害关系，其参加诉讼完全是为了给被代理人提供法律帮助。因此，诉讼代理人是为了维护被代理人的利益而进行诉讼活动的，必须以被代理人的名义，而不能以自己的名义参加诉讼。(2)诉讼代理人具有诉讼行为能力。诉讼代理人的职责是在代理权限范围内代理当事人实施诉讼行为和接受诉讼行为，维护当事人的合法权益，这就要求诉讼代理人必须有诉讼行为能力。在诉讼中，如果诉讼代理人丧失了诉讼行为能力，也就丧失了诉讼代理人资格。(3)在代理权限范围内实施诉讼行为。诉讼代理人代为诉讼行为和代受诉讼行为的依据是法律规定或当事人授予的诉讼代理权。诉讼代理人在代理权限范围内实施的诉讼行为才是诉讼代理行为，才产生诉讼代理的法律后果。诉讼代理人超越代理权实施的诉讼行为都是无效的诉讼行为，不产生诉讼代理的法律后果。(4)诉讼代理的法律后果由被代理人承担。诉讼代理的法律后果包括程序性的后果和实体性的后果。只要是在代理权限范围内的诉讼行为，其法律后果均应由被代理人承担，而不由诉讼代理人承担。(5)在同一案件中禁止双方代理行为。民事案件中双方当事人利益的对立性决定了诉讼代理人在同一案件中只能代理一方当事人，而不能同时代理双方当事人，也不能在担任一方当事人的诉讼代理人的同时又是该诉讼的对方当事人。

民事诉讼代理人与民事代理人存在相同之处，如两者都必须以被代理人的名义且为了维护被代理人的利益而进行代理活动，两者都必须在代理权限范围内进行代理，两者都必须有行为能力，代理的法律后果都是由被代理人承担等。但是，民事诉讼代理人与民事代理人存在很多区别：(1)代理的内容不同。在民事诉讼代理中，代理人所代理的是民事诉讼行为，其后果是导致代理人和被代理人与法院之间的民事诉讼法律关系的发生、变更和消灭；在民事代理中，代理人所代理的是民事法律行为，其后果是导致被代理人与第三人之间的民事法律关系的发生、变更和消灭。(2)代理的对象不同。民事诉讼代理人代理的对象是案件中的原告、被告和第三人；民事代理人代理的对象是参加民事活动的公民、法人和其他组织。(3)代理的目的不同。民事诉讼代理的目的是协助当事人行使诉讼权利和履行诉讼义务；民事代理

---

[1] 参见李燕：《我国民事司法人权保障的话语构建》，载《法学评论》2023年第3期。

[2] 参见李浩：《民事诉讼法学》，法律出版社2011年版，第104页。

的目的则是协助当事人实现民事权利和履行民事义务。(4)代理的法律依据不同。民事诉讼代理人的代理活动以民事诉讼法为依据,民事代理人的代理活动以民事实体法为依据。

三、诉讼代理人的种类

诉讼代理人分为法定代理人和委托代理人两种。这是以诉讼代理权发生的原因(发生根据)为标准划分的。法定诉讼代理权基于法律规定的亲权和监护权而发生,委托代理权基于委托人的授权而发生。无诉讼行为能力人由他的监护人作为法定代理人代为诉讼。法定代理人之间互相推诿代理责任的,由人民法院指定其中一人代为诉讼。当事人、法定代理人可以委托 1 ~ 2 人作为诉讼代理人。

第二节　法定代理人

一、法定代理人的概念和特征

法定代理人,是指根据法律的规定,代理无诉讼行为能力的当事人进行民事诉讼活动的人。法定代理人的代理权限来自法律的直接规定,而不是当事人的委托授权。法律赋予法定代理人的权限,称为法定代理权。法定代理人的特征:(1)代理权产生的基础特殊。法定诉讼代理之所以发生,既不是基于当事人本人的意志,也不是基于代理人的意志,而是基于法律的规定。(2)代理的对象特殊。法定诉讼代理是专门为无诉讼行为能力人设立的一种诉讼代理制度,因此,法定代理人只能代理无诉讼行为能力人进行诉讼。(3)代理人的范围特殊。法定代理人的范围只限于对被代理人享有亲权和监护权的人,其他人不能担任法定代理人。(4)代理权的性质特殊。法定代理人的代理权既是一项权利,也是一项义务。

二、法定代理人的范围

法定诉讼代理是为无诉讼行为能力人在法律上设立的一种代理制度,因此,一般认为其适用于以下两种情况:其一,代理不满 18 周岁的未成年人进行诉讼;其二,代理无民事行为能力或者限制民事行为能力的成年人进行诉讼。无诉讼行为能力人由他的监护人作为法定代理人代为诉讼。也就是说,民事诉讼中的法定代理人,必须是对被代理人享有监护权的人。对无诉讼行为能力人享有监护权的人,包括与无诉讼行为能力人有身份关系的亲属和对无诉讼行为能力人有监护责任的其他监护人。根据《民法典》的规定,无诉讼行为能力人的监护人包括未成年的监护人和无民事行为能力或者限制民事行为能力的成年人的监护人。法定代理人必须根据法律规定履行监护职责,代理无诉讼行为能力人实施诉讼行为,维护其合法权益。

法定诉讼代理人由无诉讼行为能力人的监护人担任,根据《民法典》第 27 条的规定,父母是未成年子女的监护人。未成年人的父母已经死亡或者没有监护能力的,由下列有监护能力的人按顺序担任监护人:(1)祖父母、外祖父母;(2)兄、姐;(3)其他愿意担任监护人的个人或者组织,但是须经未成年人住所地的居民委员会、村民委员会或者民政部门同意。对于无诉讼行为能力的成年人而言,根据《民法典》第28条的规定,由下列有监护能力的人按顺序担任监护人:(1)配偶;(2)父母、子女;(3)其他近亲属;(4)其他愿意担任监护人的个人或者组织,但是须经被监护人住所地的居民委员会、村民委员会或者民政部门同意。

三、法定代理人代理权及诉讼地位

(一)法定代理权的取得和消灭

无诉讼行为能力人的监护人是其法定代理人。事先没有确定监护人的,可以由有监护资格的人协商确定;协商不成的,由人民法院在他们之中指定诉讼中的法定代理人。在审判实践中,当无诉讼行为能力人的法定代理人有两个或者两个以上,而他们又互相推诿诉讼代理责任时,为了保护无诉讼行为能力人的利益,保障诉讼活动的正常进行,由人民法院指定其中一人代为诉讼。

法定诉讼代理权产生的基础是民事实体法规定的亲权和监护权,法定代理人包括与被代理人有身份关系的亲属和对被代理人有监护责任的其他监护人。因此,法定代理人代理当事人进行诉讼时,应当向法院提交身份证明书,用以证明自己的身份以及与被代理人之间存在的监护与被监护关系。经法院审查属实并记录备案,诉讼代理权即告成立,代理人便可以进行诉讼代理活动,而无须另外办理诉讼代理手续。

法定诉讼代理权消灭的原因在于监护权的消灭,具体包括以下几种情况:(1)被代理人具有或者恢复了完全民事行为能力。这是指设定法定诉讼代理的原因不复存在而引起诉讼代理权的消灭,如被代理的未成年人已经成年,被代理的精神病人恢复了健康等。(2)法定代理人丧失或者被依法撤销监护人资格。前者如基于收养关系和婚姻关系而取得的法定诉讼代理权,因收养关系或婚姻关系的解除而消灭;后者如作为法定代理人的监护人不履行监护职责或者侵害被监护人的合法权益,根据有关人员或者有关单位的申请,已被法院撤销监护人的资格。(3)法定代理人死亡或者丧失诉讼行为能力。(4)被代理的当事人死亡。

(二)法定代理人的诉讼地位

法定代理人在诉讼中处于与当事人类似的诉讼地位,即法定代理人在诉讼中与其所代理的当事人的诉讼地位基本相同。法定代理人不仅能够行使一般性诉讼权利,如提供证据、委托代理人等,而且可以行使一些涉及实体利益处分的特殊诉讼权利,如提出、放弃、变更诉讼请求,自行和解,请求调解等。但是,法定代理人在性质上又不是当事人,而是诉讼代理人,两者之间的区别主要有:(1)法定代理人只能以当事人的名义进行诉讼;(2)法院裁判所针对的是当事人,而不是法定代理人;(3)在诉讼中,如果法定代理人死亡,法院可以另行指定诉讼代理人继续诉讼,而当事人死亡则可能终结诉讼。

第三节 委托代理人

一、委托代理人的概念

委托代理人，是指根据当事人、法定代理人的委托，代其进行民事诉讼活动的人。在委托代理中，由于代理人的选任和代理权限以委托人的意志为转移，并且代理人与被代理人之间必须达成合意，委托代理又称"意定代理"或"约定代理"。

委托代理人代理有诉讼行为能力的人进行诉讼。这是委托代理与法定诉讼代理的一个重要区别。当事人和法定代理人可以委托代理人。当事人包括原告、被告和第三人。他们可以是公民，也可以是法人和其他组织。如果当事人是无民事行为能力人或者限制民事行为能力人，则应由当事人的法定代理人代替当事人委托代理人。

与法定诉讼代理人不同，委托诉讼代理人不具有当事人的诉讼地位，只是具有独立诉讼地位的诉讼参加人。这种独立性主要体现在：(1)可以在委托人的授权范围内独立发表自己的意见，而不是机械地转达委托人的意见；(2)有权拒绝委托人无理的要求，甚至辞去委托；(3)法律赋予包括委托代理人在内的诉讼代理人某些独立的诉讼权利，比如《民事诉讼法》第64条规定，诉讼代理人有权调查收集证据，可以查阅本案有关材料；(4)法院在审理案件的过程中，必须向诉讼代理人通知一定的事项和送达某些法律文书，比如开庭通知书等文件应当向诉讼代理人送达。

二、委托代理人的范围

委托代理人的范围十分广泛。根据《民事诉讼法》第61条的相关规定，可以被委托担任诉讼代理人的范围包括：(1)律师、基层法律服务工作者。(2)当事人的近亲属或者工作人员。与当事人有夫妻、直系血亲、三代以内旁系血亲、近姻亲关系以及其他有抚养、赡养关系的亲属，可以当事人近亲属的名义作为诉讼代理人；与当事人有合法劳动人事关系的职工，可以当事人工作人员的名义作为诉讼代理人。(3)当事人所在社区、单位以及有关社会团体推荐的公民。《民事诉讼法解释》第87条规定，有关社会团体推荐公民担任诉讼代理人的，应当符合社会团体属于依法登记设立或者依法免予登记设立的非营利性法人组织；被代理人属于该社会团体的成员，或者当事人一方住所地位于该社会团体的活动地域；代理事务属于该社会团体章程载明的业务范围；被推荐的公民是该社会团体的负责人或者与该社会团体有合法劳动人事关系的工作人员等条件。此外，专利代理人经中华全国专利代理人协会推荐，可以在专利纠纷案件中担任诉讼代理人。

当事人、法定代理人可以委托一至两人作为诉讼代理人。在当事人委托两人代理诉讼时，可以由委托人明确每个诉讼代理人的代理事项和代理权限，以免诉讼代理人之间因意见不一致而影响诉讼的正常进行。

无民事行为能力人、限制民事行为能力人以及其他依法不能作为诉讼代理人的，当事人不得委托其作为诉讼代理人。从诉讼代理人的性质来看，下列人员不得作为诉讼代理人：(1)无民事行为能力人；(2)限制民事行为能力人；(3)可能损害被代理人利益的人；(4)人民法院认为不宜作为诉讼代理人的人。

三、委托代理人的代理权限

委托代理人的代理权限取决于委托人的授权。也就是说，委托代理人只能在当事人及其法定代理人授权的范围内进行诉讼代理活动。委托代理人超越被代理人的授权范围实施的诉讼行为，只有得到被代理人的追认才有效，否则属于无效的诉讼行为，应由代理人自己承担所引起的法律后果。

根据委托代理人的诉讼代理行为对委托人利益影响程度的不同，委托人对诉讼代理人的授权分为一般授权和特别授权两种。针对这两种不同的委托授权，诉讼代理人实施的诉讼行为是不一样的。委托人只做一般授权的，诉讼代理人只能代为行使一般的诉讼行为，如起诉、应诉、提出证据、询问证人、进行辩论、申请回避、申请财产保全和证据保全、对管辖权提出异议等，而无权处分委托人的实体权利。凡是诉讼代理人代为实施对委托人的实体权利有重大影响的诉讼行为的，必须有委托人的特别授权。诉讼代理人代为承认、放弃、变更诉讼请求，进行和解，提起反诉或者上诉，必须有委托人的特别授权。也就是说，诉讼代理人要实施上述几项代理行为，必须由委托人在授权委托书中特别写明。未特别写明的，只能视为一般授权，诉讼代理人无权代为实施这些诉讼行为。根据最高人民法院的有关规定，授权委托书仅写明“全权代理”而无具体授权的，仍属于一般授权，诉讼代理人无权代为承认、放弃、变更诉讼请求，进行和解，提起反诉或者上诉。

在通常情况下，当事人委托了诉讼代理人的，本人既可以出庭，也可以不出庭。离婚案件有诉讼代理人的，本人除不能表达意志的以外，仍应出庭；确因特殊情况无法出庭的，必须向人民法院提交书面意见。换言之，离婚案件的当事人即使有诉讼代理人，原则上仍应亲自出庭，只有不能正确表达自己意志的当事人才可以不出庭；能够正确表达自己意志的当事人确因特殊情况无法出庭的，必须向人民法院提交书面意见，以便能使法院充分考虑当事人的意愿，对案件作出正确处理。

(一)委托代理权的取得

委托代理权是基于委托人的授权而产生的，因此，应向法院提交授权委托书和其他材料以证明代理权限的存在。

1. 授权委托书

由于委托代理权是基于委托人的授权而产生的，委托他人代为诉讼，必须向人民法院提交由委托人签名或者盖章的授权委托书。授权委托书必须记明委托事项和权限。诉讼代理人代为承认、放弃、变更诉讼请求，进行和解，提起反诉或者上诉，必须有委托人的特别授权。也就是说，向法院提交由委托人签名或者盖章的授权委托书，是受托人取得委托代理权的法定方式，必须记明委托的事项和权限。授权委托书仅写“全权代理”而无具体授权的，诉讼代理人无权代为承认、放弃、变更诉讼请求,进行和解,提出反诉或提起上诉。

授权委托书作为受托人取得委托代理权的凭证,人民法院应当进行认真审查,保证委托人出具的授权委托书的真实性。为此,《民事诉讼法》第62条第3款规定,侨居国外的中华人民共和国公民从国外寄交或者托交的授权委托书,必须经中华人民共和国驻该国的使领馆证明;没有使领馆的,由与中华人民共和国有外交关系的第三国驻该国的使领馆证明,再转由中华人民共和国驻该第三国使领馆证明,或者由当地的爱国华侨团体证明。

2. 其他材料

诉讼代理人除提交授权委托书外,还应当根据《民事诉讼法解释》第88条的规定,向人民法院提交相关材料:(1)律师应当提交律师执业证、律师事务所证明材料;(2)基层法律服务工作者应当提交法律服务工作者执业证、基层法律服务所出具的介绍信以及当事人一方位于本辖区内的证明材料;(3)当事人的近亲属应当提交身份证件和与委托人有近亲属关系的证明材料;(4)当事人的工作人员应当提交身份证件和与当事人有合法劳动人事关系的证明材料;(5)当事人所在社区、单位推荐的公民应当提交身份证件、推荐材料和当事人属于该社区、单位的证明材料;(6)有关社会团体推荐的公民应当提交身份证件和符合《民事诉讼法解释》第87条规定的证明材料。

3. 委托书等提交的时间

当事人向人民法院提交的授权委托书,应当在开庭审理前送交人民法院。适用简易程序审理的案件,双方当事人同时到庭并径行开庭审理的,可以当场口头委托代理人,由人民法院记入笔录。

(二)委托代理权的变更

委托代理关系成立后,诉讼代理人取得的诉讼代理权在诉讼过程中有可能发生变更或者解除。所谓委托代理权的变更,是指委托代理人取得诉讼代理权后,在诉讼过程中,委托人基于一定的原因,改变了委托代理权的范围,如扩大或缩小委托代理权范围、增减代理事项等。所谓委托代理权的解除,是指在委托代理关系成立后,因委托人收回诉讼代理权或者代理人放弃诉讼代理权而终止双方的诉讼代理关系。诉讼代理人的权限如果变更或者解除,当事人应当书面告知人民法院,并由人民法院通知对方当事人;否则,诉讼代理权的变更或解除对人民法院和对方当事人不发生效力。在诉讼代理权变更、解除的事实被人民法院和对方当事人知晓前,委托代理人已经实施的诉讼代理行为仍然有效。

委托代理权可以因下列各种原因而消灭:(1)诉讼结束,代理人已经履行完毕诉讼代理职责;(2)代理人死亡或者丧失诉讼行为能力;(3)被代理人和代理人双方自动解除委托代理关系。

委托代理人接受代理诉讼的委托后是否可以转委托,我国《民事诉讼法》未作明文规定。我们认为,委托代理关系是建立在委托人对代理人的信任和代理人自愿接受委托的基础上的。诉讼代理人接受委托后,如无特殊情况,应认真履行诉讼代理职责,而不宜再将诉讼代理权转委托他人行使。但是,这并不排斥转委托代理可以在一定条件下适用,这些条件是:(1)转委托人须有合法的诉讼代理权;(2)须是转委托人基于特殊原因不能或者不便履行诉讼代理职责;(3)须取得委托人的事先同意或者事后认可;(4)转委托代理人须具有诉讼行为能力;(5)转委托代理的权限不得超越委托人原来授予的权限。[1]

思考与练习

1. 甲公司因拖欠乙公司货款而被乙公司诉至法院,乙公司的委托代理律师王某未经乙公司特别授权,有权实施(　　)。

A. 表示同意甲公司延期1个月还款

B. 要求书记员赵某回避

C. 陈述案情、出示证据

D. 提出管辖权异议

2. 王某荣以105元价款向徐某生购买小猪1头。买后,王某荣即发现小猪有病,要求退款。徐某生退了100元给王某荣。后王某荣多次向徐某生索要5元欠款,徐某生说猪款早已清退,不存在欠款问题。不久,王某荣再次向徐某生讨还欠款时,双方发生抓扯,王某荣被徐某生打伤,花费医药费120元。王某荣向人民法院对徐某生提起诉讼,要求赔偿医药费、误工费和退还尚欠的购猪款。在法院审理中,徐某生只同意赔偿医药费、误工费,而不承认欠款问题,被传来作证的几个证人亦不能证实欠款之事。经审判人员说服后,原告的诉讼代理人在没有原告特别授权的情况下,表示愿意为原告补偿5元,同时放弃追索5元欠款的诉讼请求,双方遂达成调解协议。

请问:法院主持下达成的调解协议是否有效?为什么?

[1] 参见江伟主编:《民事诉讼法》(第6版),中国人民大学出版社2013年版,第134页。

CHAPTER 08
第八章

民事诉讼证据

本章导读

- 在民事诉讼中，能够证明民事案件真实情况的一切根据和方法，都是证据。证据具有客观性、关联性和合法性三大特征。证据能力与证据的特征具有密切联系，具备证据三大特征的证据材料即具有证据资格，可以用以证明案件事实。证据证明力的大小和强弱由法官根据具体案件进行认定。
- 按照不同的分类标准，证据有本证与反证、原始证据与传来证据、直接证据与间接证据之分，各种类型证据的适用规则和证明力大小有所区别。《民事诉讼法》规定的证据种类有书证、物证、视听资料、证人证言、鉴定意见、当事人陈述、电子数据和勘验笔录8种。
- 当事人应当按照法定程序收集证据，人民法院可以在法定的范围内依职权调查和收集必要的证据，当事人在特殊情况下也可以申请人民法院调查和收集证据。在符合法定条件时，当事人可以申请证据保全，人民法院也可以依职权进行证据保全。

第一节 证据概述

一、证据的概念和特征

(一)证据的概念

关于什么是证据，我国《民事诉讼法》并未作出明确的规定，学术界对证据的认识也不尽一致，大致存在三种学说：一是事实说，二是根据说，三是综合说。

"事实说"认为，民事诉讼证据是指在民事诉讼中用来证明案件真实情况的一切事实。有学者认为，民事诉讼证据是指能够证明民事案件真实情况的客观事实材料。[1] 还有学者认为，诉讼证据就是"司法人员在诉讼过程中可用以证明案件真实

〔1〕 参见柴发邦主编：《民事诉讼法学》(修订本)，北京大学出版社1992年版，第171页。

情况的各种事实"[1]。尽管表述上有所不同,但本质上都属于"事实说"。

"根据说"认为,民事诉讼证据是"在民事诉讼中用来确定案件事实的根据"[2],证据必须查证属实,才能作为认定事实的根据。

"综合说"认为,民事诉讼证据既是事实,又是根据,同时还是当事人主张权利、实现诉讼请求的手段以及人民法院揭露当事人伪造事实、颠倒是非、推脱责任的工具。[3] 有学者认为,在坚持民事诉讼证据"根据说"的同时还应兼采"方法说",即认为诉讼证据是法官获得心证的方法。[4]

综合以上各种学说,我们认为,民事诉讼中的证据,是指在民事诉讼中能够证明民事案件真实情况的一切根据和方法,简称"民事证据"。

在民事诉讼中,当事人向法院提交或法院依职权调查和收集到的用以证明案件事实的各种材料,是作为证据信息的物质载体,通常被称为"证据材料"。民事证据与证据材料之间既有联系,又有区别。两者的联系表现在:民事证据源于证据材料,没有当事人提交或法院调查和收集的各种证据材料,民事证据也就成为无源之水、无本之木;而证据材料只有上升为民事证据才能作为证明案件事实的根据或方法。两者的区别在于:证据材料要成为民事证据,需要经过当事人的质证和法院的审核、认证,只有在符合证据特征的情况下,才能成为民事证据。所以,证据材料是民事证据的初始形态,出现在诉讼的较早阶段;民事证据是在言词辩论终结后,在法庭评议阶段,法官从经质证、认证的证据材料中取舍后形成的,是认定案件事实的根据。[5]

在民事诉讼中,民事证据是人民法院认定案件事实和作出裁判的依据。当事人之间因对案件事实有不同的认识而发生分歧,从而向人民法院提起诉讼。当事人在诉讼中提出主张或诉讼请求,需要向法院提供相应的证据,因为证据是主张有利于己的事实、反驳不利于己的事实、维护自身合法权益的方法和手段。人民法院要对当事人有争议的事实进行认定,并在此基础上作出正确的裁判,必须借助于各种证据。因此,对于人民法院而言,证据是查明案件事实并作出正确裁判的根据。总之,诉讼开始、继续和终结都离不开证据的运用,证据制度是民事诉讼制度的核心。[6]

(二)证据的特征

1. 客观性

民事证据的客观性,是指民事证据必须是客观存在的事实材料,是不以人的意

---

[1] 陈一云主编:《证据学》,中国人民大学出版社 1991 年版,第 104 页。

[2] 王怀安主编:《中国民事诉讼法教程》(新编本),人民法院出版社 1992 年版,第 136 页。

[3] 参见杨荣新主编:《民事诉讼法学》,中国政法大学出版社 1997 年版,第 255 ~258 页。

[4] 参见毕玉谦:《民事证据法及其程序功能》,法律出版社 1997 年版,第 9 ~10 页。

[5] 关于证据和证据材料的关系,可以参见李浩:《民事诉讼法学》,法律出版社 2011 年版,第 172 ~173 页;王福华:《民事诉讼法学》,清华大学出版社 2012 年版,第 179 页;张卫平:《民事诉讼法》(第 2 版),法律出版社 2009 年版,第 183 页。

[6] 参见谭兵主编:《民事诉讼法学》,法律出版社 2004 年版,第 224 页。

志为转移的,它是民事法律关系发生、变更和消灭的过程中留下的客观痕迹、物品或其他材料。法院正是通过这些客观存在的证据,才能正确认定案件事实,作出公正的裁判。因此,证据的客观性要求民事证据不能是主观臆测,必须是客观存在的。

强调证据的客观性的意义在于,要求当事人在民事诉讼中不得伪造证据、不得篡改证据;证人必须如实作证,不得作伪证;鉴定人进行鉴定时,应当保持中立,提供科学的鉴定意见;法院在调查、收集证据和认定证据时必须全面、客观,不得先入为主、有所偏袒。

2. 关联性

证据的关联性,是指证据必须与待证的案件事实有内在的联系,这种内在联系具体表现为,证据应当能够全部或部分地证明案件的待证事实,关联性是判断证据证明力的重要标准。证据与案件事实之间的这种内在联系,既可以是直接的联系,也可以是间接的联系。

客观存在的事实资料是复杂多样的,但并非一切客观存在的事实资料都能成为证据,只有那些与特定民事案件本身存在一定内在联系,并能够证明案件事实存在或者不存在的事实资料才能起到证明的作用。因此,关联性是证据的重要特征,也是证据材料成为民事证据的必要条件。

强调证据的关联性可以使当事人明确证据关联性的意义,集中精力收集那些与案件事实存在关联的证据材料;也可以帮助法院引导当事人举证和质证,在较早阶段排除无关联的证据材料,集中精力分析相关的证据材料,节约诉讼成本。

3. 合法性

证据的合法性,即证据应当按法定要求和法定程序取得。证据的合法性有以下四个方面的含义:(1)证据形式的合法性。实体法要求某些法律行为必须采用法定形式的,作为证明这些法律行为的证据材料就应当具备这些法定形式,不具备法定形式要求的不能作为证据使用。(2)证据主体的合法性。所谓证据主体,是指形成证据的主体,法律对证据主体有特殊要求的,应当由合法的主体向法院提交证据或收集证据。证据主体不合法会导致证据的不合法。例如,不能正确表达意志的人不得作为证人。(3)收集证据的合法性。证据的调查、收集必须依照法定的程序进行,因此,在民事诉讼中,不论是当事人提供的证据资料还是法院依职权调查、收集到的证据资料,其取得证据的方式必须符合法定的程序。(4)证据材料转化为诉讼证据的合法性。作为认定案件的事实依据的证据,必须是经过法定程序质证、审核、认定的证据,因此,对证据的质证、审核与认定应该按照法定的程序进行,否则就不得作为认定案件事实的证据。

强调证据的合法性可以使当事人明确证据合法性的重要性,通过合法的形式保存、收集和提交证据,也能促使法院认识到程序的意义与价值,将证据的审核和判断置于程序中进行,增强证据认定的公开性和公正性。能够反映案件真实情况、与待证事实相关联、来源和形式符合法律规定的证据,应当作为认定案件事实的根据。

二、证据能力和证明力

(一)证据的证据能力

证据能力,又称为证据资格或证据适格性,是指一定的证据材料作为证据证明案件事实的法律资格,即只有具备证据能力的证据材料才可以被人民法院作为认定案件事实的根据。具备客观性、关联性、合法性的证据具有证据能力。证据材料是否具备证据能力取决于其是否具备证据的三大属性。若证据材料不真实、不具有客观性,该证据材料没有证据能力。若证据材料与待证事实之间不存在关联性,同样没有证据能力,不能作为证据使用。有些证据材料虽然具备客观性和关联性,但由于违反了法律对证据取得的禁止性规定或侵害了法律所保护的重大利益,被法律排除在证据体系之外。换言之,不符合法定标准的事实材料不能作为定案根据。

通常情况下,具有关联性的证据越多,法院准确认定案件事实的概率越高,因而法律不宜对证据能力施加过多限制,预先排除过多的证据材料。因此,《民事诉讼法》及其司法解释通常不会对证据能力进行详细规定,而只对那些需要予以排除的不具有证据能力的证据材料进行规定。例如,《民事证据规定》第 67 条第 1 款规定,不能正确表达意思的人,不能作证;《民事诉讼法解释》第 106 条规定,以严重侵害他人合法权益、违反法律禁止性规定或者严重违背公序良俗的方式形成或者获取的证据,不得作为认定案件事实的根据。

(二)证据的证明力

1. 证明力的概念

民事证据的证明力又称证据价值、证据力,是指证据对于案件事实有无证明作用及证明作用的大小,也就是民事证据能够证明案件事实的程度。证据的证明力与证据能力不同,证据能力是指特定的证据材料是否可以作为证据的资格。一般而言,具备客观性、关联性和合法性要求的证据材料都具有证据资格,都可以作为证据使用,但其证明力的大小有所区别。例如,直接证据的证明力往往比间接证据的证明力大,原始证据的证明力往往强于传来证据的证明力,经权威公证机构公证的文书的证明力也往往大于一般文书的证明力。

2. 证明力与证据能力的关系

证据能力与证明力是证据法中紧密相关的两个概念。证据能力是法律对证据形式上的限制,证明力是证据在诉讼中证明价值的体现,两者是一个事物的两个层面。首先,对于一个事实材料,其真实程度、与案件事实的关联度以及揭示客观真相的价值大小是在作为定案依据前不能加以认定的,只有在法庭调查与辩论之后,在证明的过程中才能认定。如果先假定某一证据材料是定案的根据,具有证明力,再考察其法律上的资格能力,在这个命题里假定的前提是无法成立的。其次,对于某些证据材料,即使存在证明的价值,也依然可能不具有证据能力,如非法取得的诉讼证据,因其不具适格性而不予采纳。最后,从诉讼程序上考察,设置证据能力的限制有多重考量因素,包括以下几个方面。(1)基于证明本身的需要,如排除意见、传闻法则等；(2)基于诉讼外的基本政策的需要，如人权保障、特权利益的保护等；但其宗旨皆在于保障提出证据的质量，确保法官对证明力的准确认定，利于发现客观真实。因此，可以说证据能力只是证明力的法律屏障，体现了一个社会、一个国家的意志对证据的干预，而证明力是基于证据事实的产生而产生，随证据事实的存在而存在的，没有案件事实就没有证据事实，没有证据事实则无从产生证明力，证据这种内在的自然效力不是由证据能力所左右的，判定其价值只在于其揭示案情的客观关联度。一个证据材料纵然具备证据能力，如适格证人的伪证言，但其不能如实反映案情，也不可能具有证明力。

因此，证据能力与证明力是相互独立的，各自的本质、特征及认定的标准皆不同，但两者又相互依存，统一于证据之中。一个可定案的诉讼证据必然包括两个方面，即证据能力和证明力。因此，对证据材料的认定应包含对证据能力与证明力的认定。

第二节　证据的分类

理论上，可以将民事证据按不同的标准加以区分，以揭示不同证据的特征，确定不同证据证明力的大小，为当事人运用证据和法院查明案件事实提供参考。

一、本证和反证

按照证据与当事人所主张事实的证明责任的承担者之间的关系，可以把证据分为本证与反证。本证是负有证明责任的一方当事人为了证明自己的主张成立而提出的证据；反证是不负有证明责任的一方当事人为了证明负有举证责任的对方当事人的主张不成立而提出的证据。

本证的目的在于说服审判人员，使其能够对待证事实是否存在形成内心确信，并作出认定；而反证的目的在于使审判人员对待证事实的真实性产生怀疑，使其无法对待证事实是否存在形成内心确信。在司法实践中，一般是在本证对待证事实进行证明之后，反证才有提出的必要。因此，本证与反证的区别不在于提出的主体，而在于是否为了完成证明责任而进行举证。原告和被告都有可能提出本证，也都有可能提出反证。

反证与对证据的反驳不同。对证据的反驳是针对对方的证据本身，也就是质疑证据的客观性、关联性和合法性，进而否定对方证据的证据能力或证明力。因此，对证据的反驳针对的是证据，而不是直接针对事实，也不是提出新的证据。例如，被告提出原告的书证是伪造的，原告提出被告的证据不具有合法性等。

区分本证与反证的意义有两个方面。(1)这两种证据的证明标准不同。提出本证的当事人是为了使所主张的待证事实得到法官的确认，因此，本证对待证事实的证明需要达到使法官确信该事实存在或不存在的程度。而反证是为了使法官对本证的真实性产生怀疑，因此，反证只需使法官对待证事实的真实性产生动摇即可。

(2)明确调查证据的程序安排。如果在本证和反证都已提出的情况下,法官应当先调查本证,后调查反证。

二、原始证据和传来证据

按照证据的来源,可以将证据分为原始证据和传来证据。原始证据是指直接源于案件事实的证据,即所谓的第一手资料,如合同原件、发票原件、遗嘱原件等。传来证据,是指从原始证据中派生出来的证据,又称派生证据,如合同的复印件、文件的抄本、证人从他人处得知案件事实的证言、音像资料的复制品等。

区分原始证据与传来证据的意义在于:(1)两者的可采信及证明力是有差别的。原始证据直接来源于案件事实,未经过任何中间环节;而传来证据与案件事实之间存在中间环节,在复制、转述等过程中,可能发生信息失真或真实性的衰减。因此,原始证据的证明力一般大于传来证据,原则上当事人应当尽可能收集和提供原始证据,在无法收集到原始证据时才可以使用传来证据。《民事证据规定》第11条规定,当事人向人民法院提供证据,应当提供原件或者原物。如需自己保存证据原件、原物或者提供原件、原物确有困难的,可以提供经人民法院核对无异的复制件或者复制品。(2)应当谨慎使用传来证据。只有在原始证据无法取得时才可以使用传来证据,传来证据必须与其他证据相互印证,经查证属实后,才可作为认定案件事实的根据。(3)可运用传来证据去发现原始证据,也可运用传来证据来佐证原始证据。

三、直接证据和间接证据

根据单个证据与证明对象之间的关系,可以把民事证据分为直接证据和间接证据。

直接证据,是指能够单独地、直接地证明待证事实的证据。例如,甲请求乙偿还借款,乙否认有借贷事实发生,甲为此提出借贷合同或欠条为证,直接证明借贷事实存在,此时借贷合同或欠条即直接证据。

间接证据,是指单个证据无法直接证明待证事实,而得通过与其他证据联合在一起,才有可能证明待证事实的证据。例如,甲向乙主张人身损害赔偿,乙否认侵害甲的人身权,并以证人证言证明甲受伤时乙在另外一个城市,根本就没有见过甲。该证人的证言虽不能直接证明乙未伤害甲的事实,但依证人证言所说的事实,乙当时并没有与甲在同一地点,依日常经验乙无法直接伤害甲,从而可间接证明乙未伤害甲的事实。该证人的证言对于当事人之间的争执是否存在侵权行为的事实是间接证据。

一般情况下,直接证据的证明力大于间接证据。但是,间接证据仍具有重要作用,不容忽视。许多情况下,直接证据的取得往往有一定的困难,间接证据可以为寻找直接证据提供线索;间接证据还可以帮助鉴别、印证直接证据的真实性;在无法收集到直接证据的情况下,若干个有效的间接证据综合在一起,也能证明一定的待证事实。

使用间接证据,必须注意遵守以下几项规则:(1)间接证据必须具有真实性,并且与待证事实存在客观联系;(2)间接证据与间接证据之间、间接证据与待证事实之间能够相互印证、协调一致、没有矛盾;(3)间接证据必须能够形成完整的证据链,由此能够推断出待证事实存在与否。

第三节 证据的种类

民事证据主要有书证、物证、视听资料、证人证言、鉴定意见、当事人陈述、电子数据和勘验笔录8种。

一、书证

(一)书证的概念与特征

书证,是指以文字、符号、图案等记载的内容来证明案件待证事实的书面材料。它表现为文字或者其他能表达人的思想或者意思的有形物。使用中国或者外国文字,或者能为他人所了解的符号代码如电报号码、电脑字码做成的书面文件,都可以成为书证,如各种书面文件、纸质文字材料或刻有文字、符号及图案的各种物质载体等。

书证有以下几个特点:(1)书证以文字、符号、图案表达的思想内容证明案件事实;(2)书证在形式上相对固定,稳定性较强,一般不容易受时间因素的影响,易于长期保存;(3)书证具有具体、明确的思想内容,并且往往是当事人在实施民事行为的过程中形成的,记载着一定民事法律关系发生、变更或消灭的过程,因此,书证具有较强的证明力,通常能直接证明待证事实。

对于书证的运用,应当注意以下两点:其一,书证的表现形式可以是文字,但不仅仅是文字,也可以是符号、图案。例如,双方约定以鸡蛋这种符号作为某种含义,后来发生纠纷,鸡蛋这种图案就属于书证。其二,并不是所有表现为文字的都是书证,关键要看是否以内容来证明待证事实。例如,作为鉴定材料的文字笔迹就属于物证,因为它不是以内容证明案件事实。

书证要具有证据效力须满足两个条件:一是书证本身是真实的;二是书证所表达的内容对待证事实能够起到证明作用。据此,可以将书证的证据效力分为形式上的证据效力与实质上的证据效力。前者是指书证中所表达的意思或思想确实是制作该文书的当事人所为,是客观真实的;后者是指该书证的内容能够证明待证事实。因此,书证要有实质上的证据效力,首先必须具有形式上的证据效力,没有形式上的证据效力就不可能有实质上的证据效力;不过,具备了形式上的证据效力,未必一定具有实质上的证据效力。

(二)书证的分类

1. 公文书和私文书

根据书证的制作主体不同,可以将书证分为公文书与私文书。公文书通常是指国家机关或公务人员在其职权范围内制作的文书。私文书是指作为民事主体的公民、法人或其他组织制作的文书。对公文书真实性的判断侧重于该文书是否系有关国家机关或其公务人员在其职权范围内依法定程序制作的；而对私文书真实性的审查主要看该文书是否为制作人本人真实的意思表达，是否由本人签名或盖章。从理论上说，提出公文书作为书证的当事人无须就公文书的真实性进行证明，而提出私文书作为书证的当事人需要就私文书的真实性加以证明，除非对方当事人对私文书的真实性没有异议。

2. 处分性书证与报道性书证

根据书证内容产生的法律效果不同，可以将书证分为处分性书证与报道性书证。处分性书证是指其记载的内容是为了设立、变更或终止一定的民事法律关系的文书，如合同书、遗嘱、授权委托书等。报道性书证记载的内容仅是陈述一定的事实，并无设立、变更或终止一定民事法律关系的目的，如记事性的日记、信件等。

处分性书证能直接证明有争议的民事权利义务关系，具有较强的证明力；报道性书证虽然也有一定的证明作用，但往往是间接的，需要与其他证据一起才能证明案件事实。

3. 普通书证与特别书证

根据书证的制作是否有法律专门规定不同，可以将书证分为普通书证与特别书证。普通书证是指法律对其形式和程序没有特别要求的，仅记载某些事实的文书；而特别书证是指法律对其形式和程序有特别要求，必须按照要求进行制作才具有效力的文书。前者如信件、日记、收条、借据等，后者如土地使用权证、结婚证、房产证等。由于特别文书的制作具有特别的要求，需要满足一定的形式或程序要件，这些文书记载的内容较为完整，真实性也较强，具有较强的证明力。

4. 原本、副本、节录本

根据书证的制作方式，可以将书证分为原本、副本和节录本等。原本是文书制作人最初制作的原始文本；副本是指照原本全文抄录、印刷而具有原本效力的文件；节录本是摘录原本部分内容制作的文书。

(三) 书证的提交

书证应当提交原件，提交原件确有困难的，可以提交复制品、照片、副本、节录本。提交书证原件确有困难的情形包括：(1) 书证原件遗失、灭失或者毁损的；(2)原件在对方当事人控制之下，经合法通知提交而拒不提交的；(3)原件在他人控制之下，而其有权不提交的；(4)原件因篇幅或者体积过大而不便提交的；(5)承担举证证明责任的当事人通过申请人民法院调查收集或者其他方式无法获得书证原件的。对于前述规定的情形，人民法院应当结合其他证据和案件具体情况，审查判断书证复制品等能否作为认定案件事实的根据。

下列情形，控制书证的当事人应当提交书证：(1)控制书证的当事人在诉讼中曾经引用过的书证；(2)为对方当事人的利益制作的书证；(3)对方当事人依照法律规定有权查阅、获取的书证；(4)账簿、记账原始凭证；(5)人民法院认为应当提交书证的其他情形。前述所列书证，涉及国家秘密、商业秘密、当事人或第三人的隐私，或者存在法律规定应当保密的情形的，提交后不得公开质证。控制书证的当事人不提交书证的，承担举证证明责任的当事人可以在举证期限届满前书面申请人民法院责令对方当事人提交。申请理由成立的，人民法院应当责令对方当事人提交，因提交书证所产生的费用由申请人负担。对方当事人无正当理由拒不提交的，人民法院可以认定申请人所主张的书证内容真实。持有书证的当事人以妨碍对方当事人使用为目的，毁灭有关书证或者实施其他致使书证不能使用的行为的，人民法院可以对其处以罚款、拘留。

单位向人民法院提交的证明材料，应当由单位负责人及制作证明材料的人员签名或者盖章，并加盖单位印章。人民法院就单位出具的证明材料，可以向单位及制作证明材料的人员进行调查核实。必要时，可以要求制作证明材料的人员出庭作证。单位及制作证明材料的人员拒绝人民法院调查核实，或者制作证明材料的人员无正当理由拒绝出庭作证的，该证明材料不得作为认定案件事实的根据。

提交外文书证的，必须附有中文译本。

二、物证

物证，是指以其存在的外形、特征、质量、性能等来证明案件待证事实的物品或痕迹。例如，产品质量纠纷案件中的瑕疵产品，人身损害赔偿案件中受害人身上留下的伤痕，建筑工程施工合同纠纷案件中已经完工的建筑物，伪造文书诉讼中签名的笔迹、墨水等就是物证。

物证的本质特征在于以其物理形态来证明案件事实，而不是以其包含的思想内容来证明。与其他证据相比，物证有以下特征：(1)稳定性。物证是客观存在的物品或痕迹，所以，只要及时收集，用科学的方法提取和固定，就具有较强的稳定性。(2)可靠性。物证是以其自身客观存在的形状、规格、痕迹等证明案件事实，不受人们主观因素的影响和制约，只要判明物证是真实的，就具有很大的可靠性和较强的证明力。(3)间接性。物证在诉讼中一般表现为间接证据，单一的物证往往不能直接证明主要事实，而需要与其他证据相结合才能证明事实。

物证与书证有一定的区别，主要表现在以下三个方面：(1)书证一般是当事人意思表示的书面形式；而物证一般是有形的物，不包含人的思想内容。(2)书证是以其记载的思想内容证明待证事实，而物证是以其外部特征和物理性能证明待证事实。(3)法律对书证的规定，有的要求必须具备一定的形式才能够产生某种法律后果，才能起到证据的作用；而法律对物证一般没有特殊要求。不过，在某些情况下，存在书证与物证同体的现象，即根据与案件的联系和所要证明的案件事实，一个证据既是书证又是物证。例如，一个物品，当以刻在该物品上的文字、符号或图案证明案件事实时，它是书证；当以该物品的外部特征或质量证明案件事实时，它就是物证。

当事人持有物证时，可以直接向法院提交；但是，倘若物证掌握在对方当事人或第三人手中，未向法院提交或提供的情况下，当事人可以申请法院调查和收集。当事人向人民法院提交物证,应提交原件;提交原件确有困难的,可以提交复制品或照片。

三、视听资料

(一)视听资料的概念及特征

视听资料,是指利用录音、录像或者电子计算机等技术手段所储存的声音、图像以及其他资料等作为证明案件事实的证据。视听资料包括录音资料和影像资料。视听资料是现代科学技术发展的结果,随着电子产品的日益普及,越来越多的人利用电子信息技术固定、保存信息,因此,在诉讼中也就越来越频繁地借助视听资料来证明案件事实。常见的视听资料主要有储存了与案件事实有关的数据资料的录像带、录音带、胶卷、光盘、软盘、U 盘以及电脑硬盘等。但是,储存在电子介质中的录音资料和影像资料,适用电子数据的规定。

视听资料主要有以下几个特点:(1)视听资料具有技术先进、体积小、重量轻等特点,易于收集、保管和使用;(2)视听资料具有物证所不具备的动态连续性,物证只能反映案件的片段情况,而视听资料可连续地反映案件的动态过程;(3)视听资料具有各种言词证据所不具有的直观性,它能再现案件当事人的意思表示、思想感情以及民事法律行为和法律事实的发生、发展、变化过程,含有丰富的信息。除涉及国家秘密、个人隐私或者商业秘密外,应当庭播放视听资料,以方便当事人质证。

虽然视听资料有类似于书证和物证之处,但是,视听资料不同于书证、物证的核心在于,视听资料作为证据使用需要借助一定的仪器来揭示证明力,如借助录音机听录音带所录制的内容,借助电脑看电脑或者软盘中所记载的内容等。具体而言,其主要区别有三点:(1)用来证明待证事实的方式、内容不同。(2)是否需要借助其他辅助设备和仪器不同。视听资料的本质特征是借助特定的仪器以其记载的内容证明案件情况。(3)书证和物证一般是静态的,而视听资料往往具有动态性特征。

当然,并不是所有的录音带、录像带或者软盘均可作为视听资料来使用,关键看通过什么来证明案件事实。例如,通过录音带、录像带或者软盘本身的价值来计算原告所遭受的经济损失的具体数额时,这些录音带、录像带或者软盘就属于物证。

(二)视听资料的使用

视听资料的上述特征决定了对视听资料的使用也具有特殊性,因此,在实践中,人民法院对视听资料,应当辨别真伪,并结合案件的其他证据,审查确定能否作为认定事实的根据。具体而言,需要特别注意以下几点。

第一,当事人以视听资料作为证据的,应当提供存储该视听资料的原始载体。由于容易通过技术手段对视听资料进行剪辑、篡改或伪造,人民法院在审判中就不能将存在疑点的视听资料作为认定案件事实的根据。对于存在疑点的视听资料,需要通过鉴定或者勘验等方式确定其是否被剪辑、篡改或者伪造,以排除疑点。

第二,视听资料必须是合法取得的,才具有证据效力。由于通过现代电子技术手段可以很容易地获取他人信息,在收集信息的过程中常有侵害他人合法权益或违反法律的现象发生，因此，人民法院在审查视听资料的取得程序和方式时，要特别注意其合法性。例如，使用法律、法规禁止的手段窃听、窃照所获得的视听资料，以侵害他人隐私权的方式取得的视听资料等。

第三，未经对方同意所录制的音像资料，即所谓的“私录资料”或“偷拍偷录资料”，包括录音与录像两大类，人民法院在审理时，应当特别注意审查这些私录资料的获得是否侵犯他人的合法权益。虽然现在的诉讼实践中没有排除私录资料的证据效力，但使用私录资料时，应当严格地从私录资料的录制手段、录制目的、录制内容等方面进行审查，以确定其证据效力。[1]

四、证人证言

（一）证人证言的概念及特征

证人是指因了解案件情况而向人民法院提供证词的人。证人证言是指证人以口头形式或书面形式，就其所了解的案件情况向人民法院所做的陈述或证词。证人证言包括自然人提供的证言和单位提供的证言。

与其他种类的证据相比，证人证言具有以下三个主要特征：(1)提供证言的证人与客观存在的案件事实之间形成的联系是特定的，具有人身属性，不可为他人所替代。(2)证人只是因亲身感知而了解案件的某些情况，他与该案的审理结果无法律上的利害关系。如果既了解案情，又与案件处理结果有利害关系，就不是证人，而是诉讼当事人，如共同诉讼人或第三人。(3)出庭作证的证人应当客观陈述其亲身感知的事实，作证时不得使用猜测、推断或者评论性的语言；如果陈述从他人处听来的事实，必须说明出处或来源，否则不能作为证据使用。

（二）证人的资格

凡是知道案件情况的单位和个人，都有义务出庭作证。有关单位的负责人应当支持证人作证。不能正确表达意思的人，不能作证。根据该条规定，我们可以从以下几个方面来理解证人的资格：(1)在民事诉讼中，证人可以是个人，也可以是单位；(2)证人必须是了解案件情况的人；(3)证人必须具有相应的作证能力，不能正确表达意思的人不能作证。因此，证人应有正确感知、记忆和表达的能力。那些因生理上、精神上存在缺陷或者年幼而不能正确表达意思的人，不能作为证人。但是，待证事实与其年龄、智力状况或者精神健康状况相适应的无民事行为能力人和限制民事行为能力人，可以作为证人。聋哑人可以作证，由懂聋哑语言的人翻译。

（三）证人的权利与义务

证人出庭作证或提供证言，主要享有以下各项诉讼权利：(1)有权用本民族语言文字提供证言。如果不通晓当地语言文字，可以要求人民法院为其指定翻译；对于聋哑证人，可以用哑语、书面、手势进行陈述。(2)对于自己的证言笔录，有权申请补

---

〔1〕 参见张卫平：《民事诉讼法》，法律出版社2004年版，第183页。

充或者更正。(3)因作证而遭侮辱、诽谤、殴打或者其他方式的打击报复时,有权要求法律给予保护。(4)有权要求人民法院给予因出庭作证所支付的费用和影响的收入。证人因出庭作证而支出的合理费用,如误工工资、误工补贴、差旅费等,由提供证人的一方当事人先行支付,由败诉的一方当事人承担。

凡是了解案件情况的单位和个人,都有作证的义务。证人在作证的过程中,应承担下列诉讼义务:(1)出庭作证的义务。证人应当出庭作证,接受当事人的质询。证人在人民法院组织双方当事人交换证据时出席陈述证言的,可以视为出庭作证。证人只有出庭接受双方当事人的质证和法院的询问,才便于法院审查证人证言的真实性、可采性和证明力,因此,凡是知道案件情况的单位和个人,都有义务出庭作证。有关单位的负责人应当支持证人作证。当然,对于存在特殊困难,无法出庭的,则允许证人不出庭,可以通过书面证言、视听传输技术或者视听资料等方式作证。证人有下列情形之一而不能出庭的,经人民法院许可,可以通过书面证言、视听传输技术或视听资料等手段作证,一是因健康原因不能出庭的;二是因路途遥远,交通不便不能出庭的;三是因自然灾害等不可抗力不能出庭的;四是其他有正当理由不能出庭的。(2)如实作证的义务。证人应当如实就自己了解的案件情况提供证言,不得作虚假陈述,不得作伪证,即如实陈述所了解的案情或回答审判人员、检察人员、当事人、诉讼代理人提出的问题。(3)遵守法庭纪律和诉讼秩序。证人出庭作证应当遵守法庭纪律和诉讼秩序。

(四)证人作证的规则

证人作证需要遵守下列规则:(1)当事人申请证人出庭作证的,应当在举证期限届满前提出。人民法院可以依职权通知证人出庭作证。未经人民法院通知,证人不得出庭作证,但双方当事人同意并经人民法院准许的除外。(2)出庭作证的证人应当客观陈述其亲身感知的事实。证人作证时,不得使用猜测、推断或者评论性的语言。证人的意见证据应当排除。人民法院在证人出庭作证前应当告知其如实作证的义务以及作伪证的法律后果,并责令其签署保证书,但无民事行为能力人和限制民事行为能力人除外。证人签署保证书适用《民事诉讼法解释》关于当事人签署保证书的规定。证人拒绝签署保证书的,不得作证,并自行承担相关费用。(3)单位作为证人要出庭作证时,应当由单位的法定代表人、负责人或经其授权的人代表单位出庭作证。(4)证人应独立作证。证人不得旁听法庭审理;询问证人时,其他证人不得在场。人民法院认为有必要的,可以让证人进行对质。(5)证人因履行出庭作证义务而支出的交通、住宿、就餐等必要费用,按照机关事业单位工作人员差旅费用和补贴标准计算;误工损失按照国家上年度职工日平均工资标准计算。人民法院批准证人出庭作证申请的,应当通知申请人预交证人出庭作证的费用。

五、鉴定意见

(一)鉴定意见的概念和特征

在诉讼中需要对涉及的专门性问题进行鉴定,《民事诉讼法》将鉴定意见规定为一种证据形式,即鉴定意见是指经当事人申请或者人民法院指定或委托,由具有专门知识或技能的人运用必要的技术手段,对诉讼中的专门性问题进行检测、分析、鉴别后所给出的意见。运用专门知识对涉及案件事实的专门性问题进行鉴定活动的人,称为鉴定人。在民事诉讼中,需要以专业知识、技能或者手段进行分析研究后才能鉴别或判明的专门性问题,就是鉴定对象或者鉴定客体。

鉴定意见的主要特征是:(1)它是鉴定人根据案件中的事实材料,以自己的专门知识、技能或现代科技手段进行分析、鉴别后形成的判断性意见;(2)它是鉴定人对案件中应予查明的一些专门性事实问题所提供的判断意见,而不是对法律问题提供意见。

在大陆法系国家中,鉴定人和证人是不同的诉讼参与人,鉴定意见和证人证言是不同的两种证据;而在英美法系国家中,鉴定人属于证人的范围,被称为专家证人,而其他证人则为普通证人。我国立法和理论与大陆法系的传统相似,将鉴定人和证人区别对待。鉴定人和证人主要的区别表现为以下几点:(1)参与诉讼的原因不同。鉴定人是因为具有专门知识或技能而受委托对案件中的专业性问题出具鉴定意见,证人则是因为自身了解案件而按法律的要求提供证言。(2)是否具有可替代性不同。证人因其知道案情而必须作证,具有不可替换性和不可选择性;而鉴定人只是因具备专业知识而受到聘请或指派,具有可选择性和可替代性。(3)是否适用回避制度不同。鉴定人如果与案件有利害关系,为求鉴定意见的公正,应当回避;而证人不存在回避的问题。

(二)鉴定的程序

鉴定程序的启动有两种方式:申请鉴定和委托鉴定。申请鉴定是当事人的诉讼权利,当事人可以就查明事实的专门性问题向人民法院申请鉴定。申请鉴定的事项与待证事实无关联,或者对证明待证事实无意义的,人民法院不予准许。当事人未申请鉴定而人民法院认为需要对专门性问题进行鉴定的,应当委托具备资格的鉴定人进行鉴定。对于这两种方式,一般情况下应遵循当事人申请鉴定为主、法院委托鉴定为辅的原则。[1] 当然,若当事人没有申请,而人民法院认为确有必要时,也应当委托鉴定,不能将当事人的申请绝对化。

申请鉴定是当事人的诉讼权利,也是当事人的举证义务。申请鉴定是鉴定程序的一般启动方式。当事人申请鉴定,应当在人民法院指定期间内提出,并预交鉴定费用。逾期不提出申请或者不预交鉴定费用的,视为放弃申请。对需要鉴定的待证事实负有举证责任的当事人,在人民法院指定期间内无正当理由不提出鉴定申请或者不预交鉴定费用,或者拒不提供相关材料,致使待证事实无法查明的,应当承担举证不能的法律后果。

---

〔1〕 参见江伟主编:《民事诉讼法》(第6版),中国人民大学出版社2013年版,第182页。

确定鉴定人主要有两种方法:当事人协商确定或法院指定。人民法院准许当事人的鉴定申请的,应当组织双方当事人协商确定具备相应资格的鉴定人。当事人协商不成的,由人民法院指定。符合依职权调查收集证据的条件的,人民法院应当依职权委托鉴定,在询问当事人的意见后,指定具备相应资格的鉴定人。

司法鉴定实行鉴定人负责制。鉴定人应当独立进行鉴定,不受他人影响,对自己制作的鉴定意见负责,并依法制作鉴定书。多人参与鉴定并对鉴定意见有不同看法的,应当在鉴定书中注明。鉴定书的制作应当符合法定要求。人民法院对鉴定人出具的鉴定书,应当从形式上审查以下内容:(1)委托法院的名称;(2)委托鉴定的内容、要求;(3)鉴定材料;(4)鉴定所依据的原理、方法;(5)对鉴定过程的说明;(6)鉴定意见;(7)承诺书。

(三)申请重新鉴定

当事人对人民法院委托的鉴定意见有权提出异议。对于确有理由的异议,人民法院应当准许重新鉴定。重新鉴定是在人民法院对鉴定结论进行审查后,对其可采信度存有疑虑,另行委托新的鉴定人进行的鉴定。重新鉴定应当附送历次鉴定所需的鉴定资料,新鉴定人应独立进行鉴定,不受以前鉴定的影响。

当事人对人民法院委托鉴定部门作出的鉴定意见有异议申请重新鉴定,提出证据证明存在下列情形之一的,人民法院应予准许:(1)鉴定人不具备相应资格的;(2)鉴定程序严重违法的;(3)鉴定意见明显依据不足的;(4)鉴定意见不能作为证据使用的其他情形。存在前述第一项至第三项情形的,鉴定人已经收取的鉴定费用应当退还。拒不退还的,依照《民事证据规定》的规定处理。对鉴定意见的瑕疵,可以通过补正、补充鉴定或者补充质证、重新质证等方法解决的,人民法院不予准许重新鉴定的申请。重新鉴定的,原鉴定意见不得作为认定案件事实的根据。

(四)对鉴定意见的质证及采信

鉴定意见是证据的一种,同样需要经过质证之后才能作为认定案件事实的根据。

当事人对鉴定意见有异议或者人民法院认为鉴定人有必要出庭的,鉴定人应当出庭作证。经人民法院通知,鉴定人拒不出庭作证的,鉴定意见不得作为认定事实的根据,支付鉴定费用的当事人可以要求返还鉴定费用。鉴定人应当出庭接受当事人的质询,鉴定人因特殊原因无法出庭的,经人民法院准许,可以书面答复当事人的质询。

鉴定意见具有较强的专业性,一般的当事人往往难以理解其内容,不明鉴定过程是否符合规范,也无法判断鉴定意见正确与否,难以形成对鉴定意见的有效质证意见。因此,当事人可以在举证期限届满前申请1~2名具有专门知识的人出庭,代表当事人对鉴定意见进行质证,或者对案件事实所涉及的专业问题提出意见。人民法院可以对出庭的具有专门知识的人进行询问。经法庭准许,当事人可以对出庭的具有专门知识的人进行询问,当事人各自申请的具有专门知识的人可以就案件中的有关问题进行对质。

鉴定意见被采信后，鉴定人无正当理由撤销鉴定意见的，人民法院应当责令其退还鉴定费用，并可以根据情节，依照《民事诉讼法》的规定对鉴定人进行处罚。当事人主张鉴定人负担由此增加的合理费用的，人民法院应予支持。人民法院采信鉴定意见后准许鉴定人撤销的，应当责令其退还鉴定费用。

(五)鉴定人的权利义务

鉴定人是民事诉讼参与人，是民事诉讼法律关系的主体，享有相应的诉讼权利，也需履行相应的诉讼义务。

鉴定人的主要诉讼权利有：(1)了解情况权。鉴定人有权询问当事人和证人并了解进行鉴定所必需的案件材料。(2)自主鉴定权。鉴定人有选择接受鉴定和不接受鉴定的自由，并且在若干鉴定人意见不一致时，鉴定人有权保留自己的意见。(3)费用求偿权。鉴定人有权要求委托人给付相应的鉴定费用。(4)请求保护权。在因鉴定而受到侮辱、诽谤、诬陷、殴打或者其他方法打击报复时，鉴定人有权请求法律的保护。

鉴定人的主要诉讼义务有：(1)客观、公正、诚实地进行鉴定。鉴定开始之前，人民法院应当要求鉴定人签署承诺书。承诺书中应当载明鉴定人保证客观、公正、诚实地进行鉴定，保证出庭作证，如作虚假鉴定应当承担法律责任等内容。鉴定人故意作虚假鉴定的，人民法院应当责令其退还鉴定费用，并根据情节，依照《民事诉讼法》的规定进行处罚。(2)及时鉴定。鉴定人应当在人民法院确定的期限内完成鉴定，并提交鉴定意见。鉴定人无正当理由未按期提交鉴定意见的，当事人可以申请人民法院另行委托鉴定人进行鉴定。人民法院准许的，原鉴定人已经收取的鉴定费用应当退还。(3)解释、说明或者补充鉴定意见。人民法院收到鉴定意见后，应当及时将副本送交当事人。当事人对鉴定意见的内容有异议的，应当在人民法院指定期间内以书面方式提出。对于当事人的异议，人民法院应当要求鉴定人作出解释、说明或者补充。人民法院认为有必要的，可以要求鉴定人对当事人未提出异议的内容进行解释、说明或者补充。(4)出庭义务。鉴定人原则上应当按照人民法院的通知出庭作证，回答与鉴定有关的询问。经人民法院通知，鉴定人拒不出庭作证的，鉴定意见不得作为认定事实的根据，支付鉴定费用的当事人可以要求返还鉴定费用。

六、当事人陈述

(一)当事人陈述的概念

当事人陈述，是指当事人在诉讼中就案件的有关事实向人民法院所作的陈述。当事人在诉讼中向人民法院所作的陈述涉及的内容是多方面的，既有关于诉讼请求的陈述，也有反驳对方诉讼请求或证据的陈述；既有实体事实的陈述，也有程序事实的陈述；等等。但是，作为证据的当事人陈述是指那些与案件事实有关并能够证明案件事实的陈述。

民事诉讼当事人也是案件涉及实体法律关系的当事人，因此，当事人就案件有关事实向人民法院所作的陈述有两种情况:一是对案件事实的陈述,是当事人就争议的民事法律关系发生、变更或者消灭的事实的说明;二是对案件事实的承认,即当事人自认,是一方当事人对对方当事人陈述的事实做相同的陈述或者肯定,认可对方的陈述。

(二)当事人陈述的证据效力

当事人既是发生纠纷的实体法律关系当事人,也是与案件的审判结果有利害关系的人,因此,当事人陈述作为证据形式最显著的特点就是具有"双重性",即真实性与虚假性并存。当事人对民事法律关系的发生、变更、消灭等事实比他人知道得更为清楚、全面,这就有可能为人民法院提供案件事实的全面情况;但是,由于当事人与审判结果有直接的利害关系,彼此之间的利益有对立性,为了趋利避害,当事人对有利于己的事实往往夸大,而对不利于己的事实就加以掩盖、缩小,甚至可能歪曲事实、虚构情节,向法院作一些不真实的陈述。因此,人民法院对当事人的陈述,应当结合案件的其他证据,审查确定能否作为认定事实的根据。当事人拒绝陈述的,不影响人民法院根据证据认定案件事实。当事人对自己的主张,只有本人陈述而不能提出其他相关证据的,主张不能成立,但对方当事人认可的除外。由此可知,当事人陈述的证明力相对较弱。

七、电子数据

(一)电子数据的概念

电子数据也称计算机数据,其与计算机的产生、应用和发展密不可分。一般认为,电子数据是指以电子形式、电磁形式、光学形式或类似形式储存在计算机存储器中的信息。以电子数据为表现形式的证据资料就是电子证据。为了适应电子信息技术在民事诉讼实践应用中的需要,2012 年修正后的《民事诉讼法》增加了电子数据这一证据类型。电子数据是指通过电子邮件、电子数据交换、网上聊天记录、博客、微博、手机短信、电子签名、域名等形成或者存储在电子介质中的信息。存储在电子介质中的录音资料和影像资料,适用电子数据的规定。

在《电子商务示范法》第 2 条第 1 项中,电子数据被称为数据电文,是指经由电子手段、光学手段或类似手段生成、储存或传递的信息,这些手段包括但不限于电子邮件、电子数据交换、电报、电传或传真。具体而言,电子数据包括下列信息、电子文件:(1)网页、博客、微博客等网络平台发布的信息;(2)手机短信、电子邮件、即时通信、通讯群组等网络应用服务的通信信息;(3)用户注册信息、身份认证信息、电子交易记录、通信记录、登录日志等信息;(4)文档、图片、音频、视频、数字证书、计算机程序等电子文件;(5)其他以数字化形式存储、处理、传输的能够证明案件事实的信息。

(二)电子数据的特征

电子数据与传统意义上的数据相比,主要是记载方式的不同。它通常以磁盘、光盘、ROM 等磁性材料、光学材料、半导体材料为载体,而传统数据多以纸张为载体。电子数据有以下特点:(1)依赖性。传统书证、物证不需要借助其他工具、设备就可以被人们感知,电子证据对运行环境的依赖程度很大,输入、存储、输出的全过程都必须借助一定的软件平台。这是由电子证据的无形性决定的。电子证据的二进制代码的存储、传输,只有依靠特定的系统并通过相应的程序,才能被人们感知。同时,电子证据对系统的依赖性决定了电子证据的隐蔽性和高技术性。(2)易变性。这是由电子数据的存在形式决定的。就本质而言,所有的电子数据,包括声音、图像、符号等,都是以“0”和“1”两个数字组成的一系列二进制代码储存在各种介质上,这些“0”和“1”在其存在的介质上表现为光学材料中光信号的变化或磁性材料中磁向的变化等。而这些光信号或磁向的变化很容易被改变,就具体操作而言,一个简短的指令就可在极短的时间内对电子数据进行修改、删除或转移,供电系统或网络通信的故障,强磁、高温、高湿度等外部环境的影响,都可导致电子数据的改变。(3)易破坏性。电子数据在储存、传输的过程中,当人为因素或技术的障碍介入时,容易被篡改、伪造、破坏甚至毁灭,并且在被篡改、伪造后,不易被发觉。(4)多样性。与普通物证、书证的单一性相比,电子数据通过显示器展示时不仅可以表现为文字、图像、声音或其组合,而且可以是交互的、可编译的。电子数据比传统证据能够更加完整、直观、生动、清晰地展现待证事实及其形成的过程。

(三)电子数据的合法性审查

由于电子数据具有上述特征,对于电子数据的审查一般可以从以下几个方面进行:(1)该电子数据储存的磁盘、光盘等可移动储存介质是否与打印件一并提交;(2)该电子数据是否载明形成的时间、地点、对象、制作人、制作过程及设备情况等;(3)制作、储存、传递、获得、收集、出示等程序和环节是否合法,取证人、制作人、持有人、见证人等是否签名或者盖章;(4)内容是否真实,有无剪裁、拼凑、篡改、添加等伪造、变造情形;(5)该电子数据与案件事实有无关联性。

对电子数据有疑问的,应当进行鉴定,并结合案件的其他证据,审查其真实性和关联性。其中,电子数据的合法性最值得注意。根据《民事诉讼法解释》第106条规定,对以严重侵害他人合法权益、违反法律禁止性规定或者严重违背公序良俗的方法形成或者获取的证据,不得作为认定案件事实的根据。而对于非法取得的电子数据,一方面以利益衡量为标准,确定其可采性;另一方面应赋予法官自由裁量权。具体来说,主要包括以下情形:(1)采用刑事违法行为所收集的电子数据应予排除;(2)采用侵犯他人人格权、隐私权、商业秘密权等重要民事权益的行为所收集的电子数据应予排除;(3)违反法定程序取得的电子数据之间相互矛盾,其中不能与其他合法取得的证据相印证的证据应予排除;(4)违法取得的电子数据不能与其他合法取得的证据相互印证的,由法官依据自由裁量权予以排除;(5)违反法定程序取得的电子数据之间虽然可以相互印证,但无其他合法取得的证据佐证的,由法官依据自由裁量权予以排除。

八、勘验笔录

(一)勘验笔录的概念

勘验笔录,是指审判人员为了查明事实,对与案件争议有关的现场和物品进行查验、拍照、测量后对勘验到的有关情况所进行的记录。在民事诉讼中,有些诉讼标的物或其他与案件有关的物品、现场往往无法移动或不便移动,为了查明事实真相,需要审判人员亲临现场实地进行勘查检验,形成勘验笔录,以此来证明案件事实。因此,勘验在民事诉讼中起着重要的作用,承担着多重职能:第一,可以固定或者提取物证;第二,勘验制作的笔录可以成为一种独立的诉讼证据;第三,勘验还可以核实证据,澄清有关证据中的矛盾,使法官获得比较正确的心证。所以,绝不能将证据勘验等同于调查证据。司法实践中,审理不动产纠纷、相邻权纠纷等案件,有经验的审判人员常常要去现场实地勘验,以形成对案件事实的正确认识。

尽管勘验笔录是审判人员或者专门的勘验人员制作的,但也必须经过质证才能作为定案的根据。经许可,当事人在法庭上可以向勘验人发问。

(二)勘验笔录的制作

勘验笔录作为一种证据形式,其内容应当客观、真实地反映勘验现场的实际情况。因此,勘验笔录的制作应当严格按照法定程序进行,需要勘验人员进行勘验的,勘验人员应出示证件,证明其履行勘验职责。勘验时,应邀请当地基层组织或者当事人所在单位派人参加。勘验时,当事人或者当事人的成年家属应到场,拒不到场的,不影响勘验工作的进行。勘验的物品或现场需要保护的,以及勘验工作需要有关单位和个人协助的,有关单位和个人有义务按人民法院的通知,保护现场和协助勘验工作的进行。人民法院认为有必要的,可以根据当事人的申请或者依职权对物证或者现场进行勘验。勘验时应当保护他人的隐私和尊严。人民法院可以要求鉴定人参与勘验;必要时,可以要求鉴定人在勘验中进行鉴定。

现场勘验时,必须如实地在勘验笔录中记载以下事项:(1)现场的位置和周围环境;(2)双方当事人争执标的物的品种、数量、形状和大小;(3)现场收集的各种证据,拍照、测量、绘图的种类、数量和内容;(4)现场勘验开始和结束的时间以及参加现场勘验人员的姓名、职业、工作单位和住址等。现场勘验人、当事人和被邀请的见证人都必须在勘验笔录上签名或者盖章。

第四节　证据的收集与保全

一、证据收集

(一)当事人收集和提供证据

在证据的调查和收集上,大多数国家都奉行当事人主义,即由当事人负责调查、收集证据,向法院提供证据,而法院一般不主动依职权调查、收集证据。法院只对法律有明确规定的少数案件和事项依职权主动调查、收集证据,不受当事人提供证据的约束。

民事诉讼实行处分原则和辩论原则，作为裁判依据的证据应当由当事人提供。因此，在民事诉讼中，当事人是收集证据和提供证据的主要主体，绝大多数证据应由当事人负责收集和提供，只有在特殊情况下，才由人民法院调查、收集证据。鉴于我国诉讼实践中很多当事人没有委托律师代理诉讼，自身可能又缺乏必要的法律知识，收集证据的能力较弱，因此，人民法院应当加强对当事人的举证指导，在当事人不知道如何收集证据或提供证据尚不充分的情况下，应适时予以必要的释明，以促使当事人适当地、充分地收集和提供证据，从而更好地实现查明案件事实的证明目标。

当然，当事人收集证据时，应当遵守法定程序，不得侵犯他人的合法权益，也不得以法律禁止性规定的方法调查或收集证据。

当事人应按法律规定和法院举证通知的要求向法院提交证据。人民法院收到当事人提交的证据材料，应当出具收据，写明证据名称、页数、份数、原件或者复印件以及收到时间等，并由经办人员签名或者盖章。

（二）法院调查、收集证据

法院只有在法律规定的一些例外情况下，才可以调查、收集证据，因此，法院调查、收集证据只是当事人收集和提供证据的补充。

1. 人民法院调查、收集证据的情形

当事人及其诉讼代理人因客观原因不能自行收集的证据，或者人民法院认为审理案件需要的证据，人民法院应当调查收集。可见，人民法院调查、收集证据包括两种情形：一种是根据当事人的申请，调查、收集证据；另一种是依职权主动调查、收集证据。

调查、收集证据的申请需符合法定构成要件，构成要件包括实体性要件和程序性要件。实体性要件指当事人及其诉讼代理人因客观原因不能自行收集证据，具体情形包括：（1）证据由国家有关部门保存，当事人及其诉讼代理人无权查阅调取的；（2）涉及国家秘密、商业秘密或者个人隐私的；（3）当事人及其诉讼代理人因客观原因不能自行收集的其他证据。程序性要件指调查、收集证据的申请要在法定期限内提出并经人民法院准许。当事人及其诉讼代理人要在举证期限届满前书面申请人民法院调查、收集。另外，根据《民事诉讼法解释》第95条规定，当事人申请调查收集的证据，与待证事实无关联、对证明待证事实无意义或者其他无调查收集必要的，人民法院不予准许。

人民法院认为审理案件需要的证据包括：（1）涉及可能损害国家利益、社会公共利益的；（2）涉及身份关系的；（3）涉及民事公益诉讼案件的；（4）当事人有恶意串通损害他人合法权益的可能的；（5）涉及依职权追加当事人、中止诉讼、终结诉讼、回避等程序性事项的。除前述规定外，人民法院调查、收集证据，应当依照当事人的申请进行。

2. 人民法院调查、收集证据的规则

当事人及其诉讼代理人申请人民法院调查收集证据,应当在举证期限届满前提交书面申请。申请书应当载明被调查人的姓名或者单位名称、住所地等基本情况、所要调查收集的证据名称或者内容、需要由人民法院调查收集证据的原因及其要证明的事实以及明确的线索。人民法院调查收集的书证,可以是原件,也可以是经核对无误的副本或者复制件。是副本或者复制件的,应当在调查笔录中说明来源和取证情况。人民法院调查收集的物证应当是原物。被调查人提供原物确有困难的,可以提供复制品或者影像资料。提供复制品或者影像资料的,应当在调查笔录中说明取证情况。人民法院调查收集视听资料、电子数据,应当要求被调查人提供原始载体。提供原始载体确有困难的,可以提供复制件。提供复制件的,人民法院应当在调查笔录中说明其来源和制作经过。人民法院调查收集可能需要鉴定的证据,应当遵守相关技术规范,确保证据不被污染。

人民法院调查、收集证据,应当由两人以上共同进行。调查材料要由调查人、被调查人、记录人签名、捺印或者盖章。

二、证据的保全

(一)证据保全的概念

证据保全,是指在证据有可能毁损、灭失或以后难以取得的情况下,人民法院根据当事人的申请或依职权对证据进行固定和保护的制度。在证据可能灭失或者以后难以取得的情况下,诉讼参加人可以向人民法院申请保全证据,人民法院也可以主动采取保全措施。

民事证据是民事诉讼的核心,是当事人和法院了解或查明真相和作出正确判决的基础。然而,从纠纷的发生到开庭审理有一定的时间间隔,在这段时间里,由于自然与人为的原因,某些证据可能会灭失或到开庭时已难以取得。为了防止这种情况的发生,《民事诉讼法》规定了证据保全制度,对可能灭失或以后难以取得的证据加以固定和保护,以保证审判活动的顺利进行、正确裁判案件、维护当事人的合法权益。

(二)证据保全的种类和条件

在证据可能灭失或者以后难以取得的情况下,当事人可以在诉讼过程中向人民法院申请保全证据,人民法院也可以主动采取保全措施。因情况紧急,在证据可能灭失或者以后难以取得的情况下,利害关系人可以在提起诉讼或者申请仲裁前向证据所在地、被申请人住所地或者对案件有管辖权的人民法院申请保全证据。因此,证据保全包括诉讼中的证据保全和诉前证据保全。

1. 诉讼中的证据保全

诉讼中的证据保全应当符合以下条件:(1)证据可能灭失或以后难以取得。证据保全的前提是证据可能灭失或者以后难以取得。前者如证人可能因病死亡,作为物证的瑕疵物可能腐烂或变质;后者则包括不及时取证将导致以后取证成本过高或难度很大的情形，如证人将出国留学或定居。遇到这两种情况，双方当事人在诉讼中都可以申请证据保全。(2)保全的证据材料具有证据价值。待保全的证据材料应当与案件所涉及的法律关系有关，即应当是能够证明案件有关事实的材料。(3)在举证时限之内提出保全。当事人申请证据保全的，可以在举证期限届满前书面提出。证据保全主要由当事人申请，法院也可以主动采取保全措施。当然，如果法院允许并同意当事人经协商延长举证时限，当事人申请证据保全的期限也可以相应延长。(4)必要时需要提供担保。证据保全可能对他人造成损失的，人民法院应当责令申请人提供相应的担保。法院责令提供担保，申请人不提供的，法院应驳回申请人的申请。如果保全的证据为双方有争议的标的物，须采取查封、扣押方式进行证据保全，申请人提供担保的数额应与讼争物的实际价值相当；如果采取鉴定、勘验、拍照等方法保全物证，申请人提供担保的数额应相当于采取该保全措施可能给对方造成的损害。

2. 诉前证据保全

对于诉前证据保全，应当注意以下三点：(1)诉前证据保全只能依申请而采取，法院不能依职权主动进行证据保全。商标权侵权纠纷由商标注册人或者利害关系人向人民法院申请；著作权纠纷由著作权人或者权利人向人民法院申请。(2)利害关系人申请诉前证据保全，必要时需要提供担保，是否需要申请人提供担保由人民法院决定。但是，法院责令提供担保，申请人不提供的，法院应驳回当事人的申请。(3)申请人应当在法定期间内起诉。采取了诉前证据保全后，申请人在采取保全措施后30日内没有向人民法院起诉的，法院应该解除保全措施。

(三)证据保全的程序规则

当事人或者利害关系人申请采取查封、扣押等限制保全标的物使用、流通等保全措施，或者保全可能对证据持有人造成损失的，人民法院应当责令申请人提供相应的担保。担保方式或者数额由人民法院根据保全措施对证据持有人的影响、保全标的物的价值、当事人或者利害关系人争议的诉讼标的金额等因素综合确定。人民法院进行证据保全，可以要求当事人或者诉讼代理人到场。根据当事人的申请和具体情况，人民法院可以采取查封、扣押、录音、录像、复制、鉴定、勘验等方法进行证据保全，并制作笔录。在符合证据保全目的的情况下，人民法院应当选择对证据持有人利益影响最小的保全措施。申请证据保全错误造成财产损失，当事人请求申请人承担赔偿责任的，人民法院应予支持。人民法院采取诉前证据保全措施后，当事人向其他有管辖权的人民法院提起诉讼的，采取保全措施的人民法院应当根据当事人的申请，将保全的证据及时移交受理案件的人民法院。

当事人对法院作出的证据保全裁定不服的，有申请复议的权利。《民事诉讼法》第111条规定，当事人对保全或者先予执行的裁定不服的，可以申请复议一次。复议期间不停止裁定的执行。根据《民事诉讼法解释》规定，当事人对保全或者先予执行裁定不服的，可以自收到裁定书之日起5日内向作出裁定的人民法院申请复议。

人民法院应当在收到复议申请后10日内审查。裁定正确的,驳回当事人的申请;裁定不当的,变更或者撤销原裁定。利害关系人对保全或者先予执行的裁定不服申请复议的,由作出裁定的人民法院依照《民事诉讼法》第111条规定处理。

思考与练习

1. 原告诉请被告返还借款5万元,为证明这一事实,原告向法院提交了被告书写的“借据”;被告则主张“借款已经清偿”,并向法院出示了原告交给他的“收据”。关于原、被告双方的证据,下列选项中正确的是(　　)。

A.“借据”是本证,“收据”是反证

B.“借据”是本证,“收据”也是本证

C.“借据”是直接证据,“收据”是间接证据

D.“借据”是直接证据,“收据”也是直接证据

2. 周某与某书店因十几本工具书损毁而发生纠纷,书店向法院起诉,并向法院提交了损毁图书以证明遭受的损失。本案的损毁图书属于(　　)。

A. 直接证据　　B. 间接证据　　C. 书证　　D. 物证

3. 根据证据理论、《民事诉讼法》及相关司法解释,关于证人证言,下列选项中正确的是(　　)。

A. 限制行为能力的未成年人可以附条件地作为证人

B. 证人因出庭作证而支出的合理费用由提供证人的一方当事人承担

C. 证人在法院组织双方当事人交换证据时出席陈述证言的,可视为出庭作证

D.“未成年人所作的与其年龄和智力状况不相当的证言不能单独作为认定案件事实的依据”,是关于证人证言证明力的规定

4. 某村村民王某与邻村村民刘某为争夺一头母猪诉至法院。王某在诉状中称:“我家养的一头黑母猪于2007年11月15日丢失,丢失前未配种。丢失后,我向镇派出所报了案。2008年3月12日,听说县化肥库旁有一头黑母猪,我前去看,果然有一头黑母猪,带5个猪仔,3白1花1黑。我确认这就是我家丢失的那头,就赶了回去。第二天,刘某带人来我家,说这头母猪是他家的,强行将猪赶走。为此,我特向法院起诉,请求法院确认我对这头母猪的所有权,并判令刘某立即返还我家的母猪。”

审理中,王某提出以下证据:(1)母猪是他于2005年在镇上赶集时买的;(2)母猪因咬自家的小鸡,被他用木棒将前腿打坏了,留有白印;(3)邻居朱某证实,2005年王某确实买了一头黑母猪。刘某在诉讼中提出以下证据:(1)争讼母猪是他从邻居李某家买来的;(2)由于母猪好跳圈,被接了个木块,结果将前腿磨出白印记;(3)李某证实,他确实卖给刘某一头黑母猪。

人民法院在审理中收集到以下证据：(1) 鉴定人余某的鉴定结论是，母猪配种到下仔需 115 天，黑母猪生产白色或花色的猪仔，只有用白色公猪配种才有可能；(2) 王某现在的邻居史某反映，诉讼前听王某的妻子说，她家的母猪是 2007 年 11 月底丢的；(3) 镇派出所在 2007 年 12 月 11 日的台历页上记载“王某，于 11 月 30 日丢失一头母猪，黑色”；(4) 人民法院对所争母猪的检查记录反映，该猪为黑色，两前腿内侧有白色印记。

请问：

(1) 上述证据事实从法律上的分类分析各属于何种证据？

(2) 上述证据事实从理论上的分类分析各属于何种证据？

CHAPTER 09
第九章

民事诉讼证明

本章导读

- 民事诉讼中的证明是民事诉讼法的重要制度，是法院查清事实、依法作出正确裁判的基础。在民事诉讼中，需要用证据证明的待证事实即证明对象，也称证明客体或证明标的。由于对无须证明的事实比较容易确定，《民事诉讼法》及司法解释明确了无须证明的事实范围。
- 当待证事实处于真伪不明的状态，法官就需要根据证明责任分配的规则进行裁判。因此，证明责任分配是法院的裁判规范，解决了法院无法查明事实时无法进行裁判的困境。同时，证明责任分配也是当事人的行为规范，可以促使当事人积极按照举证规则提交证据。
- 关于证明责任分配的学说主要有待证事实分类说、法律要件分类说以及一些新学说。其中，法律要件分类说中的规范说影响范围最广，在证明责任分配上处于主导性通说地位。在实践中，我国证明责任的分配规则也受到了规范说的深远影响，并采用了其他学说的合理成分，总体上确立了较为合理的证明责任分配规范体系。
- 证明标准又称证明要求。在理论上，关于证明标准存在客观真实说、盖然性说和法律真实说等争论。我国通说认为，民事诉讼的证明标准应当以高度盖然性为标准，并对司法实践产生了积极的影响。
- 当事人应当在举证期限内提交证据，否则将产生不利的法律后果。人民法院可以根据案件的具体情况组织当事人按照证据交换规则进行证据交换。证据应当在法庭上出示，并由当事人按照质证规则互相质证。未经质证的证据不得作为认定案件事实的根据。在当事人质证的基础上，人民法院应当按照法定规则和程序对证据是否具备证据能力进行审查、核实，并对证据证明力的有无及大小作出判断。

第一节　证明对象

一、证明对象的概念

在民事诉讼中,需要用证据加以证明的案件事实称为证明对象,也称证明的客体或证明的标的。在民事诉讼中,当事人争议的民事权利义务关系涉及的事实是多方面的,人民法院裁判的作出有赖于对这些事实的认定。但是,并非所有事实都需要当事人提出证据予以证明。有些事实与当事人的主张无关,无须证明;有些事实虽与当事人的主张有关,但没有必要加以证明。民事诉讼法一般不会直接规定哪些事实需要加以证明,而是通过排除的方式,规定哪些事实无须证明,以此来确定需要证明的案件事实的范围。一般而言,成为证明对象须符合以下几个条件:(1)该事实对于正确处理案件具有法律意义,即该事实应当是对于正确适用民事实体法和民事诉讼法具有意义的案件事实,包括原告主张的作为诉讼请求根据的事实、被告主张的作为反驳或反诉根据的事实,以及那些具有程序法意义的事实。[1] (2)双方当事人对该事实存在争议。对于不存在争议的事实,一般无须证明,除非法院认为该事实涉及国家利益、社会公共利益或第三人的合法利益。(3)该事实不属于诉讼上免于证明的事实。法律明确规定无须证明的事实,无须证明就可以认定。

在民事诉讼中,证明对象的确定是诉讼证明活动的首要环节,确定了证明对象也就明确了当事人在事实上的争执焦点,当事人就可以围绕该争议的事实收集和提交证据,进行有效的质证和辩论。确定了证明对象,也就同时明确了法院审理事实的范围和证据调查的范围,有利于法院引导当事人举证、质证和辩论,提高审判的效率。

二、证明对象的范围

(一)实体法律事实

当事人主张的实体法律事实是指引起法律关系发生、变更或消灭的事实。一般而言,实体法律事实包括以下几个方面:(1)民事法律关系发生、变更和消灭的法律事实;(2)妨碍权利发生的法律事实;(3)产生争议的事实,如侵权行为发生的事实,合同签订、变更和履行的事实,导致夫妻感情破裂的事实,导致收养关系不成立的事实等。

理论上,可以将实体法律事实分为主要事实、间接事实和辅助事实三个层次。主要事实是指构成法律要件的事实。用以证明主要事实的事实称为间接事实。而用以证明证据能力或证明力的事实称为辅助事实。[2] 就主要事实而言,由于现代民事诉讼遵循处分原则,当事人没有提出的权利主张,法院不能进行审判和裁判;当

---

〔1〕 参见江伟主编:《民事诉讼法》(第6版),中国人民大学出版社2013年版,第195页。

〔2〕 参见江伟主编:《民事诉讼法》,高等教育出版社2000年版,第152页。

事人没有主张的法律事实,法院没有义务对是否存在该事实进行调查。因此,法院不得将当事人没有在辩论过程中主张的主要事实作为裁判的根据。[1] 当然,如果某事实涉及国家利益、社会公共利益或第三人的合法利益,并且当事人有恶意串通的嫌疑时,即使当事人没有主张,法院也应该主动查明。此外,对于间接事实不存在这样的限制。换言之,当事人即使没有对间接事实或辅助事实加以主张和陈述,法院也可以将其作为裁判的根据。因为间接事实和辅助事实只是判断主要事实的手段,处于与证据同等的地位,其存在与否由法官判断。[2]

(二)程序法律事实

程序法律事实是指根据《民事诉讼法》的规定,能够引起民事诉讼法律关系发生、变更和消灭的事实。程序法律事实大多属于法院依职权调查的事实,当事人即使没有主张,人民法院也应主动查明。例如,当事人是否适格、法院对案件是否有管辖权、当事人是否有行为能力、是否存在回避的原因等,对于这些事实,法院都应当查明。当然,还有些程序法律事实是当事人提出主张后,法院才需要查明的,如协议管辖是否有效、仲裁协议是否有效、当事人提出管辖权异议、当事人提出回避申请等。程序事实虽然不直接涉及实体问题,但会引起一定诉讼法上的后果,在诉讼中如不加以证明,将影响诉讼活动的顺利进行以及案件的正确裁判。

不过,也有学者认为,程序法律事实不属于证明对象。[3] 我们认为,程序法律事实应该成为证明对象,理由有三:(1)不排除当事人对程序法律事实发生争议的可能,从而使程序法律事实可能构成系争事实。(2)程序法律事实处在真伪不明状态时,需要当事人提出证据来消除这种真伪不明状态。(3)即使法院依职权主动查明程序法律事实,法院仍需要当事人提供相关的证据。

(三)外国及地方性法律规范和习惯

法官作为法律专家,应当知晓案件所适用的法律,即使不知,也可以依职权进行调查而了解,因此,一般情况下,案件所适用的法律规范是否存在及其内容如何,并不需要当事人加以证明。通说认为,本国法律不属于证明对象,因为法官知法。但是,对于外国及地方性法律规范,法官则未必了解,就需要当事人加以证明。

习惯是某一地方的人们在长期的生活过程中形成并普遍遵循的行为规则。一般情况下,习惯的效力只存在于特定的地方,只为本地人知晓,审理案件的法官并不清楚。因此,当事人对习惯的存在与否及其内容如何等事实应加以证明。

(四)经验法则

经验法则是指人们从生活经验中总结出来的关于事物因果关系或属性状态的法则或知识。经验法则既包括一般人日常生活所归纳的常识,也包括某些专门性的

---

[1] 参见张卫平:《民事诉讼法》,法律出版社 2004 年版,第 197 页。

[2] 参见张卫平:《民事诉讼法》,法律出版社 2004 年版,第 197 页。

[3] 参见熊晓彪:《证明标准多维解构与体系重塑》,载《中国刑事法杂志》2023 年第 4 期。

知识,如科学、技术、艺术、商贸等方面的知识。[1] 人们在日常生活中常常运用经验法则进行逻辑推理与判断,法官在诉讼中也常常需要借助经验法则来认定案件事实或作出裁判。那么,经验法则是否需要证明?一种观点认为,经验法则是法官依职权调查的对象,而不是当事人证明的对象;另一种观点认为,对于一般人都知晓的经验法则无须证明,但对于不为一般人知晓的经验法则就应当加以证明。

我们认为,可以将经验法则分为一般经验法则和特殊经验法则。一般经验法则就是为社会中的普通人所普遍接受或者体察的社会生活经验。[2] 从诉讼证明的角度看,对一般经验法则的运用,就是法官将日常生活中所形成的反映事物之间内在必然联系的事理作为认定待证事实的根据。经验法则所指的经验并非由法律加以具体规定,而是一般常人所认同的基本的、常识性的生活经验,该生活经验是在日常生活中反复发生的一种常态,在日常生活中具有普遍意义上的典型特征,从而为社会中普遍常人所体察和感受。经验法则最基本的功能在于认定事实。在司法审判实践中,法官可以直接根据经验法则认定事实,由此就减轻或者免除了当事人的举证责任。因此,有的国家将经验法则归纳为司法认知的对象。法官利用经验法则对案件进行认定,其能动性远远超过对法律的运用。法律相对于社会生活而言永远是滞后的,而经验法则是人们对社会生活的反映,是同步进行的。

《民事证据规定》第 85 条第 2 款规定,审判人员应当依照法定程序,全面、客观地审核证据,依据法律的规定,遵循法官职业道德,运用逻辑推理和日常生活经验,对证据有无证明力和证明力大小独立进行判断,并公开判断的理由和结果。该规定将日常生活经验规定为法官审查和判断证据的原则之一。对此,我们应当谨慎,不能将所有的经验法则都作为无须证明的事实直接引用,只有那些一般人知晓的经验法则,当事人才无须加以证明;对于不为一般人知晓的专门性知识领域的经验法则,当事人则需要加以证明,只有证明为有效的经验法则后,法官才能予以引用。特殊的经验法则是必须借助于特殊的知识和经验才能认识和体察的专门经验和知识。特殊经验法则一般不得径行作为法官认定事实的基础,而必须适用较为严格的证明程序,以使认识的内容更加客观。对此,除采取交付专家鉴定外,还应向有关当事人提供提出疑问的机会。

此外,对于证据事实是否属于证明对象的问题,学界存在争论。所谓证据事实,就是证据本身所记载和反映的事实。证据事实能否成为证明对象,学理上存在肯定、否定和折中三种观点。我们赞同否定说,即证据事实不能成为证明对象。理由如下:(1)证明对象与证明手段之间是目的与手段的关系,不能将目的与手段混同;(2)证据需要查证属实,但并非需要查明的所有事实都能成为证明对象,查证属实只是证据作为证明手段的资格条件,而不是其作为证明对象的充分条件;(3)将证据事

---

[1] 参见张卫平:《认识经验法则》,载《清华法学》2008 年第 6 期。

[2] 参见龙宗智:《刑事证明中经验法则运用的若干问题》,载《中国刑事法杂志》2021 年第 5 期。

实排除在证明对象之外,有助于证据法学理论揭示证据和证明对象各自的特殊规则。

三、无须证明的事实

(一)众所周知的事实

众所周知的事实,是指一定区域内大多数人都知道的事实。众所周知的事实不必证明,这是各国民事诉讼法的通例。《民事证据规定》也明确规定了众所周知的事实当事人无须举证证明。在司法实践中,事实为人们所知道的范围是不同的。对众所周知的范围的界定是该免证条款得以有效应用的前提。对"众所周知"的界定存在以下三种标准:(1)普遍性说,即社会上的一般成员包括法官都应知悉的事实;(2)相对性说,即认为本应为社会一般成员所知悉,但也不能排除其相对性;(3)区域性说,即认为应限于一定范围内的一般人所知悉。美国联邦证据法即把司法认知的事实限于该审判法院的管辖区域内众所周知的范围。区域性说也是我国学界的通说。[1]

众所周知的事实,是指在一定范围内为人们所知晓的事实。既然在一定范围内是众所周知的事实,那么,法官作为该地域范围内的成员当然也应该知道该事实,因此,当事人无须对此事实加以证明。当然,在案件审理中,某一事实是否为众所周知的事实,应该由审理案件的法官判断。不过,在诉讼实践中,应当允许对方当事人提出相反的证据证明当事人主张为众所周知的事实并不存在或并不真实。

(二)自然规律及定理

自然规律及定理具有科学性,是客观事物在特定条件下所发生的本质联系和必然趋势的反映,其真实性和正确性已经科学证明,所以成为免予证明的事实。有些自然规律及定理众所周知,如一年四季的更替、太阳东升西落、万有引力定理等。但有些并非众所周知,而是从事特定领域的专业人员才知晓,如几何定理等。无论是否具有公知性,自然规律及定理都是经过反复科学验证的,因此,其免于证明的效力具有不可反驳性。

(三)推定的事实

推定的事实,是指根据法律规定或经验法则,从已知事实推断出的另一事实。其中,作为推论前提的事实为已知事实,也称基础事实或前提事实;根据推定所得出的结果事实为推定事实,也称结论事实;作为联系基础事实与推定事实之间桥梁的推论关系,既可以是法律的明确规则,也可以是经验法则。

民事诉讼中的推定包括两种类型:事实上的推定与法律上的推定。事实上的推定是指法官根据已知的客观事实或经验法则,推定待证事实的存在。陈宗荣认为,法院依据已知事实推定另一事实的真伪,通常存在以下情形:(1)两个事实之间互为

〔1〕 参见张卫平:《民事诉讼法》,法律出版社 2004 年版,第 198 页;江伟主编:《民事诉讼法》(第 6 版),中国人民大学出版社 2013 年版,第 200 页。

因果关系;(2)两个事实之间有主从关系;(3)两个事实之间互不相容。[1] 法律上的推定是指根据法律的规定,当存在某事实时,直接以该事实为基础推定另一事实存在与否。由于法律直接规定当某事实存在时便可直接认定待证事实的存在,当事人对待证事实无须加以证明。例如,共有人对共有物没有约定份额或约定不明确的,法律就推定该物为共同共有。

一般认为,进行事实推定必须满足以下三个条件:(1)作为事实推定的基础事实必须是真实的,当作为前提的基础事实处于真伪不明状态时,主张适用推定规定的当事人应当首先证明基础事实的存在;(2)需要推定的事实无法直接证明或证明成本巨大;(3)存在可以进行推定的经验法则,若不存在反映基础事实与推定事实之间高度盖然性联系的经验法则,就无法得出待证事实。

推定具有转移推定事实证明责任的法律效力,即主张推定事实存在的当事人不承担证明责任,对方当事人需要承担不存在推定事实的证明责任,这意味着对方当事人如果不能证明推定事实不存在,需要承担败诉的风险。由此可见,推定事实仅是无须证明的事实,而不是不可争议的事实。无论是事实上的推定还是法律上的推定,都允许当事人提出相反的证据推翻推定的事实。当事人提出相反的证据足以推翻推定的事实的,推定的事实便成为证明对象,需要当事人提供证据进行证明。

(四)预决的事实

预决的事实,是指已为人民法院发生法律效力的裁判所确认的事实或者已为仲裁机构的生效裁决所确认的事实。如果该事实在后诉案件中成为需要认定的事实,则无须对该事实进行证明,人民法院可以直接对其进行认定,即预决的事实对后诉案件有关事实的认定具有预决效力。一般认为,预决事实之所以具有预决效力,其主要理由如下:(1)预决事实在前诉或前案中经过正当程序已经获得证明,其真实性已经得到判决或裁决的确认,并且考虑到诉讼效率,在后诉中无须证明;(2)在前诉或前案中,预决事实已经过当事人的证明,那么,该当事人在后诉中无正当理由不得提出与该预决事实相矛盾的事实,这是当事人遵循诚实信用原则的具体体现;(3)根据判决统一性的要求,就事实认定来说,不同判决对同一事实的真实性应当作出一致的认定或确认。

"已为人民法院发生法律效力的裁判所确认的事实"为无须证明的事实。预决事实的效力,是指前诉判决所预决的事实对后诉的拘束力。对此问题,大陆法系国家是通过既判力理论和制度来解决的。既判力是大陆法系国家民事诉讼中的一个重要概念,是指确定判决针对当事人请求而作出的实体判断对双方当事人今后法律关系的拘束力,此后当事人不能再提出与此判断相冲突的主张,法院也不得作出与此判断相矛盾的判断。简言之,所谓既判力,就是确定判决在实体上对于当事人和

---

〔1〕 参见陈宗荣、林庆苗:《民事诉讼法》,台北,三民书局1996年版,第495页。

法院所具有的拘束力或通用性。[1] 既判力的作用主要体现在生效判决对后案的影响上，这种影响表现在以下两个方面：一方面，当事人提出任何与前诉法院的判断相反或相冲突的主张及证据等的诉讼行为都不能得到允许；另一方面，后诉法院必须尊重前诉法院的判断，只能以此作为不变的前提进行审理。[2]

一般认为，既判力的客观范围原则上只及于判决书的主文部分，理由部分除关于债务相抵的判断外并不具有既判力。既判力在形式上系于判决主文，在实质上随着对诉讼标的的判断而产生，即既判力的客观范围与诉讼标的的范围相一致。法官在主文中提示的判断意味着对构成诉讼中心问题的纠纷作出最终解决，因此，当然具有既判力。而判决理由则往往包括对案件的有关间接事实、非主要的事实等前提性或边缘形式所作出的判断。对于这类事实，双方当事人也许没有真正展开彻底的攻击或防御，或者为了把精力集中于案件的中心问题而简单地采取了默认等行动。基于此，既判力的作用范围原则上限于判决主文，判决理由部分的判断除法定外并不具有既判力的制度安排被认为是合理的。[3] 此外，既判力的主观范围是关于既判力的作用及于哪些人的问题。对此，大陆法系国家的认识是一致的，即既判力原则上只对双方当事人发生效力；在有诉讼利益承继关系的情况下，既判力扩张到双方当事人的诉讼利益的承继人。

因此，从既判力理论来看，并非所有预决的事实都具有预决效力。预决的事实可以分为两种：一是判决主文中的事实，即法院就当事人的诉讼请求或诉讼标的所确认的事项；二是判决理由部分的事项，即法院认定判决主文事项时的事实根据和法律理由。从某种意义上说，这两种事实都属于法院认定的预决事实。然而，只有判决书主文中的预决事实才能产生预决效力，而判决书理由部分的预决事实不具有预决效力。

此外，如果前诉和后诉的当事人不同，则预决事实对后诉没有预决效力。预决事实的效力来自前诉判决的既判力，而既判力的主观范围仅限于当事人及当事人的诉讼利益承继人。这种既判力主观范围的限制是程序正义的体现，如一法谚所言："每一个人都不会因为他人之间的诉讼而受到损害。"

（五）有效公证证明的事实

有效公证证明的事实是指已为有效公证文书所证明的事实。经过法定程序公证证明的法律事实和文书，人民法院应当作为认定事实的根据，但有相反证据足以推翻公证证明的除外。《公证法》第36条规定，经公证的民事法律行为、有法律意义的事实和文书，应当作为认定事实的根据，但有相反证据足以推翻该项公证的除外。根据这些规定，当事人主张的事实如果经过公证证明，便成为无须证明的事实。当

---

[1] 参见[日]兼子一：《民事诉讼法》，弘文堂1972年版，第159页。

[2] 参见王亚新：《对抗与判定——日本民事诉讼的基本结构》，清华大学出版社2002年版，第339页。

[3] 参见[日]高桥宏志：《民事诉讼法——制度与理论的深层分析》，林剑锋译，法律出版社2003年版，第506页。

然,公证证明的事实无须证明也不是绝对的,如果对方当事人有相反的证据足以推翻公证证明,则不能免除当事人的证明责任。

（六）诉讼上自认的事实

诉讼上自认的事实又称诉讼上的自认或裁判上的自认,简称自认,是指在民事诉讼中一方当事人对另一方当事人主张的案件事实予以承认。当事人所承认的事实就是诉讼上自认的事实。在诉讼上,一方当事人对对方当事人主张的事实承认后,将免去主张该事实的当事人对此事实的证明责任,法院将以该自认的事实作为裁判的根据。自认制度是现代各国民事诉讼中的一项重要制度,是处分原则的具体表现,目的在于通过自认制度,免去当事人对自认事实的证明和法院的调查认定,有利于降低诉讼成本、提高诉讼效率。

1. 诉讼上自认的条件

自认需要满足以下条件。

（1）自认必须在诉讼程序中作出。在诉讼过程中,一方当事人陈述的于己不利的事实,或者对于己不利的事实明确表示承认的,另一方当事人无须举证证明。可见,自认应当是当事人在诉讼过程中向法院所作的陈述。所谓“诉讼过程中”,包括开庭审理程序和审理前的准备程序。〔1〕《民事证据规定》第 3 条第 2 款对“诉讼过程中”作出了进一步规定,包括当事人在证据交换、询问、调查过程中,或者在起诉状、答辩状、代理词等书面材料中。

（2）自认的对象是案件事实。一般认为,自认的依据在于辩论原则,辩论原则要求对双方当事人都没有争议的事实,法院必须照此予以认定。〔2〕辩论原则的适用范围只及于案件事实。因此,在诉讼过程中,一方当事人陈述的于己不利的事实,或者对于己不利的事实明确表示承认的,另一方当事人无须举证证明,因而自认的对象是案件事实。

（3）自认适用的范围限于财产关系案件。一般认为,自认的适用范围是有限的,只适用于财产关系案件,涉及身份关系的案件不能适用自认制度。原因在于,自认的基础是处分权,而人的身份关系涉及社会公共利益的维护,社会公共利益往往通过法律强制性规定来维护,因此,处分权在身份关系案件中受到一定的限制。综上所述,有关身份关系的案件不能因对方当事人的承认而免除其对主张事实的证明责任。〔3〕

（4）自认的事实与对方当事人的事实主张相一致。自认的机能在于免除对方当事人对其事实主张的证明责任,因而自认的事实与对方当事人的事实主张必须完全一致,作为自认的事实不得剪切、分割对方当事人的事实主张,不得减损自认的机能。

---

〔1〕 参见江伟主编:《民事诉讼法》(第 6 版),中国人民大学出版社 2013 年版,第 198 页。

〔2〕 参见[日]谷口安平:《程序的正义与诉讼》,王亚新、刘荣军译,中国政法大学出版社 2002 年版,第 139 页。

〔3〕 参见张卫平:《民事诉讼法》,法律出版社 2004 年版,第 200 页。

(5)自认的事实是于己不利的事实。按照辩论原则的要求,当事人未主张的事实,法官将不予考虑。当事人为了确保自己的主张得到法院支持,必须提出有利于己的事实主张,这意味着事实主张存在利己的价值倾向。但是,自认的对象是对方当事人的事实主张,对方当事人提出的事实主张往往是对主张者有利,对自认人显然是不利的。因此,即使立法没有对这一要件作出规定,通说仍然认为应当将自认事实限定在"对己不利的陈述",一般表现为一方当事人承认对方当事人负有证明责任的事实。

2. 自认的分类

(1)完全的自认与附条件的自认。这是以当事人的自认是否附加限制性条件为标准进行的分类。完全的自认是指当事人一方对另一方所主张的事实全部予以自认,附条件的自认是指当事人一方承认对方所主张的事实时附加一定的限制条件。附条件的自认主要有两种情况:其一,当事人一方在承认对方所主张的事实时,附加独立的攻击或防御方法。例如,被告依原告的主张,自认有借款事实,但同时又主张业已清偿,其业已清偿的主张即附加的独立防御方法。其二,当事人一方对于对方所主张的事实,只对其中部分予以承认,对其他部分仍有分歧。例如,原告主张被告曾借款3000元,被告只承认曾借款1000元。对于附条件的自认,仅当事人双方的陈述完全一致的部分可成为诉讼上的自认。

(2)明示的自认与默示的自认。以当事人是否作出明确的意思表示为标准,可以将自认分为明示的自认和默示的自认。明示的自认是指当事人一方对另一方所主张的事实,以口头或书面的形式明确表示承认。默示的自认又称拟制的自认或准自认,是指当事人一方对另一方所主张的事实,既未明确表示承认,也未作否认的表示,而法律规定应视为自认的情况。根据《民事证据规定》第4条规定,一方当事人对于另一方当事人主张的于己不利的事实既不承认也不否认,经审判人员说明并询问后,其仍然不明确表示肯定或者否定的,视为对该事实的承认。

(3)本人的自认与代理人的自认。以作出自认的主体为标准,可以将自认分为本人的自认和代理人的自认。前者是指由当事人本人所作出的自认,后者是指由诉讼代理人所作出的自认。法定代理人自然有权代理当事人作出自认。《民事证据规定》第5条规定,当事人委托诉讼代理人参加诉讼的,除授权委托书明确排除的事项外,诉讼代理人的自认视为当事人的自认。当事人在场对诉讼代理人的自认明确否认的,不视为自认。

3. 自认的法律效力

(1)对当事人的效力。首先,诉讼上的自认具有免除证明责任的效力,即当事人承认对方主张的不利于己的事实时,对方因此而免除了对该主张所负的举证责任。其次,诉讼上的自认对作出自认的当事人具有拘束力。原则上,作出自认的一方当事人不能任意撤销自认。例外情形下,当事人有正当理由时,允许其撤回自认。对此,《民事证据规定》第9条规定,有下列情形之一,当事人在法庭辩论终结前撤销自认的,人民法院应当准许:①经对方当事人同意的;②自认是在受胁迫或者重大误解情况下作出的。人民法院准许当事人撤销自认的,应当作出口头或者书面裁定。

此外,诉讼上的自认还具有拘束法院的效力。经当事人自认的事实,法院应当予以认定,并将其作为裁判的基础而无须另行调查取证。即使当事人未加援引,法院亦应依职权加以适用,因为诉讼上的自认是一种证据法则,而证据法则属于法院应当予以认知的范围。另外,诉讼上的自认不仅对一审法院具有拘束力,而且对第二审法院和再审法院具有拘束力。

(2)自认效力的限制。诉讼上的自认具有拘束当事人和法院的效力,但这种拘束力并非绝对。大陆法系国家的立法例与诉讼理论一般认为,在下列几种情形下,不能发生自认的效力:①自认只适用于对有关财产关系的事实陈述的承认,对涉及身份关系的事实的承认不构成自认。人的身份关系一般涉及公共利益的维护,属于法律强制性规定的范畴,不能适用自认规则予以处分。②法院应依职权调查的事项,不适用自认的规定。例如,就诉讼成立要件的事项、当事人适格的事项等自认的,均不发生自认的效力,法院仍应依职权进行调查,不受当事人自认的约束。③共同诉讼人中一人所为的自认,显然属于不利于共同诉讼人的行为时,亦不产生自认的效力。同理,群体诉讼或集团诉讼中,诉讼代表人所为的自认也不能产生自认的效力。但上述所为的自认,如果事先得到特别授权或者事后得到追认,则应该具有自认的效力。④自认的事实如果与显著的事实或其他为法院司法认知的事实相反,或根本为不可能的事实,或自认的事实依现有的诉讼材料明显与真实情形不相符的,应认定其为无效,因为法院的裁判不应以明显虚构的事实为基础。

第二节 证明责任

一、证明责任概述

(一)证明责任的概念

对于证明责任的概念,理论上有三种界定,即行为责任说、双重责任说和败诉风险负担说。

行为责任说认为,证明责任是指在诉讼中,当事人对于自己主张的事实负有提供证据以证明其真实性的责任。这种观点是从当事人提供证据的角度来界定证明责任,所以被称为行为责任说。

双重责任说认为,证明责任具有主观证明责任和客观证明责任双重含义。主观证明责任,德国学者称之为"举证责任",英美法对应的称谓是证明义务,是指主张对己有利事实的当事人应当提供证据加以证明,这既是权利,又是义务。这一概念在我国证据法中被称为"行为意义上的证明责任"。客观证明责任,是指穷尽诉讼上的证明手段后案件事实仍然处于真伪不明状态时,一方当事人所应承担的败诉风险。英美法系对应的称谓是说服责任,我国证据法理论称之为"结果意义上的证明责任"。

败诉风险负担说认为,证明责任是指案件事实真伪不明时,当事人一方所要承担的败诉风险。败诉风险负担说将证明责任与事实真伪不明的现象联系起来,并将证明责任的性质明确为一种风险负担,揭示了证明责任制度的本质和目的,为法院在案件事实真伪不明时应如何处理提供了裁判规范。实际上,败诉风险负担说与双重责任说在结果意义上并无区别。败诉风险负担说认为,证明责任与提供证据的责任是两个不同的概念,应当加以区别,行为意义上的证明责任不应包含在"证明责任"的概念之内。

我们认为,民事诉讼中的证明责任又称举证责任,是指作为裁判基础的当事人所主张的事实处于真伪不明状态时,一方当事人因此而需要承担的诉讼上的不利后果。法院审理民事争议案件,首先应当确定作为裁判基础的案件事实是否存在,然后才能适用法律作出裁判。但是,在有些情况下,尽管穷尽了诉讼上的证明手段,还是无法查清案件事实,就会发生法院在此时应当如何裁判的问题。而法官不得拒绝裁判的原则要求法院即使无法查清案件事实,也应当作出裁判。因此,当作为裁判基础的案件事实处于真伪不明时,法院必然要裁判一方承担由此带来的不利后果,这就是证明责任。

(二)证明责任的特征

证明责任的含义揭示了证明责任制度的本质,具体而言,证明责任具有以下几个特征:第一,在民事诉讼中,证明责任的主体是当事人。从行为意义上看,法院有时要依职权调查、收集证据,并且运用自己收集的证据证明案件事实,但是,在待证事实真伪不明时,只能由当事人承担证明责任,不存在法院承担证明责任的问题。第二,对于同一待证事实,证明责任应该由哪一方当事人承担是由法律预先确定的,并且只能由一方当事人承担,在诉讼中不存在证明责任在当事人之间转移或同时由双方当事人承担的问题。这是证明责任的本质和目的决定的,否则,法院就无法根据证明责任进行裁判。第三,作为裁判基础的案件事实处于真伪不明的状态是证明责任发生的前提。若案件事实已经查清,法院只要以查清的案件事实为基础作出裁判,就不会发生由当事人承担证明责任的后果。第四,证明责任是一种潜在不利后果或败诉风险。负有证明责任的当事人不能证明自己主张的案件事实存在时,证明责任制度就拟制该事实不存在,并依此让负有证明责任的当事人承担因无法证明案件事实而应承担的不利后果。但是,当事人不能证明并不等于该事实在客观上真的不存在。因此,证明责任是穷尽了诉讼上的证明方法之后仍然无法查清事实时才可以适用的规则。

(三)证明责任制度的意义

证明责任制度有两方面的重要意义:一是有利于法院及时裁判。法院应以审查核实的证据作为认定案件事实的基础,并据以作出适当的判决,但有些案件的事实无论怎么审理都无法确定其是否存在。如果不能作出判决,就无法解决当事人之间的纠纷。当产生特定法律效果所必要的待证事实存在与否无法认定时,只能假定该事实存在或不存在,并以此为基础作出产生或不产生相应法律效果的裁判,这只能由客观的证明责任制度加以解决。二是有利于调动诉讼当事人的举证积极性，便于法院查明案件事实。由于证明责任制度把举证责任与诉讼结果紧密联系在一起，当一方当事人的诉讼主张未能被有效、充分的证据证实时，在诉讼结果上就会处于不利地位，承担败诉的风险。这样，双方当事人为了使自己胜诉，就会积极地调查、收集并主动提供证据，显然，这对法院查明案件事实是大有裨益的。

二、证明责任的分配

（一）证明责任分配的概念

证明责任的分配又称证明责任的分担，在我国也常被称为举证责任的分配。在我国相关司法解释以及有些论著中使用了“举证责任”和“举证责任的分配”等术语，其含义与“证明责任”和“证明责任的分配”大致相同。证明责任的分配是证明责任制度的核心，是指法院在诉讼中按照一定的规范或标准，将事实真伪不明时所要承担的不利后果在双方当事人之间进行分配。[1] 也就是说，当作为裁判基础的案件事实真伪不明时，必然有一方要承担由此带来的不利后果，那么，这一不利后果应该由哪一方当事人承担？这就是证明责任分配原则要解决的问题。

（二）关于证明责任分配的学说

证明责任如何分配是个古老的法律问题，古罗马的法学家们曾提出两条原则：一是原告有举证的义务。根据这一原则，被告不负证明责任，只有原告对他的主张负证明责任。原告不尽举证义务时，应作出被告胜诉的裁判；原告已尽举证义务时，被告须提出反证，推翻原告的举证。被告提出抗辩时，就该抗辩往往有举证的必要。二是主张的人有证明的义务，否定的人没有证明的义务。也就是说，主张积极事实的人有证明义务，主张消极事实的人不承担证明义务。罗马法学家曾提出，各当事人应就各自所陈述的原因事实举证证明，原告就其起诉以及再抗辩的原因事实应举证证明，被告就其抗辩及再抗辩的事实应举证证明。

近现代各国学者在阐发了罗马法学家观点的基础上，提出了许多证明责任学说，这些学说大体上可以分为三种类型：待证事实分类说、法律要件分类说和新学说。

1. 待证事实分类说

以待证事实的不同性质为标准对待证事实进行分类归纳，形成待证事实分类说。其代表性的学说有两种，即消极事实说和外界事实说。（1）消极事实说。消极事实说将待证事实分为消极事实和积极事实，并在此基础上认为，主张消极事实的人，就该事实不负证明责任；主张积极事实的人，应就其主张的事实承担证明责任。（2）外界事实说。外界事实说依据事实能否通过人的五官从外部加以观察，将待证事实区分为外界事实和内界事实。前者如被继承人的死亡、合同的订立与履行等，后者如侵权行为人的故意与过失等。在此分类的基础上，该说认为外界事实易于证

---

[1] 参见胡学军：《四十不惑：我国证明责任理论与规范的协同演进史综述》，载《河北法学》2022 年第 4 期。

明，所以主张的人应负证明责任；而主张内界事实的人无法从外部直接感知，极难证明，所以主张的人不负证明责任。

2. 法律要件分类说

法律要件分类说认为，法院在判断当事人争议的法律关系是否存在时，必须首先确定与该法律关系有关的各种法律事实，因为在成文法比较完备后，它常常确定了由双方当事人各自根据这些要件事实承担证明责任的范围。法律要件分类说着重考虑待证事实作为法律构成要件在诉讼证明中的地位，依据实体法规定的要件事实的不同性质来确定证明责任分配的规则。它与待证事实分类说的根本区别在于，它不是以事实本身的内容与性质作为分担证明责任的标准，而是着眼于事实与实体法的关系，根据不同类型的事实在实体法上引起的不同效果来确定证明责任的分配。其代表性的学说有三种，即特别要件说、规范说和全备说。(1)特别要件说。特别要件说由德国学者韦伯首创。该学说认为，应依实体法上的规定，将发生法律上的效果所必要的法律要件事实分为特别要件事实及一般要件事实，并以此作为分担证明责任的标准。该学说认为，凡主张权利或其他法律上的效果存在者，应就其发生的特别要件事实负证明责任；而一般要件的欠缺则由对方负证明责任。凡主张已发生的权利或其他法律上的效果变更或消灭者，应就其变更或消灭的特别要件事实负证明责任；而一般要件欠缺则由对方负证明责任。(2)规范说。在韦伯提出的特别要件说的基础上，罗森贝克等学者提出、发展和完善了规范说，并逐渐成为在德国、日本等许多大陆法系国家民事诉讼理论界影响最大、长期居支配地位的通说。该学说认为，民法的法律规范本身已具有证明责任分配的规则，因为立法者在立法时已将证明责任分配问题在各法条中进行了考虑与安排，只需将全部民法的法条进行分析，就不难发现证明责任分配的一般原则。按罗森贝克的解释，实体法的无数法律规范可分为对立的两大类：一类是能够产生某种权利的规范，被称为基本规范或请求权规范、主要规范、通常规范；另一类是与产生权利规范相对应的、妨碍权利产生或使已经产生的权利归于消灭的规范，被称为对立规范。对立规范又可再细分为三种，一是权利妨碍规范，即对权利产生的效果进行妨碍，使权利不能发生的规范；二是权利消灭规范，即能使已经存在的权利归于消灭的法律规范；三是权利限制规范，即能对权利的效果加以遏制和排除，使权利不能实现的法律规范。在此基础上，规范说确定了证明责任分配原则，即主张权利存在的一方当事人，因为要求适用关于权利产生的规范，所以，应就权利产生的法律要件事实承担证明责任。相应地，否认权利存在的一方当事人，应就权利妨碍的法律要件事实、权利消灭的法律要件事实或权利限制的法律要件事实负证明责任。[1] (3)全备说。全备说由德国学者

---

[1] 参见常怡主编：《比较民事诉讼法》，中国政法大学出版社 2002 年版，第 416 页；张卫平：《民事诉讼：关键词展开》，中国人民大学出版社 2005 年版，第 237～238 页；陈刚：《证明责任法研究》，中国人民大学出版社 2000 年版，第 187～188 页。

莱昂哈德所创立。他认为,实体法中隐藏着证明责任分配的原则,并在对法律规范进行分类的基础上提出了证明责任分配原则。他认为,引起权利发生的一切法律要件事实都是产生权利所必需的,人为地将它们区分为一般要件事实与特别要件事实是错误的,因而也不能以此作为证明责任分配的标准。莱昂哈德将法律规范区分为两大类,权利发生规范和权利消灭规范。罗森贝克的权利规范被归入权利发生规范,权利受制规范则被归入权利消灭规范。莱昂哈德认为,证明责任的分配原则是,主张法律效果成立的当事人就发生该法律效果所必需的法律要件的一切有关事实应当负主张和举证的责任。因莱昂哈德将一般要件事实和特别要件事实都作为权利发生的要件事实,所以,他的学说被称为“全备说”。

3. 关于证明责任分配的新学说

随着社会的发展,原来的学说似乎不能解决新出现的问题。为此,有些学者对证明责任分配学说进行了修正。例如,就损害赔偿诉讼来说,德国理论和实务界出现了以下三种学说:(1)危险领域说。危险领域是指当事人在法律上或事实上能支配的生活领域范围。该学说以待证事实属于哪一方当事人控制的危险领域为标准,决定证明责任的分担。当损害产生的原因发生于加害人所控制的危险领域内时,被害人对加害人的故意过失不负证明责任。加害人要想免责,就必须对免责事由负证明责任。危险领域说影响的举证责任分配的适用事项包括特定类型的契约,如保管型的运输契约、雇佣契约、承揽契约等。除契约关系外,特殊侵权行为责任主观要件的归责事由和客观要件的因果关系都可以危险领域为其举证责任分配标准。(2)盖然性说。盖然性说主张依据待证事实发生的盖然性高低,以统计上的原则及例外情况为基础,适当地分配证明责任。根据生活经验和统计结果,对发生的盖然性高的事实,主张该事实的当事人不负证明责任,对方当事人应对没有发生该事实负证明责任。因为在事实不明而当事人又无法举证的情况下,法院认定发生盖然性高的事实远比认定发生盖然性低的事实更能接近事实而避免误判。在证明责任分配的设计上,如果一方当事人主张发生盖然性较低的事实,那么就由他承担证明责任。(3)损害归属说。该学说是德国学者瓦伦·多尔夫于1970年提出的。他主张以实体法确定的责任归属或损害归属原则为分担证明责任的标准,即通过对实体法条文进行对比、分析,寻找实体法关于某一问题的损害归责原则,然后由依实体法应承担责任的一方负证明责任。证明责任的归属应当与实体法上的损害归属相一致,否则,实体法的立法宗旨就无法实现。他还认为,证明责任应依据公平正义这一最高的法律原则进行分配。

无论是哪一种新学说,都涉及对举证责任分配的价值考量,举证责任分配系以公平正义为最基本的价值准则。法律要件分类说与近代民法的公平正义观念相适应,充满着法律形式主义的理想;而20世纪60年代以来的举证责任分配新学说却是为克服法律要件分类说的形式主义而提出来的,带有现代民法追求实质公正的价值取向。新学说关于举证责任分配的标准是实质性的,它们既希望为立法者提供实体性的价值指引,从而达成实体一般公正,也希望能成为司法者处理案件时所考虑的因素,从而促进个案公正。虽然德国和日本的学者关于证明责任分配的新学说对法律要件分类说提出了挑战,但法律要件分类说所确定的证明责任分配的规则明确而具体,契合了成文法的思维观念;至今,法律要件分类说在德国和日本等大陆法系国家的民事司法实践中仍然起着无可替代的作用。

(三)我国法律中的证明责任

《民事诉讼法》第67条第1款规定,当事人对自己提出的主张,有责任提供证据。对此,《民事诉讼法解释》第90条第2款进一步明确规定,在作出判决前,当事人未能提供证据或者证据不足以证明其事实主张的,由负有举证证明责任的当事人承担不利的后果。

证明责任主要由实体法进行分配,隐含在实体法中,适用法律的过程就隐含着证明责任分配的过程。对此,《民事诉讼法解释》第91条进一步明确规定(1)主张法律关系存在的当事人,应当对产生该法律关系的基本事实承担举证证明责任;(2)主张法律关系变更、消灭或者权利受到妨害的当事人,应当对该法律关系变更、消灭或者权利受到妨害的基本事实承担举证证明责任。从该条规定可以看出,我国证明责任分配规则受到了法律要件规范分类说的深刻影响。

民事诉讼中的证明责任是个复杂的问题,新型案件也在不断涌现,有时仅根据实体法和司法解释还不能完全解决证明责任的分配问题,不免需要法官在证明责任的分配上行使必要的自由裁量权。因此,人民法院在法律没有具体规定时,可以根据公平原则和诚实信用原则,综合当事人举证能力等因素确定证明责任的承担。

第三节 证明标准

一、证明标准概述

证明标准又称证明要求[1],是指在民事诉讼中证明待证事实存在或不存在要达到的证明程度。诉讼中,如果待证事实没有达到证明标准,就意味着法官对待证事实的存在与否不能形成确信,不能认定事实,说明该待证事实还处于真伪不明的状态;已达到证明标准的,意味着法官已对事实的存在与否形成了确信,可以认定事实,这时,法官就应当以认定的事实作为裁判的依据。

---

〔1〕 通说认为,证明标准就是证明要求。参见陈一云主编:《证据学》(第2版),中国人民大学出版社2000年版,第115页;樊崇义主编:《证据法学》,法律出版社2001年版,第215页;刘金友主编:《证据法学》,中国政法大学出版社2001年版,第312页。当然,也有学者认为,证明标准与证明要求不同,证明要求是法律要求证明案件事实所要达到的程度,而证明标准是衡量是否符合法律规定的证明要求的具体尺度。参见李国光主编:《最高人民法院〈关于民事诉讼证据的若干规定〉的理解与适用》,中国法制出版社2002年版,第414页;樊崇义主编:《刑事诉讼法学》,中国政法大学出版社1996年版,第233页。

证明标准与证明责任存在密切的关系。根据证明责任的分配规则，一旦确定了对待证事实承担证明责任的当事人，紧接着就要确定该当事人对待证事实证明到什么程度才算待证事实已真相大白，才不至于因待证事实处于真伪不明状态而承担不利的后果。证明标准的意义在于证明只要达到了要求的程度，负有证明责任的当事人就卸除了证明责任。因此，证明标准越高，当事人所负的证明责任就越重；证明标准越低，当事人就越容易完成证明责任。

在自由心证制度下，法官一般依据案件证据确信待证事实存在或者不存在，就可以认定案件事实，不存在一个精确的可以计算的标准。但是，如果其确信不能达到百分之百，在不能获得更多的证据来证明待证事实时，能否认定该待证事实成立并据此作出判决？这就是证明标准要回答的问题。因此，对于认定案件事实的法官而言，只有正确把握认定案件事实所需要具备的证据程度，才有可能衡量待证事实是否得到了证明，才能及时地进行裁判。

综上所述，证明标准对于民事诉讼证明活动而言具有重要意义。在民事诉讼中，程序如何进行以及许多程序的采取，尤其是裁判的作出，都涉及证明标准问题。因此，证明标准对于诉讼的提起和进行具有重要影响，它是当事人提供证据的“调节阀”，也是法官判断具体事实能否认定的行为准则。[1]

二、关于证明标准的学说

法官对待证事实的认定在于形成内心确信，无法精确地衡量。不过，对证据作出判断时，如果存在一个证明程度上的量化标准，可以在一定程度上避免法官出现主观臆断。因此，经过不断的努力，民事诉讼理论关于证明标准的认识达成了一定的共识。目前，关于民事诉讼中的证明标准，主要有以下几种理论。

（一）客观真实说

长期以来，我国学者认为民事诉讼与刑事诉讼的证明标准一样，都实行“事实清楚，证据确实、充分”的证明标准，[2]并在此基础上将我国民事诉讼的证明标准界定为“客观真实”，即认为民事诉讼中查明案件事实要达到“客观真实”的状态，法院才能认定案件事实。严格来说，这是从法院认定案件事实的角度来思考法院可以作出裁判的标准，而不是从当事人证明的角度来确定证明标准的。但是，法院作出裁判的事实一般情况下是由当事人提供和证明的，因此，也可以将其视为证明的标准。当事人的证明只有达到法院的要求，法院才能作出裁判。具体来说，该标准要求法院在认定事实、作出裁判时做到：（1）据以定案的证据均已查证属实；（2）案件事实均有必要的证据加以证明；（3）证据之间、证据与案件事实之间的矛盾得到合理排

---

〔1〕参见江伟主编：《民事诉讼法》（第6版），中国人民大学出版社2013年版，第212页。

〔2〕关于客观真实说的主要观点及不足，可参见李浩：《民事证明责任研究》，法律出版社2003年版；王圣扬：《论诉讼证明标准的二元制》，载《中国法学》1999年第3期；刘学在：《略论民事诉讼中的证明标准》，载《云南民族大学学报（哲学社会科学版）》2003年第6期。

除;(4)得出的结论是唯一的,排除了其他可能性。[1] 实际上,这是可以适用于民事诉讼、刑事诉讼以及行政诉讼的一个统一的证明标准。

不过,随着民事司法改革的逐步开展和深入,客观真实说受到了越来越多的批判。客观真实说将人的主观能动性绝对化,将客观真理绝对化,认为人的主观可以绝对地达到客观。然而,由于案件事实的证明要受到时间不可逆性、客观环境变化、证明条件、诉讼成本等多方面的限制,诉讼证明具有相对性。而客观真实说恰恰忽略了案件事实具有相对性的一面,从而将民事诉讼的证明标准定得太高。实际上,客观真实说与法律的许多规定本身也是不相符的。例如,在实体法中规定了许多法律上的推定和拟制,这种规定本身就没有强调和要求绝对的真实。总之,通过这一阶段的讨论,学术界已经逐步达成了共识。这些共识大致可以归纳为以下三点:其一,摒弃客观真实说;其二,采纳法律真实说;其三,区别对待刑事诉讼和民事诉讼,对后者采用较低的证明标准。[2] 因此,在民事诉讼领域,还坚持采用客观真实说作为证明标准的人已经越来越少。[3]

(二)盖然性说

盖然性是大陆法系国家和英美法系国家民事诉讼中普遍采用的证明标准。[4] 英美法系国家以"盖然性占优势"为标准,而大陆法系国家一般要求民事诉讼的证明达到"高度盖然性"的标准。盖然性说的基本逻辑依据在于,当事实真伪不明而当事人又无法举证时,法院认定盖然性明显高的事实发生比认定盖然性低的事实发生更能接近客观事实,从而避免误判和错判。因此,如果证明待证事实发生的盖然性明显较高,主张该事实发生的当事人不用承担证明责任,而相对人需要对该事实不发生进行证明。

英美法系国家证据法中的"盖然性占优势"标准是适用于民事案件的最低限度的证明要求,也称或然性权衡,是指负有证明责任的当事人对待证事实的证明需要达到使法官确信其存在比不存在更为可能的程度。也就是说,当某一待证事实存在或不存在的证据力量和证明力比反对该事实的证据力量和证明力更有说服力或更可靠时,法官就可以形成内心确信,那么,该事实也就得到了证明。正如英国学者彼德·莫菲所言:"在民事案件中,证明标准无非是要求'或然性权衡'和'盖然性占优势'的标准,也就是说,足以表明案件中负有法定证明责任的当事人就其主张的事实

---

[1] 参见王圣扬:《论诉讼证明标准的二元制》,载《中国法学》1999 年第 3 期。

[2] 参见李浩:《民事证明责任研究》,法律出版社 2003 年版;韩象乾:《民、刑事诉讼证明标准比较论》,载《政法论坛》1996 年第 2 期;何家弘:《论司法证明的目的和标准——兼论司法证明的基本概念和范畴》,载《法学研究》2001 年第 6 期;毕玉谦:《证明标准研究》,载陈光中、江伟主编:《诉讼法论丛》(第 3 卷),法律出版社 1999 年版,第 463 页以下。

[3] 当然,还有一些学者为客观真实说辩护,参见刘金友:《客观真实与内心确信——谈我国诉讼证明的标准》,载《政法论坛》2001 年第 6 期。

[4] 参见谭兵主编:《民事诉讼法学》,法律出版社 2004 年版,第 268 页。

的真实性大于不真实性。"[1]

大陆法系国家一般采用"高度盖然性"的证明标准,是指证明虽然没有达到使法官对待证事实确信为绝对真实的程度,但已经相信存在极大可能或非常可能真实的程度。大陆法系的证明标准与法官的自由心证联系密切,即法官通过对证据的审查和判断形成"心证",当这种"心证"达至深信不疑的程度,便形成确信。大陆法系国家在诉讼证明上主张"高度盖然性",不以当事人的激烈对抗为前提;当事人在庭审前准备证据以及庭审质证活动中,法官有较大的职权来控制诉讼程序的进行;庭审活动中,法官依职权进行证据调查活动,根据调查结果形成内心确信。对高度盖然性标准的"高度"该是多少及盖然性占优势标准的最低限的确定是个比较复杂的问题。大陆法系一般用德国学者埃克罗夫和马森创立的刻度盘理论来表述。刻度盘的两端分别为 0 和 100%,两端之间分为四级:第一级为 1% ~24%,第二级为 26% ~49%,第三级为 51% ~74%,第四级为 75% ~99%。其中,0 为绝对不可能,50% 为可能和不可能同等程度存在,100% 为绝对肯定;第一级为非常不可能,第二级为不太可能,第三级为大致可能,第四级为非常可能。他们认为,民事诉讼中的证明标准应定在第四级,即在穷尽了可获得的所有证据后,如果达到或超过 75% 的证明程度,应认为待证事实的存在已获得证明;如果达不到 75% 的证明程度,法官应认定待证事实不存在。[2]

目前,我国很多学者主张借鉴大陆法系国家的做法,确立以高度盖然性为尺度的证明标准。[3] 这种观点认为,高度盖然性标准是人类长期的社会实践在司法审判中的一种必然产物,它将人类生活经验及统计上的概率等方法适用于法官在诉讼中判断待证事实的证明程度。达到这一标准,法官可以确认待证事实的存在;达不到这一标准,法官可以拒绝承认待证事实的存在。从我国目前的立法情况看,采用这一标准还需要制定很多证据制度和证据规则来保障和规制,但这一标准的确立为法官判断案件是否得到证明提供了较具操作性的标准,更符合诉讼效益原则,因为,第一,高度盖然性这一标准只是民事诉讼中最低要求的事实证明标准,亦即日本学者苍天卓次所说的法官在事实认定中"形成必要心证的最下限",它并不是鼓励法官在任何案件中都适用该标准,而只是在各种证明手段用尽时才适用的标准,是法官在任何情况下都不能拒绝裁判的民事诉讼基本法理的体现;第二,高度盖然性标准的实施必须有严密的证据制度和规则的保障和规制,法官对案件事实的判断并非完全"自由心证",而是必须在遵守包括法律规定的证据制度和证据规则在内的各种程

[1] 转引自毕玉谦:《民事证据法判例实务研究》,法律出版社 1999 年版,第 414 页。

[2] 参见[德]汉斯·普维庭:《现代证明责任问题》,吴越译,法律出版社 2000 年版,第 108 ~109 页。

[3] 参见齐树洁主编:《民事程序法》(第 7 版),厦门大学出版社 2008 年版,第 118 页。

序规则的前提下才可“自由”。〔1〕

（三）法律真实说

法律真实说认为，审判人员运用证据认定的案件事实达到了法律所规定的视为真实的标准，在诉讼证明的过程中，法官运用证据、逻辑推理和经验法则，对案件事实的认定即符合法律真实的要求，达到从法律的角度认为是真实的程度。〔2〕 该说认为，根据《民事证据规定》的规定，人民法院应当以证据能够证明的案件事实为依据依法作出裁判，实际上采用的就是“法律真实”标准，因为该规定明确了案件所能运用的所有证据所证明的案件事实是什么，裁判就怎么认定。在没有证据的情况下，根据举证责任裁判。这一规定明确了“法律真实”的证明要求。〔3〕

三、我国民事诉讼中的证明标准

民事诉讼法没有明确规定证明标准，人民法院应当以证据能够证明的案件事实为根据依法作出裁判。审判人员应当依照法定程序，全面、客观地审核证据，依据法律的规定，遵循法官职业道德，运用逻辑推理和日常生活经验，对证据有无证明力和证明力大小独立进行判断，并公开判断的理由和结果。〔4〕

司法实务界普遍认为，在证据对待证事实的证明无法达到确实、充分的情况下，如果一方当事人提出的证据已经证明该事实的发生具有高度盖然性，人民法院即可对该事实予以确认。〔5〕 当然，我们在理解这一证明标准时，应该注意以下几点：首先，“高度盖然性”证明标准是最低限度的证明要求，是对法官内心确信的最低限度的要求，但法官不能以此为借口，放弃对其他证据的认真审查和判断，从而达到更强的内心确信，尽可能地接近客观真实。〔6〕 其次，适用“高度盖然性”的证明标准认定案件事实时，法官应该在宣判时或在判决书中公开其形成内心确信的理由及结果，特别是应当充分阐述和说明采纳证明及认定事实的理由。此外，还有学者认为，“高度盖然性”的证明标准是适用于普通案件的证明标准，为了维护人类的基本伦理价

---

〔1〕 参见毕玉谦：《民事证据法及其程序功能》，法律出版社1997年版，第127～128页；李浩：《民事证明责任研究》，法律出版社2003年版，第234页；王圣扬：《论诉讼证明标准的二元制》，载《中国法学》1999年第3期；刘学在：《略论民事诉讼中的证明标准》，载《云南民族大学学报（哲学社会科学版）》2003年第6期；李国光：《最高人民法院〈关于民事诉讼证据的若干规定〉的理解与适用》，中国法制出版社2002年版，第462页。

〔2〕 参见李浩：《差别证明要求与优势证据证明要求》，载《法学研究》1995年第5期；谭兵主编：《民事诉讼法学》，法律出版社2004年版，第268页以下。

〔3〕 参见谭兵主编：《民事诉讼法学》，法律出版社2004年版，第269页。

〔4〕 参见邵明、李海尧：《我国民事诉讼多元化证明标准的适用》，载《法律适用》2021年第11期。

〔5〕 参见李国光：《最高人民法院〈关于民事诉讼证据的若干规定〉的理解与适用》，中国法制出版社2002年版，第466页。

〔6〕 参见李国光：《最高人民法院〈关于民事诉讼证据的若干规定〉的理解与适用》，中国法制出版社2002年版，第467页。

值和公共利益,对涉及人的身份等案件,应该适用更高的证明标准。[1]

长期以来,在我国的理论与实践中,对民事诉讼和刑事诉讼的证明要求采用统一的标准。不过,随着理论研究的深入和诉讼实践的发展,人们逐步认识到了民事诉讼与刑事诉讼之间的差异性,并认为民事诉讼的证明要求与刑事诉讼的证明要求是不一样的。民事诉讼的证明标准是“高度盖然性”或者“盖然性占优势”,而刑事诉讼的证明标准一般要求为证明须尽可能地达到一种客观真实的程度或者能够排除一切合理怀疑。因此,两者的要求有所不同,刑事诉讼的证明标准明显高于民事诉讼的证明标准。其原因主要有:(1)民事诉讼涉及的一般是民事财产权和人身权争议,而刑事诉讼则涉及人身自由甚至剥夺人的生命,所以,一般认为,刑事诉讼的证明标准要高于民事诉讼,这是由两种诉讼不同的性质决定的。(2)在民事诉讼中,证据一般由当事人自己收集;而在刑事诉讼中,证据由侦查机关收集。如果民事诉讼也要求很高的证明标准,会使民事权利很难得以维护和实现。(3)在民事诉讼中,实行处分原则;而刑事诉讼体现的是公权力对刑事犯罪的追究,不容协商与放弃。所以,在民事诉讼中,可以采用盖然性的证明标准,而刑事诉讼则要达到客观真实或排除一切合理性怀疑,否则不能认定有罪。

第四节 证明过程

一、证据的提供

向人民法院提供证据是当事人享有的重要的诉讼权利;同时,对当事人来说,提供证据也是其诉讼上的负担。当事人在民事诉讼中享有证明权,提供证据的权利就是证明权的重要组成部分。[2] 当事人可以将自己占有或控制的证据以及通过合法方式收集到的所有证据向人民法院提交,用以证明自己的诉讼主张和诉讼请求。人民法院收到当事人提交的证据材料,应当出具收据,写明证据名称、页数、份数、原件或者复印件以及收到时间等,并由经办人员签名或者盖章。对于属于法律规定可以申请人民法院调查和收集的证据,当事人可以向人民法院申请调查和收集,人民法院应当依照法律规定进行调查和收集。对于这种情况,当事人应当向人民法院提供证据来源和线索,以便于人民法院进行证据的调查和收集。当事人提供证据应当遵守举证时限规则,人民法院也可以根据案件的情况,组织当事人进行证据交换,以明确争议的焦点。

(一)举证时限

1. 举证时限的概念与意义

举证时限,是指法律规定或法院指定当事人提供证据的期限,当事人若无正当理

〔1〕 参见江伟主编:《民事诉讼法》(第6版),中国人民大学出版社2013年版,第214页。

〔2〕 参见谭兵、李浩主编:《民事诉讼法学》(第2版),法律出版社2013年版,第217页。

由逾期举证,将产生证据失权或其他不利后果。《民事诉讼法》对举证时限进行了明确规定,当事人对自己提出的主张应当及时提供证据。人民法院根据当事人的主张和案件审理情况,确定当事人应当提供的证据及其期限。当事人在该期限内提供证据确有困难的,可以向人民法院申请延长期限,人民法院根据当事人的申请适当延长。

举证时限的基础是诚信原则。根据该原则,当事人应当诚信地实施诉讼行为,不能以不正当的目的损害诉讼的公正性或拖延诉讼。因此,当事人没有正当理由,故意迟延提交证据,就是违反诚信的行为,应当承担不利的后果。举证时限制度主要具有以下几个方面的意义:(1)有利于防止"证据偷袭",使双方当事人都能够及时做好开庭审理准备工作,以便在开庭审理中能充分进行攻击和防御,实现程序公正;(2)有利于促使当事人积极举证,提高诉讼效率,防止诉讼拖延;(3)有利于法官对案件的争议点进行整理,确定法庭调查的重点,并适当引导当事人围绕争议点展开质证和辩论。

2. 举证时限的确定

举证期限可以由当事人协商,并经人民法院准许。人民法院指定举证期限的,适用第一审普通程序审理的案件不得少于 15 日,当事人提供新的证据的第二审案件不得少于 10 日。适用简易程序审理的案件不得超过 15 日,小额诉讼案件的举证期限一般不得超过 7 日。举证期限届满后,当事人提供反驳证据或者对已经提供的证据的来源、形式等方面的瑕疵进行补正的,人民法院可以酌情再次确定举证期限,该期限不受前述的期间限制。

存在下列情形的,举证期限按照如下方式确定:(1)当事人按规定提出管辖权异议的,举证期限中止,自驳回管辖权异议的裁定生效之日起恢复计算;(2)追加当事人、有独立请求权的第三人参加诉讼或者无独立请求权的第三人经人民法院通知参加诉讼的,人民法院应当为新参加诉讼的当事人确定举证期限,该举证期限适用于其他当事人;(3)发回重审的案件,第一审人民法院可以结合案件具体情况和发回重审的原因,酌情确定举证期限;(4)当事人增加、变更诉讼请求或者提出反诉的,人民法院应当根据案件具体情况重新确定举证期限;(5)公告送达的,举证期限自公告期届满之次日起计算。

3. 举证时限的延长

当事人在该期限内提供证据确有困难的,可以向人民法院申请延长期限,人民法院根据当事人的申请适当延长。当事人申请延长举证期限的,应当在举证期限届满前向人民法院提出书面申请。申请理由成立的,人民法院应当准许,适当延长举证期限,并通知其他当事人。延长的举证期限适用于其他当事人。申请理由不成立的,人民法院不予准许,并通知申请人。

4. 逾期举证的法律后果

举证时限制度的最终目的就是要求当事人在举证时限内向法院提交证据,不在举证时限内提交证据就要承担不利的后果,否则,举证时限制度就会形同虚设。根据《民事诉讼法》，当事人逾期提供证据的，人民法院应当责令其说明理由；拒不说明理由或者理由不成立的，人民法院根据不同情形可以不予采纳该证据，或者采纳该证据但予以训诫、罚款。结合司法解释，逾期举证的后果分为以下几种情况。(1)责令说明理由。当事人逾期提供证据的，人民法院应当责令其说明理由，必要时可以要求其提供相应的证据。当事人因客观原因逾期提供证据，或者对方当事人对逾期提供证据未提出异议的，视为未逾期。当事人说明理由成立的，人民法院仍然可以采纳该证据。例如，当事人由于以下原因而逾期提交证据的：①在举证期满后才产生或形成的证据；②证据在举证期限届满前已经形成，但当事人因客观原因未能知悉的；③证据在举证期限届满前已经形成且当事人已经知悉证据存在，但因客观原因无法获取的。(2)不予采纳或采纳并予以训诫、罚款。当事人因故意或者重大过失逾期提供的证据，人民法院不予采纳。但该证据与案件基本事实有关的，人民法院应当采纳，并依照《民事诉讼法》的规定予以训诫、罚款。(3)采纳并予以训诫。当事人非因故意或者重大过失逾期提供的证据，人民法院应当采纳，并对当事人予以训诫。(4)承担增加的费用。当事人逾期提交证据，无论其是否存在故意或重大过失，另一方当事人要求赔偿因逾期提供证据致使其增加的交通、住宿、就餐、误工、证人出庭作证等必要费用的，人民法院可予支持。

(二)证据交换

1. 证据交换的概念与意义

证据交换是指在举证时限内，当事人在人民法院的主持下相互向对方展示其持有的证据的活动和程序。对于比较复杂的民事案件，为了提高开庭审理的效率，应当在开庭审理前的准备程序阶段让当事人相互出示证据，以便使当事人明确双方争执的焦点，为庭审做好准备。长期以来，由于我国民事诉讼的审前程序不完善，没有为当事人在庭审前相互了解证据提供制度和程序空间，直接将证据在庭审中提出并予以质证、认定，这不仅容易出现诉讼上的“证据偷袭”，不利于当事人的诉讼防御，而且不利于诉讼争点的整理，加重了庭审的负担，直接影响了诉讼效率。因此，通过证据交换使当事人能够在开庭审理前彼此了解对方的证据，充分做好诉讼防御准备，也便于法院对双方争议的焦点和证据问题进行整理，确定庭审的重点，提高诉讼效率。所以，建立证据交换制度是民事审判实践的需要。

2. 证据交换的启动

证据交换不是每个诉讼的必经程序，当事人可以根据情况主动申请进行证据交换，人民法院也可以根据案情依职权组织当事人进行证据交换。所以，证据交换的启动主要有两种方式：(1)经当事人申请，人民法院可以组织当事人在开庭前交换证据；(2)对于证据较多或者复杂、疑难的案件，人民法院应当组织交换证据。

3. 交换证据的期间与时间

对于证据较多或复杂、疑难的案件，证据交换的期间应当在答辩期间届满后、开庭审理前。不过，证据交换的期间受到举证时限的限制，即证据交换期间不能长于举证期间,因此,当人民法院组织当事人交换证据时,交换证据之日就是举证时限届满之日。当事人申请延期举证经法院允许的,证据交换也就相应顺延。

进行证据交换的具体时间可以通过两种方式来确定:(1)可以由当事人协商一致并经人民法院认可,即当事人经法院认可,可以协商在证据交换期间的任何时间进行证据交换;(2)由人民法院指定。除当事人协商确定证据交换时间外,人民法院也可以依职权确定证据交换的具体时间。

4. 证据交换的程序

证据交换应该在审判人员的主持下进行。在证据交换的过程中,审判人员对当事人无异议的事实、证据应当记录在卷;对有异议的证据,按照需要证明的事实分类记录在卷,并记载异议的理由,通过证据交换确定双方当事人争议的主要问题。

当事人收到对方交换的证据后提出反驳并提出新的证据的,人民法院应当指定新的证据交换的时间并通知当事人在指定的时间内进行交换。

二、质证

(一)质证的概念和意义

质证,是指当事人及其诉讼代理人在法庭的主持下,对双方提交或法院收集的证据的真实性、关联性和合法性等进行质辩的活动和过程。质证程序就其本质而言,就是通过当事人对证据的相互质询,对证据进行遴选的过程。证据之所以要经过质证遴选程序,其根本原因就在于当事人所提供的证据与佐证案件事实的证据存在层次上的差异。当事人提供的未经质证的证据实际上是证据材料,这些证据材料要上升为认定案件事实意义上的证据,还必须经过去伪存真的证据遴选程序,这一遴选程序就是当事人对证据的相互质证程序。

民事质证制度不仅是民事诉讼证据中的一项重要制度,而且是人民法院庭审阶段的重要环节,因而为民事诉讼程序所不可或缺。《民事诉讼法》及相关司法解释对此也有明确规定。证据应当在法庭上出示,并由当事人互相质证。依法应当保密的证据,人民法院可视具体情况决定是否在开庭时出示,需要出示的,也不得在公开开庭时出示。未经质证的证据,不得作为认定事实的依据。

质证是庭审的重要内容,是人民法院认定案件事实的前提,是冲突主体实现诉权的重要手段,是法庭辩论程序得以顺利进行的基础,为我国民事诉讼程序所不可或缺。[1] 它的意义还在于通过质证程序使法庭审理更加公开,保证庭审内容更加充实,保证作为认定案件事实根据的证据的有效性,保障当事人诉讼权利的有效行使。

(二)质证的主体和客体

1. 质证的主体

所谓质证的主体,是指质证权利与责任的承受者,是在质证过程中,对证据予以

---

〔1〕 参见谭兵、黄胜春:《论我国民事诉讼中的质证制度》,载《法学评论》1995 年第 5 期。

说明、质辩的主体。质证的主体主要是当事人及其诉讼代理人,在有第三人参加的诉讼中,第三人也是质证的主体。需要注意的是,法官在民事诉讼中是认证的主体,不是质证的主体,不能参与对证据的质辩,只能恰当地行使诉讼指挥权,引导当事人进行有效的质证。

2. 质证的客体

质证的客体是质证主体所质证的对象,也就是证据。其范围包括双方当事人向法院提交的证据和当事人申请人民法院调查并收集到的证据。证据应当在法庭上出示,由当事人互相质证。未经当事人质证的证据,不得作为认定案件事实的根据。当事人在审理前的准备阶段认可的证据,经审判人员在庭审中说明后,视为质证过的证据。涉及国家秘密、商业秘密、个人隐私或者法律规定应当保密的证据,不得公开质证。

3. 调查收集到的证据的质证

对于人民法院调查和收集的证据是否属于质证的对象,学界有不同的见解,有的认为其是质证的对象,有的则认为不是。我们认为,在诉讼证明中,人民法院调查、收集的证据与当事人提交的证据一样,只能是对一方当事人有利而对另一方当事人不利,同样会涉及是否具有客观性、关联性与合法性等问题。因此,法院调查、收集的证据同样是质证的客体,只是有一定的特殊性,法院是收集证据的主体,却不是质证的主体,仍应由当事人对法院调查、收集的证据进行质证。

《民事证据规定》第 62 条第 2 款、第 3 款规定,人民法院根据当事人申请调查收集的证据,审判人员对调查收集证据的情况进行说明后,由提出申请的当事人与对方当事人、第三人进行质证。人民法院依职权调查收集的证据,由审判人员对调查收集证据的情况进行说明后,听取当事人的意见。按照这一规定,似乎依职权调查、收集的证据无须当事人质证,只是听取意见。而依当事人申请调查、收集的证据作为申请的一方提供的证据进行质证。我们认为,申请调查、收集的证据与法院主动调查、收集的证据在质证的要求上是相同的,都应当在法庭上出示并经当事人质证后才能作为认定案件事实的根据。

(三)质证的内容

人民法院应当组织当事人围绕证据的真实性、合法性以及与待证事实的关联性进行质证,并针对证据有无证明力和证明力的大小进行说明和辩论。能够反映案件真实情况、与待证事实相关联、来源和形式符合法律规定的证据,应当作为认定案件事实的根据。因此,质证应当紧紧围绕以下几个方面进行:证据的客观性、关联性和合法性及证据的证明力。

首先,若离开了客观性,证据本身也就不存在了。因此,质证主体在质证时应查明证据的客观性,任何想象中的、主观臆造的东西都不能作为民事诉讼的证据。其次,证据的关联性要求民事诉讼的证据必须与其证明的案件事实有内在的必然联系,否则,就应视为不具有关联性而不能作为民事诉讼的证据。质证主体在质证过程中应紧紧把握证据的关联性，尽力排除与案件事实无关的证据材料。再次，证据的合法性要求民事诉讼的证据必须符合法定的证据形式和依照法定的取证程序取得。在司法实践中，即使某些证据材料能够证明案件事实，但因其不具备法定的证据形式而系采取非法途径取得，不能成为作为定案根据的证据。这一点正是证据合法性的重要意义所在，因此，证据的合法性必然成为质证主体的重要质证内容。最后，具有“三性”的证据即具有证据能力，能够作为证据使用。尽管证据是否有证明力及其证明力的大小最终是由法官来认定的，但当事人也可以对其进行质辩，尽量说服法官，以便法官能够在充分听取当事人的质辩意见后作出准确的判断。

以上几个方面共同构成了质证的完整内容。质证主体应当紧紧围绕证据的客观性、关联性和合法性三个方面的内容对民事诉讼的证据进行质证，审判主体也应当引导质证主体围绕这三个方面的内容进行质证，以便提高质证水平、增强质证效果。在司法实践中，质证主体往往重视从证据的客观性和关联性方面进行质证，而忽视对证据的合法性进行质证，这种偏向应当纠正。

（四）质证规则

归纳现有司法解释的规定，质证规则主要包括：第一，当事人对证据的质证一般按照下列程序进行，先由原告出示证据，被告、第三人与原告进行质证；再由被告出示证据，原告、第三人与被告进行质证；最后由第三人出示证据，原告、被告与第三人进行质证。第二，对于当事人在证据交换过程中明确认可并记录在卷的证据，无须进行质证，法院可以直接将其作为认定案件事实的根据，但是，法官应当在庭审过程中对此予以说明。第三，质证一般应采用一证一质的原则，逐个进行质证。当然，在对方同意的情况下，也可以对一组相关的证据一并进行质证。第四，对于涉及国家秘密、商业秘密和个人隐私或法律规定的其他应当保密的证据，不得在开庭时公开质证。第五，对于书证、物证、视听资料进行质证时，当事人有权要求提供原件或者原物。但是，以下两种情况下可以出示复制件或复制品，一是出示原件或者原物确有困难并经人民法院准许出示复制件或者复制品的；二是原件或原物已不存在，但有证据证明复制件、复制品与原件或原物一致的。第六，审判人员应引导当事人质证时围绕证据的真实性、关联性、合法性，针对证据证明力的有无及大小质疑、说明与辩驳。第七，法院依照当事人的申请调查和收集的证据作为提出申请的一方当事人提供的证据；法院依照职权调查和收集的证据应当在庭审时出示，听取当事人意见，并就调查和收集该证据的情况予以说明。第八，可以申请具有专门知识的人出庭辅助质证。当事人可以在举证期限届满前申请 1 ~ 2 名具有专门知识的人出庭，代表当事人对鉴定意见进行质证，或者对案件事实所涉及的专业问题提出意见。具有专门知识的人在法庭上就专业问题提出的意见，视为当事人的陈述。人民法院准许当事人申请的，相关费用由提出申请的当事人负担。人民法院可以对出庭的具有专门知识的人进行询问。经法庭准许，当事人可以对出庭的具有专门知识的人进行询问，当事人各自申请的具有专门知识的人可以就案件中的有关问题进行对质。具有专门知识的人不得参与专业问题之外的法庭审理活动。

三、认证

（一）认证概述

认证是“认定证据”的简称。民事诉讼“认证”并不是我国民事诉讼立法中的一个专有名词，而是在民事审判方式改革过程中提出来的。具体而言，认证是指法庭对经过当事人质证或认可的证据材料进行审查并作出判断，确认其是否能作为认定案件事实的根据的活动。认证的目的是确定证据是否可以作为认定案件事实的根据，是正确认定案件事实的前提和基础。认证的具体内容是对经当事人质证或认可的证据资料是否具有证明力及证明力的大小进行判断。理解认证的概念需要注意以下几点：(1)认证的主体是独任法官或合议庭的法官，而不是本案的当事人及其诉讼代理人，也不是本案中的书记员；(2)认证的对象是当事人提交或法院依职权调查和收集的各类证据材料；(3)认证的内容包括对证据材料的证据能力和证明力的认定，具体是指对证据材料的合法性、客观性与关联性的认定。因此，人民法院应当组织当事人围绕证据的客观性、合法性以及与待证事实的关联性进行质证，并针对证据有无证明力和证明力的大小进行说明和辩论。能够反映案件真实情况、与待证事实相关联、来源和形式符合法律规定的证据，应当作为认定案件事实的根据。

当庭质证是法定的必要程序。证据应当在法庭上出示，并由当事人互相质证。当事人质证与法官认证两者联系紧密：首先，通过当事人质证，能够最大限度地收集、提供有关案件事实的证据，能够最充分地揭示、发现证据的潜在证明力和价值，有利于增进诉讼公平、查明案件的事实真相。因此，质证是认证的现实基础。其次，当事人提出证据或法院依法调取的证据出示、质证后，到底它们有无证明力、对待证事实是否有关联、证据材料是否符合法定程序、有无证据能力等问题，必须由法官给予认定。所以，认证是质证的确认，是庭审的主要环节。“法庭举证和质证是法庭认证的基础和前提条件，法庭认证则是法庭举证和质证的结果和直接目的。”[1]

当然，当事人质证与法官认证也存在区别：(1)两者的主体不同。质证以当事人的活动为主，法官虽需主持质证活动，但其本身与案件的调查、收集以及依证据证明的事实没有关系。法官不是质证的主体，否则其本身也就与案件的事实发生了利害关系，不仅会因此与当事人发生冲突和矛盾，导致整个质证活动甚至诉讼活动都难以进行，而且容易使法官失去独立性与公正性。认证则是法官的专属权力，除参与审理案件的法官外，其他人不能行使。(2)认证是法官审判权的一种表现，而质证则是当事人诉权的体现。在举证、质证等方面，法官应处于被动状态，成为“消极的居中”裁决者；而在证据的采用、认定方面，法官应发挥积极的能动作用，成为证据的“能动判断者”和“积极认定者”。严格区分当事人举证和质证的职能与法官判断、

---

〔1〕 张卫平主编：《民事证据制度研究》，清华大学出版社2004年版，第23页。

评估证据的职能，使当事人与审判人员各司其职、各尽其责，才能充分发挥辩论式审判方式的优势，最大限度地实现公正和效益。

（二）认证的内容和形式

对于认证的内容，学界主要存在三种观点：第一种观点认为，认定证据是对证据材料作出审查和判断。[1] 第二种观点认为，认定证据是对证据“三性”作出认定。[2] 第三种观点认为，认定证据是对证据证明力有无和大小作出认定。[3] 仔细分析上述三种观点，我们认为，第一、第三种观点忽略了诉讼证据不可分割的基本特征，即任何一种证据都涉及两个方面：证据的证明力和证据能力。任何排斥证据能力而仅承认证据证明力或排斥证据证明力而仅承认证据能力的观点都失之偏颇。任何证据都是两者的客观统一。因此，我们认为，认证的内容既包括对证据资料的证据能力的认定，也包括对证据材料的证明力的认定。而证据能力与证明力的认定在法庭上又具体表现为对证据合法性、客观性和关联性的认定。人民法院应当组织当事人围绕证据的真实性、合法性以及与待证事实的关联性进行质证，并针对证据有无证明力和证明力的大小进行说明和辩论。能够反映案件真实情况、与待证事实相关联、来源和形式符合法律规定的证据，应当作为认定案件事实的根据。

就认证的形式而言，主要有：(1)一证一质一认定。这是指单个证据材料在法庭上出示，经双方当事人质证后，由法官当即对该证据材料作出判定，并说明采证与否的具体理由。大陆法系国家多采用这种方式认定证据。其好处是使案件逐步简单化。但不足之处在于，对法官素质的要求很高，并且在全部证据材料尚未完全出示质证前就对其中一个证据材料加以认定，有可能出现与判决中的认定相左的情况，甚至是错误认定。(2)分类认证方式。这是指依庭审的不同阶段或不同事件，把相关证据材料分成不同的类别，然后分别进行确认并说明理由。这种方式要求法官在庭审前对案情和证据材料有充分的了解，在庭审质证后予以认定。其缺点是易形成先入为主的观念，以致在庭审中难以纠正。(3)综合认证方式。这是指对案件的全部证据材料经当事人质证后，法庭对全案证据进行全面、系统地归纳、分析并作出认定。这种认证，法官能把证据之间的内在联系及与案件事实的联系有机地结合起来综合评判，能保证法官准确地认定证据。

（三）认证的要求和规则

人民法院对有关证据必须“查证属实”、“审查核实”或“审查确实其效力”。由此可见，认证是法院行使审判权的重要表现，是法官的主观判断；但是，这种判断不是随意的，而是必须在遵循基本程序规则和道德规范的基础上进行公正判断的。合

---

[1] 参见张卫平：《民事诉讼法》，法律出版社 2004 年版，第 23 页。

[2] 参见最高人民法院民事审判庭编：《改进民事审判方式实务与研究》，人民法院出版社 1995 年版，第 229 页。

[3] 参见景汉朝、卢子娟：《经济审判方式改革若干问题研究》，载《法学研究》1997 年第 5 期。

理、科学的认证制度不能片面强调法官审查判断证据的唯一性,而应该重视认证是原、被告与裁判方相互配合与制衡的结果,应体现民事诉讼的诉讼机理,完善认证规则。因此,人民法院应当按照法定程序,全面、客观地审核证据,依照法律规定,运用逻辑推理和日常生活经验法则,对证据有无证明力和证明力的大小进行判断,并公开判断的理由和结果。结合现有司法解释,认证的主要规则有以下方面需要注意。

第一,非法证据不得使用。对以严重侵害他人合法权益、违反法律禁止性规定或者严重违背公序良俗的方法形成或者获取的证据,不得作为认定案件事实的根据。

第二,为了达成调解或和解的自认的认定。在诉讼中,当事人为达成调解协议或者和解协议作出妥协而认可的事实,不得在后续的诉讼中作为对其不利的根据,但法律另有规定或者当事人均同意的除外。

第三,对欺诈、胁迫、恶意串通事实的认证。当事人对欺诈、胁迫、恶意串通事实的证明,以及对口头遗嘱或者赠与事实的证明,人民法院确信该待证事实存在的可能性能够排除合理怀疑的,应当认定该事实存在。

第四,对当事人陈述的认证。人民法院认为有必要的,可以要求当事人本人到庭,就案件有关事实接受询问。在询问当事人之前,可以要求其签署保证书。保证书应当载明据实陈述、如有虚假陈述愿意接受处罚等内容。当事人应当在保证书上签名或者捺印。负有举证证明责任的当事人拒绝到庭、拒绝接受询问或者拒绝签署保证书,待证事实又欠缺其他证据证明的,人民法院对其主张的事实不予认定。

第五,对书证的认证。书证的认证需要遵循以下规则:(1)书证复印件的认证。当事人应当提供书证的原件;提供书证原件有困难的,可以提供复印件。人民法院应当结合其他证据和案件具体情况,审查判断书证复制品等能否作为认定案件事实的根据。(2)拒不提交的书证的认证。书证在对方当事人控制之下的,承担举证证明责任的当事人可以在举证期限届满前书面申请人民法院责令对方当事人提交。申请理由成立的,人民法院应当责令对方当事人提交,因提交书证所产生的费用由申请人负担。对方当事人无正当理由拒不提交的,人民法院可以认定申请人所主张的书证内容真实。(3)毁灭书证的责任。持有书证的当事人以妨碍对方当事人使用为目的,毁灭有关书证或者实施其他致使书证不能使用的行为的,人民法院可以依照《民事诉讼法》的规定对其处以罚款、拘留。(4)公文书的认证。国家机关或者其他依法具有社会管理职能的组织,在其职权范围内制作的文书所记载的事项推定为真实,但有相反证据足以推翻的除外。必要时,人民法院可以要求制作文书的机关或者组织对文书的真实性予以说明。单位向人民法院提出的证明材料,应当由单位负责人及制作证明材料的人员签名或者盖章,并加盖单位印章。人民法院就单位出具的证明材料,可以向单位及制作证明材料的人员进行调查核实。必要时,可以要求制作证明材料的人员出庭作证。单位及制作证明材料的人员拒绝人民法院调查核实,或者制作证明材料的人员无正当理由拒绝出庭作证的,该证明材料不得作为认定案件事实的根据。

第六,证明须达到证明标准才能认定。对负有举证证明责任的当事人提供的证据,人民法院经审查并结合相关事实,确信待证事实的存在具有高度可能性的,应当认定该事实存在。对一方当事人为反驳负有举证证明责任的当事人所主张事实而提供的证据,人民法院经审查并结合相关事实,认为待证事实真伪不明的,应当认定该事实不存在。法律对于待证事实所应达到的证明标准另有规定的,从其规定。

(四)认证的基本方法

总结司法实践经验,我们认为,法官对单一的证据可以从以下几个方面进行审核和判断:(1)证据是否为原件、原物,复印件、复制品与原件、原物是否相符;(2)证据与本案事实是否相关;(3)证据的形式、来源是否符合法律规定;(4)证据的内容是否真实;(5)证人或者提供证据的人与当事人有无利害关系。[1]

法官对单个证据审核和判断后,还应当对各个证据相互之间、各个证据与案件之间的关联程度进行综合审核,正确揭示证据与案件之间的联系,对案件事实作出准确的判断。

思考与练习

1. 甲与同事丙路过一居民楼时,三楼乙家阳台上的花盆坠落,砸在甲的头上,致其脑震荡,共花费医疗费1万元。甲以乙为被告诉至法院要求赔偿,而乙否认甲受伤系自家花盆坠落所致。对这一争议事实,应承担举证责任的是(　　)。

A. 甲承担举证责任　　B. 甲、乙均应承担举证责任

C. 乙承担举证责任　　D. 丙作为证人承担举证责任

2. 关于举证责任分配,下列选项中正确的是(　　)。

A. 县供电局安装的高压线电死了刘某的牛,刘某诉请损害赔偿,县供电局应就其对刘某的牛的死不存在过错承担举证责任

B. 张某因被李某养的狗咬伤诉至法院,要求李某赔偿,李某应就其对张某被狗咬伤不存在过错承担举证责任

C. 陈某委托黄某去广州购买一批牛仔裤,后因牛仔裤滞销,陈某不承认黄某是代理自己去购买牛仔裤,黄某应就自己是否有代理权的事实承担举证责任

D. 王某因被A公司辞退不服而诉至法院,A公司应对辞退王某的事实承担举证责任

3. 原告李某昌诉称,他出差常住被告陈某芳工作的旅馆,于是与被告陈某芳及其丈夫(另一被告)很熟悉。2007年9月16日,当原告又出差住进陈某芳工作的旅

[1] 参见张卫平:《民事诉讼法》,法律出版社2004年版,第229页。

馆时,被告邀请原告到他家吃饭,并向原告提出借款5000元。原告第二天即把5000元借给被告,被告两人书写了借据。2008年2月,原告向被告索要借款时,被告找种种借口予以推托。之后,原告多次向两被告索债,未果,故起诉到人民法院,请求判令两被告立即归还借款。原告提供的证据为两被告书面的借款条的复印件一份,原告称,借条原件已丢失。

二被告辩称:他们承认曾向原告借过5000元,并给原告留下过借据。2008年2月,原告找到被告还钱时,被告无钱偿还,提出用被告秦某华的摩托车来抵押,原告表示同意。于是被告的摩托车作价5000元归原告所有,以偿还5000元借款,同时,从原告手里要回了借据,并予以销毁。因此,借款已经偿还,不同意再给付原告5000元借款。

审理中,双方各持己见,争议较大。双方无法提供其他证据。

请问:

(1)本案的证明对象是什么?谁应负举证责任?

(2)根据现有证据,如何认定案件事实?

CHAPTER 10
第十章

保全与先予执行

本章导读

- 保全制度包括财产保全和行为保全。
- 财产保全是指为了使当事人和利害关系人的合法利益免受难以弥补的损害或保证将来生效判决能够顺利执行,人民法院根据当事人或利害关系人的申请或依职权对相关财产采取的保护性措施。财产保全有诉前财产保全和诉讼财产保全之分。
- 与财产保全不同,行为保全除了具有保障裁判得到执行的目的外,还具有防止造成损失或损失进一步扩大的目的和功能。行为保全针对的保全对象是被申请保全的当事人的行为,人民法院通过责令其作出一定行为或者禁止其作出一定行为,以达到防止利害关系人的权益遭受难以弥补的损害或将来裁判难以执行或不能执行的目的。
- 先予执行是为了保障生活或生产上具有急迫需要的债权人而设立的制度。对于特殊类型的案件,人民法院可以在作出判决之前根据当事人的申请,裁定先予执行并交付执行,使债权人的生活或生产不因债务人不履行义务而受到严重影响。

第一节　保全制度

一、财产保全

财产保全是指为了使当事人和利害关系人的合法利益免受难以弥补的损害或保证将来生效判决能够顺利执行,人民法院根据当事人或利害关系人申请或依职权对相关财产采取的保护性措施。财产保全的意义在于防止债务人恶意处分、转移财产或防止财产毁损、灭失,保障将来的生效判决能够得到执行。如果没有财产保全制度,法院的生效判决可能因没有财产可执行而成为一纸空文,胜诉的当事人因胜诉而赢得的权益也根本无法实现。

（一）财产保全的种类

财产保全分为诉前财产保全、诉讼财产保全、执行前的财产保全和仲裁中的财产保全。

1. 诉前财产保全

诉前财产保全，是指因情况紧急，人民法院在利害关系人起诉之前根据其申请立即对被申请人的有关财产或财产权益所采取的保全措施。人民法院采取诉前财产保全措施必须具备以下条件：(1)利害关系人提起诉讼的案件涉及的诉讼请求具有给付内容。(2)有立即进行财产保全的必要性。一般情况下，这里的"必要性"，是指利害关系人与他人之间存在争议的法律关系所涉及的财产处于情况紧急的状态，不立即采取财产保全措施将有可能使利害关系人的合法权益遭受不可弥补的损害的现实危险。这里所谓的"情况紧急"，是指债务人正在采取或可能会立即采取转移、隐匿财产的措施，或者因其他原因可能导致财产毁损或灭失，若不立即采取财产保全措施，会导致将来判决难以执行的情况。(3)有利害关系人的书面申请。诉前财产保全必须由利害关系人向人民法院提出书面申请，人民法院不得在诉前依职权采取财产保全措施。(4)申请人必须提供担保。利害关系人申请诉前保全的，应当提供担保。申请诉前财产保全的，应当提供相当于请求保全数额的担保；情况特殊的，人民法院可以酌情处理。申请诉前行为保全的，担保的数额由人民法院根据案件的具体情况决定。人民法院责令利害关系人或者当事人提供担保的，应当书面通知。(5)向有管辖权的法院提出申请。对于诉前财产保全，申请人应当向被保全财产所在地、被申请人住所地或者对案件有管辖权的人民法院申请采取保全措施。

在实践中，除民事诉讼法规定的诉前财产保全外，还有几种特殊的诉前财产保全：一是著作权侵权案件中的财产保全。著作权人或者与著作权有关的权利人有证据证明他人正在实施或者即将实施侵犯其权利的行为，不及时制止将会使其合法权益受到难以弥补的损害的，可以在起诉前向人民法院申请采取责令停止有关行为和财产保全的措施。二是专利权侵权案件中的财产保全。专利权人或者利害关系人有证据证明他人正在实施或者即将实施侵犯其专利权的行为，不及时制止将会使其合法权益受到难以弥补的损害的，可以在起诉前向人民法院申请采取责令停止有关行为和财产保全的措施。三是商标专用权侵权案件中的财产保全。商标注册人或者利害关系人有证据证明他人正在实施或者即将实施侵犯其注册商标专用权的行为，不及时制止，将会使其合法权益受到难以弥补的损害的，可以在起诉前向人民法院申请采取责令停止有关行为和财产保全的措施。对于前述财产保全申请，人民法院应适用《民事诉讼法》的有关规定。

对于诉前财产保全，人民法院接受申请后，必须在48小时内作出裁定；裁定采取保全措施的，应当立即执行。申请人在人民法院采取保全措施后30日内应当向人民法院提起诉讼或向仲裁机构申请仲裁，不依法提起诉讼或者申请仲裁的，人民法院应当解除保全。

2. 诉讼财产保全

诉讼财产保全，是指人民法院受理案件后、作出判决前，为防止因一方当事人的行为或其他原因，致使将来生效的判决难以执行或造成当事人的其他损害，根据当事人的申请或依职权对当事人的财产或者争执标的物所采取的限制当事人处分的强制措施。诉讼财产保全应当符合下列条件：(1)申请采取财产保全措施的案件涉及的诉讼请求具有给付内容。(2)具有采取财产保全措施的必要性。存在因各种主客观原因可能使人民法院将来作出的判决难以执行或造成当事人的其他损害。主观原因是指一方当事人的行为，如转移、隐匿、毁损或处分财产的行为；客观上的原因是指当事人行为之外的，可能导致有关财产毁损、灭失的原因，如特定财产因气候变化而变质、腐烂等。(3)一般由当事人在诉讼中提出书面申请。对诉讼中的财产保全，一般由当事人提出书面申请，例外情况下，法院认为有必要采取财产保全措施的，也可以依职权采取保全。(4)人民法院可以责令申请人提供担保。在诉讼中，人民法院依申请或者依职权采取保全措施的，应当根据案件的具体情况，决定当事人是否应当提供担保以及担保的数额。人民法院责令利害关系人或者当事人提供担保的，应当书面通知。如果申请人不提供担保，人民法院可驳回申请。因此，对于诉讼中的财产保全，财产担保不是必要条件，是否需要财产担保，由人民法院自由裁量。(5)向受理案件的法院提出申请。诉讼中的财产保全申请只能向受理案件的人民法院提出。

3. 执行前的财产保全

法律文书生效后，进入执行程序前，债权人因对方当事人转移财产等紧急情况，不申请保全将可能导致生效法律文书不能执行或者难以执行的，可以向执行法院申请采取保全措施。债权人在法律文书指定的履行期间届满后 5 日内不申请执行的，人民法院应当解除保全。作为执行依据的法律文书生效后至申请执行前，债权人可以向有执行管辖权的人民法院申请保全债务人的财产。人民法院可以参照《民事诉讼法》的相关规定作出保全裁定，保全裁定应当立即执行。

当作为执行依据的法律文书生效后，在债权人向人民法院提交强制执行申请、请求人民法院启动强制执行程序前，如果债权人发现债务人有转移财产的嫌疑，那么，债权人可以申请人民法院对债务人的财产采取控制措施。因此，通过执行前财产保全制度，人民法院在执行前有权根据债权人的申请，有效控制债务人占有的动产、登记在债务人名下的不动产、特定动产及其他财产，以保证生效的法律文书能够得到有效执行。

4. 仲裁中的财产保全

《仲裁法》第 28 条第 1、2 款规定，一方当事人因另一方当事人的行为或者其他原因，可能使裁决不能执行或者难以执行的，可以申请财产保全。当事人申请财产保全的，仲裁委员会应将当事人的申请依照民事诉讼法的有关规定提交人民法院。仲裁中的财产保全，申请人仍然是当事人，不过，仲裁机构本身没有权力作出财产保全的决定,也不能直接采取财产保全措施。因此,在当事人提出财产保全申请时,仲裁委员会应当将当事人的申请提交人民法院,并由人民法院按照民事诉讼法的相关规定进行财产保全。

(二)财产保全的范围与措施

1. 财产保全的范围

财产保全限于请求的范围或与本案有关的财物。所谓请求的范围,是指被保全财产的价值应与利害关系人的保全请求或当事人诉讼请求的价值金额相当。与本案有关的财物,是指被保全的财物是本案诉讼的标的物,或与本案的标的物有牵连的其他财产,包括债务人对第三人的到期债权。人民法院对抵押物、留置物可以采取财产保全措施,但抵押权人、留置权人有优先受偿权。债务人的财产不能满足保全请求,但对第三人有到期债权的,人民法院可以依债权人的申请裁定该第三人不得对本案债务人清偿。该第三人要求偿付的,由人民法院提存财物或价款。

2. 财产保全的措施

人民法院采取财产保全的方法和措施,依照执行程序的相关规定办理。(1)查封、扣押、冻结。人民法院在财产保全中采取查封、扣押、冻结财产的措施时,应当妥善保管被查封、扣押、冻结的财产。不宜由人民法院保管的,人民法院可以指定被保全人负责保管;不宜由被保全人保管的,可以委托他人或者申请保全人保管。查封、扣押、冻结担保物权人占有的担保财产,一般由担保物权人保管;由人民法院保管的,质权、留置权不因采取保全措施而消灭。(2)指定被保全人负责保管。不宜由人民法院保管的,人民法院可以指定被保全人负责保管。由人民法院指定被保全人保管的财产,如果继续使用对该财产的价值无重大影响,可以允许被保全人继续使用;由人民法院保管或者委托他人、申请保全人保管的财产,人民法院和其他保管人不得使用。(3)限制支取收益。人民法院对债务人到期应得的收益,可以采取财产保全措施,限制其支取,通知有关单位协助执行。(4)限制清偿债权。债务人的财产不能满足保全请求,但对他人有到期债权的,人民法院可以依债权人的申请裁定该他人不得对本案债务人清偿。该他人要求偿付的,由人民法院提存财物或者价款。此外,对申请保全人或者他人提供的担保财产,人民法院应当依法办理查封、扣押、冻结等手续。

(三)财产保全裁定的效力及解除

1. 财产保全的裁定和救济

对于诉前财产保全,人民法院接受申请后,必须在48小时内作出裁定;裁定采取保全措施的,应当立即执行。对于诉讼中的财产保全,人民法院接受申请后,对情况紧急的,必须在48小时内作出裁定;裁定采取保全措施的,应当立即执行。当事人对保全裁定不服的,可以自收到裁定书之日起5日内向作出裁定的人民法院申请复议。复议期间不停止裁定的执行。人民法院应当自收到复议申请后10日内审查。裁定正确的,驳回当事人的申请;裁定不当的,变更或者撤销原裁定。利害关系人对保全的裁定不服申请复议的,由作出裁定的人民法院依照《民事诉讼法》的规定处理。

2. 财产保全的法律效力

人民法院裁定采取保全措施后,除作出保全裁定的人民法院自行解除或者其上级人民法院决定解除外,在保全期限内,任何单位不得解除保全措施。财产保全的被保全人提供其他等值担保财产且有利于执行的,人民法院可以裁定变更保全标的物为被保全人提供的担保财产。保全裁定未经人民法院依法撤销或者解除,进入执行程序后,自动转为执行中的查封、扣押、冻结措施,期限连续计算,执行法院无须重新制作裁定书,但查封、扣押、冻结期限届满的除外。人民法院对抵押物、质押物、留置物可以采取财产保全措施,但不影响抵押权人、质权人、留置权人的优先受偿权。

3. 财产保全的解除

采取财产保全措施后,基于当事人或利害关系人的申请,或因具备法定情形时,人民法院可以解除财产保全措施。裁定采取保全措施后,有下列情形之一的,人民法院应当作出解除保全的裁定:(1)保全错误的;(2)申请人撤回保全申请的;(3)申请人的起诉或者诉讼请求被生效裁判驳回的;(4)人民法院认为应当解除保全的其他情形。解除以登记方式实施的保全措施的,应当向登记机关发出协助执行通知书。

4. 财产保全错误的后果

财产保全是为了保证将来的生效判决能够顺利执行,使当事人的权益得到实现;但是,不当的财产保全也会对被保全财产的利害关系人造成损害。申请有错误的,申请人应当赔偿被申请人因财产保全所遭受的损失。因此,申请财产保全有错误,给被申请人造成财产损失的,申请人应当赔偿被申请人因财产保全所遭受的损失。如果法院依职权错误地决定采取财产保全措施而给当事人造成损害,是否应当赔偿?《民事诉讼法》对此没有明确规定。我们认为,法院若依职权而错误地采取了财产保全措施,并造成当事人损害的,应根据《国家赔偿法》的规定,赔偿当事人所遭受的损失。

(四)财产保全案件的管辖

财产保全案件的管辖主要有以下情形:(1)诉讼财产保全申请案件由受理案件的法院管辖。诉前财产保全申请案件由财产所在地或被申请人住所地人民法院管辖。仲裁财产保全由被申请人住所地或被申请保全的财产所在地的基层人民法院裁定并执行。(2)当事人向采取诉前保全措施以外的其他有管辖权的人民法院起诉的,采取诉前保全措施的人民法院应当将保全手续移送受理案件的人民法院。诉前保全的裁定视为受移送人民法院作出的裁定。(3)对当事人不服一审判决提起上诉的案件,在第二审人民法院接到报送的案件之前,当事人有转移、隐匿、出卖或者毁损财产等行为,必须采取保全措施的,由第一审人民法院依当事人申请或者依职权采取保全措施。第一审人民法院的保全裁定应当及时报送第二审人民法院。(4)第二审人民法院裁定对第一审人民法院采取的保全措施予以续保或者采取新的保全措施的，可以自行实施，也可以委托第一审人民法院实施。再审人民法院裁定对原保全措施予以续保或者采取新的保全措施的，可以自行实施，也可以委托原审人民法院或者执行法院实施。(5)当事人申请诉前保全后没有在法定期间起诉或者申请仲裁，给被申请人、利害关系人造成损失引起的诉讼，由采取保全措施的人民法院管辖。当事人申请诉前保全后在法定期间内起诉或者申请仲裁，被申请人、利害关系人因保全而受到损失提起的诉讼，由受理起诉的人民法院或者采取保全措施的人民法院管辖。

二、行为保全

(一)行为保全的内涵

行为保全，是指对于完成行为的给付请求，因被申请人的行为或者其他原因，可能导致申请人的合法权益遭受难以弥补的损害，或者使判决不能执行或者难以执行的，申请人可以向人民法院申请制止某种行为或者要求采取对某种行为的保全措施。[1]

与财产保全不同，行为保全专注于债务人的行为，包括积极的作为和消极的不作为。适用行为保全的前提是：客观上存在因债务人的行为而影响债权人权利实现的较大可能，如果不及时阻止债务人继续实施该行为，或者不及时责令债务人实施某行为，债权人的权利就会继续遭到损害，或遭到难以弥补的损害。在被申请人完成行为的给付请求案件中，出现了财产保全制度无法企及的制度真空，行为保全制度的作用正是为了防止债权人因这样的制度真空而受到损害。

行为保全与财产保全都属于保全制度，都以保障人民法院的裁判能够得到有效执行为目的，但是，两者存在较大的差别，主要表现在以下几点：(1)立法目的有所不同。行为保全除具有保障裁判得到执行的目的外，还具有防止造成损失或损失进一步扩大的目的；而财产保全制度的主要目的是防止将来的裁判不能执行或难以执行。(2)保全的标的不同。行为保全适用于诉讼请求为非金钱请求的案件，保全的标的为被申请人的行为；财产保全则适用于诉讼请求为金钱请求或可以转化为金钱请求的案件，保全标的是被申请人的财产。(3)保全方式不同。财产保全一般采取查封、扣押、冻结等方式，以防止当事人隐匿、转移、变卖财产等情况发生；行为保全则是通过责令被申请人作出一定行为或禁止其作出一定行为，暂时满足申请人的现有权益不受被申请人的继续侵害。(4)执行手段不同。行为保全裁定的执行有赖于被申请人的切实履行，当其拒不履行时，人民法院不能直接强制，而只能采取替代履行或罚款、拘留等间接强制措施来促使其履行保全裁定；财产保全则完全可由人民法院主动完成，或由被申请人、第三方配合完成。(5)保全效果不同。行为保全除了具有保障将来裁判能够得到执行的效果，还可能使申请人的权利因保全措施的采取

---

[1] 参见江伟主编：《民事诉讼法》(第6版)，中国人民大学出版社2013年版，第234页。

而得到立即实现,相当于提前获得终局裁判利益的效果;与行为保全不同,财产保全只是保证了将来裁判能够得到执行,申请人的权利并不能因保全措施的采取而立即得到实现。[1]

在《民事诉讼法》设定行为保全制度之前,人民法院在实践中通过对先予执行制度的适用范围进行适度扩张,使得先予执行具有了部分行为保全的功能,在一定程度上满足了司法实践的需要。[2] 但行为保全毕竟不同于先予执行,两者之间存在较大的区别,先予执行制度难以涵盖行为保全制度:(1)制度目的不同。行为保全的目的在于,通过责令一方当事人为或者不为一定行为,避免给申请人造成损失或使损失扩大;而先予执行的目的是解决申请人在生活或生产方面的迫切需要,使申请人的权利在判决之前获得全部或部分满足。(2)针对对象不同。行为保全的对象是当事人的行为;而先予执行的对象既可以是行为,也可以是财产。(3)执行时间不同。当事人可以在诉前申请行为保全,也可以在诉讼过程中申请行为保全;而先予执行只能在诉讼开始之后,判决作出之前适用。(4)适用条件不同。行为保全适用的范围比较宽泛,对可以适用的民事案件没有严格限制,而先予执行只适用于《民事诉讼法》明确规定的三种情形。

人民法院一旦作出行为保全的裁定,该裁定就具有一定的强制性,通常需要由人民法院采取强制措施才能实现,因此在某种程度上,行为保全与妨害民事诉讼的强制措施具有一定的相似性。但两者在性质上毕竟不同,适用中应当区别对待:(1)设立的目的不同。行为保全制度设立的目的是保证人民法院的裁判能够得到执行,而对妨碍民事诉讼的强制措施是保障民事诉讼活动的顺利进行。(2)两者的适用对象不同。行为保全是针对当事人实施的可能导致将来裁判难以执行或不能执行的行为,而对妨害民事诉讼的强制措施针对的是当事人以及其他诉讼参加人和案外人实施的妨害民事诉讼顺利进行的特定行为。

(二)行为保全的类型

行为保全有两种类型:一是保障性行为保全,二是预防性行为保全。两种行为保全分别发挥着各自不同的制度功能。

保障性行为保全以保障案件的判决将来能够执行为其基本功能。一般认为,这种行为保全与财产保全一样仅限于给付之诉,其实质是不待本案判决结果确定,甚至不待本案诉讼开始,为了避免紧急危险或重大损失的发生,即可提前实现或部分实现申请人的案件请求,如允许查阅公司账簿、房屋紧急拆迁等积极作为。尤其在当事人通过行为保全即可达成和解的情况下,申请人权利的实现将从案件判决确定时提前至行为保全时。行为保全作为保全程序的一种,其功能也由保护现存利益扩张至暂时实现权利。

---

[1] 参见江必新主编:《民事诉讼新制度讲义》,法律出版社2013年版,第261页。

[2] 参见江必新主编:《民事诉讼新制度讲义》,法律出版社2013年版,第262页。

预防性行为保全以防止给当事人造成其他损害为其基本功能。一般认为，预防性行为保全是为了预防案件诉讼请求以外的申请人的其他合法权益遭受损害。例如，因家庭暴力而起诉离婚的诉讼中，受害人因担心自己提出离婚请求而招致对方暴力的进一步升级，而在诉前或诉讼过程中申请法院发布民事保护令；又如，劳动者在追索劳动报酬的诉讼中，因担心用人单位打击报复将自己辞退、换岗或降薪，而申请法院作出“维持劳动关系现状”的行为保全裁定；再如，宣告公司股东大会决议无效的诉讼中，申请人民法院作出“不得执行决议”的行为保全裁定；等等。

此外，有学者认为，预防性的行为保全的适用范围并非仅限于完成行为的给付请求案件，只要对当事人或利害关系人的合法权益确有保护的必要，预防性行为保全均有适用的空间。具体而言，预防性行为保全除了可以适用于完成行为的给付请求案件，还可以广泛地适用于金钱给付诉讼和物的交付诉讼，以及形成之诉、确认之诉中。根据这一适用特点，可以将预防性行为保全分为给付性、形成性和确认性三种类型。[1]

（三）行为保全的条件和程序

1. 行为保全的条件

虽然《民事诉讼法》将财产保全与行为保全规定在同一法律条文中，但两种保全的适用条件还是有所区别的。实际上，行为保全具有特别的适用条件：(1)有初步证据表明申请人的合法权益正在或者将要受到被申请人的侵害；(2)如不采取行为保全将会给申请人造成损害或者使其损害扩大；(3)如不采取行为保全可能给申请人造成的损害大于如采取行为保全可能给被申请人造成的损害。[2] 虽然行为保全与财产保全的目的都是防止合法权益受到难以弥补的损害，但两者关注的重心并不相同，财产保全解决的是判决所确定的债权将来有难以实现的危险，具有将来性；而行为保全解决的是因请求权行使本身的迟延特点所产生的导致请求权缺乏实际利益的危险，具有现实性。

2. 行为保全的程序

《民事诉讼法》对于行为保全的规定非常原则和抽象，对行为保全的程序和方法问题都没有明确规定，这容易使人误解，认为行为保全的程序和方法与财产保全的程序和方法完全相同。然而，由于行为保全具有单方性、迫切性、严厉性和暂时性等特点，程序不当或方法不妥，都容易导致错误，对合法权益造成损害。因此，对行为保全程序和保全方法等应当有特别的考量。(1)行为保全的审理程序。除紧急性行为保全外，行为保全的审理原则上奉行开庭审理原则，法院可以根据双方当事人提出的事实和证据情况要求双方当事人言词辩论，并在此基础上作出行为保全裁定。不过，行为保全往往具有急迫性，因此，如果某些案件情况紧急，法院可以采用书面

[1] 参见江伟主编：《民事诉讼法》（第6版），中国人民大学出版社2013年版，第237页。

[2] 参见江伟主编：《民事诉讼法》（第6版），中国人民大学出版社2013年版，第237页。

审理的审理方式。(2)行为保全的方法。对于行为保全的方法,需要注意以下几点:①法官在行为保全方法的确定上应享有一定的自由裁量权。在行为保全裁定中,保全方法的确定程序具有特殊性,法官对行为保全方法的确定享有一定的自由裁量权,在必要情形下可依职权确定,即便申请人在申请时不能提出合理的行为保全方法,也不至于遭到法官的驳回。当然,为了防止给当事人造成突袭裁判、尊重当事人的程序主体地位,法院在行使职权确定行为保全方法时有必要征求申请人的意见。②鉴于行为保全方法的多样性、复杂性甚至不确定性,法院在作出行为保全裁定时,对于保全裁定的主文要求具有一定的概括性,以便能有机会针对具体状况作出选择。在执行保全裁定时,执行人员可以根据具体情况决定相应的执行方法或内容。③为了保障被申请人的合法利益不受侵犯,执行机构在选择、决定相应的执行方法时应当遵循两个原则,即目的性原则和范围有限原则。目的性原则,是指决定采用的保全方法的目的仅限于避免发生重大损害或避免急迫危险或相类似的情形,不能对被申请人施加超出行为保全目的的限制。范围有限原则,是指对于保障性行为保全的方法不能超出案件的诉讼请求范围。如果是在诉讼前提出的行为保全,则保全措施的范围应当仅限于与争执法律关系密切相关的行为。(3)关于行为保全的解除。对于财产保全,法院可以在被申请人提供担保时裁定解除保全措施。但行为保全不同,被申请人提供担保未必能够解决申请人的权益保护问题,尤其在申请人通过预防性行为保全来保护案件请求以外的其他合法权益时,更不得因被申请人的担保而解除。(4)不服行为保全裁定的救济。当事人对保全的裁定不服的,可以申请复议一次,复议期间不停止裁定的执行。如果当事人对执行行为保全裁定时采取的保全措施不服的,可以提出执行异议;对执行异议裁定不服的,还可以向上一级人民法院申请复议。

第二节　先予执行

一、先予执行概述

先予执行,是指在终局判决之前,为了权利人生活或者生产经营的急需,人民法院裁定义务人预先给付权利人一定数额的金钱、财物或者责令其实施或停止某种行为的措施。先予执行是相对于终局判决生效之后的强制执行而言的,是为了及时、切实地保护当事人的合法权益而设的一项诉讼制度,具有以下特点:第一,先予执行具有预决性。先予执行是判决确定之前实现了未来判决中可能确认的部分实体权利,从这层意义上讲,先予执行对于将来生效的判决而言具有预决意义。第二,先予执行具有执行性。一般而言,先予执行适用于一定范围内的给付之诉。在诉讼进行中,一旦法院裁定先予执行,就需要被告预先做必要的给付,并且先予执行的裁定适用执行程序的有关规定。鉴于此,有学者认为先予执行是一项特殊的执行制度。[1]第三,先予执行具有程序性。先予执行涉及当事人的实体权利义务问题,但先予执行的裁定并不能最终确定当事人的实体权利义务关系。当事人之间的实体权利义务关系仍然需要以判决或者调解的方式来确定。从这层意义上看,先予执行仍属于程序性的制度。

二、先予执行的条件

人民法院裁定先予执行,应当符合下列条件:(1)由申请人提出申请。先予执行应当由当事人申请,人民法院不能依职权裁定先予执行。(2)当事人之间权利义务关系明确。先予执行须案件的基本事实清楚,当事人之间的权利义务关系比较明确,被申请人负有给付、返还或者赔偿义务。(3)申请人有实现权利的迫切需要。先予执行必须是出于申请人生活或生产的迫切需要,不采取先予执行措施将使申请人的生活或者经营遭受极大困难。(4)被申请人有履行能力。若被申请人没有履行能力,先予执行也就失去了意义。(5)在终审判决之前提出申请。人民法院应当在受理案件后、终审判决作出前采取先予执行措施。在终审判决作出后、执行前是不能申请先予执行的。

三、先予执行的适用范围

对于下列情况,人民法院可以根据当事人的申请,裁定先予执行,一是追索赡养费、扶养费、抚养费、抚恤金、医疗费的。这里将追索上述费用的案件,简称"四费一金"案件。在这些案件中,权利人往往是弱势人群,无生活来源或无金钱治疗,其对这些费用的需要是非常急切的,不立即执行,其生活可能遭受严重影响,疾病或伤势可能耽误治疗,因此,应当先予执行。二是追索劳动报酬的。劳动者靠劳动报酬维持生活,其对取得劳动报酬的需要是非常急切的,不立即执行,生活可能遭受严重影响。三是因情况紧急需要先予执行的。情况紧急需要先予执行的,有以下几种情况:(1)需要立即停止侵害、排除妨碍的;(2)需要立即制止某项行为的;(3)追索恢复生产、经营急需的保险理赔费的;(4)需要立即返还社会保险、社会救助资金的;(5)不立即返还款项,将严重影响权利人的生活和生产经营的。

四、先予执行的程序

申请先予执行,当事人应当提出书面申请。受理申请后,人民法院应当开庭审理后作出裁定,在管辖权尚未确定的情况下,不得裁定先予执行。这里的开庭审理,是指对先予执行的申请进行开庭审理,而不是指对整个案件的开庭审理。对符合条件的申请,人民法院应当作出先予执行的裁定,裁定书一经送达,立即发生法律效力。人民法院根据先予执行裁定立即执行。

当事人对先予执行裁定不服的,可以自收到裁定书之日起 5 日内向作出裁定的

---

[1] 参见姜春兰:《浅谈先予执行制度的适用问题》,载《现代法学》1998 年第 2 期。

人民法院申请复议。人民法院应当自收到复议申请后10日内审查。裁定正确的，驳回当事人的申请；裁定不当的，变更或者撤销原裁定。利害关系人对先予执行的裁定不服，申请复议的，由作出裁定的人民法院依照《民事诉讼法》的规定处理。

先予执行应当限于当事人诉讼请求的范围，并以当事人生活、生产经营的急需为限。当事人申请先予执行，人民法院认为有必要让申请人提供担保的，可以责令申请人提供担保；当事人不提供担保的，驳回申请。

人民法院作出先予执行的裁定，若对方当事人对裁定不服的，不得上诉，但可以申请复议一次。复议期间，不停止裁定的执行。因为申请人申请先予执行错误而造成被申请人损失的，申请人应予以赔偿。例如，申请人最终败诉或虽然胜诉，但判决所确定的赔偿额小于先予执行的数额，人民法院应当责令申请人返还因先予执行而取得的财产或多获得的利益。申请人拒不返还的，被申请人可以申请法院强制执行。

人民法院采取先予执行措施后，申请先予执行的当事人申请撤诉的，人民法院应当及时通知对方当事人、第三人或者有关的案外人。在接到通知至准予撤诉的裁定送达前，对方当事人、第三人以及有关的案外人对撤诉提出异议的，应当裁定驳回撤诉申请。

思考与练习

1. 关于财产保全和先予执行，下列选项中正确的是（　　）。

A. 两者的裁定都可以根据当事人的申请或法院依职权作出

B. 两者适用的案件范围相同

C. 当事人提出财产保全或先予执行的申请时，法院可以责令其提供担保；当事人拒绝提供担保的，驳回申请

D. 对财产保全和先予执行的裁定，当事人不可以上诉，但可以申请复议一次

2. A地甲公司与B地乙公司签订买卖合同，约定合同履行地在C地，乙到期未能交货。甲多次催货未果，便向B地基层人民法院起诉，要求判令乙按照合同约定交付货物，并支付违约金。法院受理后，甲得知乙将货物放置于其设在D地的仓库，并且随时可能转移。下列选项中错误的是（　　）。

A. 甲如果想申请财产保全，必须向货物所在地的D地基层人民法院提出

B. 甲如果要向法院申请财产保全，必须提供担保

C. 受诉法院如果认为确有必要，可以直接作出财产保全裁定

D. 法院受理甲的财产保全申请后，应当在48小时内作出财产保全裁定

3. 关于民事诉讼财产保全制度，下列说法中正确的是（　　）。

A. 诉前保全必须由当事人提出申请并提供担保，人民法院方可作出保全裁定

B. 财产保全申请确有错误的，申请人应当赔偿被申请人因财产保全所遭受的损失

C. 财产保全限于请求的范围，或者与本案有关的财物

D. 当事人对财产保全裁定不服的，可以申请复议一次

4. 2009年8月8日，河南省A县甲公司与河北省B县乙公司签订了一份《水泥购销合同》，合同约定由甲公司向乙公司供应300吨优质水泥，乙公司在货到后付款。甲公司依约于2009年9月20日将货全部发给了乙公司，但乙公司收到水泥后屡次拖延付款。甲公司后来派人直接到乙公司要货款，发现乙公司原来是一家濒临倒闭的公司，已没有什么财产。乙公司的总经理也称自己公司已没有任何财产，不能偿还甲公司的货款。后来，甲公司在浙江省杭州市的业务友好单位丙公司告诉甲公司：乙公司在杭州市C区有一批即将出售的水泥，约150吨，甲公司遂准备申请诉前财产保全。

请问：

(1) 甲公司诉前财产保全应向哪个人民法院申请？其依据何在？

(2) 人民法院如果接受保全申请，应当在什么期限内作出裁定？在什么期限内执行？

(3) 乙公司若因甲公司在法定期间内没有起诉而遭受了财产损失，应向哪个人民法院起诉？

CHAPTER 11
第十一章

期间、送达与诉讼费用

本章导读

- 期间是人民法院与当事人分别或共同进行一定诉讼活动的时间,是保障诉讼程序和诉讼活动顺利而有效地进行的重要制度。期间分为期日和期限,以时、日、月和年为单位计算。当事人和人民法院都应该在法定或指定的期间内进行诉讼活动。
- 送达是人民法院依照法律规定的程序和方式,将诉讼文书送交当事人或者其他诉讼参与人的行为。送达是人民法院行使审判指挥权的重要方式,也是人民法院与当事人联系和信息沟通的重要方式。人民法院可以采用直接送达、留置送达、委托送达、邮寄送达、转交送达、公告送达和电子送达等方式。
- 当事人进行民事诉讼活动,需要向法院交纳诉讼费用,是各国民事诉讼普遍适用的一项法律制度。在我国民事诉讼中,当事人需要交纳的诉讼费用主要包括案件受理费和申请费等。对于符合诉讼费用免交、减交或缓交条件的当事人,可以申请免交、减交或缓交诉讼费用。此外,对于符合条件的当事人,还可以申请法律援助。

第一节　期　　间

一、期间概述

期间,是指人民法院、当事人和其他诉讼参与人单独或会合实施或完成诉讼活动所应遵守的时间。其中,人民法院、当事人和其他诉讼参与人单独实施或完成诉讼活动所应遵守的时间就是期限,如答辩的期限、上诉的期限、举证的期限等。而人民法院、当事人和其他诉讼参与人会合实施或完成诉讼活动所应遵守的时间就是期日,如开庭审理日等。

期限与期日既有联系又有区别。两者的联系表现在期日总是体现为期限中的某一日。两者的区别则表现在以下几个方面:首先,期日是一个时间点,只规定开始的时间,不规定终止的时间;而期限有始期和终期,是一段时间。其次,期日被确定后,要求人民法院和当事人及其他诉讼参与人,必须在该期日会合在一起进行某种诉讼行为;而期限自始至终是各诉讼主体单独进行诉讼行为。再次,期日是由人民法院指定的;而期限有的由法律规定,有的由人民法院指定。最后,期日因特殊情况的发生可以变更;而期限有的可以变更,有的不能变更。

《民事诉讼法》规定期间制度的目的在于:一方面能保证人民法院、当事人和其他诉讼参与人有足够的时间实施或完成相应的诉讼活动;另一方面又能促使他们及时实施或完成相应的诉讼活动,防止拖延诉讼,提高诉讼效率。因此,期限和期日制度对及时解决纠纷、保障法院依法组织和指挥诉讼的进程、督促当事人和其他诉讼参与人积极行使诉讼权利和履行诉讼义务具有重要意义。

二、期间的种类

(一)法定期间、指定期间和约定期间

根据期间确定方式的不同,可以将期间分为法定期间、指定期间和约定期间。

法定期间,是指法律直接规定的期间。民事诉讼法直接规定了许多期间,表明某项诉讼活动只能在一定的时间内实施或完成,法院和诉讼当事人、其他诉讼参与人不能超越规定的期间为某项诉讼行为。超过法定期间所为的诉讼行为不产生诉讼上预期的诉讼效果。例如,当事人不服地方人民法院第一审判决的,有权在判决书送达之日起15日内向上一级人民法院提起上诉。这里的"15日"即为法定的上诉期间。如果当事人超过了上诉期间没有上诉,第一审判决就发生法律效力。

指定期间,是指人民法院根据法律的授权,结合案件审理的具体情况,指定当事人或诉讼参与人进行某种诉讼活动的期限。指定期间的特点是,法院可以确定期间的长短及延展,同时法院也可以变更期间,所以,指定期间也是可变期间。

约定期间,是指当事人根据法律的规定,协商一致并经人民法院确认的期间。

(二)不变期间与可变期间

以期间是否可以变更为标准,可以将期间分为不变期间与可变期间。

不变期间,是指期间已经确定,人民法院、当事人或其他诉讼参与人必须严格遵守,不得变更的期间。例如,对于第一审判决或裁定的上诉期间就属于不变期间。

可变期间,是指期间确定后,因特殊情况的出现,人民法院可以根据当事人的申请或依职权加以变更的期间。例如,第一审案件的审理期限就属于可变期间,举证期限也属于可变期间。

一般情况下,法定期间属于不变期间,指定期间和约定期间属于可变期间。当然,这不是绝对的,某些法定期间也是可变期间。例如,适用普通程序审理的,审理期限为6个月;但如果有特殊情况,由本院院长批准,可以延长6个月,经上级人民法院批准,还可以延长。

三、期间的计算和剔除

(一)期间的计算

期间的计算应遵循下列规则:第一,期间以时、日、月、年为计算单位。当然,对于某项具体诉讼活动的期间,是以时、日、月还是年为计算单位,则需要由法律明确规定、法院指定或当事人约定。第二,民事诉讼中以时计算的期间从次时起算,以日、月、年计算的期间从次日起算。因此,期间以时、日为计算单位的,期间开始的时、日不计算在期间内。期间以小时为计算单位的,期间开始的小时不计算在内,从下一个小时开始计算,终期则根据期间的实际小时数相加确定。期间以日为计算单位的,期间开始日不计算在内,从下一日开始计算,终期则根据期间的实际天数相加确定。同样地,期间以月或年为计算单位的,由于它们实际上也是由日组成的,因此,也从第二天开始计算,终期则根据期间的实际月数或年数相加所确定的届满月或届满年的始期对应日。简言之,期间以月、年为计算单位,期间届满日为开始日的对应日,没有对应日的,以最后一个月的最后一天为期间届满日。例如,根据《民事诉讼法》的规定,宣告死亡的公告期间为 1 年,如果发布公告之日为 2 月 28 日,那么,应从第二天即 2 月 29 日开始计算公告期,并且应至第二年的 2 月 29 日为期间届满之日;而第二年的 2 月只有 28 日,没有 29 日,则应以最后一日即 28 日为期间届满之日。第三,期间的最后一日为法定节假日的,以节假日后的第一日为期间届满日。节假日是指国家法定的节假日,如元旦、五一劳动节、国庆节及双休日等。第四,期间不包括在途时间。诉讼文书在期满前交邮的,无论法院收到诉讼文书是在原定的期间内还是超过了原定的期间届满日,均不算过期。诉讼文书的交付日期通常以该文书交邮时邮局在该文书邮件所盖的邮戳上的日期为准。

(二)期间的剔除

除《民事诉讼法》规定"期间不包括在途期间"外,对于民事诉讼和执行案件,下列期间不计入审理、执行期限:(1)因当事人、诉讼代理人、辩护人申请通知新的证人到庭、调取新的证据、申请重新鉴定或者勘验,法院决定延期审理 1 个月之内的期间;(2)民事、行政案件公告、鉴定的期间;(3)审理当事人提出的管辖权异议和处理法院之间的管辖权争议的期间;(4)民事诉讼、执行案件由有关专业机构进行审计、评估、资产清理的期间;(5)中止诉讼(审理)或执行至恢复诉讼(审理)或执行的期间;(6)当事人达成执行和解或者提供执行担保后,执行法院决定暂缓执行的期间;(7)上级人民法院通知暂缓执行的期间;(8)执行中拍卖、变卖被查封、扣押财产的期间。

四、期间的耽误及顺延

期间的耽误是指当事人在法定期间、指定期间或约定期间内,没有实施或完成应实施或完成的行为。在通常情况下,当事人耽误了期间,意味着丧失了实施或进行相关诉讼行为或诉讼活动的权利,即使其实施或进行有关的诉讼行为或诉讼活动,也不产生相应的法律后果。例如,一审判决书送达后,若当事人未在 15 日的法定期间内提起上诉，那么，判决即发生法律效力，当事人则丧失了上诉权。

但是，期间的耽误，有时是出于不可抗力或非当事人主观方面的过失等原因，在此情况下，法律允许当事人申请延展有关期间，或由法院依职权决定顺延期间或重新指定期日。当事人因不可抗拒的事由或其他正当理由耽误期限的，在障碍消除后的10日内，可以申请顺延期限，是否准许，由人民法院决定。因此，期间顺延的条件是：(1)当事人因不可抗拒的事由或其他正当理由耽误期限；(2)当事人在障碍消除后的10日内提出顺延期限的申请；(3)人民法院决定允许顺延期间。

经法院允许顺延期间的，具体顺延期间的长短因法定期间和指定期间而有所不同。对于法定期间，一般情况下是将实际耽误的法定期间补足；对于指定期间，则由法院根据具体情况决定顺延期间的长短。

第二节 送 达

一、送达概述

送达，是指人民法院依照法律规定的程序和方式，将诉讼文书送交当事人或者其他诉讼参与人的行为。我国通说认为，送达是法院的一项职权，其目的主要在于保障诉讼活动的顺利进行，是法院单方面的职责和诉讼义务，因此，送达不能的风险也由法院单方面承担。[1]

作为一种诉讼行为，送达的特点是：(1)送达的主体只能是人民法院。当事人向人民法院递交诉讼文书，如答辩状、授权委托书等的行为不能视作送达。(2)送达的对象是当事人或者其他诉讼参与人。当事人与其他诉讼参与人之间、法院之间相互递送材料以及法院对其他单位或者个人发送材料，都不是送达。(3)送达的内容是各种诉讼文书，如起诉状副本、开庭通知书、判决书、裁定书等。(4)送达必须按照法定的程序和期限进行。没有按照法定的程序和期限送达的，不产生相应的法律效果。

民事诉讼是诉讼主体各种诉讼活动和法律关系的集合体，送达成为其中不可或缺的程序性连接。作为一项制度，其意义主要体现为以下几点：(1)通过送达能够使当事人提早了解诉讼文书的内容，并据此进行诉讼准备，及时参加诉讼活动，行使自己的诉讼权利，维护自己的利益。(2)它是人民法院、当事人与其他诉讼参与人之间诉讼行为的基本联系方式，为主体之间传递信息提供桥梁和手段。(3)通过实施送达，在法律上将使起诉、答辩、开庭、判决、上诉和执行等程序环环相扣，使各程序产生相应的独立的法律效力，从而保障诉讼程序顺畅、有效地进行。例如，送达开庭传票，原告签收后无正当理由拒绝到庭的，将按自动撤诉处理；被告签收后无正当理由

---

〔1〕 参见廖永安：《在理想与现实之间：对我国民事送达制度改革的再思考》，载《中国法学》2010年第4期。

拒绝到庭的,将被作缺席审判。

正是由于送达涉及当事人及其他诉讼参与人的各种诉讼权利和实体权利,作为行使送达权力的主体,人民法院应当严格按照法定的程序和方式进行送达,其背离法律实施的送达行为将无法产生应有的法律效果。

二、送达的方式

我国《民事诉讼法》规定了送达有7种方式,即直接送达、留置送达、邮寄送达、委托送达、转交送达、电子方式送达和公告送达。

(一)直接送达

直接送达,是指人民法院派执行送达任务的司法警察或者书记员将应当送达的诉讼文书直接交付受送达人签收的送达方式。受送达人在送达回证上签收的日期即送达日期。诉讼文书以直接送达为原则,直接送达是最基本的送达方式。直接送达应遵循的规则包括:(1)受送达人是公民的,本人不在,交他的同住成年家属签收。受送达人是法人或者其他组织的,向法人或者其他组织送达诉讼文书,应当由法人的法定代表人、该组织的主要负责人或者办公室、收发室、值班室等负责收件的人签收或者盖章;拒绝签收或者盖章的,适用留置送达。受送达人的同住成年家属,法人或者其他组织负责收件的人,诉讼代理人或者代收人在送达回证上签收的日期为送达日期。(2)人民法院直接送达诉讼文书的,可以通知当事人到人民法院领取。当事人到达人民法院,拒绝签署送达回证的,视为送达。审判人员、书记员应当在送达回证上注明送达情况并签名。人民法院可以在当事人住所地以外向当事人直接送达诉讼文书。当事人拒绝签署送达回证的,采用拍照、录像等方式记录送达过程即视为送达。审判人员、书记员应当在送达回证上注明送达情况并签名。(3)受送达人有诉讼代理人的,人民法院既可以向受送达人送达,也可以向其诉讼代理人送达。受送达人指定诉讼代理人为代收人的,向诉讼代理人送达时,适用留置送达。(4)调解书应当直接送达当事人本人,不适用留置送达。当事人本人因故不能签收的,可由其指定的代收人签收。(5)人民法院在定期宣判时,当事人拒不签收判决书、裁定书的,应视为送达,并在宣判笔录中记明。

(二)留置送达

留置送达,是指受送达人拒收诉讼文书时,送达人把诉讼文书留在受送达人住处的送达方式。留置送达与直接送达具有同等的效力。留置送达适用以下情形:(1)受送达人或者他的同住成年家属拒绝接受诉讼文书时,送达人应当邀请有关基层组织或者其所在单位的代表到场,说明情况,在送达回证上记明拒收事由和日期,由送达人、见证人签名或者盖章,将诉讼文书留在受送达人的住所;也可以把诉讼文书留在受送达人的住所,并采用拍照、录像等方式记录送达过程,即视为送达。有关基层组织和所在单位的代表,可以是受送达人住所地的居民委员会、村民委员会的工作人员以及受送达人所在单位的工作人员。(2)向法人或者其他组织送达诉讼文书,应当由法人的法定代表人、该组织的主要负责人或者办公室、收发室、值班室等负责收件的人签收或盖章;拒绝签收或者盖章的,适用留置送达。(3)适用留置送达的,应当将诉讼文书放在受送达人的住所,而不得放在非住所的其他地方。(4)受送达人有诉讼代理人的,人民法院既可以向受送达人送达,也可以向其诉讼代理人送达。受送达人指定诉讼代理人为代收人的,向诉讼代理人送达时,适用留置送达。(5)调解书应当直接送达当事人本人,不适用留置送达。当事人本人因故不能签收的,可由其代收人签收。

(三)邮寄送达

邮寄送达,是指人民法院直接送达有困难时,将诉讼文书附送达回证交邮局用挂号信寄给受送达人的送达方式。邮寄送达的前提是法院"直接送达诉讼文书有困难"。采用邮寄送达时,应当附送达回证,挂号信回执上注明的收件日期为送达日期。邮寄送达时,如果挂号信回执上注明的收件日期与送达回证上注明的收件日期不一致,或者送达回证没有寄回,以挂号信回执上注明的收件日期为送达日期。

(四)委托送达

委托送达是与邮寄送达并列的一种送达方式,也就是说,当直接送达有困难时,人民法院既可以委托其他法院代为送达,也可以邮寄送达。委托其他人民法院代为送达的,委托法院应当出具委托函,并附需要送达的诉讼文书和送达回证,以受送达人在送达回证上签收的日期为送达日期。委托送达的,受委托人民法院应当自收到委托函及相关诉讼文书之日起10日内代为送达。

(五)转交送达

转交送达,是指在特定情况下,不宜或者不便直接送达时,人民法院将诉讼文书通过受送达人所在单位转交的送达方式。当采用转交送达时,代为转交的机关、单位在收到诉讼文书后,必须立即交受送达人签收,以受送达人在送达回证上的签收日期为送达日期。

转交送达在受送达人身份特殊的情况下适用,具体包括下列三种情形:(1)受送达人是军人的,通过其所在部队团以上单位的政治机关转交;(2)受送达人被监禁的,通过其所在监所或者劳动改造单位转交;(3)受送达人被采取强制性教育措施的,通过其所在强制性教育机构转交。

(六)电子方式送达

随着经济的发展和人口流动的日益频繁,传统的送达方式越来越难以适应当今案件数量不断激增的现实情况,也使送达逐渐成为制约司法效率的一个严重问题。现代科学技术迅速发展,电话、传真、电子邮件、手机数据信息等电子信息传递方式已经成为我国社会生活的一部分,这就为利用这些电子信息传递技术提高法律文书的传递效率提供了可能。2009年,最高人民法院颁布的《涉港澳送达规定》第8条规定,人民法院可以通过传真、电子邮件等能够确认收悉的其他适当方式向受送达人送达。该规定确定传真、电子邮件成为正式的送达方式之一。从司法实践来看,电子送达方式在提高诉讼效率方面具有明显优势。根据《民事诉讼法》,采用其他方式送达需要符合以下条件:(1)经受送达人同意,人民法院可以采用能够确认其收悉的电子方式送达诉讼文书。通过电子方式送达的判决书、裁定书、调解书,受送达人提出需要纸质文书的,人民法院应当提供。受送达人同意采用电子方式送达的,应当在送达地址确认书中予以确认。(2)电子送达可以采用传真、电子邮件、移动通信等即时收悉的特定系统作为送达媒介。(3)采用传真、电子邮件等其他送达方式送达时,以传真、电子邮件到达受送达人指定的受送达系统的日期为送达日期。到达受送达人特定系统的日期,为人民法院对应系统显示发送成功的日期,但受送达人证明到达其特定系统的日期与人民法院对应系统显示发送成功的日期不一致的,以受送达人证明到达其特定系统的日期为准。

(七)公告送达

公告送达,是指当受送达人下落不明,或者采用以上六种方式均无法送达时,人民法院以公告的方式,将需要送达的诉讼文书的有关内容向社会公众告知,经过法定的公告期限,即视为已经送达的送达方式。采用公告送达方式的,应遵守下列规则:(1)公告送达是在受送达人下落不明,或者用其他方式无法送达的情况下所适用的一种送达方式。(2)公告送达可以在法院的公告栏和受送达人住所地张贴公告,也可以在报纸、信息网络等媒体上刊登公告,发出公告的日期以最后张贴或者刊登的日期为准。对公告送达方式有特殊要求的,应当按要求的方式进行。公告期满,即视为送达。人民法院在受送达人住所地张贴公告的,应当采取拍照、录像等方式记录张贴过程。(3)公告送达应当说明公告送达的原因;公告送达起诉状或者上诉状副本的,应当说明起诉或者上诉要点、受送达人答辩期限及逾期不答辩的法律后果;公告送达传票的,应当说明出庭的时间和地点及逾期不出庭的法律后果;公告送达判决书、裁定书的,应当说明裁判的主要内容,当事人有权上诉的,还应当说明上诉权利、上诉期限和上诉的人民法院。(4)公告的法定期限是 30 日。自公告之日起,经过 30 日,即视为送达。(5)采用公告送达的,应当在案卷中记明公告送达的原因和经过,并将情况附卷备查。(6)适用简易程序的案件,不适用公告送达。

三、送达地址和回证

送达地址是法院将诉讼文书送达当事人的目的地。当事人应当向法院提交明确的送达地址,送达地址有变更的,应当及时以书面方式告知法院变更后的送达地址。当事人在提起上诉、申请再审、申请执行时未书面变更送达地址的,其在第一审程序中确认的送达地址可以作为第二审程序、审判监督程序和执行程序的送达地址。

送达回证,是指人民法院制作的用于证明受送达人已经收到诉讼文书的书面证明。送达诉讼文书必须有送达回证,由受送达人在送达回证上记明收到日期,签名或者盖章。受送达人在送达回证上的签收日期为送达日期。

送达回证是检查人民法院是否按法定程序和方式送达诉讼文书的标准,是送达人完成送达任务的凭证,不仅能证明人民法院是否履行了法定职责、完成了送达任务,而且是受送达人接受或者拒绝签收送达文书的证明,能够证明当事人是否耽误了诉讼期间,是衡量一切诉讼参与人特别是当事人的诉讼行为是否有效的依据。因此,不应当忽视送达回证在送达中的作用。

四、送达的效力

送达必须按照法律规定的程序和方式进行。不同的送达方式有不同的送达手续,符合法定手续和方式的送达将产生预期的法律后果:(1)受送达人行使诉讼权利、实施诉讼行为或履行诉讼义务的起始时间得以确定。例如,人民法院应当在立案之日起5日内将起诉状副本发送被告,被告应当在收到之日起15日内提出答辩状。因此,被告提交答辩状的期间从起诉状副本送达时开始计算。(2)受送达人接受送达后,若没有按照法律文书的要求实施诉讼行为,就要承担相应的法律后果。例如,被告收到传票后,应当出庭;若经两次传票传唤,无正当理由不出庭的,人民法院可以采取拘传措施或缺席判决。(3)送达是某些诉讼文书生效的要件之一。例如,对于调解书,于当事人签收时发生法律效力;若当事人拒绝签收,调解书就不发生法律效力。

第三节　诉讼费用

一、诉讼费用概述

诉讼费用,是指当事人进行民事诉讼,依法应向人民法院交纳和支付的费用。根据《民事诉讼法》的规定,当事人进行民事诉讼,应当按照规定交纳案件受理费。财产案件除交纳案件受理费外,还应按照规定交纳其他诉讼费用。

一般认为,设立诉讼费用制度具有以下意义:第一,由当事人交纳诉讼费用符合民事诉讼的性质和目的。第二,由当事人承担一定的诉讼费用有利于促使当事人严肃、认真地行使诉权,防止滥诉、缠诉现象的发生,节约诉讼资源。

诉讼费用制度也关系到民众利用司法制度的权利,因此,其改革与完善成为各国司法改革的重要内容之一。诉讼费用制度的主要依据是《诉讼费用交纳办法》(国务院于2006年颁布),该办法规定了诉讼费用收取的原则及诉讼费用交纳的范围,调整了诉讼费用交纳的标准,并对司法援助制度做了更加具体的规定。

二、诉讼费用的交纳范围

诉讼费用包括案件受理费、申请费和其他费用三类。

案件受理费,是指人民法院决定受理起诉时,按规定向当事人征收的费用。除法律另有规定外,原则上民事案件都要征收案件受理费。具体而言,案件受理费包括:(1)第一审案件受理费;(2)第二审案件受理费;(3)再审案件中,依照《诉讼费用交纳办法》规定需要交纳的案件受理费。下列案件不交纳案件受理费:(1)按照《民事诉讼法》规定的特别程序审理的案件。(2)裁定不予受理、驳回起诉、驳回上诉的案件。(3)对不予受理、驳回起诉和管辖权异议裁定不服,提起上诉的案件。(4)按照审判监督程序审理的案件,但有下列情形的除外,①当事人有新的证据,足以推翻原判决、裁定,向人民法院申请再审,人民法院经审查决定再审的案件;②当事人对人民法院第一审判决或裁定未提起上诉,第一审判决、裁定或者调解书生效后又申请再审,人民法院经审查决定再审的案件。

当事人依法向人民法院申请下列事项,应当交纳申请费:(1)申请执行。(2)申请保全措施。(3)申请支付令。支付令失效后转入诉讼程序的,债权人应当按照《诉讼费用交纳办法》补交案件受理费。支付令被撤销后,债权人另行起诉的,按照《诉讼费用交纳办法》交纳诉讼费用。(4)申请公示催告。(5)申请撤销仲裁裁决或者认定仲裁协议的效力。(6)申请破产。(7)申请海事强制令、共同海损理算、设立海事赔偿责任限制基金、海事债权登记、船舶优先权催告。(8)申请承认和执行外国法院的判决、裁定和国外仲裁机构的裁决。

财产案件除交纳案件受理费和申请费外,还要交纳其他诉讼费用。其他诉讼费用主要包括:(1)勘验、鉴定、公告、翻译费,证人、鉴定人员出庭的交通费、住宿费、生活费和误工补贴费;(2)保全申请费和实际支出;(3)执行判决、仲裁和调解协议的费用;(4)根据当事人申请,调查和收集证据支出的费用;(5)人民法院认为应当由当事人负担的其他费用。

三、案件受理费的交纳标准

诉讼费用的征收既要保障实现当事人的诉权,又要考虑法院的工作负担。此外,确定裁判费用的征收标准还必须考虑裁判费用的性质,如案件为诉讼案件还是非讼案件,为财产案件还是非财产案件等。我国民事案件分为非财产案件和财产案件两类,分别有不同的收费标准。

(一)非财产案件受理费的交纳标准

非财产案件的受理费原则上按件计征,具体数额由人民法院在法定幅度内收取。非财产案件中涉及财产部分的受理费依不同情况,分别计收。

非财产案件的收费标准如下:(1)离婚案件,每件交纳50~300元。涉及财产分割的,财产总额不超过20万元的,不另行交纳;超过20万元的部分,按0.5%交纳。(2)侵害姓名权、名称权、肖像权、名誉权、荣誉权以及其他人格权的案件,每件收取100~500元。涉及损害赔偿,赔偿金额不超过5万元的,不另行交纳;超过5万~10万元的部分,按照1%交纳;超过10万元的部分,按照0.5%交纳。(3)知识产权纠纷案件,没有争议金额或价额的,每件收取500~1000元;有争议金额的,按财产案件的交纳标准交纳案件受理费。(4)劳动争议案件,每件交纳10元。(5)其他非财产案件,每件收取50~100元。

(二)财产案件受理费的交纳标准

对于财产案件,原则上以诉讼争议金额的大小按比例递减收取,争议金额的大小以当事人提出的诉讼请求为准。如果请求的金额与实际争议的金额不符,由人民法院核定。具体的交纳标准如下:(1)不超过1万元的,每件交纳50元;(2)超过1

万~10万元的部分，按2.5%交纳；(3)超过10万~20万元的部分，按2%交纳；(4)超过20万~50万元的部分，按1.5%交纳；(5)超过50万~100万元的部分，按1%交纳；(6)超过100万~200万元的部分，按0.9%交纳；(7)超过200万~500万元的部分，按0.8%交纳；(8)超过500万~1000万元的部分，按0.7%交纳；(9)超过1000万~2000万元的部分，按0.6%交纳；(10)超过2000万元的部分，按0.5%交纳。

(三)特殊情况下案件受理费的交纳标准

在某些情况下，案件受理费的交纳应做特殊处理，具体有以下几种情形：(1)以调解结案或者当事人申请撤诉的，减半交纳案件受理费。(2)适用简易程序审理的案件，减半交纳案件受理费。(3)对财产案件提起上诉的，按照不服第一审判决部分的上诉请求金额交纳案件受理费。(4)被告提起反诉、有独立请求权的第三人提出与本案有关的诉讼请求，人民法院决定合并审理的，分别减半交纳案件受理费。(5)诉讼标的物是证券的，按照证券交易规则并根据当事人起诉之日前最后一个交易日的收盘价、当日的市场价或者其载明的金额计算诉讼标的金额。(6)诉讼标的物是房屋、土地、林木、车辆、船舶、文物等特定物或者知识产权，起诉时价值难以确定的，人民法院应当向原告释明主张过高或者过低的诉讼风险，以原告主张的价值确定诉讼标的金额。(7)破产程序中有关债务人的民事诉讼案件，按照财产案件标准交纳诉讼费，但劳动争议案件除外。(8)既有财产性诉讼请求，又有非财产性诉讼请求的，按照财产性诉讼请求的标准交纳诉讼费。有多个财产性诉讼请求的，合并计算交纳诉讼费；诉讼请求中有多个非财产性诉讼请求的，按一件交纳诉讼费。

四、申请费和其他诉讼费用的交纳标准

申请费，是当事人申请适用特殊程序而向人民法院交纳的费用。

执行费用，是指当事人申请人民法院强制执行各类生效法律文书时，依法应当交纳的费用。其具体交纳标准如下：(1)没有执行金额或者价额的，交纳50~500元。(2)执行金额或价额不超过1万元的，交纳50元；超过1万~50万元的部分，按照1.5%交纳；超过50万~500万元的部分，按照1%交纳；超过500万~1000万元的部分，按照0.5%交纳；超过1000万元的部分，按照0.1%交纳。(3)符合《民事诉讼法》第57条第4款的规定，未参加登记的权利人向人民法院提起诉讼的，按照本项规定交纳申请费，不再交纳案件受理费。此外，人民法院为采取执行措施而实际支出的费用，由被申请执行人负担。

申请财产保全的，保全财产的金额不满1000元或者不涉及金额的，每件交纳申请费30元；超过1000~10万元的部分，按1%交纳；超过10万元的部分，按0.5%交纳。但是，当事人申请保全措施交纳的申请费最多不超过5000元。

破产案件的申请费以破产财产总额为基础，依照财产案件受理费标准计算，减半交纳，但最高不超过30万元。

向人民法院申请支付令的，比照财产案件受理费标准的1/3交纳。

向人民法院申请公示催告的,每件收取申请费100元。

申请撤销仲裁裁决或者认定仲裁协议效力的,每件交纳400元。

海事案件申请费的交纳标准为:(1)申请设立海事赔偿责任限制基金的,每件交纳1000~10000元;(2)申请海事强制执行令的,每件交纳1000~5000元;(3)申请船舶优先权催告的,每件交纳1000~5000元;(4)申请海事债权登记的,每件交纳1000元;(5)申请共同海损理算的,每件交纳1000元。

其他诉讼费用,是指应当由当事人负担的实际支出的诉讼费用。当事人应当交纳的其他诉讼费用主要包括以下三种:(1)勘验费、鉴定费、公告费、翻译费,按国家的有关规定计征;(2)证人、鉴定人、翻译人员因出庭而支出的交通费、住宿费和误工补贴,由人民法院根据国家有关规定和实际情况决定;(3)当事人复制人民法院庭审材料的费用。

五、诉讼费用的预交与负担

(一)诉讼费用的预交

1. 案件受理费的预交

案件受理费、申请费均由起诉人、申请人预先向人民法院交纳,在案件审结或者执行完毕后,依照法律规定最终确定负担多少、由谁负担。起诉人或者申请人预先负担原则既便于操作,又可预防当事人滥用起诉与申请执行的权利。诉讼费用的预交及不预交要产生诉讼上的后果。(1)一审案件受理费由原告在接到人民法院预交受理费通知书后7日内预交;被告提起反诉,按照《诉讼费用交纳办法》的规定需要交纳案件受理费的,应在反诉的同时预交。当事人在预交期内既未申请缓交又不预交的,按自动撤回起诉处理。追索劳动报酬的案件,可以不预交案件受理费。(2)上诉案件受理费由上诉人向上诉人民法院递交上诉状时预交。双方当事人都上诉的,由双方当事人分别预交。上诉人在上诉期内未预交诉讼费用的,人民法院应当通知其预交。上诉人在接到人民法院预交案件受理费用通知后7日内既不预交又不申请缓交的,按自动撤回上诉处理。二审法院裁定发回重审的案件,原上诉人已交纳的上诉案件受理费不予退还;重审后又上诉的,不再预交案件受理费。(3)需要交纳案件受理费的再审案件,由申请再审的当事人预交;双方当事人都申请再审的,分别预交。(4)原告、被告、第三人分别上诉的,按照上诉请求分别预交二审案件受理费。同一方多人共同上诉的,只预交一份二审案件受理费;分别上诉的,按照上诉请求分别预交二审案件受理费。

2. 申请费的预交

申请费由申请人在提出申请的同时向人民法院预交,或者在人民法院指定的期限内预交。拒不预交的,视为未提出申请;但是,下列情况除外:执行申请的费用在执行后交纳,破产申请的费用在破产清算后交纳。

3. 诉讼费用预交的例外

以下几种情况,可以不预交案件受理费或申请费:(1)追索赡养费、扶养费、抚养费、抚恤金和劳动报酬的案件，原告可以不预交案件受理费；案件审结后，由败诉方负担。(2)在代表人诉讼中，当事人预交案件受理费，案件审结后按诉讼标的额由败诉方交纳。(3)在破产还债案件中，可以不预交申请费，申请费最后从破产财产中拨付。

此外，诉讼费用预交的特殊情况按以下规则处理：(1)移送其他人民法院审理的案件，移送的人民法院应当将已预交的诉讼费用随案移交接受案件的人民法院。(2)人民法院审理民事案件过程中发现涉嫌刑事犯罪并将案件移送有关部门处理的，当事人交纳的案件受理费予以退还；移送后民事案件需要继续审理的，当事人交纳的案件受理费不予退还。(3)中止诉讼、中止执行的，不退还案件受理费或申请费；恢复诉讼或执行后，当事人不再交纳案件受理费或申请费。(4)诉讼终结的，当事人已预交的案件受理费不予退还。(5)第二审人民法院发回重审的，应当退还上诉人已交纳的第二审案件受理费。(6)适用简易程序审理的案件转为普通程序的，原告自接到人民法院交纳诉讼费用的通知之日起7日内补交案件受理费。原告无正当理由未按期足额补交的，按撤诉处理，已经收取的诉讼费用退还一半。

(二)诉讼费用负担规则

诉讼费用按以下规则负担：(1)诉讼费用由败诉方负担，包括案件受理费、申请执行费、执行中实际支出的费用、申请采取财产保全措施的费用以及海商事案件中的申请费等。(2)当事人部分胜诉、部分败诉的，人民法院根据情况决定各当事人分担诉讼费用的数额。按比例负担是败诉方负担原则的当然要求。(3)在共同诉讼中，共同诉讼人一方败诉的，由人民法院根据他们各自与诉讼标的的利害关系决定各自负担诉讼费用的具体数额。共同诉讼人因连带或不可分之债败诉的，对诉讼费用负连带责任。共同诉讼人中，如有专为自己利益的诉讼行为所支出的费用，应由该当事人负担。因此，承担连带责任的当事人败诉的，应当共同负担诉讼费用。(4)第二审人民法院改变第一审人民法院的判决、裁定的，应相应变更第一审人民法院对诉讼费用负担的裁定。(5)经人民法院调解达成协议的案件，诉讼费用的负担由当事人协商解决；协商不成的，由人民法院决定。(6)离婚案件诉讼费用的负担由当事人协商解决；协商不成的，由人民法院决定。(7)民事案件的原告或上诉人申请撤诉，人民法院裁定允许的，案件受理费由原告或上诉人负担。(8)当事人在法庭调查终结后提出减少诉讼请求数额的，减少数额部分的案件受理费由变更诉讼请求的当事人负担。(9)二审判决驳回上诉、维持原判的案件，诉讼费用由上诉人负担；双方都上诉的，由双方当事人负担。(10)二审调解达成协议的案件，对一审和二审诉讼费用的负担，由当事人协商；协商不成的，由二审人民法院一并作出决定。(11)经再审程序，对一审或者二审判决做了变更的，再审法院应当重新确定原诉讼费用的负担。(12)人民法院依职权提起的再审案件和人民检察院抗诉的再审案件，当事人不需要交纳诉讼费用。(13)人民法院改变原判决、裁定、调解结果的，应当在裁判文书中对原审诉讼费用的负担一并作出处理。(14)实现担保物权的案件，人民法院裁定拍卖、变卖担保财产的，申请费由债务人、担保人负担；人民法院裁定驳回申请的，申请费由申请人负担。申请人另行起诉的，其已经交纳的申请费可以从案件受理费中扣除。拍卖、变卖担保财产的裁定作出后，人民法院强制执行的，按照执行金额收取执行申请费。

判决生效后，胜诉方预交但不应负担的诉讼费用，人民法院应当退还，由败诉方向人民法院交纳，但胜诉方自愿承担或者同意败诉方直接向其支付的除外。当事人拒不交纳诉讼费用的，人民法院可以强制执行。

(三)诉讼费用的缓交、减交和免交

当事人进行民事诉讼，应当按照规定交纳案件受理费。财产案件除交纳案件受理费外，还应按照规定交纳其他诉讼费用。当事人交纳诉讼费用确有困难的，可以按照规定向人民法院申请缓交、减交或者免交。当然，是否能缓交、减交、免交，由人民法院审查决定。一般认为，可以申请缓交、减交、免交执行费的限于自然人，法人和其他组织本身应当具备一定的资金才能存在，一般不会发生交纳执行费用"确有困难"的情况。对于符合下列情形之一的，可以向法院申请司法救助，缓交、减交、免交诉讼费：(1)孤寡老人、农村"五保户"；(2)没有固定生活来源的残疾人、患有严重疾病的人；(3)国家规定的优抚、安置对象；(4)正在享受城市居民最低生活保障、农村特困户救济或者领取失业保险金，没有其他收入的；(5)因自然灾害等不可抗力造成生活困难，正在接受社会救济，或者家庭生产经营难以为继的；(6)正在接受有关部门的法律援助的；(7)当事人为社会福利机构、敬老院、优抚医院、精神病院、SOS儿童村[1]、社会救助站或特殊教育机构等社会公共福利单位的；(8)其他情形确实需要司法救助的。

当事人申请司法救助，应当在收到预交案件诉讼费用、执行费用的通知后7日内向受理该案的人民法院提出缓交、减交、免交诉讼费、执行费的申请。

当事人申请司法救助，应当提交本人身份证明、书面申请和其他证据材料，包括经济确有困难、"五保户"、残疾人、国家规定的优抚对象、正在领取失业救济金等证明或有关部门正在给予法律援助的证明材料。

人民法院决定减半收取案件受理费的，只能减半一次。

思考与练习

1. 下列选项中，可以适用留置送达的诉讼文书和法律文书的是(　　)。

A. 人民法院的判决书　　B. 人民法院的裁定书

C. 人民法院的调解书　　D. 出庭通知书

[1] 中国SOS儿童村是中国政府和国际SOS儿童村组织合作的救助孤儿的公益机构。

2. 李某与赵某是夫妻。1999 年 7 月,李某向某县人民法院起诉要求离婚,法院经审理判决不准离婚。审理该案的书记员两次到李某家送达判决书,李某均拒绝接收。对此,书记员应当(　　)。

A. 将该判决书交给李某的邻居王某转交

B. 将该判决书留置在李某的住所

C. 将该判决书交给李某所在地居委会转交

D. 将该判决书交给李某所在地派出所转交

3. 关于《民事诉讼法》对期间的规定,下列选项中正确的是(　　)。

A. 当事人申请再审的期间不适用中止、中断和延长的规定

B. 当事人提出证据的期间不适用中止、中断和延长的规定

C. 当事人申请执行的期间适用中止、中断和延长的规定

D. 当事人提起上诉的期间适用中止、中断和延长的规定

4. 杨梅(女)与李帅(男)于 2009 年 1 月结婚,并于 2009 年 12 月生下一子李亮。李帅于 2010 年 8 月 2 日不幸去世。李帅去世前留下遗嘱,将自己拥有所有权的一枚金表留给儿子李亮。在分割李帅的遗产时,李帅的父亲李甲认为金表是自己送给儿子李帅的,既然儿子李帅已经去世,李甲认为自己有权将金表收回。而李帅之妻杨梅认为李甲既然已经将金表赠送李帅,李帅就有权对金表进行处分,因而李帅的遗嘱应当有效,金表应归李亮所有。李甲于是向人民法院起诉,要求取回金表。原告李甲递交的起诉书上将李亮列为被告。在法庭审理中,李亮的母亲杨梅以原告要求无理为由,经法庭传票传唤拒不到庭。2010 年 9 月 14 日,法院作出缺席判决,判决书于 2010 年 9 月 16 日送达被告。杨梅对此判决不服,于 2010 年 10 月 4 日将上诉书寄出,法院于 2010 年 10 月 6 日收到,并于 2010 年 10 月 9 日将上诉状副本送达一审原告李甲。李甲向法院提出,上诉期限早已超过,应当认定上诉无效。

请问:李甲认为上诉期限已超过是否正确?

CHAPTER 12

第十二章

对妨害民事诉讼的强制措施

本章导读

- 为了保障诉讼活动的顺利进行，当事人、诉讼参与人、有协助义务的人以及其他人都应当遵守法庭纪律，尊重人民法院对审判权的行使。
- 妨害民事诉讼的行为，是指当事人、其他诉讼参与人或者案外人在民事诉讼过程中故意实施的扰乱民事诉讼程序、妨害民事诉讼活动顺利进行的行为。《民事诉讼法》及相关司法解释对妨害民事诉讼的行为进行了列举式的规定。
- 对妨害民事诉讼的行为应当加以制止和排除，以保障民事诉讼活动的顺利进行。对于实施妨害民事诉讼行为的人，人民法院可以根据妨害行为的轻重和实际情形采取训诫、责令退出法庭、拘传、罚款、拘留和限制出境等强制措施。

第一节　对妨害民事诉讼的强制措施概述

一、对妨害民事诉讼的强制措施的概念

对妨害民事诉讼的强制措施，是指在民事诉讼中，人民法院为了保证诉讼活动的顺利进行，依法对妨害民事诉讼活动和执行活动的行为人采用的排除其妨害行为的一种强制性措施。

设立对妨害民事诉讼的强制措施的目的是保障民事诉讼活动的正常进行。因此，对妨害民事诉讼的强制措施具有以下特点：(1)可以适用于民事诉讼的各个阶段，包括审判阶段和执行阶段；(2)可以适用强制措施的对象不限于当事人和其他诉讼参与人，案外人若实施了妨害民事诉讼的行为，也可以对他们采取强制性措施；(3)从性质上讲是一种排除妨害的必要强制性手段，目的在于排除对民事诉讼的妨碍，因此，不同于刑事制裁、民事制裁和行政制裁。

二、对妨害民事诉讼的强制措施的意义

对妨害民事诉讼的强制措施，在诉讼中具有重要意义：(1)保障人民法院的审判

活动与执行工作的顺利进行。人民法院是审判活动中的裁判者,是执行程序中的执行者,妨害民事诉讼的行为干扰了人民法院审判权和执行权的正常行使,甚至无法行使,因此,对妨害民事诉讼的行为人采取强制措施,是保障人民法院审判活动和执行工作顺利进行的需要。(2)保障当事人充分行使诉讼权利。妨害民事诉讼活动的行为扰乱了正常的诉讼秩序,使当事人无法行使诉讼权利或履行诉讼义务,造成当事人的纠纷得不到及时、公正的解决,或生效判决得不到有效执行,妨害了当事人正当民事权益的最终实现。因此,对妨害民事诉讼活动的行为采取强制措施,是保障当事人充分行使诉讼权利、实现正当民事权益的需要。(3)维护正常的诉讼秩序与司法权威。妨害民事诉讼活动的行为不仅扰乱了正常的诉讼秩序,而且损害了司法的威严,更是藐视司法权威的表现。因此,对妨害民事诉讼活动的行为采取强制措施,不仅可以保障诉讼的顺利进行,而且可以维护人民法院应有的权威性,增强人们的法律意识,保障司法在法治社会中的地位。

第二节 妨害民事诉讼的行为

一、妨害民事诉讼行为的构成

妨害民事诉讼的行为,是指当事人、其他诉讼参与人或者案外人在民事诉讼过程中故意实施的扰乱民事诉讼程序、妨害民事诉讼活动顺利进行的行为。

妨害民事诉讼的行为的构成要件包括以下几个方面:(1)主体要件。对于妨害民事诉讼活动的行为主体,法律没有特殊要求。也就是说,任何人,不管是当事人、证人、其他参与人,还是与案件没有任何关系的人,只要实施妨害民事诉讼的行为,都可以成为妨害民事诉讼行为的主体。(2)主观要件。实施妨害民事诉讼行为的人具有主观故意,即希望或放任妨害民事诉讼结果的发生。如果不存在故意,即使其行为妨害了诉讼秩序,人民法院也不得采取强制措施。(3)客观要件。行为人客观上实施了妨害民事诉讼的行为,包括作为与不作为。如果行为人只是主观上有打算但没有实际实施妨害行为,就没有妨害民事诉讼活动。并且行为人实施的行为必须造成民事诉讼无法正常进行的实际后果,否则不能作为妨害民事诉讼的行为对待。(4)必须是在诉讼进行过程中实施的行为。一般而言,妨害民事诉讼的行为必须发生在民事诉讼过程中,如果民事诉讼尚未开始,或者已经执行结束,则行为人的行为不能视为妨害民事诉讼的行为。但在诉讼外实施的行为,符合一定情形的,也构成妨害民事诉讼的行为,即在人民法院执行完毕后,被执行人或者其他人对已执行的标的有妨害行为的,法院应当采取措施,排除妨害,并可以依照《民事诉讼法》的相关规定处理。因妨害行为给申请执行人或者其他人造成损失的,受害人可以另行起诉。

二、妨害民事诉讼行为的种类

下列几种行为属于妨害民事诉讼的行为。

第一,无正当理由拒不到庭。必须到庭的被告,经两次传票传唤,无正当理由拒不到庭。必须到庭的被告包括负有赡养、抚养、扶养义务和不到庭就无法查清案情的被告等情形。

第二,诉讼参与人或其他人违反法庭规则。诉讼参与人或其他人违反法庭规则的行为包括未经允许在开庭时录音、录像、拍照,哄闹、冲击法庭,诽谤、威胁、殴打审判人员等严重扰乱法庭秩序的行为。

第三,妨害诉讼活动正常进行的其他行为。这包括当事人、其他诉讼参与人以及其他人所实施的下列行为:(1)伪造、毁灭重要证据,妨碍人民法院审理案件;(2)以暴力、威胁、贿买方法阻止证人作证或者指使、贿买、胁迫他人作伪证;(3)隐藏、转移、变卖、毁损已被查封、扣押的财产或者已被清点并责令其保管的财产,转移已被冻结的财产;(4)对司法工作人员、诉讼参与人、证人、翻译人员、鉴定人、勘验人、协助执行的人进行侮辱、诽谤、诬陷、殴打或者打击报复;(5)拒不执行人民法院已生效的裁判。

第四,单位拒不协助调查、执行的行为。这包括有协助调查、执行义务的单位实施的下列行为:(1)有关单位拒绝或者妨碍人民法院调查取证;(2)有关单位接到人民法院协助执行通知书后,拒不协助查询、扣押、冻结、划拨、变价财产;(3)有关单位接到人民法院协助执行通知书后,拒不协助扣留被执行人的收入、办理有关财产权证照转移手续、转交有关票证、证照或者其他财产;(4)其他拒绝协助执行的行为。

按照最高人民法院的有关司法解释,其他拒绝协助执行的行为有:其一,擅自转移已被人民法院冻结的存款,或者擅自解冻;其二,以暴力、威胁或者其他方法阻碍司法工作人员查询、查封、扣押、冻结、划拨、拍卖、变卖财产;其三,有义务协助执行的个人接到人民法院协助执行通知书后,拒不协助执行。

第五,妨害民事执行的行为。例如,隐藏、转移、变卖、毁损向人民法院提供担保的财产的行为;案外人与被执行人恶意串通转移被执行人财产的行为;伪造、隐藏、毁灭有关被执行人能力的重要证据;妨害人民法院查明被执行人财产状况的行为;等等。

第三节　对妨害民事诉讼的强制措施及其适用

一、强制措施的种类

(一)拘传

拘传,是指人民法院强制必须到庭而无正当理由拒绝出庭的当事人到庭参加诉讼活动的一种措施。适用拘传时,需要注意以下几点:第一,被拘传的当事人是必须到庭的被告或原告。必须到庭的被告通常有以下两类:(1)负有赡养、扶养、抚养义务的被告;(2)不到庭无法查明案件事实的被告。人民法院对必须到庭才能查清案件基本事实的原告,经两次传票传唤,无正当理由拒不到庭的,可以拘传。第二,人民法院已经进行两次传票传唤，被传唤人无正当理由拒不到庭。在拘传前，应向被拘传人说明拒不到庭的后果，经批评教育仍不到庭的，可以拘传。第三，适用拘传必须经法院院长批准后签发拘传票，直接送达被拘传人，由被拘传人签字或盖章。

（二）训诫

训诫，是指人民法院对妨害民事诉讼行为较轻的人，以口头方式予以严肃地批评教育，令其以后不得再犯的一种强制措施。

训诫的适用对象仅限于违反法庭规则，情节显著轻微，尚不足以作出责令退出法庭、罚款、拘留等措施的人。法庭规则是法院开庭审理时诉讼当事人和参与人都应当遵守的纪律和秩序，是开庭审理得以顺利进行的保障。法庭规则由书记员在开庭审理时宣布，对违反法庭规则的人，审判人员可以直接适用训诫。人民法院适用训诫措施，由合议庭或者独任审判员决定，当庭以口头方式指出行为人的错误事实、性质及危害后果，并责令妨害者立即改正，以后不得再犯。适用训诫的内容应当记入庭审笔录。

（三）责令退出法庭

责令退出法庭，是指对于违反法庭规则的人，人民法院强制其离开法庭，从而防止其继续妨害民事诉讼活动的措施。

责令退出法庭的适用对象也是违反法庭规则的诉讼参与人或其他人。责令退出法庭适用于情节轻微，尚不足以处以罚款、拘留措施的人。责令退出法庭的强度要大于训诫。采取训诫措施后，被训诫人仍然可以留在法庭，而被责令退出法庭的人则必须离开法庭。责令退出法庭，由合议庭或者独任审判员决定，由审判长或者独任审判员口头宣布，责令行为人退出法庭。作出责令退出法庭的决定后，行为人应当主动退出法庭；否则，司法警察可以令其退出法庭。

（四）罚款

罚款，是指人民法院对实施妨害民事诉讼行为情节比较严重的人，强制其交纳一定数额的金钱的强制措施。对于罚款的适用，应当注意以下几点：第一，罚款主要适用于实施了妨害民事诉讼行为的人。第二，罚款的数额。对个人的罚款为 10 万元以下；对单位的罚款为 5 万元以上 100 万元以下。被申请人拒不执行海事强制命令的罚款金额，对个人为 1000 元以上 3 万元以下，对单位为 3 万元以上 10 万元以下。人民法院对个人或者单位采取罚款措施时，应当根据其实施妨害民事诉讼行为的性质、情节、后果，当地的经济发展水平，以及诉讼标的额等因素，在上述限额内确定相应的罚款金额。第三，采取罚款措施必须经法院院长批准，并出具罚款决定书。

（五）拘留

拘留，是指人民法院对实施妨害民事诉讼行为情节严重的人，在一定期限内限制其人身自由的强制措施。对于拘留的适用，应当注意以下几点：第一，拘留的对象主要是实施了严重的妨害民事诉讼行为的人。第二，采取拘留措施可由合议庭或独任审判员提出，报请法院院长批准，并出具拘留决定书。在特殊情况下，可以先行拘留。因哄闹、冲击法庭,用暴力、威胁等方法抗拒执行公务等紧急情况,必须立即采取拘留措施的,可在拘留后立即报告法院院长补办批准手续。法院院长认为拘留不当的,应当解除拘留。第三,被拘留人不在本辖区的,作出拘留决定的人民法院应当派员到被拘留人所在地的人民法院,请该院协助执行,受委托的人民法院应当及时派员协助执行。被拘留人申请复议或者在拘留期间承认并改正错误,需要提前解除拘留的,受委托人民法院应当向委托人民法院转达或者提出建议,由委托人民法院审查决定。第四,拘留的期限为15日以下。对一个行为人的一个具体妨害行为,罚款和拘留措施只能适用一次,不得连续适用;但是,可以并列适用罚款和拘留措施。发生新的妨害民事诉讼行为的,人民法院可以重新予以罚款、拘留。第五,被拘留人由司法警察交由当地公安机关看管。第六,被拘留人在拘留期间认错悔改的,可以责令其具结悔过,提前解除拘留。提前解除拘留,应报经法院院长批准,并制作提前解除拘留决定书,交负责看管的公安机关执行。

单位有妨碍民事诉讼行为的,人民法院应当对该单位进行罚款,并可以对其主要负责人或者直接责任人员予以罚款、拘留;构成犯罪的,依法追究刑事责任。

被拘留人不服罚款、拘留决定申请复议的,应当自收到决定书之日起3日内提出。上级人民法院应当自收到复议申请后5日内作出决定,并将复议结果通知下级人民法院和当事人。上级人民法院复议时认为强制措施不当的,应当制作决定书,撤销或者变更下级人民法院作出的拘留决定。情况紧急的,可以在口头通知后3日内发出决定书。

(六)限制出境

限制出境措施,是指在民事诉讼程序中,为保证民事案件的顺利审理和将来有效裁判的执行,人民法院应当事人的申请,通知有未了结民事案件的当事人不得离境的一种保全措施。在民事执行中,这主要是法院对未履行生效法律文书义务的被执行人或其法定代表人、负责人责令其不准出境的一种强制措施。

在我国加入世界贸易组织(WTO)之后,随着对外经济交往的增多,涉外案件必然呈增长趋势,我国公民出境也将更为频繁。为此,有必要对限制出境措施进行探讨和总结,以期公正、高效地维护当事人的合法权益。目前,我国限制出境的主要法律依据有《出境入境管理法》《海事诉讼特别程序法》等。

限制出境的应当符合下列条件:(1)须由申请人提出申请,法院不主动依职权进行;(2)须有被申请人未履行生效法律文书或未了结的民事案件的事实存在。

限制出境可以分别采取以下办法:(1)向当事人口头通知或书面通知,在其案件未了结之前不得离境;(2)扣留护照或其他有效出入境证件,但应在证件有效期内处理,同时注意需送达扣留证件的证明;(3)对于需要在边防检查站阻止出境的,应填写《口岸阻止人员出境通知书》,在省、自治区、直辖市公安厅、局交控。紧急情况下,也可向边防检查站办理临时布控措施,然后按上述规定补办交控手续。

二、应采取强制措施的妨害民事诉讼的行为

对下列妨害民事诉讼的行为，应当采取强制措施：

第一，拒不到庭的行为。人民法院对必须到庭的被告或原告，经两次传票传唤，无正当理由拒不到庭的，可以拘传。

第二，拒不遵守法庭规则的行为。人民法院对违反法庭规则的人，可以予以训诫，责令退出法庭或者予以罚款、拘留。人民法院对哄闹、冲击法庭，侮辱、诽谤、威胁、殴打审判人员，严重扰乱法庭秩序的人，依法追究刑事责任；情节较轻的，予以罚款、拘留。此外，诉讼参与人或者其他人有下列行为之一的，人民法院可以按拒不遵守法庭纪律的规定处理：(1)未经准许进行录音、录像、摄影的；(2)未经准许以移动通信等方式现场直播审判活动的；(3)其他扰乱法庭秩序，妨害审判活动进行的行为。有前款规定情形的，人民法院可以暂扣诉讼参与人或者其他人进行录音、录像、摄影、直播审判活动的器材，并责令其删除有关内容；拒不删除的，人民法院可以采取必要手段强制删除。

第三，妨害作证的行为。诉讼参与人或者其他人有下列行为之一的，人民法院可以根据情节轻重予以罚款、拘留；构成犯罪的，依法追究刑事责任：(1)伪造、毁灭重要证据，妨害人民法院审理案件的；(2)以暴力、威胁、贿买方法阻止证人作证或者指使、贿买、胁迫他人作伪证的；(3)隐藏、转移、变卖、毁损已被查封、扣押的财产，或者已被清点并责令其保管的财产，转移已被冻结的财产的。

第四，藐视司法的行为。诉讼参与人或者其他人有下列行为之一的，人民法院可以根据情节轻重予以罚款、拘留；构成犯罪的，依法追究刑事责任：(1)对司法工作人员、诉讼参加人、证人、翻译人员、鉴定人、勘验人、协助执行的人进行侮辱、诽谤、诬陷、殴打或者打击报复的；(2)以暴力、威胁或者其他方法阻碍司法工作人员执行职务的；(3)拒不履行人民法院已经发生法律效力的判决、裁定的。人民法院对有前款规定的行为之一的单位，可以对其主要负责人或者直接责任人员予以罚款、拘留；构成犯罪的，依法追究刑事责任。

以暴力、威胁或者其他方法阻碍司法工作人员执行职务的行为包括：(1)在人民法院哄闹、滞留，不听从司法工作人员劝阻的；(2)故意毁损、抢夺人民法院法律文书、查封标志的；(3)哄闹、冲击执行公务现场，围困、扣押执行或者协助执行公务人员的；(4)毁损、抢夺、扣留案件材料、执行公务车辆、其他执行公务器械、执行公务人员服装和执行公务证件的；(5)以暴力、威胁或者其他方法阻碍司法工作人员查询、查封、扣押、冻结、划拨、拍卖、变卖财产的；(6)以暴力、威胁或者其他方法阻碍司法工作人员执行职务的其他行为。

拒不履行人民法院已经发生法律效力的判决、裁定的行为包括：(1)在法律文书发生法律效力后隐藏、转移、变卖、毁损财产或者无偿转让财产、以明显不合理的价格交易财产、放弃到期债权、无偿为他人提供担保等，致使人民法院无法执行的；(2)隐藏、转移、毁损或者未经人民法院允许处分已向人民法院提供担保的财产的；

(3)违反人民法院限制高消费令进行消费的;(4)有履行能力而拒不按照人民法院执行通知履行生效法律文书确定的义务的;(5)有义务协助执行的个人接到人民法院的协助执行通知书后,拒不协助执行的。

诉讼参与人或者其他人有下列行为之一的,人民法院可以按适用《民事诉讼法》第114条的规定处理:(1)冒充他人提起诉讼或者参加诉讼的;(2)证人签署保证书后作虚假证言,妨碍人民法院审理案件的;(3)伪造、隐藏、毁灭或者拒绝交出有关被执行人履行能力的重要证据,妨碍人民法院查明被执行人财产状况的;(4)擅自解冻已被人民法院冻结的财产的;(5)接到人民法院协助执行的通知书后,给当事人通风报信,协助其转移、隐匿财产的。

第五,恶意诉讼。当事人之间恶意串通,企图通过诉讼、调解等方式侵害国家利益、社会公共利益或者他人合法权益的,人民法院应当驳回其请求,并根据情节轻重予以罚款、拘留;构成犯罪的,依法追究刑事责任。当事人单方捏造民事案件基本事实,向人民法院提起诉讼,企图侵害国家利益、社会公共利益或者他人合法权益的,按恶意诉讼的有关规定处理。第三人提起撤销之诉,经审查,原案当事人之间恶意串通进行虚假诉讼的,按照恶意诉讼的有关规定处理。

第六,拒不履行协助义务。有义务协助调查、执行的单位有下列行为之一的,人民法院除责令其履行协助义务外,可以予以罚款:(1)有关单位拒绝或者妨碍人民法院调查取证的;(2)有关单位接到人民法院的协助执行通知书后,拒不协助查询、扣押、冻结、划拨、变价财产的;(3)有关单位接到人民法院协助执行的通知书后,拒不协助扣留被执行人的收入,办理有关财产权证照转移手续、转交有关票证、证照或者其他财产的;(4)其他拒绝协助执行的。人民法院对有上述行为之一的单位,可以对其主要负责人或者直接责任人员予以罚款;对仍不履行协助义务的,可以予以拘留,并可以向监察机关或者有关机关提出予以纪律处分的司法建议。

有关单位接到人民法院协助执行的通知书后,有下列行为之一的,人民法院可以按《民事诉讼法》第117条拒不履行协助义务的规定处理:(1)允许被执行人高消费的;(2)允许被执行人出境的;(3)拒不停止办理有关财产权证照转移手续、权属变更登记、规划审批等手续的;(4)以需要内部请示、内部审批、有内部规定等为由拖延办理的。

思考与练习

1. 下列强制措施的实施中,须经人民法院院长批准的是(　　)。

A. 拘传　　B. 罚款　　C. 拘留　　D. 训诫

2. 人民法院对于违反法庭规则的人,可以实施的强制措施有(　　)。

A. 罚款　　B. 拘留　　C. 训诫　　D. 责令退出法庭

3. 2000年至2001年4月，原告吉林省延边皮革厂与被告黑龙江省密山市皮鞋厂之间多次发生购销皮革的业务往来，由原告向被告提供皮革制品，经结算被告还拖欠原告货款252573.89元。原告在索款无望的情况下，于2003年2月21日向吉林省龙井市人民法院起诉，要求被告偿付拖欠的货款、支付利息及为催款所支付的旅差费用，总金额为296656.33元。

龙井市人民法院受理该案。当法院向被告送达起诉状时，被告表示不书面答辩。之后，龙井市人民法院向被告发出到庭应诉的传票，被告无正当理由拒不到庭。龙井市人民法院经审理认为：原告和被告签订的购销合同有效，双方应自觉履行，被告拒付货款是无理的，应承担全部违约责任。该院依据《民事诉讼法》第147条的规定，依法作出缺席判决：被告在判决生效后立即一次性支付拖欠原告的货款及应付利息、旅差费总金额为296656.33元，案件受理费6969.85元由被告负担。2003年3月23日，法院向被告送达判决书。被告拒绝签收。

判决后，原告向法院申请对被告一辆三菱牌货车及成品库、样品库内的皮夹克予以保全，并依法提供了担保。龙井市人民法院审查后裁定查封了被告的成品库、样品库，扣押了日本产三菱牌货车一辆。判决、裁定留置送达后，密山市二轻局一位局长赶到，指令10名工人守住大门不让将被扣押的车开出门。为避免矛盾激化，审判人员要求二轻局局长提供担保，遭拒绝后，审判人员只得将车就地封存。判决送达后，在法定期限内被告没有提出上诉，判决书发生法律效力。

进入执行程序后，龙井市人民法院院长于2003年4月23日带领执行人员前往密山市执行。执行人员进现场后发现，被告已擅自把查封的库房封条撕掉，将扣押的汽车转移。

请问：对于被告的上述行为，人民法院可以采取哪些强制措施？

CHAPTER 13

第十三章

第一审普通程序

本章导读

- 普通程序是人民法院审理第一审案件适用的基本程序，在内容上具有系统性和完整性。与简易程序相比，普通程序更有利于保障当事人的程序利益。

- 起诉必须符合条件。当事人的起诉是否符合条件，人民法院在立案时只做形式审查，以当事人在诉状中的声明为基础。对于符合起诉条件的，人民法院必须受理。人民法院受理起诉后，民事案件系属于法院，人民法院取得对该案的审判权。

- 开庭前的准备是为了使庭审顺利进行。审判人员和当事人所进行的一系列准备活动中，举证期限、证据交换和程序分流等实质性规定使审前程序的意义和功能得到了彰显。

- 开庭审理是第一审普通程序中最为重要的一个环节。通常情况下，人民法院应当开庭审理案件以言词审理和直接审理的方式公开进行。开庭审理的主要环节包括审理前的准备、开庭审理、合议庭评议和宣告裁判等阶段。

- 法院调解既是我国审判经验的总结，也是人民法院行使审判权的一种重要方式。法院调解应当遵循自愿原则和合法原则。经过法院调解，当事人达成调解协议的，人民法院可以通过调解书、调解笔录及将调解协议附卷等方式进行确认，并赋予其法律效力。

- 为了保障诉讼程序的顺利进行，妥善处理诉讼过程中遇到的各种情况，《民事诉讼法》还在普通程序中规定了撤诉、缺席判决、延期审理、诉讼中止和诉讼终结等制度。

第一节　普通程序概述

一、普通程序的概念

普通程序，是指人民法院审理第一审民事案件通常适用的程序。我国实行两审终审制，通常的民事诉讼程序包括第一审程序和第二审程序。第一审程序又包括普通程序和简易程序。除了简单民事案件外，其他民事案件的第一审都应当适用普通程序审理，因此，普通程序是人民法院审理第一审民事案件的基础性程序，它在整个民事诉讼中占有重要地位。从立法体例上看，第一审普通程序的规定最为完整，其他诉讼程序没有规定的，均需适用普通程序的规定。普通程序实际上起到各种诉讼程序通则的作用，是整个民事审判程序的基础。[1]

二、普通程序的特点

与其他程序相比，普通程序具有明显的特点：(1)普通程序是《民事诉讼法》中规定得最系统、最完整的诉讼程序。在《民事诉讼法》中，对普通程序的规定涵盖了起诉和受理、审理前的准备、开庭审理、法庭评议等各个环节，对程序的各个阶段均有详细规定，首尾相衔、严谨周密。不仅如此，普通程序还对诉讼中可能出现的各种情况，如撤诉、延期审理、诉讼中止及诉讼终结等均作出了规定，充分体现了普通程序的完整性特点。普通程序的完整性决定了普通程序在诉讼程序中的基础性地位。不了解和掌握普通程序的内容，就无法把握民事诉讼程序的精髓。(2)普通程序具有普适性。首先，所有级别的人民法院审理第一审民事争议案件都可以适用普通程序。其次，普通程序是其他程序的基础。例如，人民法院适用简易程序或第二审程序审理民事案件时，简易程序或第二审程序有规定的，按照简易程序或第二审程序的规定；简易程序或第二审程序没有规定的，就应适用普通程序的相关规定。

三、普通程序的适用范围

与其他程序相比，普通程序具有普适性，表现在以下几个方面：第一，在适用案件的范围上，所有第一审民事案件均可以适用普通程序审理。虽然第一审程序包括普通程序和简易程序，但简易程序的适用不具有强制性，根据法律规定可以适用简易程序审理的案件，人民法院也可以适用普通程序对其进行审理。第二，在适用的主体范围上，除了基层人民法院可以适用简易程序审理简单的民事案件外，基层人民法院、中级人民法院、高级人民法院至最高人民法院审理第一审民事案件都应当适用普通程序。第三，第二审人民法院发回重审的案件以及第一审人民法院按照审判监督程序再审的案件，无论原来是否适用普通程序审理，均应当适用第一审普通程序进行审理。第四，人民法院适用其他程序审理民事案件时，其他程序没有规定

[1] 参见江伟主编：《民事诉讼法》(第6版)，中国人民大学出版社2013年版，第272页。

的，均需适用普通程序中的相关规定。

第二节　起诉和立案登记

一、起诉

（一）起诉的概念

起诉，是指自然人、法人或者其他组织认为自己享有的或依法由自己管理、支配的民事权益受到侵害或与他人发生争议，以自己的名义请求人民法院通过审判以实现其诉讼请求的诉讼行为。民事诉讼实行“不告不理”原则，只有当事人起诉，才能引发民事诉讼程序的开始；没有当事人的起诉，人民法院不能主动启动民事诉讼程序。因此，起诉是当事人实施的一项重要诉讼行为，也是当事人行使诉权的具体表现，是启动民事诉讼程序的首要步骤。当事人行使起诉权的目的在于引起诉讼程序的开始，使自己获得公正的程序保障，以平衡保护自己的实体利益和程序利益。[1]

（二）起诉的条件

起诉必须符合以下四个条件。

1. 原告是与本案有直接利害关系的公民、法人或其他组织

这里所说的与本案有“直接利害关系”到底是指什么关系，法律并没有明确规定。结合相关的法律规定，我们认为，直接利害关系人主要包括三类情形：(1)为发生讼争的民事法律关系的主体，即因自身的民事权益受到侵害或与他人发生争议而向人民法院起诉，要求人民法院保护其合法利益的自然人、法人或者其他组织。(2)虽然不是发生讼争的民事法律关系的主体，但根据法律的规定，对发生讼争的民事法律关系中的民事权益享有管理权和支配权，在依法受自己保护的民事权益受到侵害或与他人发生争议时，也有权以自己的名义向人民法院起诉，请求人民法院保护受其管理和支配的合法民事权益。该类主体起诉的目的主要是维护他人的民事权益。例如，名誉权诉讼中，为维护死者的名誉权而起诉的死者的近亲属、破产管理人、失踪人的财产代管人、遗产管理人等，这类人必须有法律的明确规定才能以原告的身份起诉。(3)根据法律规定，对民事法律关系涉及的民事权益享有诉的利益的主体。最为典型的就是民事公益诉讼的起诉主体。对污染环境、侵害众多消费者合法权益等损害社会公共利益的行为，法律规定的机关和有关组织可以向人民法院提起诉讼。该条所指的“法律规定的机关和有关组织”就属于这类主体。

需要说明的是，在起诉阶段，人民法院对原告是否与本案具有直接利害关系的审查，应当为形式审查，即以原告在起诉状中的声明为标准，不应进行实质性审查。[2]

---

〔1〕 参见邱联恭：《程序制度机能论》，台北，台湾大学出版中心 2018 年版，第 158 页。

〔2〕 参见江伟主编：《民事诉讼法》(第 6 版)，中国人民大学出版社 2013 年版，第 274 页。

2. 有明确的被告

有明确的被告是指原告在起诉状中必须将被告特定化，因此，明确的被告通常通过清楚、完整地写明被告的基本信息而得以确定。人民法院据此信息可向被告发送诉讼法律文书。在司法实践中，被告如果是公民，应明确其姓名、性别、年龄、民族、职业、工作单位和住所；被告如果是法人或其他组织，则应明确其名称、住所和法定代表人或主要负责人的姓名、职务。是否受理原告的起诉，必须考察被告是否明确，应从被告的身份、住所地两个方面去审查。至于原告是否有证据证明其与被告之间存在某种法律关系，不是立案受理阶段实质审查的问题，而是审判阶段实体裁判的内容。司法实践中，存在以下情形，应分别处理，不能简单地以“没有明确被告”为由驳回起诉。

其一，被告的身份明确但住所地不明确。原告因客观原因不能补充或者依据原告补充的材料仍不能确定被告住址的，人民法院应当依法向被告公告送达诉讼文书。人民法院不得仅以原告不能提供真实、准确的被告住址为由裁定驳回起诉或者裁定终结诉讼。因有关部门不准许当事人自行查询其他当事人的住址信息，原告向人民法院申请查询的，人民法院应当依原告的申请予以查询。住所地虽不明确，但被告身份明确的，如工商档案证明有这个被告，但被告的营业场所已经不是营业执照上登记的住所地，这种情况下可以公告送达。经公告送达后被告应诉或被告的住所地得以明确的，即使其缺席庭审，法院也可以直接缺席判决。但如果原告提供了被告的姓名或名称，但不知道具体的住所地，也难以查询得知，就无法送达公告，只能以被告不明确为由裁定驳回起诉。

其二，被告的身份不明确但住所地明确。原告列明或提供证据证明被告的住所地明确，但身份不明确，出现情况最多的是错列或误列被告自然人的姓名，对此，原告将被告姓名或名称书写错误的，法院不必驳回原告的起诉，只需行使释明权或依职权调查后予以更正即可。当然，如果在行使释明权或依职权调查以后，原告仍坚持不纠正的，驳回起诉也无不可。

其三，被告的身份和住所地都不明确。凡原告将被告的姓名或名称错列，住所地也不明确，导致法院无法判断被告姓名或名称的真假或正误，实际的住所地又确实查找不到起诉状上所列的被告的，法院应当要求原告提供真实、准确的被告身份和住所地情况；否则，直接以无明确的被告为由裁定驳回其起诉。

3. 有具体的诉讼请求和事实、理由

诉讼请求是原告向人民法院提出的实体权利主张。原告起诉时必须提出具体的诉讼请求，也就是说，诉讼请求的内容、范围必须具体化，在法律上能够界定，否则人民法院就无法对民事案件进行审理和判决。这里所说的事实，是指当事人之间民事法律关系产生、变更、消灭的事实，实体权利受到侵害或与他人发生争议的事实等。事实是提出诉讼请求的基础。为了证明事实的存在，原告还应提供相应的证据材料。这里所说的理由，主要是指原告用来证明自己权利主张的证据材料和法律依据。

4.属于人民法院受理民事诉讼的范围和受诉人民法院管辖

人民法院受理民事诉讼的范围,是指法院对民事争议的主管范围,有些民事争议本身就排除了法院的主管,如订有合法仲裁协议的合同纠纷。对具体某个民事案件而言,只有具有管辖权的法院才享有审判权。因此,当事人提起诉讼的案件应当属于民事诉讼受案范围内的民事案件,同时,也应当属于受诉人民法院有管辖权的案件;否则,人民法院将不予受理。

当然,从理论上而言,我国《民事诉讼法》规定的起诉条件过高。对此,许多学者〔1〕认为,我国民事诉讼的起诉条件实际上相当于大陆法系国家的"诉讼要件"。而诉讼要件是案件审理和判决的要件,是指法院就诉讼请求的正确与否进行审理、判决的前提条件。一般认为,"起诉要件"与"诉讼要件"不同。〔2〕例如,日本民事诉讼理论将民事诉讼分为三个阶段,各个阶段要求的要件均不相同:第一阶段为诉讼适法提起阶段。为了让法院就诉讼案件进行审理、判决,诉讼必须适法提起,使诉讼适法提起的要件称为"起诉要件",包括诉状中必须写明要记载的事项、交纳规定的手续费以及将诉状送达被告等。第二阶段是诉讼适法系属阶段。一旦起诉要件具备,案件便系属法院,其系属在程序上必须适法,使诉讼适法系属所必须具备的要件就是"诉讼要件"。〔3〕第三阶段即审判阶段。如果法院裁判原告的诉讼请求成立,就必须满足实体法上的构成要件,这就是"权利保护要件"。诉讼的三个阶段相互衔接,第一阶段充分后便走向第二阶段,第二阶段要件具备便展开第三阶段。〔4〕因此,许多学者认为,应该修改我国《民事诉讼法》关于起诉条件的规定,将起诉条件和诉讼要件分开,只要起诉状中有明确的原告、被告,明确的诉讼请求、事实理由并交纳了诉讼费用,就应当认为符合起诉条件。〔5〕

(三)起诉的形式

起诉应以书面形式为主,口头形式为例外。书面形式是指当事人或其诉讼代理人撰写书面的民事起诉状,交法院立案机构。口头起诉是指对于书写起诉状确有困难的原告可以口头形式向法院起诉。书写起诉状确实有困难是指原告本人因文化

---

〔1〕参见张卫平:《起诉条件与实体判决要件》,载《法学研究》2004年第6期。

〔2〕有学者认为,诉讼要件与实体判决要件含义相同,诉讼要件的说法容易引起误导,因此,建议使用实体判决要件的说法,并认为实体判决要件包括以下内容:(1)当事人实际存在;(2)具有当事人能力;(3)当事人适格;(4)当事人实施起诉行为;(5)实施了有效送达;(6)不属于二重诉讼;(7)具有诉的利益;(8)属于法院裁判权的范围;(9)属于审理本案的法院管辖等。参见张卫平:《民事诉讼法》,法律出版社2004年版,第272页。

〔3〕参见张卫平:《民事诉讼法》(第6版),法律出版社2023年版,第361页。

〔4〕参见[日]中村英郎:《新民事诉讼法讲义》,陈刚、林剑锋、郭美松译,法律出版社2001年版,第152页。

〔5〕参见张卫平主编:《民事诉讼法必读资料》,法律出版社2004年版,第272页。

水平低或法律知识欠缺所造成的自行书写确有困难。原告以口头方式起诉的,由法院工作人员记入笔录。

起诉状的主要内容包括以下几个方面:第一部分为当事人的基本情况,应按照原告、原告代理人、被告、被告代理人的先后顺序列明。当事人是公民的,应当列明姓名、性别、年龄、民族、职业、工作单位和住所。当事人是法人或其他组织的,应当列明名称、住所、法定代表人或者主要负责人的姓名和职务。诉讼代理人如果是普通公民,参照当事人列明;如果是律师,则列明姓名和律师事务所名称即可。第二部分为诉讼请求和所根据的事实、理由。原告应当详细列明实体权利请求,如停止侵害、承担违约责任、赔偿损失等。有索赔请求的应当列明具体数额。事实和理由是原告提出诉讼请求的事实依据和法律依据。第三部分为证据和证据来源、证人姓名和住所。原告在起诉状中,应当提供能够证明案件事实和自己主张的各种证据,以及证据来源。有证人的,应载明证人的姓名和住所,以便人民法院通知证人出庭作证。第四部分应写明受诉人民法院的名称,以及原告的名字或名称(或盖章)和日期。

(四)起诉应当提交的材料

当事人提出起诉应当提交如下材料:(1)起诉人、自诉人是自然人的,提交身份证明复印件;起诉人、自诉人是法人或者其他组织的,提交营业执照或者组织机构代码证复印件、法定代表人或者主要负责人身份证明书;法人或者其他组织不能提供组织机构代码的,应当提供组织机构被注销的情况说明。(2)委托起诉或者代为告诉的,应当提交授权委托书、代理人身份证明、代为告诉人身份证明等相关材料。(3)具体、明确的,足以使被告或者被告人与他人相区别的姓名或者名称、住所等信息。(4)起诉状原本和与被告或者被告人及其他当事人人数相符的副本。(5)与诉请相关的证据或者证明材料。

人民法院应当提供诉状样本,为当事人书写诉状提供示范和指引。当事人书写诉状确有困难的,可以口头提出,由人民法院记入笔录。符合法律规定的,予以登记立案。

(五)起诉的法律效力

原告起诉将会产生下列法律效力:第一,原告的起诉使人民法院负有审查和处理义务。人民法院应当保障当事人依照法律规定享有的起诉权利。对符合起诉条件的,应当在7日内立案,并通知当事人;不符合起诉条件的,应当在7日内作出裁定书,不予受理。原告对裁定不服的,可以提起上诉。第二,人民法院的先行调解义务。当事人起诉到人民法院的民事纠纷,适宜调解的,先行调解,但当事人拒绝调解的除外。第三,禁止另行起诉。原告向人民法院提出诉讼后,不得以同一事实、理由就同一诉讼请求对同一被告再行起诉,即禁止重复起诉。第四,除《民事诉讼法》的明确规定外,起诉引起的民事诉讼程序不得随意撤销或终止。第五,起诉引起诉讼时效中断。当事人一方向人民法院提交起诉状或者口头起诉的,诉讼时效自提交起诉状或者口头起诉之日起中断。具体而言:(1)原告的起诉被法院裁定不予受理或驳回起诉的,当事人可以另行起诉。诉讼时效在前次起诉时中断,后诉的诉讼时效自前诉被驳回之日起重新计算。(2)原告的起诉被法院受理后中途撤诉的,诉讼时效应当自法院裁定撤诉之日起重新计算。(3)原告的起诉被法院受理后被判决驳回诉讼请求的,一般来说由于诉权已经行使,诉讼时效期间就没有存在的必要了。

二、立案登记

(一)立案登记制改革

在以往的诉讼中,人民法院实行立案审查制。人民法院收到原告的起诉后,必须进行审查,查明是否符合起诉的条件,以便确定是否立案登记。立案庭对原告的起诉进行登记后应当对起诉进行审查。审查起诉的过程也是决定是否受理的过程。人民法院对起诉进行审查,一般从实质要件和形式要件两个方面进行。从实质要件而言,就是审查起诉是否符合《民事诉讼法》规定的起诉条件;从形式要件而言,即审查原告的起诉方式是否合法。只有同时符合形式条件和实质条件的,人民法院才可以在受理期限内立案。人民法院应当保障当事人依照法律规定享有的起诉权利。对于原告的起诉,人民法院审查后必须作出处理,并将处理结果以书面形式告知当事人。不得以任何理由对当事人的起诉不予处理或拖延处理。但是,当事人“起诉难”问题依然没有得到很好的解决。

为了保障当事人的诉权,党的十八届四中全会提出实行立案登记制改革的要求。为了贯彻中央精神,最高人民法院于2015年4月发布了《立案规定》,对立案登记制进行了具体规定。自2015年5月1日起,人民法院正式开始进行立案登记。立案登记制是我国民事司法改革的一项新举措,目的是便于当事人起诉,防止法院以各种理由对当事人的起诉不予受理、不予回复、不予处理,克服“起诉难”这一司法难题。

(二)立案登记规则

人民法院对依法应该受理的一审民事起诉,实行立案登记制。立案登记应按下列方式进行。

1. 接受起诉状和当场立案。对于原告的起诉,人民法院应当一律接收诉状,出具书面凭证并注明收到日期。对符合法律规定的起诉,人民法院应当当场予以登记立案。人民法院接到当事人提交的民事起诉状时,对符合条件且不属于法定不应受理情形的,应当登记立案。

2. 无法当场登记的处理。对当场不能判定是否符合起诉条件的,应当接收起诉材料,出具注明收到日期的书面凭证,并应当作出以下处理:(1)对民事起诉,应当自收到起诉状之日起7日内决定是否立案;(2)对第三人撤销之诉,应当自收到起诉状之日起30日内决定是否立案;(3)对执行异议之诉,应当自收到起诉状之日起15日内决定是否立案。人民法院在法定期间内不能判定起诉是否符合法律规定的,应当先行立案。

3. 补交材料后的处理。当事人提交的诉状和材料不符合要求的，人民法院应当一次性书面告知在指定期限内补正。当事人在指定期限内补正的，人民法院决定是否立案的期间自收到补正材料之日起计算。当事人在指定期限内没有补正的，退回诉状并记录在册；坚持起诉、自诉的，裁定或者决定不予受理、不予立案。经补正仍不符合要求的，裁定或者决定不予受理、不予立案。

4. 不予立案登记。人民法院对下列起诉不予登记立案：(1)违法起诉或者不符合法律规定的；(2)涉及危害国家主权和领土完整的；(3)危害国家安全的；(4)破坏国家统一和民族团结的；(5)破坏国家宗教政策的；(6)所诉事项不属于人民法院主管的。对不符合法律规定的起诉、自诉，人民法院应当予以释明。

5. 特殊情形的处理。在立案登记审查的过程中，发现下列情形的，应根据不同情况予以适当处理：(1)原告提供被告的姓名或者名称、住所等信息具体、明确，足以使被告与他人相区别的，可以认定为有明确的被告。起诉状列示被告信息不足以认定明确的被告的，人民法院可以告知原告补正。原告补正后仍不能明确被告的，人民法院裁定不予受理。(2)原告在起诉状中有谩骂和人身攻击之辞的，人民法院应当告知其修改后提起诉讼。(3)需要补充必要相关材料的，人民法院应当及时告知当事人。在补齐相关材料后，应当在7日内决定是否立案。

（三）立案登记的效力

立案登记的实质就是法院受理了当事人的起诉，因此，产生与受理相同的法律效果，案件的双方当事人与人民法院之间发生民事诉讼法律关系。

立案登记后，当事人未在法定期限内交纳诉讼费的，按撤诉处理，但符合法律规定的缓交、减交、免交诉讼费条件的除外；人民法院立案庭应当及时将案件移送审判庭审理；发现本院没有管辖权的，应当将案件移送有管辖权的人民法院；发现属于法定不予受理的情形的，应裁定驳回起诉。

对于人民法院而言，通过立案登记，取得了对讼争案件的审判权，排除其他人民法院对同一案件进行审判的合法性；同时，立案登记案件的人民法院也负有依法对该案件进行审理并作出裁判的职责，非因法定原因，不得中途停止审判，更不得拒绝审判。对于当事人而言，双方当事人分别处于原告和被告的诉讼地位，可以根据法律规定行使诉讼权利，必须根据法律规定履行诉讼义务。

在人民法院首次开庭前，被告以有书面仲裁协议为由对受理民事案件提出异议的，人民法院应当进行审查。经审查符合下列情形之一的，人民法院应当裁定驳回起诉：(1)仲裁机构或者人民法院已经确认仲裁协议有效的；(2)当事人没有在仲裁庭首次开庭前对仲裁协议的效力提出异议的；(3)仲裁协议符合《仲裁法》的规定，且仲裁协议有效的。

（四）应予立案登记的特殊情形

对于下列起诉，人民法院应当予以受理：

第一，从民事诉讼受案范围和管辖的角度看，人民法院对属于下列情形的起诉应当受理：(1)当事人在仲裁条款或协议中选择的仲裁机构不存在，或者选择裁决的事项超越仲裁机构权限的，人民法院有权依法受理当事人一方的起诉；(2)因仲裁条款或协议不成立、无效、失效或者内容不明确而无法执行，一方当事人向人民法院起诉的案件；(3)当事人一方向人民法院起诉时未声明有仲裁协议，人民法院登记后，对方当事人又应诉答辩的，视为该人民法院有管辖权；(4)病员及其亲属对医疗事故技术鉴定委员会作出的医疗事故结论没有意见，仅要求医疗单位就医疗事故赔偿经济损失向人民法院提起诉讼的，应予受理；(5)夫妻一方下落不明，另一方诉至人民法院，只要求离婚，不申请宣告下落不明人失踪或死亡的案件，人民法院应当受理，对下落不明人用公告送达诉讼文书。

第二，从禁止重复起诉的角度看，下列情形的起诉不属于重复起诉，人民法院应当予以受理：(1)当事人撤诉或人民法院按撤诉处理后，当事人以同一诉讼请求再次起诉的，但原告撤诉或按撤诉处理的离婚案件，没有新情况、新理由，6个月内又起诉的除外；(2)裁定不予登记、驳回起诉的案件，原告再次起诉的，符合起诉条件且不属于法定不予受理情形的；(3)对于赡养费、扶养费、抚养费案件，裁判发生法律效力后，因新情况、新理由，一方当事人再行起诉要求增加或减少费用的。

此外，针对超过诉讼时效起诉的案件，人民法院应予登记。登记后查明无中止、中断、延长事由的，判决驳回其诉讼请求。[1]

(五)不予立案登记的特殊情形

经审查，人民法院认为原告的起诉不符合条件的，应当裁定不予登记。不予登记必须以书面裁定的形式作出，并送达原告。人民法院不得以口头裁定或以通知、决定等形式作出不予登记的决定。

人民法院不予登记的情形主要有：原告的起诉不具有可诉性，或者不符合起诉条件，或者违反法律禁止起诉的规定。[2] 此外，当事人的起诉属于下列情形之一的，人民法院不予受理，并根据情况分别作出处理：(1)依照《行政诉讼法》的规定，属于行政诉讼受案范围的，告知原告提起行政诉讼；(2)依照法律规定，双方当事人达成书面仲裁协议申请仲裁、不得向人民法院起诉的，告知原告向仲裁机构申请仲裁；(3)依照法律规定，应当由其他机关处理的争议，告知原告向有关机关申请解决；(4)对不属于本院管辖的案件，告知原告向有管辖权的人民法院起诉；(5)对判决、裁定、调解书已经发生法律效力的案件，当事人又起诉的，告知原告申请再审，但人民法院准许撤诉的裁定除外；(6)依照法律规定，在一定期限内不得起诉的案件，在不得起诉的期限内起诉的，不予登记；(7)判决不准离婚及调解和好的离婚案件，判

---

[1] 根据我国民法理论，超过诉讼时效，权利人丧失的是“胜诉权”而不是“起诉权”，因此，人民法院应当受理当事人的起诉。人民法院受理后发现诉讼请求确实已经超过诉讼时效的，应当作出驳回诉讼请求的裁定。

[2] 参见谭兵、李浩主编：《民事诉讼法学》(第2版)，法律出版社2013年版，第296页。

决、调解维持收养关系的案件,没有新情况、新理由,原告在6个月内又起诉的,不予登记。原告对不予登记的裁定不服的,可以在裁定书送达之日起10日内向上一级人民法院提起上诉。如果人民法院在受理案件后发现原告的起诉不符合条件,应裁定驳回起诉。原告对驳回起诉的裁定不服的,可以提起上诉。

第三节　审理前的准备

一、程序分流

程序分流是审理前准备的一项重要内容,是指人民法院对受理后的民事案件,根据案件的不同情况分别处理,以决定适用的具体程序。人民法院对受理的案件,应分别情形予以处理:(1)当事人没有争议,符合督促程序规定条件的,可以转入督促程序;(2)开庭前可以调解的,采取调解方式及时解决纠纷;(3)根据案件情况,确定适用简易程序或者普通程序;(4)需要开庭审理的,通过要求当事人交换证据等方式,明确争议焦点。另外,基于同一事实发生的纠纷,当事人分别向同一人民法院起诉的,人民法院可以合并审理。

二、送达诉讼文书

开庭审理之前,法院需要以法定方式进行法律文书的送达,包括以下几个方面:(1)送达起诉状及答辩状。人民法院应当自立案之日起5日内将起诉状副本发送被告,被告应当自收到之日起15日内提出答辩状。答辩状应当记明被告的姓名、性别、年龄、民族、职业、工作单位、住所、联系方式,法人或者其他组织的名称、住所和法定代表人或者主要负责人的姓名、职务和联系方式。当事人在提交答辩状期间提出管辖异议,又针对起诉状的内容进行答辩的,人民法院应当对管辖异议进行审查。当事人未提出管辖异议,就案件实体内容进行答辩、陈述或者反诉的,可以认定为应诉答辩。人民法院应当自收到答辩状之日起5日内将答辩状副本发送原告。当然,若被告不提出答辩状,不影响人民法院的审理。(2)送达举证通知书。人民法院还应当向双方当事人送达《举证通知书》。《举证通知书》应当载明举证责任的分配原则和要求、向法院申请调查、收集证据的情形和要求以及举证时限及逾期举证的法律后果。(3)送达诉讼告知书等。除了起诉状和答辩状之外,法院应在受理通知书、应诉通知书中书面告知当事人诉讼权利和义务,也可以口头告知。实践中,也有些地方法院以向当事人送达《诉讼权利义务告知书》和《诉讼风险告知书》的方式向当事人告知诉讼权利和义务。(4)告知合议庭的组成人员。在合议庭的组成人员确定后,人民法院应当在3日内告知当事人,以便当事人及时行使申请回避权。

三、审核诉讼资料

人民法院在受理案件后,必须认真审阅当事人双方所提交的诉讼材料,了解案件的争议焦点。诉讼材料主要是指原告提供的起诉状、被告提供的答辩状以及各自提供的证据材料。被告如果在答辩中提出反诉请求的,还应审核反诉是否成立,支持反诉请求的证据材料是否确实、充分。

人民法院在审前准备阶段，还应当调查和收集必要的证据。人民法院调查和收集证据的范围包括：一是当事人因客观原因不能自行收集，申请人民法院调查和收集的证据；二是人民法院认为审理案件需要，依职权调查和收集的证据，一般情况下，这种证据仅限于对涉及可能有损国家利益、社会公共利益或者他人合法权益的事实以及涉及与实体争议无关的程序事项。

人民法院派出人员进行调查时，应当向被调查人出示证件。调查笔录经被调查人校阅后，由被调查人、调查人签名或者盖章。人民法院在必要时可以委托外地人民法院调查。委托调查必须提出明确的项目和要求。受委托人民法院可以主动补充调查。受委托人民法院收到委托书后，应当在30日内完成调查；因故不能完成的，应当在上述期限内函告委托人民法院。

四、变更和追加当事人

人民法院立案之后，如果发现原告或者被告不是正当当事人，应当进行当事人更换。原告不合格的，法院应当通知正当的原告参加诉讼；原告拒绝参加的，裁定驳回起诉。被告不合格的，通知原告更换被告；原告坚持不更换的，裁定驳回起诉。

追加必须共同进行诉讼的当事人参加诉讼，是全面保护当事人合法权益、彻底解决当事人之间纠纷的需要。因此，必须共同进行诉讼的当事人没有参加诉讼的，人民法院应当依照《民事诉讼法》的规定，通知其参加；当事人也可以向人民法院申请追加。人民法院对当事人提出的申请应当进行审查。申请无理的，裁定驳回；申请有理的，书面通知被追加的当事人参加诉讼。

人民法院追加共同诉讼的当事人时，应通知其他当事人。应当追加的原告已明确表示放弃实体权利的，可不予追加；既不愿意参加诉讼，又不放弃实体权利的，仍应追加为共同原告，其不参加诉讼，不影响人民法院对案件的审理和依法作出判决。

五、组织证据交换

举证责任由当事人承担，当事人应当在举证时限内向人民法院提供证据材料。针对案情的复杂程度或当事人的申请，法院可以在举证时限届满之后、开庭审理之前主持当事人进行证据交换。证据交换又称证据开示，是指当事人将自己主张的证据向对方出示，并由对方当事人发表认可或不认可的意见。审判人员主持证据交换，对证据进行确认、登记，但不组织当事人进行质证、发表意见。

在证据交换的过程中，审判人员对当事人无异议的事实、证据应当记录在卷；对有异议的证据，按照需要证明的事实分类记录在卷，并记载异议的理由。通过证据交换，确定双方当事人争议的主要问题。当事人收到对方交换的证据后提出反驳并提出新证据的，人民法院应当通知当事人在指定的时间进行交换。证据交换一般不超过两次。但重大、疑难和案情特别复杂的案件，人民法院认为确有必要再次进行证据交换的除外。

庭前证据交换的目的在于固定、保全证据，整理争议焦点，为庭审中对证据的认证和对事实的认定做好准备，从而促进诉讼公平，提高庭审效率。

六、召开庭前会议

人民法院可以在答辩期届满后，通过组织证据交换、召集庭前会议等方式，做好审理前的准备。根据案件具体情况，庭前会议可以包括下列内容：(1)明确原告的诉讼请求和被告的答辩意见；(2)审查处理当事人增加、变更诉讼请求的申请和提出的反诉，以及第三人提出的与本案有关的诉讼请求；(3)根据当事人的申请决定调查、收集证据，委托鉴定，要求当事人提供证据，进行勘验，进行证据保全；(4)组织交换证据；(5)归纳争议焦点；(6)进行调解。

第四节　开庭审理

一、开庭审理概述

(一)开庭审理的概念

开庭审理是第一审普通程序中最为重要的一个环节，是指法院在当事人及其他诉讼参与人的参与下对案件进行实体审理的诉讼活动。对当事人而言，开庭审理是当事人集中行使辩论权的阶段。当事人进行当庭举证、质证、相互辩论，尽最大限度表达自己的诉讼主张，阐述诉求的事实和法律依据，同时驳斥对方的观点、主张、证据和论证，目的在于促使法官形成对自己有利的“心证”。法官一方面组织当事人依法定程序有序地进行诉讼活动，另一方面通过行使释明权，归纳、提炼争议焦点，引导当事人围绕争议焦点全面、深入地开展辩论，最后在当事人充分辩论的基础上认定法律事实，作出裁判。

开庭审理的重要性来自即时性和公开性。在开庭审理中，由于当事人之间、当事人与其他诉讼参与人之间面对面地阐述自己的观点、证据和理由，同时反驳、质疑对方，法官从中可以获得最为全面和有效的信息，从而帮助法官甄别证据的真伪、查清案情。同时，由于整个审判过程的公开性，法官和当事人的活动都处于群众的监督之下，有利于保证案件审理的公正性。[1]

作为第一审审判程序，无论是普通程序还是简易程序，都需要开庭审理。除了依法不公开审理的案件之外，其他案件都需公开审理。与开庭审理相对的是“书面审理”或者“径行判决”，即法官根据书面的案件诉讼文档资料作出裁判，这种审判方式仅限于二审程序中特殊类型的案件。

(二)开庭审理的形式

开庭审理阶段是人民法院最终作出裁判的基础和根据。为了使裁判具有正当性，必须对开庭审理的形式进行规范。通常情况下，开庭审理必须在法庭上审理，以

---

〔1〕 参见张卫平：《民事诉讼法》(第6版)，法律出版社2023年版，第350页。

言词审理和直接审理的方式公开进行。具体而言,开庭审理必须按下列要求进行:(1)开庭审理必须采取法庭审理的形式,即开庭审理必须在法庭上进行。这里的法庭既是指审理案件的合议庭,也是指审理案件的特定空间,即开庭审理的具体场所。根据《执行公开审判制度规定》的规定,人民法院公开审理案件,庭审活动应当在审判法庭进行。需要巡回依法公开审理的,应当选择适当的场所进行。因此,开庭审理既可以在法院内部专门设置的法庭进行,也可以在巡回审理案件时在其他场所设置的临时法庭进行。(2)开庭审理应该以公开审理为原则,以不公开审理为例外。公开审理是司法接受社会监督的重要方式,有利于增加司法的透明度,防止司法恣意和司法腐败,提升司法的公信力。(3)开庭审理应当采取直接审理和言词审理的原则。直接审理要求参加审判的法官必须亲自参加证据审查,亲自聆听法庭辩论。该原则强调审理法官与判决法官的一体化。与之相对的是间接审理,即判决法官将其他法官审理所得结果作为判决基础,亦即审理法官与判决法官分立。言词审理要求当事人等在法庭上须以口头言词的形式开展质证辩论。该原则是公开原则、辩论原则和直接原则实施的必要条件。与言词审理相对的是书面审理,即以书面形式进行诉讼,集中体现为根据书面材料和证据来认定事实。直接言词原则体现了诉讼或司法的一个特性:过程与结果非截然两分,即案件最终的判决往往是法官在听审过程中客观因素和主观因素累积的结果。该特性与发现案件真实和提高诉讼效率是相辅相成的。直接言词原则所体现的精神或价值是现代诉讼(证明)基本原理的重要组成部分。在现代法治社会,直接言词原则与公开原则、辩论原则等一并被视为使诉讼和证据制度贴近国民的必要手段。[1] 此外,经当事人同意,民事诉讼活动可以通过信息网络平台在线进行。在线诉讼的适用以当事人同意、案件适宜在线办理、诉讼主体具备相应技术能力为基本条件,充分尊重当事人审理方式选择权,确保案件审理的质量和效率。

二、开庭审理的程序

人民法院适用普通程序审理民事案件,必须严格按照法定程序进行。开庭审理包括庭审准备、法庭调查、法庭辩论、合议庭评议以及宣告判决五个阶段。

(一)庭审准备

法院在开庭审理的预备阶段,应当做好以下几项工作:(1)开庭通知和公告。人民法院审理民事案件,应当在开庭3日前用传票传唤当事人参加庭审。对诉讼代理人、证人、鉴定人、勘验人和翻译人员应当用通知书通知其到庭。当事人或其他诉讼参与人在外地的,应留有必要的在途时间。公开审理的案件,应当公告当事人姓名、案由和开庭的时间、地点。公告可以通过在法院的公告栏张贴通知,也可以用其他方式公告,如通过网络公告庭审信息。(2)查明当事人等是否到庭并宣读法庭纪律。

---

〔1〕 参见邱联恭:《程序制度机能论》,台北,台湾大学出版中心2018年版,第239页。

开庭审理前,书记员应当查明当事人和其他诉讼参与人是否到庭,当事人或其他诉讼参与人没有到庭的,应当将情况及时汇报审判长,并由合议庭确定是否需要延期审理或中止诉讼。查明到庭人员后,书记员宣布当事人及诉讼参与人入庭,并宣读法庭纪律。(3)核对当事人及告知诉讼权利和义务等。依照有关规定,书记员在宣读完法庭纪律后,即应宣布全体起立,请合议庭组成人员入庭。书记员向审判长报告当事人及其他诉讼参与人的出庭情况。(4)开庭审理时,由审判长或者独任审判员核对当事人,宣布案由,宣布审判人员、法官助理、书记员等的名单,告知当事人有关的诉讼权利义务,询问当事人是否提出回避申请。若当事人提出回避申请,应由审判长宣布休庭,申请回避的理由不成立的,由审判长在重新开庭时宣布驳回申请,并记入笔录;理由成立的,决定回避,由审判长宣布延期审理。

(二)法庭调查

在完成以上开庭准备工作后,审判长宣布进入法庭调查阶段。

法庭调查是指人民法院依照法定程序,主持当事人陈述或反驳对方的诉讼请求,提供证据、进行质证以及审查核实证据的活动和过程。通过法庭调查,审判人员能够全面核查双方当事人的证据材料,掌握基本案情,同时确定案件的主要争议焦点,引导当事人进入下一步的法庭辩论,因此,法庭调查是开庭审理的中心环节。法庭调查按照以下程序进行。

1. 当事人陈述

当事人陈述是法庭调查的第一步。当事人陈述按照原告、被告和第三人的顺序依次进行:(1)由原告宣读起诉状或者口头陈述诉讼请求以及依据的事实、理由。(2)由被告口头陈述事实或者宣读答辩状,对原告的诉讼请求提出答辩意见。由于我国不实行“强制答辩”制度,被告没有提交答辩状的,进行口头答辩。被告提出反诉的,应当陈述诉讼请求和理由。(3)如果有第三人参加诉讼,第三人陈述或者答辩。首先由有独立请求权的第三人陈述诉讼请求和理由,然后由无独立请求权的第三人针对原、被告的陈述提出承认或者否认的答辩意见。(4)原告或者被告对第三人的陈述进行答辩。(5)在所有当事人都陈述完毕之后,审判长应当归纳本案争议焦点或者法庭调查重点,并征求当事人的意见。

当事人在庭审中对其在审理前的准备阶段认可的事实和证据提出不同意见的,人民法院应当责令其说明理由。必要时,可以责令其提供相应证据。人民法院应当结合当事人的诉讼能力、证据和案件的具体情况进行审查。理由成立的,可以列入争议焦点进行审理。

2. 出示证据并相互质证

证据应当在法庭上出示,由当事人质证。未经质证的证据,不能作为认定案件事实的根据。但是,涉及国家秘密、商业秘密和个人隐私或者法律规定的其他应当保密的证据,不得在开庭时公开质证。在法庭调查中,质证按照原告、被告、第三人的顺序进行,即首先由原告出示证据,被告、第三人与原告进行质证;再由被告出示证据,原告、第三人与被告进行质证;接着由第三人出示证据,原告、被告与第三人进行质证。人民法院依照当事人的申请调查和收集的证据作为提出申请的一方当事人提供的证据。人民法院依照职权调查和收集的证据应当在庭审时出示,听取当事人的意见,并可就调查和收集该证据的情况予以说明。

案件有两个以上独立存在的事实或者诉讼请求的,可以要求当事人逐项陈述事实和理由,逐个出示证据并分别进行调查和质证。案件的同一事实,除举证责任倒置外,由提出主张的一方当事人首先举证,然后由另一方当事人举证。另一方当事人不能提出足以推翻前一事实的证据的,对这一事实可以认定;提出足以推翻前一事实的证据的,再转由提出主张的当事人继续举证。

在对各类证据进行质证时,应按以下顺序出示:(1)证人证言。证人经当事人申请和法院许可的,应当出庭作证。审判人员应当首先对证人的身份进行确认,并告知证人的权利和义务。证人应当客观陈述其亲身感知的事实,不得使用猜测、推断或者评论性的语言。证人为聋哑人的,可以通过其他方式作证。证人出庭作证确有困难的,经人民法院许可,可以提交书面证言或者视听资料或者通过双向视听传输技术手段作证。审判人员和当事人可以对证人进行询问。证人不得旁听法庭审理;询问证人时,其他证人不得在场。人民法院认为有必要的,可以让证人进行对质。(2)书证、物证、视听资料和电子数据。出示书证、物证应当由法警进行,视听资料必须当庭播放演示。对书证、物证、视听资料进行质证时,当事人有权要求出示证据的原件或者原物。但是,如果出示原件或原物确有困难并经法院准许,或者原件或原物已不存在并有证据证明复制件、复制品与原件或原物一致的,可以出示复制件、复制品。(3)鉴定意见。当事人对鉴定意见有异议或者人民法院认为鉴定人有必要出庭的,鉴定人应当出庭作证。经人民法院通知,鉴定人拒不出庭作证的,鉴定意见不得作为认定事实的依据,支付鉴定费用的当事人可以要求返还鉴定费用。鉴定人出庭的,审判人员应当告知鉴定人的权利和义务。鉴定人当庭宣读鉴定意见后,经法庭许可,当事人可以向鉴定人发问。当事人可以申请人民法院通知有专门知识的人出庭,就鉴定人作出的鉴定意见或者专业问题提出意见。鉴定人确因特殊困难无法出庭的,由审判人员宣读鉴定结论。当事人对鉴定结论有异议的,可以申请重新鉴定;是否准许,由法庭决定。(4)勘验笔录。勘验笔录由勘验人或审判人员当庭宣读。经法庭许可,当事人可以向勘验人发问。当事人对勘验笔录有异议的,可以申请重新勘验;是否准许,由法庭决定。

在举证、质证过程中,审判人员可以询问当事人;经审判长许可,当事人可以互相发问。当事人在法庭上出示的证据应当属于在举证时限内提供的证据。经过质证的证据,法庭能够当即认定的,应当当即认定;当即不能认定的,可以在合议庭合议后再予以认定。当事人在法庭上提出新的证据的,人民法院应当依照新证据的有关规定处理。

（三）法庭辩论

法庭辩论是当事人及其诉讼代理人在合议庭的主持下，在法庭调查的基础上，就案件的事实认定和法律适用进一步阐述自己的观点和意见，相互进行言词辩驳的诉讼活动。法庭辩论的主要任务是通过口头辩论，进一步查明案件事实、核实有关证据、分清是非曲直，为最终的裁判奠定基础。法庭辩论按照下列顺序进行：(1)原告及其诉讼代理人发言；(2)被告及其诉讼代理人答辩；(3)第三人及其诉讼代理人发言或者答辩；(4)互相辩论。

在法庭辩论的过程中，需要注意以下几点：(1)法庭调查结束后，审判人员应当对案件的争议焦点进行归纳和总结，引导当事人围绕焦点进行辩论。当事人及其诉讼代理人的发言与本案无关或者重复未被法庭认定的事实，审判人员应当予以制止。(2)一轮辩论结束后当事人要求继续辩论的，可以进行下一轮辩论。下一轮辩论不得重复第一轮辩论的内容。(3)当事人及其诉讼代理人如果提出新的事实和证据，合议庭可以停止辩论，恢复法庭调查，查清以后再继续辩论。(4)法庭辩论时，审判人员不得对案件性质、是非责任发表意见，不得与当事人辩论。

人民法院根据案件具体情况并征得当事人同意，可以将法庭调查和法庭辩论合并进行。在案件受理后、法庭辩论结束前，原告增加诉讼请求，被告提出反诉，第三人提出与本案有关的诉讼请求，可以合并审理的，人民法院应当合并审理。法庭辩论由各方当事人依次发言。法庭辩论终结，由审判长按照原告、被告、第三人的先后顺序征询各方的最后意见。此时，审判长或者独任审判员征得各方当事人的同意后，可以依法进行调解；调解不成的，应当及时判决。

（四）合议庭评议

法庭辩论终结，由审判长宣布休庭，案件进入合议庭评议阶段。合议庭评议的主要任务是根据法庭调查和法庭辩论的情况，就案件的性质、事实认定、法律适用以及处理结果进行评议并得出结论。合议庭评议的结果就是以判决的形式确认当事人之间的民事权利义务关系。

合议庭评议案件由审判长主持，不公开进行。合议庭的全体成员平等地参与案件的审理、评议和裁判，共同对案件的事实认定和法律适用负责。评议中如果发现案件事实尚未查清，需要当事人补充证据或者由人民法院自行调查和收集证据的，可以决定延期审理，由审判长在继续开庭审理时宣布延期审理的理由和时间，以及当事人提供补充证据的期限。

合议庭评议案件时，先由承办法官对认定案件事实、证据是否确实、充分以及适用法律等发表意见，审判长最后发表意见，审判长应当根据评议情况总结合议庭评议的结论性意见。合议庭成员进行评议时，应当认真负责，充分陈述意见，独立行使表决权，不得拒绝陈述意见或者仅做同意与否的简单表态。同意他人意见的，也应当提出事实根据和法律依据，进行分析论证。合议庭成员对评议结果的表决以口头表决的形式进行。合议庭有不同意见时，实行少数服从多数原则，即合议庭评议案件时,若合议庭成员有不同意见,则以多数合议庭成员的意见为合议庭的意见;但是,少数人的意见要如实记入笔录。评议笔录由书记员制作,由合议庭成员和书记员签名或盖章。

(五)宣告判决

人民法院经过合议庭评议后作出的民事判决,应当公开宣判。公开宣判有两种方式,即当庭宣判和定期宣判。当庭宣判,即由审判长在开庭审理的当日宣布继续开庭并宣读判决,在宣判后的10日内向有关当事人发送判决书。定期宣判,即另外确定日期宣判。定期宣判后,应立即发给判决书。当庭宣判的案件,除当事人当庭要求邮寄发送裁判文书外,人民法院应当告知当事人或者诉讼代理人领取裁判文书的时间和地点以及逾期不领取的法律后果。上述情况,应当记入笔录。

判决书应当写明:案由、诉讼请求、争议的事实和理由;判决认定的事实、理由和法律依据;判决结果和诉讼费用的负担;上诉期间和上诉法院。判决书由审判人员、书记员署名,加盖人民法院印章。

庭审过程中,书记员应当将法庭审理的全部活动记入笔录,由审判人员和书记员签名。庭审结束后,法庭笔录应当当庭宣读,也可以告知当事人和其他诉讼参与人当庭或者在5日内阅读。当事人和其他诉讼参与人认为记录无误的,应当签名或盖章;拒绝签名或盖章的,记明情况附卷。当事人和其他诉讼参与人认为对自己的陈述记录有遗漏或者差错的,有权申请补正;如果不予补正,应当将申请记录在案。

三、审理期限

审理期限,是指法律规定的人民法院审结民事案件的时间限制。规定审理期限的目的是促使人民法院及时审理案件,防止诉讼拖延,提高诉讼效率,保护当事人的合法权益。人民法院适用普通程序审理的案件,应当自立案之日起6个月内审结。有特殊情况需要延长的,由审理案件的人民法院院长批准,可以延长6个月;还需要延长的,须报请上一级人民法院批准。对再次申请延长的,应当在审理期限届满10日前报请上一级人民法院批准,可以再延长3个月。审理期限是指从立案次日起至裁判宣告、调解书送达之日止的期间;但是,在公告期间、鉴定期间、双方当事人和解期间、审理当事人提出的管辖权异议以及处理人民法院之间管辖权争议的期间不计算在内。

第五节　法院调解

一、法院调解概述

在我国民事诉讼中,调解是指双方当事人在人民法院的主持下,本着互谅互让的精神,在自愿的基础上就民事争议的解决方案及内容达成协议,以此解决民事争议案件的活动。调解在民事诉讼活动中的各个阶段,包括起诉、开庭审理前准备阶段,调查、辩论阶段以及上诉阶段都可以进行。因此,调解是我国人民法院审理民事案件的一种审理方式,人民法院审理民事案件,应当根据自愿和合法的原则进行调解;调解不成的,应当及时判决。也就是说,人民法院审理民事案件,可以进行调解,也可以进行判决。若调解成功,就无须判决;若调解不成,应当及时判决。当事人起诉到人民法院的民事纠纷,适宜调解的,先行调解;但当事人拒绝调解的除外。因此,在民事诉讼中,人民法院对于适宜调解的民事案件,应当优先进行调解,但不能违反自愿原则和合法原则。

一般认为,对于我国民事诉讼中的调解,可以从以下几个方面理解:第一,人民法院审理民事案件,应当根据需要和可能进行调解。一般情况下,民事权利具有可处分性,人民法院对大部分民事案件都可以进行调解,但有一些特定的案件由于本身性质上的特点不适宜采用调解的方式。例如,适用特别程序、督促程序和公示催告程序审理的案件,须采取罚款、追缴违法所得等制裁措施的案件,确认合同无效的案件,需要给予经济制裁的有严重违法活动的经济纠纷案件等,从性质上说并不适合采取调解的方式加以解决。第二,人民法院应当根据自愿和合法的原则进行调解。自愿,是指能否调解和调解能否达成协议,均需征得当事人双方的同意。合法,是指人民法院进行调解必须遵守民事诉讼法规定的程序,达成协议的内容必须不违反民法等实体法的强制性规定。第三,调解贯穿审判程序的各个阶段。无论是第一审程序还是第二审程序、再审程序,无论是按普通程序还是按简易程序审理的案件,只要是能够调解的案件,人民法院都可以进行调解。第四,调解和判决都是人民法院解决民事纠纷的方式,它们之间难分优劣。调解一般应当先行,调解不成的应当及时判决。但是,调解并非解决民事纠纷的必经程序,也不必然成为某一类案件的结案方式。

以调解方式解决民事纠纷是我国民事诉讼的优良传统和成功经验,体现了我国民事诉讼法的特点。对双方当事人来说,和解息讼,无胜诉、败诉之分,不伤感情,有利于执行,也有利于减少新的纠纷;对人民法院而言,通过调解解决纠纷,便于结案,有利于节省司法资源。具体而言,我国《民事诉讼法》将调解作为一项基本原则加以规定,显示了调解的重要地位与重大意义:第一,它是我国人民司法工作的优良传统和成功经验;第二,它符合民事纠纷的性质和特点,适应了正确解决人民内部矛盾的客观需要;第三,它有利于迅速、彻底地解决纠纷,维护当事人之间的团结,并可以简化诉讼程序,节省时间和费用。[1]

二、法院调解的原则

法院调解的原则,是指人民法院和当事人在调解活动中必须遵守的基本准则。法院调解应当遵守自愿原则和合法原则。当事人一方或者双方坚持不愿调解的,应当及时裁判。人民法院审理离婚案件,应当进行调解,但不应久调不决。

---

〔1〕 参见田平安主编:《民事诉讼法原理》,厦门大学出版社 2005 年版,第 187 页。

(一)自愿原则

自愿原则,是指无论是调解程序的启动、调解程序的进行还是调解协议的内容都必须以双方当事人完全自愿为前提。一方面,调解程序的启动和进行必须是双方当事人的意愿。人民法院必须根据当事人自愿的原则进行调解。当事人一方或者双方坚持不愿调解的,人民法院应当及时判决。调解的启动有两种方式:一是当事人自愿申请人民法院调解。双方当事人均申请法院调解时,人民法院不应当拒绝调解。如果只有一方当事人申请调解,审判人员征求另一方当事人同意的,可以进行调解。二是人民法院主动提出调解,并在征得双方当事人同意的基础上进行调解。例如,人民法院审理离婚案件,应当进行调解,但不应久调不决。对于应当进行调解的案件,不能理解为必须进行调解,笔者认为,应该理解为法院有责任主动询问当事人是否同意人民法院调解,只要其中一方当事人拒绝调解,人民法院就不应坚持调解,而应当及时判决。另一方面,经过调解达成的调解协议的内容必须是当事人真实意思的反映。调解协议是在审判人员的主持下,在双方当事人平等协商的基础上达成的,不应存在欺诈、胁迫或者重大误解等情形。调解协议也是当事人对自己权利自由处分的体现,审判人员可以根据法律政策对当事人进行引导,提出供当事人参考的调解方案,但不能将自己对案件的处理意见强加于当事人。

(二)合法原则

合法原则,是指人民法院进行调解的过程和当事人达成的调解协议必须符合法律的有关规定。合法原则具体要求:一是法院调解过程必须依照法律规定的程序进行;二是当事人双方达成的调解协议的内容不得违反国家政策、法律的规定,不得损害国家、集体和其他公民的利益。应当注意到,调解协议的合法性要求与判决的合法性要求程度有所不同,调解协议是当事人互相妥协、互相让步达成的结果,当然不能要求调解协议的内容与依照法律严格认定的权利义务关系完全一致,只要当事人的调解协议没有违反法律的禁止性规定,不违反公序良俗和损害第三人利益,都应该认定为合法。当事人不能通过调解、和解等方式侵害他人合法权益。人民法院审理民事案件,发现当事人之间恶意串通,企图通过和解、调解方式侵害他人合法权益的,应当依照虚假诉讼处理。

除了自愿原则和合法原则之外,有些学者认为,查明事实、分清是非也是法院调解的基本原则。[1] 对此,也有学者认为,只要当事人自愿达成调解,协议内容又不违反法律的强制性规定,不损害第三人的利益,法院就应当认可调解协议的内容,强调法院查明事实、分清是非没有太大的意义。[2] 我们认为,法院调解的基础是当事人对自己实体权利的处分,强调调解要“在事实清楚的基础上,分清是非,进行调解”

---

〔1〕 参见张卫平主编:《民事诉讼法必读资料》,法律出版社 2004 年版,第 283 页;江伟主编:《民事诉讼法》(第 6 版),中国人民大学出版社 2013 年版,第 221 页。

〔2〕 参见叶榅平、陈芳编著:《民事诉讼法》,格致出版社、上海人民出版社 2010 年版,第 241 页。

的主要目的在于要求调解不能违背基本的事实，也在于强调只有在分清是非的基础上，才有希望促使当事人达成调解协议。因此，该条规定并不是严格要求人民法院的调解一定要在查明事实、分清是非的前提下才能进行；否则，就可能在客观上限制了法院调解程序的适用。当然，我们认为，调解除了不违反法律的强制性规定，不侵害第三人利益的传统含义以外，还应该符合基本事实，当事人的权利和义务没有显失公平。因此，虽然调解协议是当事人处分自己权利的表现，但如果一方利用自己在法律知识、时间、金钱等方面的优势地位，趁机与对方签署显失公平的调解协议，或者调解协议完全背离案件的基本事实时，人民法院完全可以该调解协议违反法律规定而不予认可。综上所述，笔者认为，没有必要将查明事实、分清是非单独作为调解的基本原则，人民法院完全可以根据合法原则，解决调解协议背离案件基本事实而产生的问题。

三、法院调解的程序

（一）法院调解的适用范围

法院调解作为人民法院审理民事案件的一种方式，具有广泛的适用性。从适用的主体来看，各级各类人民法院审理民事案件都可以进行调解。从适用的程序看，在第一审普通程序、简易程序、第二审程序和审判监督程序中，人民法院都可以适用调解方式解决民事纠纷。从适用的审理阶段看，在开庭审理前、审理过程中以及判决作出前都可以适用调解。

不过，调解并不能适用于所有案件。根据《民事诉讼法》及相关司法解释，适用特别程序、督促程序、公示催告程序的案件，不能适用调解；有关婚姻关系、身份关系确认的案件以及依性质不能进行调解的民事案件，不能适用调解。此外，对于下列民事案件，人民法院在开庭审理时应当先行调解：(1)婚姻家庭纠纷和继承纠纷；(2)劳务合同纠纷；(3)交通事故和工伤事故引起的权利义务关系较为明确的损害赔偿纠纷；(4)宅基地和相邻关系纠纷；(5)合伙合同纠纷；(6)诉讼标的额较小的纠纷。但是，根据案件的性质和当事人的实际情况不能调解或者显然没有调解必要的除外。

（二）法院调解的程序

法院调解的程序，是指在审判人员的主持下，双方当事人达成调解协议的步骤和方式。《民事诉讼法》没有规定法院调解的独立程序，只做了原则性规定，主要分为以下几个步骤。

1. 调解程序的启动

法院调解程序的启动包括两种方式：一是由当事人申请调解；二是法院在征得当事人同意后依职权进行调解。人民法院受理案件后，经审查，认为法律关系明确、事实清楚，在征得当事人双方同意后，可以径行调解。

作为审判人员，应当做好以下工作：在案件受理后，应在诉讼权利义务告知书中告知当事人有申请调解的权利，告知调解的条件、调解中的诉讼权利和义务、调解的法律效果;在庭审前可以征求当事人是否愿意调解的意见,讲明调解的好处和具体做法,在庭审过程中、法院辩论结束后,应当征询当事人是否愿意调解。无论是哪一种方式,法院开始调解程序的,应当暂时停止审判工作;若在庭审过程中,应当宣布暂时休庭。

2. 调解过程

人民法院进行调解,既可以由审判员一人主持,也可以由合议庭主持,并尽可能就地进行。可以邀请有关单位和个人协助;被邀请的单位和个人应当协助人民法院进行调解。有关单位包括当事人所在地的基层组织和人民调解组织等。被邀请的单位和个人应当积极协助人民法院进行调解,配合法院做好思想教育和疏导工作。

法院调解时,双方当事人都应当出庭参加调解,无诉讼行为能力的当事人应由其法定代理人出庭参加调解。人民法院调解案件时当事人不能出庭的,经其特别授权,可由其委托代理人参加调解,达成的调解协议可以由委托代理人签名。离婚案件当事人应当亲自出庭参加调解,确因特殊情况无法出庭的,除本人不能表达意志的以外,应当出具书面意见。对涉及精神病人的离婚案件,除了有关子女抚养和财产分割可以由其法定代理人与对方协商外,对于是否解除婚姻关系应当采用判决方式予以确认。

人民法院调解应尽可能就地进行。在司法实践中,人民法院一般选择在法院内部进行调解,实际上,就地调解便于当事人参加调解,也使审判员能更好地掌握当事人的情况,更容易得到当地群众、基层组织和当事人所在单位的支持和协助,因此,也更容易调解成功。

人民法院进行调解,可以用简便方式通知当事人、证人到庭。人民法院应当在调解前告知当事人主持调解人员和书记员的姓名以及是否申请回避等有关诉讼权利和诉讼义务。在答辩期满前人民法院对案件进行调解,适用普通程序的案件自当事人同意调解之日起15日内、适用简易程序的案件自当事人同意调解之日起7日内未达成调解协议的,经各方当事人同意,可以继续调解,延长的调解期间不计入审限。

人民法院审理民事案件,调解过程不公开,但当事人同意公开的除外。调解协议内容不公开,但为保护国家利益、社会公共利益、他人合法权益,人民法院认为确有必要公开的除外。主持调解以及参与调解的人员,对调解过程以及调解过程中获悉的国家秘密、商业秘密、个人隐私和其他不宜公开的信息,应当保守秘密,但为保护国家利益、社会公共利益、他人合法权益的除外。

法院调解开始后,先由当事人陈述案件的事实和理由,并出示相关证据,进行质证和辩论。主持调解的审判人员应当认真听取双方当事人对案件事实和理由的陈述,并根据当事人质证和辩论的情况查明案件的基本事实。在此基础上,结合有关法律和政策对当事人进行宣传教育,引导当事人就具体的争议事项进行协商解决。

在调解过程中,当事人可以自行提出调解方案,主持调解的审判人员也可以提出调解方案以供当事人协商时参考,但不能强迫当事人接受调解方案。

3. 调解结束

法院调解程序结束的原因有两个:一是因调解成功,双方当事人达成调解协议而结束;二是调解失败,当事人未达成调解协议而结束。

达成调解协议的,人民法院应当对调解协议进行审查,没有违反法律禁止性规定的,应当对调解协议予以确认。需要制作调解书的,人民法院应当根据调解协议的内容制作调解书,送交当事人签收;不需要制作调解书的,应当由书记员将调解协议的内容记入笔录或卷宗,当事人应在调解笔录上签字或盖章。

对于经调解未达成调解协议或调解协议违反法律禁止性规定而当事人又不愿意修改的,人民法院应当终结调解程序,并恢复对案件的审理,及时作出判决。

四、调解协议及其效力

(一)调解协议的内容

调解协议是在审判人员的主持下,双方当事人经平等协商,就民事纠纷的解决及确认双方的权利义务关系所达成的协议。在审判人员的主持下,当事人达成调解协议并经人民法院确认后,调解即告成功,法院调解程序结束。

调解协议的内容根据当事人协商达成的合意进行确定,调解协议必须经双方自愿达成,不得强迫,调解协议的内容不得违反法律规定。调解协议的认定,应遵循以下规则:(1)调解协议的内容超出诉讼请求的,人民法院可以准许。(2)人民法院对于调解协议约定一方不履行协议应当承担民事责任的,应予准许。(3)调解协议约定一方不履行协议,另一方可以请求人民法院对案件作出裁判的条款,人民法院不予准许。调解协议约定一方提供担保或者案外人同意为当事人提供担保的,人民法院应当准许。案外人提供担保的,人民法院制作调解书时应当列明担保人,并将调解书送交担保人。担保人不签收调解书的,不影响调解书的生效。当事人或者案外人提供的担保符合法律规定的条件时生效。(4)调解协议具有下列情形之一的,人民法院不予确认:①侵害国家利益、社会公共利益的;②侵害案外人利益的;③违背当事人真实意思的;④违反法律、行政法规禁止性规定的。当事人不能对诉讼费用如何承担达成协议的,不影响调解协议的效力。人民法院可以直接决定当事人承担诉讼费用的比例,并将决定记入调解书。

(二)协调协议的形式

发生效力的调解协议有以下三种形式:调解书、调解笔录和调解协议附卷。

调解书是人民法院制作的,记载当事人所达成的调解协议内容的法律文书。调解书以调解协议为依据,既是对当事人调解协议的确认,也是人民法院批准调解协议的形式。调解书应当写明诉讼请求、案件的事实和调解结果。调解书由审判人员、书记员署名,加盖人民法院印章,送达双方当事人。调解书经双方当事人签收后,即具有法律效力。调解书需经当事人签收后才发生法律效力的,应当以最后收到调解书的当事人签收的日期为调解书生效日期。人民法院调解民事案件,需由无独立请求权的第三人承担责任的，应当经其同意。该第三人在调解书送达前反悔的，人民法院应当及时裁判。

对于法律规定的特殊案件，人民法院可以不制作调解书，只需将当事人达成的调解协议记入笔录即可。下列案件调解达成协议，人民法院可以不制作调解书：(1)调解和好的离婚案件；(2)调解维持收养关系的案件；(3)能够即时履行的案件；(4)其他不需要制作调解书的案件。对不需要制作调解书的协议，应当记入笔录，由双方当事人、审判人员、书记员签名或者盖章后，即具有法律效力。对于其他不需要制作调解书的案件，当事人各方同意在调解协议上签名或者盖章后即发生法律效力的，经人民法院审查确认后，应当记入笔录或者将调解协议附卷，并由当事人、审判人员、书记员签名或者盖章后即具有法律效力。若当事人请求制作调解书，人民法院审查确认后可以制作调解书送交当事人。当事人拒收调解书的，不影响调解协议的效力。

当事人自行和解或者调解达成协议后，请求人民法院按照和解协议或者调解协议的内容制作判决书的，人民法院不予准许。无民事行为能力人的离婚案件，由其法定代理人进行诉讼。法定代理人与对方达成协议要求发给判决书的，可根据协议内容制作判决书。

（三）调解协议的效力

法院调解生效的时间因调解协议的形式不同而有所区别。人民法院制作调解书的，调解书经双方当事人签收后即具有法律效力。对不需要制作调解书的协议，应当记入笔录，由双方当事人、审判人员、书记员签名或者盖章后即具有法律效力。将调解协议附卷的，同样经由双方当事人、审判人员、书记员签名或者盖章后即具有法律效力。

调解书、调解协议记入笔录或附卷后，即产生与生效判决同等的法律效力，具体表现在以下几个方面：(1)确定当事人之间的民事实体权利义务关系。法院调解生效后，当事人之间的民事实体权利义务关系得以确认，民事纠纷得以解决，当事人不得就同一争议再次起诉。(2)结束诉讼程序。法院调解是人民法院审结案件的方式之一。法院调解生效后，诉讼程序即告终结，人民法院不得就同一案件再行审判或另行判决，当事人也不得提起上诉。(3)强制执行的效力。生效的调解协议与判决书一样，都具有强制执行的效力。依据法律规定，调解协议有给付内容的，一方当事人若拒绝履行，另一方当事人有权向法院申请强制执行。

第六节　撤诉、缺席判决和延期审理

一、撤诉

撤诉是当事人在人民法院受理案件后、判决宣告前，撤回已经成立之诉。撤诉是当事人的诉讼权利，是当事人依法行使处分权的表现。撤诉的当事人必须向人民法院明确表示撤回诉的意思,其目的在于结束正在进行的诉讼。因此,诉一旦被撤回,人民法院便不能继续对案件进行审判,有关当事人和其他诉讼参与人也应退出诉讼。

(一)撤诉的情形

按照不同的标准,可以对撤诉进行不同的分类:按照撤诉行为的积极和消极形态,可以分为当事人申请撤诉和按撤诉处理;按照不同的诉的主体,可以分为撤回本诉、撤回反诉和撤回参加之诉;按照诉的审级不同,可以分为撤回起诉和撤回上诉。对于撤回上诉,将在二审程序中专门阐述。我国诉讼实践中的撤诉包括两种情形:

一是申请撤诉。申请撤诉是指在一审判决宣告前,原告向人民法院申请撤回其起诉的行为。当事人申请撤诉,是否准许,由法院裁定。申请撤诉必须符合下列条件:(1)申请撤诉的主体是处于原告地位的当事人,包括原告撤回起诉、被告撤回反诉、有独立请求权的第三人撤回参加之诉。处于被告地位的当事人无权提出撤诉。诉讼代理人代替当事人提出撤诉请求的,应当有当事人的特别授权。(2)要以书面或口头方式向人民法院明确提出撤诉的请求。《民事诉讼法》未规定撤诉的具体方式。我们认为,既然当事人可以书面或口头方式向法院起诉,撤回起诉同样可以适用。书面方式申请撤诉,是指向法院递交撤诉申请书;口头方式申请撤诉的,由法院记入法庭笔录,由当事人签字或者盖章。(3)申请撤诉是当事人真实的意思表示,撤诉是当事人的诉讼权利,任何单位和个人包括审判人员不得强迫原告申请撤诉。(4)撤诉申请应经人民法院审查。当事人提出撤诉申请后,受诉人民法院应当及时进行审查。经审查,认为撤诉申请符合条件的,裁定准予撤回起诉;反之,裁定不准许撤回起诉。(5)撤诉申请必须在受诉人民法院宣判前提出。

二是按撤诉处理。按撤诉处理是指人民法院依照法律规定,对于起诉的某些行为裁定按照申请撤诉处理。有以下情形之一的,可以按撤诉处理:(1)原告经传票传唤,无正当理由拒不到庭,或者未经法庭许可中途退庭的;(2)原告为无诉讼行为能力人,其法定代理人经传票传唤,无正当理由拒不到庭,又不委托代理人到庭的;(3)原告未按规定预交案件受理费,经法院通知后仍不预交,又不存在申请免交或者缓交理由的;(4)有独立请求权的第三人经传票传唤,无正当理由拒不到庭,或者未经法庭许可中途退庭的。

(二)撤诉的法律效力

无论是当事人申请撤诉还是存在按撤诉处理的情形,人民法院都应当根据具体情形决定是否准许撤诉或按撤诉处理。当事人申请撤诉或者依法可以按撤诉处理的案件,如果当事人有违反法律的行为需要依法处理,人民法院可以不准许撤诉或者不按撤诉处理。法庭辩论终结后原告申请撤诉,被告不同意的,人民法院可以不予准许。

若人民法院准许撤诉或按撤诉处理,则人民法院的准许撤诉或按撤诉处理的决定具有以下效力:第一,结束本案诉讼程序。撤诉是人民法院结案的方式之一,人民法院裁定撤诉后,本案诉讼程序终结,人民法院无须也无权继续审理案件。因此,在单一之诉中,原告撤回起诉,法院裁定终结诉讼,原告在诉讼时效内就同一案件仍可再次起诉。第二,撤诉后视为未起诉。撤诉并未涉及实体权利的处分,只是当事人处分诉讼权利的表现,人民法院也未对案件作出实质性的裁判。因此,当事人在撤诉后还可以就同一案件再行起诉。第三,诉讼时效重新开始计算。无论是申请撤诉还是按撤诉处理,诉讼时效从人民法院裁定准许撤诉之日起重新计算。第四,在既有本诉又有反诉的案件中,仅被告撤回反诉的,不影响本诉的审理。人民法院准许本诉原告撤诉的,应当对反诉继续审理;被告申请撤回反诉的,人民法院应予准许。第五,在有独立请求权第三人参加的案件中,原告申请撤诉的,人民法院在准许原告撤诉后,有独立请求权的第三人作为另案原告,原案原告和被告作为另案被告,诉讼继续进行。

二、缺席判决

缺席判决是相对于对席判决而言的,是指人民法院在一方当事人无故拒不到庭或者未经法庭许可中途退庭的情况下依法审理后所作出的判决。法律规定缺席判决制度,对于人民法院及时、有效地行使审判权,维护司法权威,保护当事人的合法权益具有重要的意义。

当事人出庭陈述既是其权利,也是其义务。有下列情形之一的,即使当事人不出庭,人民法院也可以缺席判决:第一,被告经人民法院合法传票传唤,无正当理由拒不到庭,或者未经法庭许可中途退庭的。被告经传票传唤无正当理由拒不到庭或者未经法庭许可中途退庭的,人民法院应当按期开庭或者继续开庭审理,对到庭当事人的诉讼请求、双方的诉辩理由以及已经提交的证据和其他诉讼材料进行审理后,可以依法缺席判决。第二,被告反诉,原告经人民法院合法传票传唤,无正当理由拒不到庭,或者未经法庭许可中途退庭的。在此情况下,对于原告起诉的本诉,法院应根据情况按撤诉处理或继续开庭审理;对于被告提起的反诉,本诉的原告即反诉的被告,适用情形如前述第一项。第三,无民事行为能力的当事人的法定代理人,经传票传唤无正当理由拒不到庭,属于原告方的,按撤诉处理;属于被告方的,可以缺席判决。必要时,人民法院可以拘传其到庭。第四,人民法院裁定不准许原告撤诉的,原告经法院传票传唤,无正当理由拒不到庭的。

三、延期审理

延期审理,是指人民法院已经确定开庭审理日期后,或者在开庭审理的过程中,由于出现某种法定事由,使开庭不能如期进行,或者使已经开庭的庭审无法继续进行,从而决定将案件推延审理,重新确定开庭日期的诉讼制度。一般情况下,开庭日期一经确定,就不得任意更改,并且开庭审理一旦开始,就应持续进行,不得任意拖延。当事人和其他诉讼参与人必须按时到庭参加诉讼。但是,如果出现了法定事由,致使开庭审理无法如期举行或继续进行时,人民法院则必须决定延期审理。有下列情形之一的,可以延期审理。

第一,必须到庭的当事人和其他诉讼参与人有正当理由没有到庭的。通常而言,必须到庭的当事人主要包括:(1)能正确表达意志且无特殊情况的离婚案件当事人;(2)负有赡养、抚养、扶养义务和不到庭就无法查清案情的被告。必须到庭的其他诉讼参与人是指不到庭就无法查清案情或无法开庭审理的诉讼参与人,如重要的证人、翻译等。必须到庭的当事人和其他诉讼参与人无正当理由没有到庭的,法院可根据情况予以处理,如适用撤诉、缺席判决或拘传其到庭等。

第二,当事人临时提出回避申请的。当事人提出回避申请可以在庭审前提出,也可以在庭审过程中、法庭辩论结束之前提出。在庭审过程中提出回避申请的,被申请回避的人员在法院作出是否回避的决定前,应当暂停参与本案的工作。这时只能延期审理。

第三,需要通知新的证人到庭,调取新的证据,重新鉴定、勘验,或者需要补充调查的。在这些情形下,庭审活动均无法继续进行,人民法院可以决定延期审理。

第四,其他应当延期的情形。这是一个弹性条款,由人民法院根据实际情况自行掌握,如责令当事人及其诉讼代理人退出法庭等。

在开庭审理的过程中,若出现上述情形,人民法院可以决定延期审理;同时,当事人也可以申请延期审理,是否准许,由人民法院决定。决定延期审理的,人民法院应及时通知当事人和其他诉讼参与人。

第七节 诉讼中止与诉讼终结

一、诉讼中止

诉讼中止是指在诉讼过程中,因出现法定事由而使诉讼活动难以继续进行,法院裁定暂时停止本案诉讼程序的制度。通常情况下,民事诉讼程序已经启动,就应该依照法定程序不停顿地持续进行,直至案件审结。但是,在诉讼进行的过程中,不免会出现某些特定情形致使诉讼活动无法继续进行,诉讼程序只能暂时停止,待原因消除后再恢复原诉讼程序。

诉讼中止与延期审理不同,诉讼中止是诉讼活动的暂时停止,恢复的时间无法确定,且中止诉讼程序的时间一般较长;延期审理只是推迟审理的时间,其他诉讼活动并不停止,下次开庭的时间一般能够确定,且推迟开庭审理的时间较短。

有下列情形之一的,应当中止诉讼:(1)一方当事人死亡,需要等待继承人表明是否参加诉讼的。作为一方当事人的自然人死亡,其民事诉讼主体资格自然消灭,但诉讼并不一定终结。除涉及身份关系的案件外,一方当事人死亡,有继承人的,人民法院需要等待继承人表明是否继承财产、承担诉讼。若继承人表示愿意参加诉讼,则原诉讼程序恢复进行;如果继承人不愿意参加诉讼,法院对案件依法予以处理。(2)一方当事人丧失诉讼行为能力,尚未确定法定代理人的。如果当事人丧失了诉讼行为能力,则诉讼就不能继续进行,必须在确定法定代理人后,由法定代理人代为诉讼。因此,在法定代理人确定之前,诉讼程序中止。(3)作为一方当事人的法人或者其他组织终止,尚未确定权利义务承受人的。如果作为一方当事人的法人或其他组织因合并、解散、被宣告破产等原因终止,其诉讼权利能力消灭,诉讼程序因缺乏一方当事人而无法继续进行。在此情况下,若有权利义务承受人,则由其权利义务承受人承担诉讼。在确定权利义务承受人期间,法院应当中止诉讼。(4)一方当事人因不可抗拒的事由,不能参加诉讼的。不可抗拒的事由是指无法预见、无法避免和抗衡的事由,如自然灾害、爆发战争等。在诉讼进行的过程中,如果当事人遇到不可抗力无法参加诉讼,人民法院应裁定中止诉讼,待不可抗力事由消除后再恢复诉讼。(5)本案必须以另一案的审理结果为依据,而另一案尚未审结的。本案与其他民事案件、行政案件或刑事案件有牵连,这些案件的处理对本案有重大影响,如果这些案件尚未审结,就难以对本案作出正确的处理,因此,人民法院应裁定中止诉讼,待另一案件审结后再恢复原诉讼程序继续审理案件。(6)其他应当中止诉讼的情形。这是一个弹性条款,由人民法院根据审判实践中的复杂情况灵活掌握。若出现其他情形致使诉讼无法继续进行而须暂时停止时,人民法院可以裁定中止诉讼。

在诉讼过程中,若出现上述情形需要中止诉讼,人民法院应当作出中止诉讼的裁定。诉讼中止的裁定一经作出,立即生效,当事人不能对此申请复议,也不能上诉。裁定诉讼中止后,除已经依法作出的财产保全和先予执行的裁定继续执行外,人民法院应停止本案的审理活动。诉讼中止的原因消除后,可以由当事人申请恢复诉讼程序,也可以由人民法院依职权恢复诉讼程序。恢复诉讼程序时,不必撤销原裁定,从人民法院通知或准许当事人继续进行诉讼时起,中止诉讼的裁定即失去法律效力。诉讼程序恢复进行后,原诉讼程序继续进行而不是重新进行,因此,原已实施的诉讼行为仍然有效。

二、诉讼终结

诉讼终结也称诉讼终止或终结诉讼,是指在诉讼过程中,由于法定的原因使诉讼无法继续进行或进行下去已经没有意义,法院裁定终结诉讼活动的制度。一般情况下,民事诉讼程序是因撤诉、审结或当事人达成和解而终结。因此,诉讼终结是诉讼程序的非正常结束。诉讼终结与诉讼中止的区别在于,诉讼终结是本案诉讼程序的永久性结束,再无恢复的可能;而诉讼中止是本案诉讼程序的暂时停止,一旦造成诉讼中止的原因消除,诉讼程序通常需要恢复进行。

有下列情形之一的,人民法院应当裁定终结诉讼:(1)原告死亡,没有继承人,或者继承人放弃诉讼权利的。民事诉讼因原告的起诉而开始,若在诉讼进行的过程中,原告死亡且无继承人,便没有了实体权利的主体,继续进行诉讼已无可能,应当终结诉讼。若死亡的原告有继承人,但继承人表示放弃诉讼权利的,基于对当事人处分权的尊重,法院也应当终结诉讼。此外,作为原告的法人或其他组织在诉讼进行的过程中终止的,如果其权利义务人明确表示放弃实体权利,同样应裁定终结诉讼。(2)被告死亡,没有遗产,也没有应当承担义务的人的。若出现这种情况,首先是诉讼缺乏被告,继续诉讼已无可能;其次,被告死亡,没有遗产,也没有应当承担义务的人,原告的诉讼请求不可能通过诉讼得到满足,继续进行诉讼已没有实际意义。因此,人民法院应当裁定终结诉讼。(3)离婚案件的一方当事人死亡的。婚姻关系因任何一方当事人的死亡而自行消灭,继续离婚诉讼已无实际意义,应当终结诉讼。(4)追索赡养费、扶养费、抚养费以及解除收养关系案件的一方当事人死亡的。这类案件的权利主体和义务主体之间存在特定的人身关系,权利的享有和义务的履行都不可替代,任何一方死亡都会导致相应的实体权利义务关系消灭。例如,解除收养关系的案件的一方当事人死亡,收养关系自行消灭,继续诉讼既无可能也无必要。

在诉讼过程中,如果出现上述法定情形,人民法院应当裁定诉讼终结。诉讼终结的裁定一经作出即发生法律效力,当事人不能对此申请复议或提起上诉。裁定诉讼终结后,案件的诉讼程序即告结束。

思考与练习

1. 关于起诉与受理的表述,下列选项中正确的是(　　)。

A. 法院裁定驳回起诉,原告再次起诉符合条件的,法院应当受理

B. 法院按撤诉处理后,当事人以同一诉讼请求再次起诉的,法院应当受理

C. 判决不准离婚的案件,当事人没有新事实和新理由再次起诉的,法院一律不予受理

D. 当事人超过诉讼时效起诉的,法院应当受理

2. 根据《民事诉讼法》的规定,下列案件中法院不应当受理的是(　　)。

A. 1999 年 3 月,张某诉至法院要求解除与妻子林某虹的婚姻关系,法院审理后判决不准离婚。同年 6 月,林某虹向法院起诉离婚

B. 王某与邓某因合同履行发生纠纷,王某要求法院确认合同中的仲裁条款无效

C. 赵某顺以其养子不尽赡养义务为由向法院起诉要求解除收养关系,法院判决维持了收养关系。3 个月后,赵某顺又以相同的理由向法院起诉

D. 追索赡养费案件的判决生效后,有新情况、新理由,当事人起诉要求增加赡养费的

3. 下列起诉中,法院应当裁定不予受理或裁定驳回起诉的是(　　)。

A. 甲起诉乙支付拖欠的货款 3 万元,但已超过诉讼时效

B. 甲公司起诉乙公司支付房租 20 万元,但乙公司已被吊销营业执照

C. 甲起诉离婚,诉讼过程中撤诉,2 个月后甲再次起诉离婚,但没有提出新情况、新理由

D. 甲、乙曾同居数年,乙曾经书面允诺送甲一辆价值 10 万元以上的汽车,但一直未履行承诺,甲起诉乙请求给付汽车

4. 下列案件中，人民法院应当受理的是(　　)。

A. 林某曾与李某同居3年，分手时产生纠纷，林某起诉李某，要求赔偿“青春费”5万元

B. 甲诉乙离婚，法院于2004年3月判决不准离婚；2004年7月乙起诉甲，请求离婚

C. 陈某下落不明3年，其丈夫不申请宣告失踪，直接起诉离婚

D. 村民甲想承包本村鱼塘，故起诉村民乙，请求判决解除乙与本村的鱼塘承包合同

5. 法院对于诉讼中有关情况的处理，下列做法中正确的是(　　)。

A. 甲起诉其子乙请求给付赡养费。开庭审理前，法院依法对甲、乙进行了传唤，但开庭时乙未到庭，也未向法院说明理由，法院裁定延期审理

B. 甲诉乙人身损害赔偿一案，甲在前往法院的路上胃病发作住院治疗，法院决定延期审理

C. 甲诉乙离婚一案，在案件审理过程中甲死亡，法院裁定按甲撤诉处理

D. 原告在诉讼中因车祸成为植物人，在原告的法定代理人没有确定的期间，法院裁定中止诉讼

6. 齐某起诉宋某要求返还借款8万元，法院适用普通程序审理并向双方当事人送达出庭传票，因被告宋某不在家，宋某的妻子代其签收了传票。开庭时，被告宋某未到庭。经查，宋某已离家出走，下落不明。关于法院对本案的处理，下列选项中正确的是(　　)。

A. 法院对本案可以进行缺席判决

B. 法院应当对被告宋某重新适用公告方式送达传票

C. 法院应当通知宋某的妻子以诉讼代理人的身份参加诉讼

D. 法院应当裁定中止诉讼

7. 根据《民事诉讼法》及相关司法解释，关于离婚诉讼，下列选项中正确的是(　　)。

A. 被告下落不明的，案件由原告住所地法院管辖

B. 一方当事人死亡的，诉讼终结

C. 判决生效后，不允许当事人申请再审

D. 原则上不公开审理，因其属于法定不公开审理案件的范围

8. 法院开庭审理时一方当事人未到庭，关于可能出现的法律后果，下列选项中正确的是(　　)。

A. 延期审理　　B. 按原告撤诉处理

C. 缺席判决　　D. 采取强制措施拘传未到庭的当事人到庭

9. 张某因孙某欠款不还向法院起诉。在案件审理中，孙某因盗窃被刑事拘留。关于本案，下列选项中正确的是(　　)。

A. 法院应当裁定中止诉讼，待对孙某的刑事审判结束后再恢复诉讼程序

B. 法院应当裁定终结诉讼,并告知张某提起刑事附带民事诉讼

C. 法院应当继续审理此案

D. 法院应当将此案与孙某盗窃案合并审理

10. 张某将一串价值 10 万元的钻石项链存放在某银行对外租赁的保险柜中。该银行工作人员李某借工作之便将保险柜中的钻石盗走,案发后一直潜逃在外。张某向法院起诉,要求该银行承担民事责任。在审理中,公安机关将李某抓获归案(但无法追回赃物),并移送检察机关,检察机关准备对李某提起公诉。法院应(　　)。

A. 中止此案的审理,待李某的犯罪事实查清后再恢复审理

B. 终止此案的审理,告知张某在李某的刑事诉讼中提出附带民事诉讼请求

C. 延期审理此案,不得作出判决

D. 继续审理此案,并可作出判决

11. 甲公司职工黎某因公司拖欠其工资,多次与公司法定代表人王某发生争吵,王某一怒之下打了黎某耳光。为报复王某,黎某找到江甲的儿子江乙(17 岁),唆使江乙将王某办公室的电脑、投影仪等设备砸坏,承诺事成之后给其一台数码相机作为报酬。事后,甲公司对王某办公室损坏的设备进行了清点登记和拍照,并委托、授权律师尚某全权处理本案。尚某找到江乙了解案情,江乙承认受黎某指使。甲公司起诉要求黎某赔偿损失,并要求黎某向王某赔礼道歉。诉讼中,黎某要求法院判决甲公司支付其劳动报酬。审理时,法院通知江乙参加诉讼。经审理,法院判决侵权人赔偿损失,但对甲公司要求黎某向王某赔礼道歉的请求、黎某要求甲公司支付劳动报酬的请求均未做处理。

请问:

(1) 王某、江甲、江乙是否为本案当事人? 各是什么诉讼地位? 为什么?

(2) 原告甲公司向法院提交了公司制作的王某办公室损坏设备登记表、对损坏设备拍摄的照片、律师尚某调查江乙的录音资料。上述材料能否作为本案证据? 如果能,分别属于法律规定的何种证据?

(3) 甲公司向法院提交的委托律师尚某代理诉讼的授权委托书上仅写明“全权代理”字样,尚某根据此授权可以行使哪些诉讼权利? 为什么?

(4) 一审法院对甲公司要求黎某向王某赔礼道歉的诉讼请求、黎某要求甲公司支付劳动报酬的诉讼请求依法应当如何处理? 为什么?

(5) 根据现行法律的规定,黎某解决甲公司拖欠工资问题有哪些途径?

CHAPTER 14

第十四章

简易程序

本章导读

- 简易程序是指基层人民法院及其派出法庭审理简单民事案件所适用的一种简便易行的审判程序。与普通程序相比,简易程序具有便捷性、灵活性、经济性等特点。当然,简易程序仍然应以公正为价值目标,其公正价值主要表现在保障当事人接近正义和程序选择权。

- 基层人民法院可以依法适用简易程序,当事人也可以选择适用简易程序。简易程序的适用突出地体现出"简易"的特点,从起诉方式到受理方式、从审理方式到判决方式,都体现出灵活性、简便性和经济性,在实现诉讼经济的同时,保障了当事人接近正义和程序选择权。

- 许多国家除了设立简易程序外,还设有小额诉讼程序,适用于诉讼标的额很小的债权债务案件。我国《民事诉讼法》第165条规定,对于标的额很小的简易民事案件,人民法院实行一审终审,为确立小额诉讼案件的独立审理程序提供了法律依据。

第一节　简易程序的适用

一、简易程序的概述

简易程序,是指基层人民法院及其派出法庭审理简单民事案件所适用的一种简便易行的审判程序。民事诉讼的第一审程序包括普通程序和简易程序。作为第一审程序,人民法院无论是适用普通程序还是简易程序审理案件,都应当开庭审理;除小额诉讼案件外,当事人对人民法院作出的判决都有上诉权;简易程序和普通程序在法定情形下可以互换。实际上,简易程序是《民事诉讼法》在普通程序基础上制定的简化程序,意在提高司法效率,增进司法的纠纷解决功能。

简易程序是与普通程序并列的独立程序,并不是普通程序的附属或补充。两者之间的区别在于：普通程序是第一审程序的基础，其适用范围最为广泛，在适用法院的级别上、民事争议的范围上没有任何限制。普通程序的设计环节严密、完整、系统，不能随意变换，当事人、其他诉讼参与人和法院都受到法定程序的约束。普通程序反映了民事诉讼程序的法定性、严肃性，体现的是程序正当的价值取向。简易程序对普通程序的某些步骤和环节进行了简化，同时诉讼过程也相对自由、灵活、便捷，目的在于迅速、有效地解决民事争议，体现的是诉讼效率的价值标准。[1]

二、简易程序的适用范围

（一）适用简易程序的法院

适用简易程序的人民法院，仅限于基层人民法院及其派出的法庭。中级以上人民法院审理第一审民事案件的，不得适用简易程序。

基层人民法院的派出法庭，主要是指基层法院在区、乡、镇常设的人民法庭，也包括基层人民法院临时设立的派出法庭。基层人民法院派出的法庭并非独立的审判组织，是基层人民法院的派出机构，属于基层人民法院的组成部分之一。派出法庭的审判活动及其作出的司法裁判与基层法院完全相同。

（二）适用简易程序的案件

对于以下两类案件，基层人民法院可以适用简易程序审理：一是事实清楚、权利义务关系明确、争议不大的简单的民事案件；二是当事人双方约定适用简易程序审理的案件。

“事实清楚”是指当事人双方对争议事实的陈述基本一致，并能提供可靠的证据，无须人民法院调查和收集证据即可判明事实、分清是非；“权利义务关系明确”是指谁是责任的承担者、谁是权利的享有者，关系明确；“争议不大”是指当事人对案件的是非、责任以及诉讼标的的争执无原则分歧。只有同时具备上述三个条件的案件才能构成简单的民事案件。不过，尽管有上述司法解释，简单民事案件的判断标准仍然具有高度的抽象性和概括性，有赖于法官的自由裁量。

对于具有下列情形之一的案件，不能适用简易程序审理：(1)起诉时被告下落不明的；(2)发回重审的；(3)当事人一方人数众多的；(4)适用审判监督程序的；(5)涉及国家利益和社会公共利益的；(6)第三人起诉请求改变或者撤销生效判决、裁定、调解书的；(7)人民法院认为不宜适用简易程序进行审理的。

（三）简易程序的约定适用

简易程序的适用方式有法院依法适用和当事人合意适用两种。一是基层人民法院及其派出的法庭审理事实清楚、权利义务关系明确、争议不大的简单民事案件，可以按照法律和司法解释的规定，决定采用简易程序审理和判决。二是基层人民法院及其派出的法庭审理简单民事案件以外的民事案件，当事人双方可以约定适用简

---

〔1〕 参见张卫平：《民事诉讼法》（第6版），法律出版社2023年版，第393页。

易程序。

当事人双方约定适用简易程序的,应当在开庭前提出;口头提出的,记入笔录,由双方当事人签名或者捺印确认。对于法律规定不能适用简易程序审理的案件,当事人约定适用简易程序的,人民法院不予准许。

已经按照普通程序审理的案件,在开庭后不得转为简易程序审理。人民法院发现案情复杂,需要转为普通程序审理的,应当在审理期限届满前作出裁定并将合议庭组成人员及相关事项书面通知双方当事人。案件转为普通程序审理的,审理期限自人民法院立案之日起计算。当事人可以就人民法院适用简易程序提出异议。当事人一方或者双方就适用简易程序提出异议后,人民法院应当进行审查,并按下列情形分别处理:(1)异议成立的,应当将案件转入普通程序审理,并将合议庭的组成人员及相关事项以书面形式通知双方当事人;(2)异议不成立的,口头告知双方当事人,并将上述内容记入笔录。

三、起诉与受理方式

对简单的民事案件,原告可以口头起诉。原告口头起诉的,人民法院应当将当事人的基本情况、联系方式、诉讼请求、事实及理由予以准确记录,将相关证据予以登记。人民法院应当将上述记录和登记的内容向原告当面宣读,原告认为无误后应当签名或者捺印。

当事人双方可以同时到基层人民法院或者其派出的法庭请求解决纠纷。基层人民法院或者其派出的法庭可以当即审理,也可以另定日期审理。这样可以实现起诉、审查起诉、受理、开庭审理连续进行,有利于缩短诉讼周期。

双方当事人到庭后,被告同意口头答辩的,人民法院可以当即开庭审理;被告要求书面答辩的,人民法院应当将提交答辩状的期限和开庭的具体日期告知各方当事人,并向当事人说明逾期举证以及拒不到庭的法律后果,由各方当事人在笔录和开庭传票的送达回证上签名或者捺印。

四、审理前准备

(一)送达诉讼文书简易

当事人应当在起诉或者答辩时向人民法院提供自己准确的送达地址、收件人、电话号码等其他联系方式,并签名或者捺印确认。送达地址应当写明受送达人住所地的邮政编码和详细地址;受送达人是有固定职业的自然人的,其从业的场所可以视为送达地址。

人民法院按照原告提供的被告的送达地址或者其他联系方式无法通知被告应诉的,应当按以下情况分别处理:(1)原告提供了被告准确的送达地址,但人民法院无法向被告直接送达或者留置送达应诉通知书的,应当将案件转入普通程序审理;(2)原告不能提供被告准确的送达地址,人民法院经查证后仍不能确定被告送达地址的,可以被告不明确为由裁定驳回原告的起诉。

被告到庭后拒绝提供自己的送达地址和联系方式的,人民法院应当告知其拒不提供送达地址的后果;经人民法院告知后被告仍然拒不提供的,按下列方式处理:(1)被告是自然人的,以其户籍登记中的住所地或者经常居住地为送达地址;(2)被告是法人或者其他组织的,应当以其工商登记或者其他依法登记、备案中的住所地为送达地址。人民法院应当将上述告知的内容记入笔录。

因当事人自己提供的送达地址不准确、送达地址变更未及时告知人民法院,或者当事人拒不提供自己的送达地址而导致诉讼文书未能被当事人实际接收的,按下列方式处理:(1)邮寄送达的,邮件回执上注明的退回之日视为送达之日;(2)直接送达的,送达人当场在送达回证上记明情况之日视为送达之日。上述内容,人民法院应当在原告起诉和被告答辩时以书面或者口头方式告知当事人。

此外,受送达的自然人以及他的同住成年家属拒绝签收诉讼文书的,或者法人、其他组织负责收件的人拒绝签收诉讼文书的,送达人应当邀请有关基层组织或者所在单位的代表到场见证,被邀请的人不愿到场见证的,送达人应当在送达回证上记明拒收事由、时间和地点以及被邀请人不愿到场见证的情形,将诉讼文书留在受送达人的住所或者从业场所,即视为送达。不过,受送达人的同住成年家属或者法人、其他组织负责收件的人是同一案件中另一方当事人的,不适用前款规定。

(二)举证期限简短

适用简易程序案件的举证期限由人民法院确定,也可以由当事人协商一致并经人民法院准许,但不得超过15日。被告要求书面答辩的,人民法院可在征得其同意的基础上,合理确定答辩期间。人民法院应当将举证期限和开庭日期告知双方当事人,并向当事人说明逾期举证以及拒不到庭的法律后果,由双方当事人在笔录和开庭传票的送达回证上签名或者捺印。当事人双方均表示不需要举证期限、答辩期间的,人民法院可以立即开庭审理或者确定开庭日期。适用简易程序审理的民事案件,当事人及其诉讼代理人申请人民法院调查、收集证据和申请证人出庭作证,应当在举证期限届满前提出,但其提出申请的期限不受《民事证据规定》相关规定的限制。

五、开庭审理的方式

(一)先行调解

下列民事案件,人民法院在开庭审理时应当先行调解:(1)婚姻家庭纠纷和继承纠纷;(2)劳务合同纠纷;(3)交通事故和工伤事故引起的权利义务关系较为明确的损害赔偿纠纷;(4)宅基地和相邻关系纠纷;(5)合伙合同纠纷;(6)诉讼标的额较小的纠纷。但根据案件的性质和当事人的实际情况不能调解或者显然没有调解必要的除外。

调解达成协议并经审判人员审核后,双方当事人同意该调解协议经双方签名或者捺印生效的,该调解协议自双方签名或者捺印之日起发生法律效力。人民法院应当另行制作民事调解书。人民法院可以当庭告知当事人到人民法院领取民事调解书的具体日期,也可以在当事人达成调解协议的次日起10日内将民事调解书发送给当事人。

调解协议生效后一方拒不履行的,另一方可以持民事调解书申请强制执行。当事人以民事调解书与调解协议的原意不一致为由提出异议,人民法院审查后认为异议成立的,应当根据调解协议裁定补正民事调解书的相关内容。

(二)开庭审理程序简易

适用简易程序审理时,其简易性体现在以下几个方面:(1)独任法官审理。简易程序由审判员一人独任审理,书记员担任记录。(2)通知、传唤和送达方式灵活。适用简易程序审理案件,人民法院可以采取捎口信、电话、短信、传真、电子邮件等简便方式传唤双方当事人、通知证人和送达裁判文书以外的诉讼文书。以简便方式送达的开庭通知,未经当事人确认或者没有其他证据证明当事人已经收到的,人民法院不得以缺席判决。(3)庭审前准备。适用简易程序审理案件,可以简便方式进行审理前的准备。(4)重视诉讼指导。对没有委托律师代理诉讼的当事人,审判人员应当对回避、自认、举证责任等相关内容向其做必要的解释或者说明,并在庭审过程中适当提示当事人正确行使诉讼权利、履行诉讼义务,指导当事人进行正常的诉讼活动。(5)开庭方式灵活。当事人双方就开庭方式向人民法院提出申请,由人民法院决定是否准许。经当事人双方同意,可以采用视听传输技术等方式开庭。(6)庭审程序灵活。开庭时,审判人员可以根据当事人的诉讼请求和答辩意见归纳出争议焦点,经当事人确认后,由当事人围绕争议焦点举证、质证和辩论。当事人对案件事实无争议的,审判人员可以在听取当事人就适用法律方面的辩论意见后径行判决、裁定。(7)一次开庭审结。适用简易程序审理的民事案件,应当一次开庭审结,但人民法院认为确有必要再次开庭的除外。(8)重视法庭笔录。书记员应当将适用简易程序审理民事案件的全部活动记入笔录。对于下列事项,应当详细记载:一是审判人员关于当事人诉讼权利义务的告知、争议焦点的概括、证据的认定和裁判的宣告等重大事项;二是当事人申请回避、自认、撤诉、和解等重大事项;三是当事人当庭陈述的与其诉讼权利直接相关的其他事项。(9)审理期限较短。人民法院适用小额诉讼的程序审理案件,应当在立案之日起两个月内审结。有特殊情况需要延长的,经本院院长批准,可以延长一个月。

六、裁判和裁判书

(一)判决方式简易

适用简易程序审理的民事案件,除人民法院认为不宜当庭宣判的以外,应当当庭宣判。若当事人对案件事实无争议,法庭可以在听取当事人就适用法律方面的辩论意见后径行判决。

当庭宣判的案件,除当事人当庭要求邮寄送达的以外,人民法院应当告知当事人或者诉讼代理人领取裁判文书的期间和地点以及逾期不领取的法律后果。上述情况应当记入笔录。人民法院已经告知当事人领取裁判文书的期间和地点的,当事人在指定期间内领取裁判文书之日即送达之日;当事人在指定期间内未领取的,指定领取裁判文书期间届满之日即送达之日,当事人的上诉期从人民法院指定领取裁判文书期间届满之日的次日起开始计算。当事人因交通不便或者其他原因要求邮寄送达裁判文书的,人民法院可以按照当事人自己提供的送达地址邮寄送达。人民法院根据当事人自己提供的送达地址邮寄送达的,邮件回执上注明收到或者退回之日即送达之日,当事人的上诉期从邮件回执上注明收到或者退回之日的次日起开始计算。

原告经传票传唤,无正当理由拒不到庭或者未经法庭许可中途退庭的,可以按撤诉处理;被告经传票传唤,无正当理由拒不到庭或者未经法庭许可中途退庭的,人民法院可以根据原告的诉讼请求及双方已经提交给法庭的证据材料作缺席判决。按撤诉处理或者缺席判决的,人民法院可以按照当事人自己提供的送达地址将裁判文书送达未到庭的当事人。

定期宣判的案件,定期宣判之日即送达之日,当事人的上诉期自定期宣判的次日起开始计算。当事人在定期宣判的日期无正当理由未到庭的,不影响该裁判上诉期间的计算。当事人确有正当理由不能到庭,并在定期宣判前已经告知人民法院的,人民法院可以按照当事人自己提供的送达地址将裁判文书送达未到庭的当事人。

(二)裁判书制作简易

适用简易程序审理的案件,有下列情形之一的,人民法院在制作判决书、裁定书和调解书时,对认定事实或者判决理由部分可以适当简化:(1)当事人达成调解协议并需要制作民事调解书的;(2)一方当事人明确表示承认对方全部或者部分诉讼请求的;(3)当事人对案件事实没有争议或争议不大的;(4)涉及个人隐私或者商业秘密的案件,当事人一方要求简化裁判文书中的相关内容,人民法院认为理由正当的;(5)当事人双方同意简化的。人民法庭制作的判决书、裁定书和调解书,必须加盖基层人民法院印章,不得用人民法庭的印章代替基层人民法院的印章。

(三)简易程序的案卷

适用简易程序审理案件,卷宗中应当具备以下材料:(1)起诉状或口头起诉笔录;(2)答辩状或口头答辩笔录;(3)当事人身份证明材料;(4)委托他人代理诉讼的授权委托书或者口头委托笔录;(5)证据;(6)询问当事人的笔录;(7)审理(包括调解)笔录;(8)判决书、裁定书、调解书或者调解协议;(9)送达和宣判笔录;(10)执行情况;(11)诉讼费收据;(12)适用小额诉讼案件审理的,有关程序适用的书面告知。

第二节 简易程序中的小额诉讼

一、小额诉讼程序概述

(一)小额诉讼程序的概念

在很多国家和地区的民事诉讼法中,除了规定简易程序外,还规定了小额诉讼程序。简易程序适用于简单的民事案件,而小额诉讼程序仅适用于诉讼标的额很小的债权债务案件。例如,在美国,“小额诉讼请求程序是一种用以允许普通公民提出法律规定最低数额金钱诉讼请求的诉讼程序。这种诉讼程序由州初审法院执行,有时是在具有有限金额管辖权的法院分庭”。[1] 在日本,小额诉讼程序适用于30万日元以下的金钱给付请求案件。在德国,小额诉讼程序适用于标的额在1200马克以下的债权债务案件。在我国台湾地区,小额诉讼程序适用于标的额在10万元新台币以下的案件。[2]

一般认为,小额诉讼程序的含义可分为广义与狭义两种。广义的小额诉讼程序与一般简易程序并无严格区别,前者仅是适用案件的诉讼标的额与简易程序有所不同而已,因此,可以将之视为简易程序的再简化。狭义的小额诉讼程序是指一种新型程序,其建立不仅是基于对民事案件进行分流处理、减轻法院负担的一种构想,也在于实现司法的大众化,通过简易化的努力使一般国民普遍能够得到具体的、有程序保障的司法服务。当然,这里所说的小额诉讼程序是狭义概念,专门指适用于解决较小标的额的债权债务纠纷。它是一种比简易程序更为简便的特殊的诉讼程序,其在性质上不是简易程序的附属程序,也不是简易程序的分程序,而是与简易程序相互联系,同时存在的一种独立的第一审程序。

(二)小额诉讼程序的特征

自20世纪后半叶以来,世界各国和地区为适应社会的发展变化,面对司法的压力和运作中的问题,积极进行司法改革,将诉讼程序的简易、便利、快速、低成本作为司法制度改革的基本目标之一,因此,简易程序开始普遍受到重视,并进行了一系列的创新。小额诉讼程序得到了迅速的发展,其建立不仅是基于对民事案件进行分流处理、减轻法院负担的一种构想,同时也在于实现司法的大众化。与传统的简易程序相比,小额诉讼程序至少具有以下特征:(1)适用的范围通常限于小额债务纠纷。传统的简易程序是根据诉讼标的额或纠纷的性质及复杂性进行划分的;小额诉讼程序的适用范围则更加单纯化,基本上限于债权债务纠纷,通常被设立为独立于一般简易程序的特别程序。当然,小额诉讼程序也可以在一般侵权、邻里纠纷、租借纠纷、交通事故纠纷中采用。(2)程序简便。小额诉讼程序完全按照常识化的方式进行运作,其程序的简便表现在诉讼过程的每一个环节:起诉和答辩可以采用法院印制好的表格,也可以口头进行;可以在休息日甚至晚间开庭;不进行证据开示;不设陪审团;简化证据调查;甚至无须法庭记录;判决也只是宣布结果,而不必说明理由。由于整个程序都采用非正式的方式进行,当事人一般无须律师代理即可操作。[3]

---

〔1〕[美]杰弗里·C.哈泽德、米歇尔·塔鲁伊:《美国民事诉讼法导论》,张茂译,中国政法大学出版社1998年版,第173页。

〔2〕参见范愉:《小额诉讼程序研究》,载《中国社会科学》2001年第3期。

〔3〕参见齐树洁:《构建小额诉讼程序若干问题之探讨》,载《国家检察官学院学报》2012年第1期。

(3)注重调解。小额诉讼一般采取调解与审判一体化,在审理过程中可通过谈话的方式让原、被告直接对话;法官也不使用晦涩难懂的“法言法语”,而是循循善诱、积极规劝,以促成当事人和解;在听取了双方当事人的主张之后,往往会在他们争执不下时,直接提出赔偿建议,鼓励当事人以协商方式解决争议。还有一些小额诉讼,法院则专门设置独立的调解程序,采取调解前置主义。(4)法官在小额诉讼程序中有较大的职权。在各国的小额诉讼程序中,法官可以积极地向当事人发问,积极地进行调解。一般而言,在小额诉讼程序中法官的职权和自由裁量权都得到积极发挥,并且较大程度地依赖于法官的态度、个人偏好和方法。但从形式和性质上看,小额诉讼程序仍属于一种民事诉讼程序,原则上由职业法官主持审判,因而与各种法院附设的非诉讼程序(ADR)存在明确的区别。

(三)小额诉讼程序的功能

毫无疑问,小额诉讼程序有利于提高诉讼效率,这是小额诉讼程序发展的直接动因;不过,不可否认的是,在小额诉讼程序发展的过程中,其自身也在不断修正,以适应社会对小额诉讼程序多样性的价值需求。

第一,增强司法解决纠纷的功能。小额诉讼程序的基本功能是解决纠纷,尤其是被社会或国家认为不甚重要的民事纠纷。小额诉讼程序的使命不是通过审判确认法律规范、创造判例、填补法律空白、发展法律规范和原则,甚至其法律适用的准确性和严格性也相对并不重要,只要为当事人提供一个解决纠纷的程序并得到了结果,其目的就达到了。

第二,提高司法效率。小额诉讼程序以追求效率为根本原则。现代世界各国的诉讼制度,尤其是普通程序都程度不同地面临诉讼迟延、复杂、高费用和积案的困境,而小额诉讼程序是在平衡诉讼的两大基本价值,即公平与效率之后,选择效益和效率优先的结果。[1] 当然,简便而经济的诉讼程序并不等于草率了事,同样要有相应的程序保障。所谓程序保障,包括两个方面的内容:一是追求达成慎重、正确裁判的程序保障;二是追求达成简便、经济的裁判的程序保障。为赋予上述意义的程序保障,立法者或法院应对当事人提供简易化的程序内容。其主要目的为使当事人有机会经由简便而有效率的审理,在程序进行的过程中避免付出不必要的时间及费用(追求程序利益)。小额程序“通过简易化的努力使一般国民普遍能够得到具体的有程序保障的司法服务”[2]。

第三,方便民众接近正义。针对普通程序的高成本、诉讼迟延等痼疾,小额诉讼程序除了具有提高效益和效率方面的显著功效之外,还体现着当代司法改革的另一种动向或理想,即如何从当事人的角度出发,减少纠纷解决程序的对抗性、减少法律的高度专门化和技术化程度,让当事人自己参与诉讼也毫无问题,无须聘请律师。

---

[1] 参见张卫平:《民事诉讼法》(第6版),法律出版社2023年版,第341页。

[2] [日]棚濑孝雄:《纠纷的解决与审判制度》,王亚新译,中国政法大学出版社1994年版,第275页。

一些小额诉讼程序禁止当事人聘用律师作为代理人，并开始对原告的资格或提起小额诉讼的次数做特殊限制，以便使普通民众能接近司法、接近正义。

二、小额诉讼程序的适用

基层人民法院和它派出的法庭审理事实清楚、权利义务关系明确、争议不大的简单金钱给付民事案件，标的额为各省、自治区、直辖市上年度就业人员年平均工资50%以下的，适用小额诉讼的程序审理，实行一审终审。基层人民法院和它派出的法庭审理前述的简单民事案件，标的额超过各省、自治区、直辖市上年度就业人员年平均工资50%但在2倍以下的，当事人双方也可以约定适用小额诉讼的程序。

（一）可以适用小额诉讼程序审理的民事案件

1. 小额诉讼案件的标准

符合简易程序审理，并且标的额为各省、自治区、直辖市上年度就业人员年平均工资50%以下的简单的民事案件，属于小额诉讼案件，基层人民法院及其派出法庭可以根据小额诉讼的具体规定进行审理。各省、自治区、直辖市上年度就业人员年平均工资，是指已经公布的各省、自治区、直辖市上一年度就业人员年平均工资。在上一年度就业人员年平均工资公布前，以已经公布的最近年度就业人员年平均工资为准。海事法院可以审理海事、海商小额诉讼案件，海事、海商案件标的额应当以实际受理案件的海事法院或者其派出法庭所在的省、自治区、直辖市上年度就业人员年平均工资的50%为限。标的额超过各省、自治区、直辖市上年度就业人员年平均工资50%但在2倍以下的，当事人双方也可以约定适用小额诉讼的程序。

2. 可以适用小额诉讼程序的案件类型

下列金钱给付案件适用小额诉讼程序审理：（1）买卖合同、借款合同、租赁合同纠纷；（2）身份关系清楚，仅在给付的数额、时间、方式上存在争议的赡养费、抚养费、扶养费纠纷；（3）责任明确，仅在给付的数额、时间、方式上存在争议的交通事故损害赔偿和其他人身损害赔偿纠纷；（4）供用水、电、气、热力合同纠纷；（5）银行卡纠纷；（6）劳动关系清楚，仅在劳动报酬、工伤医疗费、经济补偿金或者赔偿金给付数额、时间、方式上存在争议的劳动合同纠纷；（7）劳务关系清楚，仅在劳务报酬给付数额、时间、方式上存在争议的劳务合同纠纷；（8）物业、电信等服务合同纠纷；（9）其他金钱给付纠纷。

3. 不能适用小额诉讼程序审理的案件类型

下列案件不适用小额诉讼程序审理：（1）人身关系、财产确权案件；（2）涉外案件；（3）需要评估、鉴定或者对诉前评估、鉴定结果有异议的案件；（4）一方当事人下落不明的案件；（5）当事人提出反诉的案件；（6）其他不宜适用小额诉讼的程序审理的案件。

（二）小额诉讼程序的具体规定

人民法院受理小额诉讼案件，应当向当事人告知该类案件的审判组织、一审终审、审理期限、诉讼费用交纳标准等相关事项。当事人可以就小额诉讼案件的管辖和法院适用小额诉讼程序审理案件提出异议。当事人若对小额诉讼案件提出管辖权异议的,人民法院应当作出裁定。裁定一经作出即生效,当事人不得就管辖权异议的裁定提起上诉。

小额诉讼案件的举证期限由人民法院确定,也可以由当事人协商一致并经人民法院准许,但一般不超过7日。被告要求书面答辩的,人民法院可以在征得其同意的基础上合理确定答辩期间,但最长不得超过15日。当事人到庭后表示不需要举证期限和答辩期间的,人民法院可立即开庭审理。

人民法院受理小额诉讼案件后,发现起诉不符合起诉条件的,裁定驳回起诉。裁定一经作出即生效,对此驳回起诉的裁定不得提起上诉。

因当事人申请增加或者变更诉讼请求、提出反诉、追加当事人等,致使案件不符合小额诉讼案件条件的,应当适用简易程序的其他规定审理。若变更后的案件应当适用普通程序审理的,裁定转为普通程序。适用简易程序的其他规定或者普通程序审理前,双方当事人已确认的事实可以不再进行举证、质证。

小额诉讼案件的裁判文书可以简化,主要记载当事人的基本信息、诉讼请求和裁判主文等内容。人民法院审理小额诉讼案件,实行一审终审,判决一经作出立即生效。

(三)小额诉讼程序适用的异议与救济

人民法院在审理过程中,发现案件不宜适用小额诉讼的程序的,应当适用简易程序的其他规定审理或者裁定转为普通程序。当事人认为案件适用小额诉讼的程序审理违反法律规定的,可以向人民法院提出异议。人民法院对当事人提出的异议应当审查,异议成立的,应当适用简易程序的其他规定审理或者裁定转为普通程序;异议不成立的,裁定驳回。

思考与练习

1. 某大学陈教授在讲授民事诉讼法课程后,要求学生归纳简易程序的法律特点,某学生回答了下列几点,其中正确的是(　　)。

A. 当事人各方可以自愿选择适用简易程序

B. 当事人可以就适用简易程序提出异议

C. 适用简易程序审理案件,通常应当一次开庭审结

D. 适用简易程序审理案件,通常应当当庭宣判

2. 下列案件的审理不适用民事诉讼简易程序的是(　　)。

A. 按审判监督程序审理的案件　　B. 发回重审的案件

C. 起诉时被告下落不明的案件　　D. 应当先行调解的案件

3. 赵某与周某是邻居。2007年5月,赵某到法院起诉,要求周某归还其借款

5000 元。法院受理后,适用简易程序,由审判员任某独任开庭审理。在审理过程中,任某发现案情复杂,不是简单的借款纠纷,而是因合伙购买机器引发的纠纷,需要进一步调查取证和进行书证笔迹鉴定。在此种情况下,以下处理中正确的是(　　)。

A. 报请院长批准延长案件的审理期限

B. 终结简易程序,告知当事人提起普通程序之诉

C. 将简易程序直接转为普通程序,审理期限另行计算

D. 将简易程序直接转为普通程序,审理期限从立案次日起计算

4. 赵某失踪多年,其妻刘某生活艰难,同村男子宋某经常帮其干农活,双方产生感情,刘某欲与宋某结婚,遂向有管辖权的 A 人民法院诉请离婚,人民法院受理后组成合议庭审理此案。在审理过程中,失踪多年的赵某在外地发迹,回到家里,发现其妻另有新欢,也欲与之离婚,双方对财产和子女抚养问题均分歧不大。此时,A 人民法院由于人力不足,认为该案事实清楚、争议不大,遂将该案转为简易程序作出一审判决。后刘某经法律咨询,得知可分得赵某失踪期间所得的财产,遂以此为由提起上诉。

请问:

(1)你认为此案一审有无程序错误?

(2)你认为二审人民法院依法应如何处理此案?

(3)假定该案被发回一审重审,可否适用简易程序?

CHAPTER 15

第十五章

民事裁判

本章导读

- 人民法院的民事裁判分为民事判决、民事裁定和民事决定。人民法院针对不同的问题和事项，以不同形式的裁判行使审判权，对案件实体问题和程序问题进行处理。
- 判决是人民法院在民事案件审理程序结束时，对案件的实体问题所作出的权威性判定，是民事诉讼中最为重要的裁判类型。裁定是人民法院审理民事案件过程中对程序问题和某些实体问题所作出的具有拘束力的判定。决定是人民法院为保证民事诉讼的顺利进行，对某些阻碍诉讼顺利进行的特殊问题依法作出的判定。
- 民事裁判是人民法院行使审判权的体现，具有确定性和权威性。这种权威性主要以形式上的拘束力与实质上的确定力为表现，因此，民事裁判具有拘束力、执行力和既判力等。

第一节 民事判决

一、民事判决的概念和特征

民事判决简称判决，是指人民法院在民事诉讼案件或非讼案件的审理程序结束时，对案件的实体问题作出的权威性判定，是人民法院在民事诉讼中所作的最为重要的裁判类型。

判决是针对当事人的实体权利主张作出的判定。人民法院以当事人的诉讼请求为中心，经过法庭调查、法庭辩论等阶段之后，根据法庭上认定的事实，准确适用法律，对民事案件作出权威性判定。因此，民事判决是人民法院对民事案件审理之后作出的终局性裁判，实际上是将通过民事诉讼程序确认的当事人之间的权利义务关系用法定的判定形式确定下来。

判决是人民法院行使民事审判权的表现,具有法律上的权威性,对全社会都具有普遍的约束力,任何人都不得推翻判决所认定的事实和确定的法律关系。因此,民事判决作为具有法律拘束力的结论性判定,是一种强制性结论,一经作出,对当事人、法院和社会都产生相应的拘束力,非经法定程序,不得随意撤销或者变更。

法院作出的裁判具有如下特征:(1)判决的制作主体具有特定性。判决是人民法院行使审判权的结果,只有人民法院才能作出判决,其他任何主体都无权作出判决,即使作出也是无效的。(2)判决的内容具有特定性。人民法院作出的判决一般只涉及民事案件的实体问题,即判决主要是解决当事人之间争议的民事法律关系问题。(3)判决的制作具有法定性。判决是人民法院根据法定程序对民事案件进行审理后,依据事实和法律作出的,判决的过程、形式及内容都应当符合法律的规定和要求。(4)判决的效力具有权威性。人民法院的判决一旦作出并且生效,非经法定程序不得变更和撤销,作出判决的人民法院、当事人及其他主体都要受到判决的拘束。当事人之间的民事法律关系必须按照判决的内容进行确定和安排,不得再起争执,不得再提诉讼。

二、民事判决的种类

(一)给付判决、确认判决与形成判决

根据人民法院所审判的诉的性质不同,判决可以分为给付判决、确认判决和形成判决。给付判决,是指人民法院制作的判令一方当事人向另一方当事人履行一定义务或者给付一定金钱、财物的判决。例如,判令败诉方支付胜诉方货款,判令败诉方赔偿损失等。给付判决的特点是具有执行力,如果负有义务的一方当事人不按判决履行义务,享有权利的一方当事人可以申请人民法院强制执行判决。确认判决,是指人民法院制作的确认当事人之间某种民事法律关系存在或者不存在的判决。又如,判决确定某房屋的所有权不是被告享有,判决确认甲、乙之间不存在收养关系等。形成判决,是指人民法院制作的变更当事人之间现存的民事法律关系的判决。形成判决的特点是使现存的法律关系不再存在,如解除婚姻关系等。形成判决确定时,无须通过当事人履行或强制执行便使现存的法律关系状态发生变化,即形成判决具有形成力,这使形成判决与给付判决、确认判决不同,具有绝对效力,不仅及于当事人,也及于一般第三人。

(二)对席判决与缺席判决

根据判决是否为双方当事人都出庭的情况下所作出,民事判决可以分为对席判决和缺席判决。对席判决,是指人民法院在双方当事人都出庭参加诉讼的情况下所作出的判决。当事人出庭参加诉讼,包括当事人自己出庭和由其诉讼代理人出庭。在多数情况下,人民法院都应当对席判决。缺席判决,是指人民法院在一方当事人未出庭参加诉讼的情况下所作出的判决。人民法院审理民事案件,对席判决是原则,缺席判决是例外,只有在特殊情况下,人民法院才可以缺席判决。以下三种情况,人民法院可以作出缺席判决:(1)原告经传票传唤,无正当理由拒不到庭,或者未

经法庭许可中途退庭的,可以按撤诉处理;被告反诉的,可以缺席判决。(2)被告经传票传唤,无正当理由拒不到庭,或者未经法庭许可中途退庭的,可以缺席判决。(3)宣判前,原告申请撤诉的,是否准许,由人民法院裁定。人民法院裁定不准许撤诉的,原告经传票传唤,无正当理由拒不到庭的,可以缺席判决。

(三)全部判决与部分判决

根据判决是否对所有须判决的事项作出裁判,可以将民事判决分为全部判决和部分判决。全部判决,是指当法庭辩论终结时,人民法院对案件所有须裁判的事项一并作出判定的判决。全部判决作出后,该案的诉讼程序即宣告结束。部分判决,是指人民法院对可分的实体请求的一部分所作出的判决。部分判决只有在实体请求是可分的情况下才可采用。当诉讼请求不可分时,法院不能部分判决。司法实践中,一般是在诉讼请求合并审理的案件中,人民法院对数个诉讼请求分别作出判决。此外,对于案情比较复杂、全部案件事实难以在短期内查清的案件,为及时保护当事人的合法权益,人民法院可以对已查清的部分事实作出判决。

(四)原判决与补充判决

根据作出判决的先后时间的不同,民事判决可以分为原判决和补充判决。原判决,是指人民法院对一个案件审理终结后首次作出的判决。补充判决又称追加判决,是指人民法院对于应当裁判的事项没有判决,在原判决宣告后,对原判决遗漏裁判的事项所做的判决。一般情况下,对于遗漏裁判的事项必须是已经法庭辩论程序审理的事项才可以直接作出补充判决。若是遗漏的事项根本就没有经过审理,则不能直接补充判决,而应当另行指定审理期间,经过法庭辩论后才可作出判决。补充判决与原判决具有同等的法律效力。

(五)诉讼判决与非诉讼判决

根据法院所解决的民事案件是否涉及民事权益争议,民事判决可以分为诉讼判决和非诉讼判决。诉讼判决,是指法院对民事权益争议案件所作出的解决双方当事人之间的民事权益争议的判决。例如,判令履行义务的给付判决、确认法律关系存在与否的确认判决以及变更法律关系的形成判决等都是诉讼判决。非诉讼判决,是指人民法院对一些不直接涉及民事权益争议的案件进行审理后所作出的判决。一般情况下,适用特别程序审理案件所作出的判决都是非诉讼判决,如宣告失踪或者宣告死亡的判决、认定公民无民事行为能力或者限制民事行为能力的判决、认定财产无主的判决等。

三、民事判决的内容与形式

根据《民事诉讼法》第155条,判决书的内容包括:(1)案由、诉讼请求、争议的事实和理由;(2)判决认定的事实和理由、适用的法律和理由;(3)判决结果和诉讼费用的负担;(4)上诉期间和上诉的法院。判决书由审判人员、书记员署名,加盖人民法院印章。

民事判决必须采取书面形式,即制作民事判决书。人民法院制作民事判决书时,必须文字简洁、表达准确、说理恰当。判决书可分为首部、正文和尾部三大部分,各个部分的内容和格式要求如下:(1)首部。首部主要包括标题、案号、当事人和其他诉讼参与人的基本情况、案由、开庭审理的时间、审判组织、所适用的程序等内容。(2)正文。正文是民事判决书的主要部分,应当包含当事人主张的事实和权利请求、当事人举证的情况、法院对证据的分析、法院认定的事实等判决理由和判决主文。(3)尾部。判决书的尾部包括本判决是否准许上诉、上诉的期限和上诉的法院,合议庭的组成人员或独任审判员、书记员署名;同时,要注明该判决书制作的年、月、日,并应当加盖人民法院印章。

四、民事判决的效力

民事判决的效力,是指生效的民事判决在诉讼法上产生的效果,即生效判决所具有的法律效果。生效判决包括两种情况下的判决:一是上诉期届满当事人未上诉的判决。地方各级人民法院作出的、法律允许上诉的一审判决,在上诉期内当事人没有上诉的,因上诉期届满,判决即发生法律效力。二是不能上诉的判决。这类判决包括二审判决、最高人民法院作出的判决以及地方各级人民法院作出的不准上诉的一审判决,如适用特别程序作出的判决、适用公示催告程序作出的除权判决等。一般认为,生效的民事判决具有拘束力、既判力和执行力。

(一)拘束力

拘束力,一般是指生效的民事判决所具有的拘束特定主体行为的法律效果。一般而言,民事判决的拘束力体现在以下几个方面:首先,对人民法院而言,生效判决具有拘束法院的效力,即作出判决的人民法院自判决生效后即受其拘束,以后该人民法院在同一审级内不得自行撤销或者变更其判决,即使当事人同意撤销或者变更,也不能变更或者撤销该判决。判决对法院具有拘束力是判决的内在属性。其次,对当事人而言,民事判决一经生效,就应当按照判决来确定他们之间的权利义务关系,或根据判决来行使权利、承担义务。最后,对其他社会主体而言,民事判决一经作出,任何单位和个人都不得违背或推翻,都应当尊重判决所确定的权利义务关系。

(二)既判力

在我国,一般认为,既判力是指判决实质上的确定力,即确定判决对诉讼标的(诉讼请求)的判断对法院和当事人产生的约束力。判决中对诉讼标的的判断部分,实际上是对诉讼标的中实体内容,也就是原告在诉状中提出的希望获得实体法上的具体法律效果所作出的判断,该判断构成判决的主文。因此,既判力是对事的确定力,又称实质上的确定力,是指确定的终局判决所裁判的诉讼标的对当事人和法院的强制性适用力。

一般情况下,我们所说的判决的效力实际上是指拘束力,它是指在同一诉讼程序内,对于原判决法院和原当事人加以拘束的效力。而判决的既判力却是在判决确定以后，在另一个诉的诉讼程序中，对于当事人以及后诉法院加以拘束的效力。[1]

既判力有消极作用和积极作用。既判力的消极作用，是指后诉应受前诉对于诉讼标的的判决的既判力拘束，当事人在后诉中不得就有既判力的判断提出相反的主张，后诉法院也不得作出矛盾的判决。[2] 既判力的积极作用，是指后诉法院必须以前诉有既判力的判断作为裁判前提，对后诉作出审判。既判力的消极作用和积极作用，一方面是禁止双方当事人再就具有既判力的判断内容进行争执，另一方面是要求后诉法院在审判时应以有既判力的判断内容为前提。对于既判力的作用，强调消极作用的学者称之为"一事不再理说"，而强调既判力的积极作用的学者称之为"拘束力说"。[3]

在具体的诉讼中，既判力的作用主要表现为以下几种情形：(1)前诉和后诉的诉讼标的相同的情形。对于前诉和后诉的诉讼标的相同的情形，在确定的终局判决经法院作出后，除法律另有规定外，当事人不得就该诉讼标的另行起诉。所谓法律另有规定，是指在法律上规定了当事人对同一诉讼标的另行起诉的理由。例如，判决不准离婚、调解和好的离婚案件以及判决、调解维持收养关系的案件的被告向人民法院起诉的，人民法院应当受理。(2)前诉与后诉的诉讼标的处于一种先决关系的情形。对于前诉的诉讼标的是后诉诉讼标的的前提时，前诉的确定判决对后诉有预决的效力。后诉的裁判不得作出与前诉确定判决相反的判断，即后诉的法院必须以产生既判力的判断为前提作出判决。例如，原告和被告就某宅基地的使用权发生纠纷，原告首先对被告提起确认之诉，对该宅基地的使用权要求法院予以确认，法院判决甲胜诉；后来原告又向被告提出返还被其占用的宅基地的给付之诉，此时被告不得再主张宅基地的使用权归属问题，法院也不得再对此作出相反的认定。(3)后诉与前诉的诉讼标的处于矛盾对立的关系的情形。诉讼标的在前诉与后诉中处于矛盾对立关系的情况下，后诉同样受前诉判决的拘束。例如，甲向法院请求确认对一栋房屋享有所有权，经法院判决甲胜诉后，乙又对甲向法院起诉请求确认对同一房屋享有所有权，此时法院不能受理。在这种情况下，相同的双方当事人在前后两诉的地位倒置，但是作为诉讼标的的土地所有权同一，基于民法上一物一权的原则，应该认为前诉判决对于后诉的诉讼标的有既判力的拘束；否则，前诉判决所确定的实体法上权利义务关系将因后诉法院可能作出矛盾判决而被推翻。

《民事诉讼法》既没有关于既判力概念的规定，也没有关于既判力规则的完整规定。但是，对于我国《民事诉讼法》中的一些法律规定，我们仍然可以从既判力的角

---

〔1〕 参见江伟主编：《民事诉讼法》(第4版)，中国人民大学出版社2008年版，第317页。

〔2〕 王福华：《论民事判决的遮断效力》，载《中国法学》2021年第3期。

〔3〕 我国台湾地区学者姚瑞光教授强调，在若干特殊的情况下，当事人有重诉的必要而不禁止其另行起诉，这恰恰是对于判决既判力的积极作用所作出的观察说明，并不影响判决既判力存在的意义与目的。参见姚瑞光：《民事诉讼法论》，中国政法大学出版社2011年版，第443页。

度进行解释，以取得与既判力相同的法律效果。(1)关于既判力的消极作用。《民事诉讼法》规定："对判决、裁定、调解书已经发生法律效力的案件，当事人又起诉的，告知原告申请再审，但人民法院准许撤诉的裁定除外。"该条规定即体现了判决既判力的消极作用。《民事诉讼法解释》第 247 条更加明确地规定，当事人就已经提起诉讼的事项在诉讼过程中或者裁判生效后再次起诉，同时符合下列条件的，构成重复起诉：①后诉与前诉的当事人相同；②后诉与前诉的诉讼标的相同；③后诉与前诉的诉讼请求相同，或者后诉的诉讼请求实质上否定前诉的裁判结果。当事人重复起诉的，裁定不予受理；已经受理的，裁定驳回起诉，但法律、司法解释另有规定的除外。裁判发生法律效力后，发生新的事实，当事人再次提起诉讼的，人民法院应当依法受理。(2)关于既判力的积极作用。"已为人民法院发生法律效力的裁判所确定的事实"，[1] 当事人在诉讼中无须证明，人民法院可以直接作为定案的依据。该条规定则是判决既判力积极作用的表现。(3)关于既判力的主体范围。判决的既判力原则上对民事诉讼当事人具有既判力。在诉讼中，争议的民事权利义务转移的，不影响当事人的诉讼主体资格和诉讼地位。人民法院作出的发生法律效力的判决、裁定对受让人具有拘束力。受让人申请以无独立请求权的第三人身份参加诉讼的，人民法院可予准许。受让人申请替代当事人承担诉讼的，人民法院可以根据案件的具体情况决定是否准许；不予准许的，可以追加其为无独立请求权的第三人。人民法院准许受让人替代当事人承担诉讼的，裁定变更当事人。变更当事人后，诉讼程序以受让人为当事人继续进行，原当事人应当退出诉讼。原当事人已经完成的诉讼行为对受让人具有拘束力。

(三)执行力

执行力是指给付判决可以作为执行依据，判决中的权利人在义务人不履行生效判决确定的义务时，有权请求法院予以强制执行。判决有执行力，因此，负有给付义务的一方当事人拒不按期履行给付义务时，权利人可以向人民法院申请强制执行。

五、民事判决书的补正和公开

判决书一旦送达当事人，便具有约束力，法院自身也要受其约束，不能随便改变判决的内容。但是，实践中，常常出现因法院疏漏导致判决书误写、误算或遗漏的现象，致使判决书的内容与法院的判决不一致，在这种情况下，应当允许法院以适当的方式对判决书进行补正。

一般情况下，法院发现已经送达当事人的判决书有错误，如错写、错算，或者经过法庭审理认定的事实、口头宣判时已经宣判的事项被判决书遗漏等，可以随时要求收回判决书加以补正。不过，法院不得直接更改判决书，应当以裁定书的方式对

---

[1] 根据《民事诉讼法解释》第 93 条第 2 款的规定，已为人民法院发生法律效力的裁判所确认的事实，当事人无须举证证明，但有相反证据足以推翻的除外；《民事证据规定》第 10 条规定，已为人民法院发生法律效力的裁判所确认的事实，当事人无需举证证明，但有相反证据足以推翻的除外。

判决书的内容进行补正,在裁定书中写明对于判决书中某一内容的补充或更正。

人民法院制作的判决书应当公开。公众可以查阅发生法律效力的判决书、裁定书,但涉及国家秘密、商业秘密和个人隐私的内容除外。法院应依法保障公民的查阅权,不能设置不合理的条件;还应在合理的时限内公开,不能无故拖延。

公民、法人或者其他组织申请查阅发生法律效力的判决书、裁定书的,应当向作出该生效裁判的人民法院提出。申请应当以书面形式提出,并提供具体的案号或者当事人姓名、名称。对于查阅判决书、裁定书的申请,人民法院根据下列情形分别处理:(1)判决书、裁定书已经通过信息网络向社会公开的,应当引导申请人自行查阅;(2)判决书、裁定书未通过信息网络向社会公开,且申请符合要求的,应当及时提供便捷的查阅服务;(3)判决书、裁定书尚未发生法律效力,或者已失去法律效力的,不提供查阅并告知申请人;(4)发生法律效力的判决书、裁定书不是本院作出的,应当告知申请人向作出生效裁判的人民法院申请查阅;(5)申请查阅的内容涉及国家秘密、商业秘密、个人隐私的,不予准许并告知申请人。

第二节　民事裁定

一、民事裁定的概念和特征

民事裁定简称裁定,是指人民法院在民事诉讼中对程序问题和某些实体问题所作出的具有拘束力的判定。一般情况下,民事裁定主要适用于人民法院对程序问题的处理,它是人民法院指挥民事诉讼顺利进行的有效方式。民事诉讼从立案直至诉讼结束的各个阶段,都有可能出现一些需要及时处理的问题或障碍,法院可以通过裁定的形式,对这些问题或障碍进行及时处理,以保证审判活动的顺利进行。

裁定与判决都是法院行使审判权的体现,都是人民法院根据法定程序制作的法律文书。但是,民事裁定不同于民事判决,表现为以下几点:(1)裁判的对象不同。民事判决主要是解决民事实体问题,是针对实体问题作出的判定,而裁定主要是解决民事诉讼中的程序问题,是对程序性事项作出的判定。(2)判决和裁定的适用阶段不同。民事判决只在诉讼程序阶段作出,通常情况下只能在案件审理终结时作出;而民事裁定可以在案件审理终结时作出,可以在案件审理过程中作出,也可以在执行阶段作出,在案件审理终结后还可以裁定改正判决书中的失误。一般情况下,一个案件只有一个判决,而一个诉讼程序却可以作出多个裁定。(3)上诉期间不同。准许上诉的民事判决的上诉期是15天,而依法准许上诉的民事裁定的上诉期只有10天。(4)形式要求不同。民事判决只能以书面形式作出,而且有严格的格式;而民事裁定可以以书面形式,也可以以口头形式作出。

二、民事裁定的形式和内容

裁定既可以书面形式作出,也可以口头形式作出。但在审判实践中,裁定大多为书面形式,尤其是依法准予上诉的裁定,必须以书面形式作出。民事裁定的书面形式就是民事裁定书。

裁定书应当写明裁定结果和作出该裁定的理由。裁定书由审判人员、书记员署名,加盖人民法院印章;口头裁定的,记入笔录。

在实践中,裁定书一般由开头部分、正文部分、结尾部分组成。开头部分应当写明标题、案号和当事人及其诉讼代理人的基本情况,其要求与民事判决书的要求基本相同。正文部分应当写明事实、理由和结论。事实,即该案诉讼程序进行中所遭遇的客观情况。理由,即该案的审判组织依据法律所确认的理由。结论,即人民法院根据事实和理由对所遇问题作出的权威性判断。结尾部分应当由审判人员、书记员署名,加盖人民法院印章。

此外,凡法律允许当事人上诉的民事裁定,法院必须在民事裁定书中注明上诉的期间及上诉的法院。以口头形式作出的裁定,书记员应当将裁定的内容记入笔录。

三、民事裁定的适用范围及效力

裁定的适用范围,即哪些程序上的问题需要适用裁定的方式解决。人民法院以裁定形式作出裁判的事项包括:不予受理、管辖权异议、驳回起诉、财产保全和先予执行、准许或者不准许撤诉、诉讼中止或者诉讼终结、补正判决书的错误、执行中止或者执行终结、不予执行仲裁裁决或公证文书、撤销仲裁裁决以及其他需要裁定解决的事项。

裁定是法院行使审判权的表现形式,生效的裁定在法律上具有拘束力,约束法院和当事人;具有给付内容的裁定如先予执行等还具有强制执行力。下列裁定是生效裁定:(1)第一审法院作出的依法可以上诉而当事人在上诉期内没有上诉的裁定;(2)第一审法院作出的依法不得上诉的裁定;(3)第二审法院作出的裁定;(4)最高人民法院作出的裁定。

当事人可以上诉的裁定包括不予受理的裁定、管辖权异议的裁定(小额诉讼中的管辖权异议裁定除外)和驳回起诉的裁定,这三种裁定的上诉期限为10天,当事人超过上诉期不上诉的,裁定就发生法律效力。对于其他不准许上诉的裁定,一经宣布或者送达,即发生法律效力。

第三节 民事决定

一、民事决定的概念和特征

民事决定简称决定,是指人民法院为保证民事诉讼顺利进行,对某些阻碍诉讼顺利进行的特殊问题依法作出的决定。与判决和裁定相比,民事决定具有以下特点:首先,一般情况下,民事决定所解决的问题既不是实体问题,也不是单纯的程序问题,而是一些影响诉讼顺利进行的特殊问题。例如,为保证人民法院顺利地审理民事案件,维护正常的诉讼秩序,正确处理人民法院内部的工作关系,常常使用民事决定。其次,需要以民事决定处理的问题在诉讼中都有相当的紧迫性和特别的重要性,需要人民法院及时解决,如不及时解决,诉讼活动便无法正常推进。最后,民事决定一律不准上诉;除了一些例外的决定,一般也不得申请复议。

二、民事决定的内容与形式

人民法院可以视情况选用口头形式或者书面形式作出民事决定。如果口头作出民事决定,应当由书记员将决定的主要内容记入笔录;如果使用书面形式,应当写明人民法院的全称,决定书的种类和案号,该决定所依据的事实、理由以及该决定的内容,最后还应注明该决定是否准予申请复议;同时,应当由作出决定的组织、人员署名以及作出决定的日期,并加盖人民法院印章。

三、民事决定的适用范围及效力

在民事诉讼中,民事决定的适用范围相当广泛,根据《民事诉讼法》的规定,人民需要以民事决定形式作出处理的事项包括:对回避申请的处理,对妨害民事诉讼的行为采取强制措施,对诉讼费用的减、免、缓申请的处理,对申请顺延期限的处理,决定再审,其他需要人民法院作出决定的事项。

通常情况下,民事决定一经人民法院作出或者送达,就发生法律效力。民事决定的制作有其紧迫性,法律为保护当事人的权益,规定对有些决定,如是否回避决定、拘留罚款决定等可以申请复议一次,但复议期间不停止原决定的执行。民事决定因其处理的事项不同而有所不同,但从总体上看,均表现为对阻碍诉讼程序进行的特殊情况或事项的排除。

思考与练习

1. 张某与李某的借款纠纷经法院调解达成协议,同时经王某同意并在调解协议中约定由王某提供担保,保证李某履行调解协议。在送达调解书时,张某与李某签收,但王某拒绝签收。关于本案,下列选项中正确的是(　　)。

A. 虽然王某拒绝签收调解书,但调解书仍发生法律效力

B. 因王某未签收调解书,调解书对王某没有约束力

C. 李某拒不履行义务,张某可以申请执行李某的财产

D. 李某拒不履行义务,调解书约定的条件成就时,张某可以申请执行王某的财产

2. 甲公司诉乙公司侵权一案,在市中级人民法院作出二审判决之后,甲公司新发现一重要证据,遂向省高级人民法院申请再审。省高级人民法院受理后,甲公司与乙公司达成了调解协议。在此情况下,下列说法中错误的是(　　)。

A. 由省高级人民法院作出撤销原判决的裁定

B. 由省高级人民法院制作调解书并注明撤销原判决

C. 在当事人达成调解协议的同时，该判决自动撤销
D. 制作调解书送达当事人双方后，该判决视为撤销

3. 下列民事裁判中，当事人有权申请复议的是（　　）。
A. 关于财产保全的裁定　　B. 关于回避的决定
C. 关于管辖权的裁定　　D. 除权判决

4. 对于人民法院作出的下列民事裁定、决定，当事人不可以申请复议的是（　　）。
A. 关于先予执行的裁定　　B. 关于回避问题的决定
C. 关于管辖权异议的裁定　　D. 关于罚款的决定

5. 某市果品公司与某县供销社于2009年4月签订蜜橘的供销合同。同年10月，市果品公司按约定将蜜橘运至县供销社，县供销社以蜜橘与合同中规定的质量不符为由拒绝付款，市果品公司以县供销社为被告向人民法院提起诉讼。由于无人管理，蜜橘开始腐烂，市果品公司请求法院采取措施，法院裁定采取财产保全措施，将这批蜜橘变卖。法院经审理，判决供销社败诉。

请问：本案中法院的判决与裁定有什么不同的特点？

CHAPTER 16

第十六章

第二审程序

本章导读

- 第二审程序又称上诉审程序、终审程序。一方面,第二审程序是当事人不可剥夺的审级利益,是当事人获得公正裁判的制度保障;另一方面,第二审程序也是上一级法院监督下一级法院的重要手段。
- 当事人提起的上诉须合法成立并依法定程序提起,才能引起第二审程序的发生。对于符合条件的上诉案件,上一级人民法院应当受理,并按第二审程序对案件进行审理。
- 第二审人民法院对上诉案件应当开庭审理。在审理中,第二审人民法院应当对上诉请求的有关事实和适用法律进行审查。对于特殊案件,不需要开庭审理的,也可以书面审理和径行裁判。对于上诉案件,人民法院还可以进行调解。
- 第二审人民法院对上诉案件进行审理后,应当作出判决或裁定。从内容来看,第二审人民法院的裁判包括:驳回上诉、维持原裁判,撤销原裁判、依法改判,撤销原裁判、发回重审以及撤销原裁判、驳回起诉等。
- 第二审人民法院作出的裁判是终审裁判,经送达当事人后立即发生法律效力。

第一节 第二审程序概述

一、第二审程序的概念和意义

(一)第二审程序的概念

第二审程序,是指当事人不服第一审人民法院的判决和裁定,依照法定程序和期限,提请上一级人民法院撤销或变更原判决和裁定,上一级人民法院据此对上诉案件进行审理的程序。第二审程序是人民法院审理上诉案件所适用的程序,又称上诉审程序。我国实行两审终审制,第二审人民法院作出的裁判为终审裁判,所以,第二审程序又是终审程序。

第二审程序与第一审程序都是审判程序，两者存在一定的联系，主要表现为：第一审程序是第二审程序的前提和基础；第二审程序是第一审程序的继续和发展。第二审人民法院审理上诉案件，首先适用第二审程序的有关规定；第二审程序没有规定的，适用普通程序的有关规定。第二审程序与第一审程序又是两个独立的程序，两者之间存在明显的区别，主要表现为：(1)程序发生的原因不同。第一审程序因当事人行使起诉权和人民法院行使管辖权而启动；第二审程序启动的原因是当事人行使上诉权和第二审人民法院行使司法监督权。(2)程序的目的与任务不同。第二审程序的目的与任务是检查、监督下一级人民法院的审判工作，纠正第一审裁判的错误，确保法律的统一实施，最终解决当事人之间的民事纠纷；第一审程序的目的与任务是查明案件事实，正确适用法律，确认当事人之间的民事权利义务关系，解决当事人之间的民事纠纷。(3)审判组织不同。一审法院适用第一审诉讼程序审理民事案件的组织形式有两种，即合议制和独任制。实行合议制的，合议庭可以由审判员组成，也可以由审判员和陪审员共同组成；人民法院审理第二审民事案件，由审判员组成合议庭。中级人民法院对第一审适用简易程序审结或者不服裁定提起上诉的第二审民事案件，事实清楚、权利义务关系明确的，经双方当事人同意，可以由审判员一人独任审理。(4)审理的对象不同。第一审诉讼程序审理的对象是双方当事人之间的民事权益争议；而第二审程序是对当事人上诉请求的有关事实和适用的法律进行审查，审理对象是一审法院的裁判。(5)审理的方式不同。适用第一审程序审理民事诉讼案件，法院只能采取开庭审理的方式；而适用第二审程序审理民事上诉案件，法院可以根据案件事实是否已经清楚等实际情况，选择采取开庭审理或者书面审理和径行判决的方式。(6)裁判的效力不同。适用第一审诉讼程序审结后的判决，在上诉期间，是未发生法律效力的裁判；适用第二审程序审结后的裁判，是发生法律效力的裁判，当事人不得提起上诉。

(二)第二审程序的意义

通过第一审法院对民事案件的审理，当事人获得了一次权利救济的机会。但是，只对案件进行一次审判不一定能实现法律正义。这是因为：第一，由于各种原因，当事人在第一审程序中可能尚未全面行使自己的诉讼权利，还没来得及进行充分的攻击与防御，尚未提出全部的证明材料充分论证自己的主张。建立在不全面、不充分的攻击与防御基础上的裁判，其正义性当然难以保障。第二，受审理时限、法官职业素养和个人品质等诸多因素的影响，第一审裁判出现错误是难以避免的。这些错误不但会损害当事人的合法权益，而且会影响国家法律的统一实施，阻碍法律正义的实现。为了克服一次审判程序的不足，各国都在初审的基础上设立了上诉审程序，以确保裁判的正确性和法律适用的统一性。通过上诉审判，一方面可以给当事人多提供一次机会，便于其充分地提出自己的主张与证明材料；另一方面可以更换案件的审理法官，形成对一审法院或法官的监督机制，从而尽可能全面地揭露和纠正第一审裁判中可能存在的错误，减少案件错误的概率，此外，还可以使案件的终审权相对集中在某些法院,从而保证法律的统一和正确适用,对下级法院的裁判起到示范作用。

因此,无论是对当事人还是对人民法院来说,第二审程序都具有重要意义。一方面,当事人可以通过上诉引起第二审程序,请求第二审法院对第一审裁判的正确性、合法性进行审查,并进一步声明自己的主张,依法补充或提出新事实、新证据,从而维护自己的合法权益,避免因裁判错误或论证不充分而损害自己的合法权益;另一方面,上一级法院可以通过第二审程序行使审判监督权,审查和监督下一级法院的审判工作,维持正确的裁判,发现和纠正错误的裁判,总结审判经验,不断提高办案质量和改善审判作风,确保国家法律的统一实施。可以说,第二审程序的设置是确保司法正当性、维护法制统一性、形成司法公信力的重要程序保障。

二、第二审程序的审理模式

关于第二审程序的审理模式,学术上主要有以下三种观点。

(一)复审主义

复审主义认为,在第二审程序中法官应对第一审程序审理过的案件进行重新审理、全面审理。简言之,第二审程序是第一审程序审理的重复,需要对案件进行重新审理。法官可以全面地重新收集一切诉讼资料,当事人也可以不受限制地提出新事实和新证据。在这种模式下,上诉审可以不受当事人在上诉中所提出的事实和法律根据的约束,上诉法庭可以提出当事人在一审中没有提及的事实和证据。上诉法庭既需对案件的法律和事实问题予以全面审查,在必要时又可以越出当事人的上诉范围进行审查,所有这些都使第二审审理方式以开庭审理为原则成为必要。这种审判模式虽然有利于发现真相,但违反诉讼效率原则,现代各国的民事诉讼基本不予采纳。

(二)事后审主义

事后审主义认为,第二审应以第一审中法院据以裁判的诉讼资料和证据资料为限进行事后审查,并在此基础上对原裁判是否妥当作出判断。在此方式下,上诉审法院认为,第一审所做的事实判断和原判决的理由大体合理,而且推测自己亲自审理也会得出同一结果时,就不直接接触案件进行调查纠正。[1] 此种模式的审判重点放在第一审,第二审专门就第一审判决是否错误进行事后审查。诉讼资料原则上以在第一审中提出者为限,不允许当事人在第二审中提出新的事实和证据。第二审认为原判决妥当的即驳回上诉,不当的则撤销原判或发回重审。事后审主义上诉模式为英美法系国家和奥地利等部分大陆法系国家所采用。

(三)续审主义

续审主义认为,第二审是以第一审的审理为基础,并允许当事人补充新的诉讼

---

〔1〕 参见[日]兼子一、竹下守夫:《日本民事诉讼法》(新版),白绿铉译,法律出版社1995年版,第230~231页。

资料的审理结构。在该种模式下,“一审诉讼内容全部保留之(不得重新获取),而仅仅是予以重新辩论也即重新判断,但判断的依据得予以保留。也就是说,诉讼(尤其是事实之查明)并不重新开始。控诉审中可再提出新的攻击及防御方法”[1]。就功能而言,该种上诉模式的目的在于尽可能保障正确认定事实,并在此基础上作出正确判决。作为第一审程序的继续进行,第二审程序的职能定位在于对实质问题作出新的正确判决。在续审制上诉模式下,第二审程序与第一审程序基本相同,程序规则也相差不大,其中,颇为显著的如均可采纳新证据等。续审制上诉模式主要为大陆法系国家和地区,如德国、日本、我国台湾地区等所采用。

我国第二审程序曾长期采取全面审查的复审主义模式。但这一模式在实践中产生了诸多弊端,如浪费诉讼资源、拖延诉讼时间致使诉讼效率低下等。在认识到复审主义模式所产生的种种弊端后,学术界对复审主义审理模式进行了激烈的批判,实务界则逐渐开始民事司法改革,为第二审程序寻找新的审理模式。最高人民法院在1998年颁布的《关于民事经济审判方式改革问题的若干规定》中,对上诉审超越上诉请求范围行使审查权的具体条件作出了明确限制,其第35条规定:“第二审案件的审理应当围绕当事人上诉请求的范围进行,当事人没有提出请求的,不予审查。但判决违反法律禁止性规定、侵害社会公共利益或者他人利益的除外。”第36条规定:“被上诉人在答辩中要求变更或者补充第一审判决内容的,第二审人民法院可以不予审查。”从现行《民事诉讼法》第175条的规定来看,第二审人民法院应对上诉请求的有关事实和适用法律进行审查。也就是说,第二审人民法院审理的范围应限于当事人的上诉请求,不能超出该范围对当事人没有主张的事实和法律问题进行审理。从这些规定来看,我国的第二审程序审理模式已经逐步摆脱了复审主义模式的影响,实现了从复审主义向续审主义的审理模式的转变。

第二节　上诉的提起与受理

一、上诉的概念

上诉,是指当事人不服第一审人民法院作出的尚未生效的判决和裁定,在法定期间内向上一级人民法院声明不服,并请求撤销或变更该判决或裁定的诉讼行为。提起上诉是当事人一项重要的诉讼权利,是启动第二审程序的必要条件。

起诉和上诉都是当事人享有的诉权,两者既有联系又有区别。当事人起诉和提起上诉都是向人民法院提出审理民事争议,维护自身合法权益的要求。但两者在以下几个方面有质的区别:(1)提起的原因和目的不同。起诉的原因是当事人与他人发生了民事争议,为了解决纠纷、维护自身合法权益而向法院提起。上诉的原因是

---

[1] [德]狄特·克罗林庚:《德国民事诉讼法律与实务》,刘汉富译,法律出版社2000年版,第427页。

当事人不服第一审人民法院作出的裁判,请求上一级人民法院对之进行审查并依法予以撤销或者变更。(2)提起的时间不同。起诉的提起一般不受时间的限制。即便超过诉讼时效,当事人仍有权起诉。上诉必须在上诉期间内提起。一旦超过上诉期间,一审裁判即发生法律效力,当事人丧失上诉权。(3)提起的形式不同。起诉既可以书面形式提出,也可以口头形式提出。上诉必须采取书面形式,不能以口头形式提出。(4)受理的法院不同。受理起诉的法院没有限制,从基层人民法院至最高人民法院,均可以受理第一审案件。原告可以在法定范围内选择有管辖权的法院提起诉讼,被告也有权提出管辖权异议。上诉只能向第一审人民法院的上一级人民法院提出,因此,受理上诉的人民法院只可能是中级以上的人民法院,而且当事人无权选择。(5)撤回的效果不同。一审中撤回起诉,可以再次起诉;二审中撤回起诉不得再次起诉。在二审程序中撤回上诉,如果撤回上诉的是案件的唯一上诉人,则原审裁判生效。

二、上诉的条件

当事人提起的上诉须合法成立,才能使上诉审法院依照第二审程序对民事案件进行进一步的审理。因此,与起诉一样,上诉也应具备一定的法律要件。首先,上诉应符合一般要件,如上诉人须具备当事人的诉讼权利能力和诉讼行为能力;若无诉讼行为能力,须由法定代理人代为提起上诉等。

(一)可以上诉的裁判

对于地方各级人民法院按照普通程序、简易程序审理作出的第一审判决以及法律明确规定可以上诉的裁定,当事人不服的,在法定期间内,可以提出上诉。可见,当事人的上诉只能针对特定的裁判提出。

就判决而言,对于地方各级人民法院依照第一审普通程序或者简易程序对民事案件作出的判决,在法定期间内,当事人可以提起上诉;对于最高人民法院作出的第一审判决,最高人民法院和地方各级人民法院作出的第二审判决,基层人民法院按照特别程序、公示催告程序审理作出的判决,当事人不得提出上诉。

就裁定而言,只有法律明确规定可以上诉的裁定,当事人才能在法定期间内提起上诉,法律没有明确规定可以上诉的裁定,当事人不得提起上诉。对于地方各级人民法院作出的不予受理的裁定、对管辖权异议作出的裁定和驳回起诉的裁定,当事人不服的,可以在法定期间内提起上诉。破产申请人不服人民法院作出的不予受理破产申请的裁定和驳回破产申请的裁定的,有权向上一级人民法院提起上诉。

(二)上诉人和被上诉人

提起上诉,必须符合上诉的主体要件,即必须具有合格的上诉人和被上诉人。上诉人是指提起上诉的一方当事人,另一方当事人为被上诉人和原审其他当事人。上诉人和被上诉人必须是第一审程序中的当事人、当事人的继承人或者诉讼承担人,具体包括第一审程序中的原告、被告、共同诉讼人、诉讼代表人、有独立请求权的第三人、判决承担民事责任的无独立请求权的第三人,以及上述当事人的继承人或者诉讼承担人。上诉人和被上诉人必须与上诉请求有直接利害关系,即经过第二审程序的审理可能变更或者影响其在第一审裁判中确定的实体权利义务。因此,上诉人是请求撤销或者变更第一审裁判的当事人,被上诉人是被提起上诉的对方当事人。双方当事人和第三人都提起上诉的,均为上诉人。人民法院可以依职权确定第二审程序中当事人的诉讼地位。

必要共同诉讼人的一人或者部分人提起上诉的,按下列情形分别处理:(1)上诉仅对与对方当事人之间权利义务分担有意见,不涉及其他共同诉讼人利益的,对方当事人为被上诉人,未上诉的同一方当事人依原审诉讼地位列明;(2)上诉仅对共同诉讼人之间权利义务分担有意见,不涉及对方当事人利益的,未上诉的同一方当事人为被上诉人,对方当事人依原审诉讼地位列明;(3)上诉对双方当事人之间以及共同诉讼人之间权利义务的承担有意见的,未提起上诉的其他当事人均为被上诉人。

在普通共同诉讼中,共同诉讼人的诉讼行为具有独立性,因此,每一共同诉讼人的上诉对其他共同诉讼人不产生影响,故普通共同诉讼人中仅有一人或数人上诉的,其余的共同诉讼人都不属于上诉人或被上诉人。

无民事行为能力人、限制民事行为能力人的法定代理人,可以代理当事人提起上诉。上诉案件的当事人死亡或者终止的,人民法院依法通知其权利义务承继者参加诉讼。需要终结诉讼的,适用《民事诉讼法》有关规定处理。在第二审程序中,作为当事人的法人或者其他组织分立的,人民法院可以直接将分立后的法人或者其他组织列为共同诉讼人;合并的,将合并后的法人或者其他组织列为当事人。

(三)在上诉的期限内提起上诉

当事人不服地方人民法院第一审判决的,有权在判决书送达之日起 15 日内向上一级人民法院提起上诉。当事人不服地方人民法院第一审裁定的,有权在裁定书送达之日起 10 日内向上一级人民法院提起上诉。可以上诉的判决书、裁定书不能同时送达双方当事人的,上诉期限从各自收到判决书、裁定书的次日起计算。一审宣判时或者判决书、裁定书送达时,当事人口头表示上诉的,人民法院应告知其必须在法定上诉期间内递交上诉状。未在法定上诉期间内递交上诉状的,视为未提起上诉。虽递交上诉状,但未在指定期限内缴纳上诉费的,按自动撤回上诉处理。此外,在上诉期间内,当事人因不可抗拒的事由或者有其他正当理由耽误上诉的,可以在障碍清除后的 10 日内申请顺延期间,是否准许,由人民法院决定。

(四)提交上诉状

上诉必须向上一级人民法院提交上诉状。当事人没有在上诉期间递交上诉状的,均不视为提起上诉。一审宣判时或者判决书、裁定书送达时,当事人口头表示上诉的,人民法院应告知其必须在法定上诉期间内递交上诉状。未在法定上诉期间内递交上诉状的,视为未提起上诉。虽递交上诉状,但未在指定的期限内缴纳上诉费的,按自动撤回上诉处理。上诉状的内容应当包括:(1)上诉人、被上诉人的姓名、性别、年龄、民族、籍贯、职业和住所,或者法人、其他组织的名称、住所、法定代表人、主要负责人的姓名和职务;(2)原审人民法院的名称、案件的编号和案由;(3)上诉的请求和理由。

三、上诉与受理的程序

(一)上诉的提起

根据《民事诉讼法》第173条的规定,上诉状应当通过原审人民法院提出,并按照对方当事人或者代表人的人数提出副本。当事人直接向第二审人民法院上诉的,第二审人民法院应当在5日内将上诉状移交原审人民法院。立法如此规定是因为在当事人上诉之时,案卷材料还在第一审人民法院,由第一审人民法院审查上诉是否符合条件相对于第二审人民法院来说更方便。当然,为了方便当事人行使上诉权,当事人也可以直接向第二审人民法院上诉,第二审人民法院应当在5日内将上诉状移交原审人民法院。原审人民法院收到上诉状,应当在5日内将上诉状副本送达对方当事人,对方当事人自收到之日起15日内提出答辩状。人民法院应当自收到答辩状之日起5日内将副本送达上诉人。对方当事人不提出答辩状的,不影响人民法院的审理。

(二)案卷和证据的报送

原审人民法院收到上诉状、答辩状,应当在5日内连同全部案卷和证据报送第二审人民法院。至此,案件脱离第一审人民法院而转移至第二审人民法院。对当事人不服一审判决提出上诉的案件,在第二审人民法院接到报送的案件之前,当事人有转移、隐匿、出卖或者毁损财产等行为,必须采取财产保全措施的,由第一审人民法院依当事人申请或依职权采取。第一审人民法院制作的财产保全的裁定,应及时报送第二审人民法院。

(三)上诉的审查和受理

虽然第一审人民法院对上诉要件已经进行了初步审查和判断,但其审查对第二审人民法院没有拘束力,因为上诉行为是向第二审人民法院提出的,由第一审法院审查只是出于审查便利性的考虑。即便第一审人民法院认为上诉人的上诉合法,第二审人民法院经审查认为其不符合条件的,也应驳回上诉。因此,第二审人民法院收到第一审人民法院报送的全部案卷后,在进行审理之前,还应首先审查上诉是否符合法定条件并做相应的处理。

人民法院应当在收到第一审人民法院移送的上诉材料及案卷材料后的5日内立案。第二审人民法院立案时发现上诉案件材料不齐全的,应当在2日内通知第一审人民法院。第一审人民法院应当在接到第二审人民法院的通知后5日内补齐。下级人民法院接到上级人民法院的调卷通知后,应当在5日内将全部案卷和证据移送,最迟不超过10日。

(四)撤回上诉和撤回起诉

上诉的撤回,是指上诉人提起上诉后,在第二审人民法院宣告判决前,请求撤回上诉请求的诉讼行为。当事人申请撤回上诉的,可以书面或口头方式向法庭提出。

口头提出的，审判人员应当记入笔录。第二审人民法院判决宣告前，上诉人申请撤回上诉的，是否准许，由第二审人民法院裁定。在第二审程序中，当事人申请撤回上诉，人民法院经审理认为一审判决确有错误，或者双方当事人串通损害国家和集体利益、社会公共利益及他人合法权益的，不应准许。第二审人民法院裁定准予撤回上诉的，该上诉人丧失上诉权，不能重新提起上诉。第二审人民法院准予撤回所有上诉人的上诉请求的，第一审裁判即发生法律效力，审判程序终结。

在第二审程序中，原审原告申请撤回起诉，经其他当事人同意，且不损害国家利益、社会公共利益和他人合法权益的，人民法院可以准许。准许撤诉的，应当一并裁定撤销一审裁判。原审原告在第二审程序中撤回起诉后重复起诉的，人民法院不予受理。当事人在第二审程序中达成和解协议的，人民法院可以根据当事人的请求，对双方达成的和解协议进行审查并制作调解书送达当事人；因和解而申请撤诉，经审查符合撤诉条件的，人民法院应予准许。

第三节　上诉案件的审理

上诉案件的审理，从程序的基本过程来看，与第一审案件的审理大致相同，一般也要经过审理前的准备和开庭审理等阶段，其中，开庭审理同样包括开庭准备、法庭调查、法庭辩论、合议庭评议与宣判等过程。

一、上诉案件的审理范围

第二审人民法院应当对上诉请求的有关事实和适用法律进行审查。《民事诉讼法解释》第321条进一步明确规定，第二审人民法院应当围绕当事人的上诉请求进行审理。当事人没有提出请求的，不予审理；但一审判决违反法律禁止性规定，或者损害国家利益、社会公共利益、他人合法权益的除外。据此，第二审的审理范围可做三点理解：第一，第二审既是事实审又是法律审，即第二审人民法院既要对案件的事实进行审理，又要对案件的法律适用进行审理。第二，上诉案件的审理范围以当事人上诉请求的范围为限，即第二审人民法院只对与上诉请求有关的事实和法律适用进行审理，也就是说，在第二审诉讼程序中，只审理关系到上诉请求是否成立的事实和法律适用，对于上诉人没有提出上诉的第一审裁判认定的事实和适用的法律，第二审人民法院原则上不予审理。第三，就审理的事实来说，既包括上诉人在第一审程序中已经提出但不服第一审裁判认定的事实，也包括上诉人在上诉请求中提出的新事实；就审理的法律适用来说，既包括第一审裁判适用的实体法，也包括第一审裁判适用的程序法。

民事上诉案件的审理范围受上诉人上诉请求范围的限制，我国法律关于第二审审理范围的规定基本上属于续审模式。当事人在第一审程序中实施的诉讼行为，在第二审程序中对该当事人仍具有拘束力。当事人推翻其在第一审程序中实施的诉讼行为时，人民法院应当责令其说明理由；理由不成立的，不予支持。第二审人民法院对上诉人上诉请求的有关事实和适用法律进行审查时,如果发现在上诉请求以外原判确有错误,也应当予以纠正。从这个角度而言,我国的第二审程序是以续审主义为原则、复审主义为例外。

二、上诉案件的审理机制

(一)审判组织

对于上诉案件,第二审人民法院应当组成合议庭审理,一般情况下,不能采用独任制法庭审理。而合议庭应当由审判人员组成,不能吸收人民陪审员参加。这是由上诉案件的特殊性以及第二审法院的审判职能决定的。提起上诉的案件,通常案情较为复杂,除了当事人之间的民事争议尚未解决外,上诉人与第一审法院在事实认定、法律适用方面存在意见分歧,因此,需由审判人员组成合议庭进行审理,从而提高审判的公正性和专业性。但是,中级人民法院对第一审适用简易程序审结或者不服裁定提起上诉的第二审民事案件,事实清楚、权利义务关系明确的,经双方当事人同意,可以由审判员一人独任审理。

(二)审理方式

第二审人民法院对上诉案件,应当组成合议庭并开庭审理。经过阅卷、调查和询问当事人,对没有提出新的事实、证据或者理由,合议庭认为不需要开庭审理的,可以不开庭审理。据此,第二审人民法院审理上诉案件有以下两种方式。

1. 开庭审理

开庭审理是上诉案件审理的基本方式,其要求同时传唤各方当事人并通知其他诉讼参与人到庭,通过法庭调查、法庭辩论、合议庭评议和宣判等环节,对原裁判认定的事实、适用的法律以及当事人提出的新事实进行审查和口头辩论,经合议庭评议后作出新的裁判。开庭审理是实现直接言词原则、辩论原则的基本要求,能够有效地维护当事人的诉讼权利,有利于增强当事人对裁判结果的信服感,确保司法公正。以开庭形式审理上诉案件时,可以根据具体情况选择开庭的地点,既可以在本院进行,也可以到案件发生地或者原审人民法院所在地进行。开庭审理的上诉案件,第二审人民法院可以进行审理前的准备,要求当事人交换证据等方式,明确争议焦点。

2. 不开庭审理

第二审人民法院对上诉案件应当开庭审理。经过阅卷、调查和询问当事人,对没有提出新的事实、证据或者理由,人民法院认为不需要开庭审理的,可以不开庭审理。不开庭审理也称径行裁判,是指不同时传唤当事人、不通知其他诉讼参与人到庭进行法庭调查和辩论,合议庭经过阅卷和调查、询问当事人,在事实核对清楚后,直接对案件作出裁判。以不开庭方式审理需要注意以下几点:(1)不开庭审理不同于书面审理。书面审理就是在不开庭、不调查、不询问当事人的情况下,经过对当事人提供的书面材料以及第一审案卷材料进行审查就作出裁判。不开庭审理尽管不开庭,但除了阅卷之外,还必须开展调查,询问当事人,听取当事人陈述,这些远远超出了书面审理的范围。(2)不开庭审理的适用范围受到严格限制。只有经过阅卷和调查,询问当事人,在事实核对清楚后,合议庭认为不需要开庭审理的,才可以不开庭审理。不开庭审理只是上诉案件审理的补充方式。

(三)上诉案件的举证

我国的第二审程序既是事实审,也是法律审。作为事实审,第二审程序必然涉及证据的问题。第二审程序在举证、质证、认证的规则方面与第一审程序适用的规则的不同之处体现在上诉案件"新的证据"的认定和举证期限两个方面。

我国《民事诉讼法》规定允许当事人在第二审程序中提出"新的证据"。但是,不是任何新提出的证据都属于"新的证据"。在第二审程序中的"新的证据"包括两种:一是第一审庭审结束后新发现的证据;二是当事人在一审举证期限届满前申请人民法院调查和取证未获准许,第二审人民法院经审查认为应当准许并依当事人申请调取的证据。因此,在实行举证时限制度以后,当事人在第二审程序中提出的证据是否属于"新的证据"将直接影响其利益甚至案件的裁判结果。

一般来说,当事人在第一审程序中已经提出的证据,不需要再次举证,也就不存在举证期限的问题。上诉案件的举证期限仅对"新的证据"具有约束力。对于在一审程序中已经提出的证据,无论第一审人民法院是否已经认定,当事人都不能再次进行质证,不存在超过举证期限的问题。当事人在第二审程序中提供"新的证据"的,应当在二审开庭前或者开庭审理时提出;二审不需要开庭审理的,应当在人民法院指定的期限内提出。在第二审程序中,一方当事人提出"新的证据"的,人民法院应当通知对方当事人在合理期限内提出意见或者举证。由于当事人未能在指定期限内举证,致使案件在二审期间因提出"新的证据"而被人民法院发回重审或者改判的,原审裁判不属于错误裁判案件。一方当事人请求提出"新的证据"的另一方当事人负担由此增加的差旅、误工、证人出庭作证、诉讼等合理费用以及由此扩大的直接损失的,人民法院应予支持。

(四)上诉案件的调解

对于上诉案件,第二审人民法院也可以在当事人双方自愿的基础上进行调解。为了尊重当事人对自己的实体权利和程序权利的处分权,上诉案件的调解应当遵循自愿、合法的原则。

一般认为,上诉案件调解的范围不受上诉请求范围的限制,也不受第一审诉讼请求范围的限制,第二审人民法院可以对当事人在第一审程序中的全部诉讼请求以及在第二审程序中提出的新请求一并进行调解。上诉案件的调解也不受第一审裁判是否正确的影响。案件进入第二审程序之后,第一审裁判是未生效的裁判,因此,即使第一审裁判存在错误,当事人在第二审程序中能够达成调解的,第二审人民法院也可以进行调解。

根据《民事诉讼法解释》的规定,对于下列情形,第二审人民法院可以根据自愿的原则进行调解;调解不成的,发回重审:(1)对当事人在一审中已经提出的诉讼请求,原审人民法院未做审理、判决的,第二审人民法院可以根据当事人自愿的原则进行调解;调解不成的,发回重审。(2)必须参加诉讼的当事人在一审中未参加诉讼,第二审人民法院可以根据当事人自愿的原则予以调解;调解不成的,发回重审。发回重审的裁定书不列应当追加的当事人。(3)在第二审程序中,原审原告增加独立的诉讼请求或者原审被告提出反诉的,第二审人民法院可以根据当事人自愿的原则就新增加的诉讼请求或者反诉进行调解;调解不成的,告知当事人另行起诉。(4)一审判决不准离婚的案件,上诉后,第二审人民法院认为应当判决离婚的,可以根据当事人自愿的原则,与子女抚养、财产问题一并调解;调解不成的,发回重审。

第二审人民法院审理上诉案件,可以进行调解。调解达成协议,应当制作调解书,由审判人员、书记员署名,加盖人民法院印章。调解书送达后,原审人民法院的判决即视为撤销。可见,关于上诉案件的调解书,有两点值得注意:(1)与第一审案件的调解不同的是,在第二审程序中,经调解达成协议的,人民法院都要制作调解书;(2)上诉案件的调解书送达各方当事人后,原审人民法院的判决即视为撤销,因此,第二审人民法院没有必要另行裁定撤销原判决,也没有必要在调解书中明确撤销原判决。

(五)上诉案件的审理期限

人民法院审理对判决的上诉案件,应当自第二审立案之日起3个月内审结;有特殊情况需要延长的,由本院院长批准。人民法院审理对裁定的上诉案件,应当自第二审立案之日起30日内作出终审裁定。人民法院对裁定的上诉案件,应当自第二审立案之日起30日内作出终审裁定;有特殊情况需要延长审限的,由本院院长批准。

第四节　上诉案件的裁判

对判决不服提出上诉的案件和对裁定不服提出上诉的案件的第二审裁判有所不同。

一、对不服第一审判决的上诉案件的裁判

第二审人民法院对于不服第一审判决提出上诉的案件审理终结,经合议庭评议,应该根据案件的不同情况分别作出判决和裁定。第二审人民法院对上诉案件,经过审理,按照下列情形分别处理。

第一,驳回上诉,维持原判。原判决、裁定认定事实清楚、适用法律正确的,以判决、裁定方式驳回上诉,维持原判决、裁定。这是第二审人民法院否定上诉请求,肯定原审判决是正确、合法的判决、裁定。首先,在民事诉讼中,否定上诉请求、肯定原审判决应当适用判决的形式;其次,只有原审判决认定事实清楚、适用法律正确的,才能以判决的形式予以维持;最后,驳回上诉与维持原判两项内容须同时存在并保持统一,两者不能矛盾。驳回上诉请求的判决一旦获得确定,原判决也就获得了确

定。原判决、裁定认定事实或者适用法律虽有瑕疵,但裁判结果正确的,第二审人民法院可以在判决、裁定中纠正瑕疵后,依照《民事诉讼法》第 177 条第 1 款第 1 项规定予以维持。

第二,依法改判。依法改判,是指第二审人民法院对上诉案件进行审理后依法废除原审判决,并自行对上诉案件作出判决。经过审理,第二审人民法院认为原判决存在错误或不当的,可以依法作出变更原判决的判决。其中,第二审人民法院认为原判决全部不当的,判决撤销原判决,全部改判;认为原判决部分不当的,撤销不当的部分,部分改判,对原判决正确的部分予以维持。依法改判适用于两种情形:(1)原判决、裁定认定事实错误或者适用法律错误的,以判决、裁定方式依法改判、撤销或者变更。这种情形包括以下两种情况:一是原判决认定事实错误。原判决认定事实错误时,往往会导致实体判决错误,所以,第二审人民法院应当在正确认定事实的基础上对原裁判进行改判。二是原判决适用法律错误。如果原裁判认定事实正确,仅就该事实或案件适用法律出现错误,第二审人民法院应当对原裁判进行改判。(2)原判决认定基本事实不清的,裁定撤销原判决,发回原审人民法院重审,或者查清事实后改判。这里所谓的“基本事实”,是指用以确定当事人主体资格、案件性质、民事权利义务等对原判决、裁定的结果有实质性影响的事实。据此,在原判决认定事实不清的情况下,第二审人民法院有两种选择,既可以裁定撤销原判决,发回重审,也可以在查清事实的基础上直接改判。在司法实践中,对于属于一般事实不清的案件,第二审人民法院可以按第一种情况直接改判;而对于可能影响案件最终判决的基本事实不清的案件,第二审人民法院一般是裁定发回重审。

第三,裁定撤销原判,发回重审。第二审人民法院对上诉案件进行审理后认为原判决存在较为严重的错误,并由第二审人民法院直接改判不利于保护当事人的审级利益,影响两审终审的基本审判制度的贯彻执行的,可以裁定撤销原判决,发回原审人民法院重审。发回重审有两种情形:(1)原判决认定基本事实不清的,裁定撤销原判决,发回原审人民法院重审,或者查清事实后改判;(2)原判决遗漏当事人或者违法缺席判决等严重违反法定程序的,裁定撤销原判决,发回原审人民法院重审。根据《民事诉讼法解释》的规定,下列情形,可以认定为《民事诉讼法》第 177 条第 1 款第 4 项规定的严重违反法定程序:①审判组织的组成不合法的;②应当回避的审判人员未回避的;③无诉讼行为能力人未经法定代理人代为诉讼的;④违法剥夺当事人辩论权利的。

对于发回重审的案件,应当遵循下列规定:(1)二审裁定撤销一审判决、发回重审的案件,当事人申请变更、增加诉讼请求或者提出反诉,第三人提出与本案有关的诉讼请求的,可以合并审理。[1] (2)为了防止第二审人民法院反复将案件发回重

---

〔1〕 根据《民事诉讼法》第 143 条的规定,原告增加诉讼请求,被告提出反诉,第三人提出与本案有关的诉讼请求,可以合并审理。

审,原审人民法院对发回重审的案件作出判决后,当事人提起上诉的,第二审人民法院不得再次发回重审。(3)发回原审人民法院重审应当使用裁定,而不是判决。(4)应当发回重审和可以发回重审两种裁定的适用情形各不相同。(5)裁定发回原审人民法院重审的同时,应当裁定撤销原审判决。(6)发回重审的案件,原审人民法院应当另行组成合议庭按照第一审普通程序进行审理,不能适用简易程序,原审合议庭成员或者独任审判员不能参加新的合议庭。(7)原审人民法院对发回重审的案件所做的裁判仍属于第一审裁判,当事人对重审裁判不服的,有权提起上诉。

第四,裁定撤销原判决,驳回起诉。人民法院只能审理属于民事诉讼受案范围内的民事案件。如果原告提起诉讼的案件不属于民事诉讼的受案范围,则该起诉不符合法定条件,而第一审人民法院对此予以受理及审判也不合法。所以,人民法院依照第二审程序审理的案件,认为依法不应由人民法院受理的,可以由第二审人民法院直接裁定撤销原判,驳回起诉。

第五,裁定撤销原裁判,移送管辖。人民法院依照第二审程序审理案件,认为第一审人民法院受理案件违反专属管辖规定的,应当裁定撤销原裁判并移送有管辖权的人民法院。

二、对不服第一审裁定的上诉案件的裁判

第二审人民法院对不服第一审人民法院裁定的上诉案件的处理,一律使用裁定。据此,对裁定不服提起上诉的案件,第二审人民法院只能适用裁定作出最终处理。从内容上看,第二审人民法院对不服裁定提起上诉的案件可以作出维持原裁定的裁定和撤销原裁定的裁定。

第一,维持原裁定的裁定。经过审理,第二审人民法院认为原审裁定依据的事实清楚、适用的法律正确的,应当裁定驳回上诉、维持原裁定。

第二,撤销或变更原裁定的裁定。经过对上诉案件的审理,第二审人民法院认为原裁定认定事实错误或者适用法律错误的,应当裁定撤销原裁定,并依不同情形分别作出如下处理:(1)认为第一审人民法院不予受理的裁定有错误的,应当在撤销原裁定的同时,指令第一审人民法院立案受理。(2)认为第一审人民法院驳回起诉的裁定有错误的,应当在撤销原裁定的同时,指令原审人民法院进行审理。(3)认为第一审人民法院驳回管辖权异议的裁定错误的,应当在裁定撤销原裁定的同时,指令原审人民法院中止诉讼,将案件移送至有管辖权的人民法院。

三、第二审裁判的效力

第二审人民法院作出的裁判是终审的裁判,经送达当事人立即发生法律效力。当事人对该裁判仍然不服的,可以通过法定的程序申请再审或者向有关机关进行申诉,请求通过再审程序维护自己的合法权益。但是,在申请再审和申诉期间,不影响裁判的执行;在依再审程序作出撤销或者部分撤销该裁判的再审裁判之前,不影响该裁判的效力;经再审部分撤销该裁判的,不影响未被撤销部分的效力。

思考与练习

1. 下列关于民事诉讼二审程序的表述中,错误的是(　　)。

A. 二审案件的审理,遇有二审程序没有规定的情形,应当适用一审普通程序的相关规定

B. 二审案件的审理以开庭审理为原则

C. 二审案件调解的结果变更了一审判决内容的,应当在调解书中写明"撤销原判"

D. 二审案件的审理应当由法官组成的合议庭进行

2. 某借款纠纷案二审中,双方达成调解协议,被上诉人当场将欠款付清。关于被上诉人请求二审法院制作调解书,下列选项中正确的是(　　)。

A. 可以不制作调解书,因为当事人之间的权利义务已经实现

B. 可以不制作调解书,因为本案属于法律规定可以不制作调解书的情形

C. 应当制作调解书,因为二审法院的调解结果除解决纠纷外,还具有对一审法院的判决效力产生影响的功能

D. 应当制作调解书,因为被上诉人已经提出请求,法院应当予以尊重

3. 甲起诉乙支付货款。一审判决后,乙提起上诉,并提出产品存在质量问题,要求甲赔偿损失。下列关于二审法院处理本案方式的表述中,正确的是(　　)。

A. 应当将双方的请求合并审理,一并作出判决

B. 应当将双方的请求合并进行调解;调解不成的,发回重审

C. 应当将双方的请求合并进行调解;调解不成的,对赔偿损失的请求发回重审

D. 应当将双方的请求合并进行调解;调解不成的,告知乙对赔偿损失的请求另行起诉

4. 四方公司与海通公司因合同纠纷进行诉讼,一审判决海通公司胜诉。四方公司不服,提起上诉。在第二审程序中,海通公司分立为海鸥公司和海洋公司。在此情况下,二审法院应(　　)。

A. 将案件发回原审法院重审

B. 将海鸥公司和海洋公司列为共同诉讼人进行调解;调解不成的,发回重审

C. 将海鸥公司和海洋公司列为共同诉讼人进行调解或者判决,不必发回重审

D. 仍将海通公司列为当事人进行调解或者判决,执行程序中再裁定海鸥公司和海洋公司为被执行人

5. 肖某是甲公司的一名职员,在 2006 年 12 月 17 日出差时不慎摔伤,住院治疗两个多月,花费医疗费若干。甲公司认为,肖某伤后留下残疾已不适合从事原岗位的工作,于 2007 年 4 月 9 日解除了与肖某的劳动合同。因与公司协商无果,肖某最终于 2007 年 11 月 27 日向甲公司所在地的 A 市 B 区法院起诉,要求甲公司继续履

行劳动合同并安排其工作、支付其住院期间的医疗费、营养费、护理费、住院期间公司减发的工资、公司2006年三季度优秀员工奖奖金等共计3.6万元。

B区法院受理了此案。之后,肖某向与其同住一小区的B区法院法官赵某咨询。赵某对案件谈了几点意见,同时为肖某推荐律师李某作为其诉讼代理人,并向肖某提供了本案承办法官刘某的手机号码。肖某的律师李某联系了承办法官刘某。刘某在居住的小区花园听取了李某对案件的法律观点,并表示其一定会依法审理此案。两天后,肖某来到法院找刘某说明案件的其他情况,刘某在法院的谈话室接待了肖某,并让书记员对他们的谈话内容进行了记录。

本案经审理,一审判决甲公司继续履行合同,支付相关费用;肖某以各项费用判决数额偏低为由提起上诉。二审开庭审理时,由于一名合议庭成员突发疾病住院,法院安排法官周某临时代替其参加庭审。在二审审理中,肖某提出了先予执行的申请。2008年5月12日,二审法院对该案作出了终审判决,该判决由原合议庭成员署名。履行期届满后,甲公司未履行判决书中确定的义务。肖某向法院申请强制执行,而甲公司则向法院申请再审。

请问:

(1)纠纷发生后,肖某与甲公司可以通过哪些方式解决他们之间的纠纷?

(2)诉讼中,肖某与甲公司分别应当对本案的哪些事实承担举证责任?

(3)二审中,肖某依法可以对哪些请求事项申请先予执行?对该申请应当由哪个法院审查作出先予执行的裁定?该裁定应当由哪个法院执行?

(4)若执行中,甲公司拒不履行法院判决,法院可以采取哪些与金钱相关的执行措施?对甲公司及其负责人可以采取哪些强制措施?

(5)根据案情,甲公司可以根据何种理由申请再审?可以向何法院申请再审?甲公司申请再审时,已经开始的执行程序应如何处理?

(6)本案中,有关法官的哪些行为违反了法官职业道德?

CHAPTER 17
第十七章

再审程序

本章导读

- 再审程序的目的在于纠正已经生效的错误判决或裁定，属于审级制度结构之外的救济程序。从程序的功能来看，再审程序具有纠错功能、救济功能和监督功能。因此，再审程序又被称为审判监督程序。
- 再审程序的启动需要法定再审事由。再审事由是取消原生效裁判的既判力，使案件重新进入审理程序的理由。《民事诉讼法》列举性地规定了 13 种再审事由。此外，还规定了案外第三人申请再审的事由。
- 再审程序启动的方式有三种，即申请再审、人民法院决定再审和人民检察院发动再审。其中，对于当事人和案外第三人申请再审的，人民法院应当对再审申请进行审查，若再审申请具备法定再审事由的，人民法院应当裁定再审。
- 人民法院裁定再审的同时，需要裁定中止原裁判的执行，根据再审的要求确定当事人，另行组成合议庭，并根据作出原裁判的不同情形，按照第一审程序或第二审程序对案件进行再审，经审理后根据不同的情形作出判决。

第一节　再审程序概述

一、再审程序的概念与特征

(一)再审程序的概念

再审程序，是指人民法院为了纠正错误的生效裁判而对案件进行再次审理的程序。与第一审、第二审程序不同，再审程序不是民事诉讼的必经程序。提起再审程序的目的在于纠正已经生效的错误判决或裁定，反映的是审判机关、检察机关和当事人等对司法审判活动的事后监督，因此，再审程序又被称为审判监督程序。

通常情况下，人民法院的裁判一旦生效，就必须维护其稳定性和权威性，当事人不得再对此裁判确认的实体法律关系进行争议，法院也不得随意撤销或者变更该裁判。因此,已为生效裁判所处理的案件不应当再次进入诉讼程序。但是,裁判的稳定性和权威性必须建立在其正确性和公正性的基础上,要靠正确性和公正性来保障,而裁判错误是不可避免的,因此,要维护裁判的公正性,就必须及时纠正裁判中的错误,确保裁判的正确性。再审制度正是在裁判稳定性、权威性与裁判正确性、公正性之间寻求平衡的结果。再审制度的确立体现了法治社会既要维护裁判权威,又要追求裁判公正的价值取向。

再审以案件的裁判已经发生法律效力为前提,并有严格的范围和条件限制。再审作为存在于审级结构制度之外的救济制度,与重审和第二审存在根本区别。

再审不同于重审。重审,是指上诉案件被第二审人民法院发回原审人民法院重新进行审理,即当事人不服第一审裁判提起上诉后,第二审人民法院经过审理认为原审裁判确实有错误,且不宜直接改判,于是裁定撤销原裁判,发回原审人民法院,由原审人民法院对案件重新进行审理。重审是对裁判尚未生效的案件利用原审程序纠正裁判错误的机制,实际上属于第一审程序;而再审是对裁判已经生效的案件利用新的程序纠正裁判错误的机制。

再审也不同于上诉审。上诉审是当事人根据审级制度的规定,对原审人民法院尚未生效的裁判声明不服,而由上一级人民法院对上诉案件进行审理,上诉审在我国就是第二审。再审则是审级制度结构之外对裁判已经生效的案件的审理。

(二)再审程序的特征

作为一种纠正裁判错误的非常救济程序,与第一审程序和第二审程序相比,再审程序具有以下显著特征。(1)从性质上看,再审程序是审级制度结构之外的救济程序。第一审和第二审程序属于正常的审判程序中两个不同的审级;再审不是民事诉讼的审级程序,而是审级制度结构之外的救济程序。再审程序与二审程序虽然都有纠错功能,但第二审程序针对的是一审尚未发生法律效力的判决、裁定,是一审案件审理的继续,是民事案件的终审;再审不是民事诉讼程序的继续进行,而是依法对确有错误的生效裁判的再次审理。(2)从程序启动的原因上看,再审程序是为纠正生效裁判的错误而设置的"特殊程序"。当人民法院裁判确实存在严重错误,对司法公正造成重大威胁时,就可以启动再审程序,以纠正裁判错误。因此,在程序启动的原因方面,再审程序与第一审和第二审程序存在重大区别:第一审程序启动的原因是当事人之间因民事权利义务关系发生争议或者当事人的民事权益受到侵害;第二审程序的启动原因是当事人对第一审裁判不服;再审程序启动的原因是纠正生效裁判的错误,维护司法公正与权威。(3)从再审程序的启动主体上看,再审程序的启动主体不限于当事人。第一审程序由原告启动;第二审程序由上诉人启动;而根据《民事诉讼法》的规定,启动再审程序的主体包括人民法院、人民检察院和被生效裁判所拘束的当事人。这是因为,生效裁判中存在的错误不仅损害当事人的合法权益,而且影响国家法律制度的统一、正确实施,破坏司法的权威与尊严,因此,专门用于纠正生效裁判错误的再审程序的启动主体不限于当事人。人民法院启动再审是法院内部系统对审判工作的监督和纠正。人民检察院是我国法律监督机关,对民事审判承担事后监督职能,发现裁判错误,人民检察院有权提起抗诉。(4)从程序的功能上看,再审程序的功能具有特殊性。一般而言,再审程序担负着三种功能,即纠错职能、救济功能和监督功能,这与第一审、第二审程序以救济当事人民事权益为唯一功能不同。(5)再审案件没有专门的、独立的审判程序。再审案件的审判没有专门的、独立的审判程序,而是应当根据不同的情况分别适用第一审程序或者第二审程序:如果案件只经过第一审裁判就已生效,应当适用第一审程序进行再审;如果案件经过第二审裁判才生效,或者是由上级人民法院提审的案件,应当适用第二审程序进行再审。

二、再审程序的功能

再审程序是各国民事诉讼通常都设置的程序,它对于提高审判质量、确保司法公正、维护司法权威与尊严、保护当事人的合法权益等方面,具有十分重要的意义。这些意义通过再审程序的下列功能得以实现:(1)纠错功能。无论是从客观上还是从主观上分析,诉讼程序对案件事实裁判的事后性和程序性特点,都使错误的裁判在所难免,而再审程序的首要功能是纠正已经发生法律效力的裁判中存在的错误。一般来说,案件经过不同的法官审理以及审理的次数越多,案件发生错误的可能性就越小。因为,在由不同的法官进行反复审理的过程中,事实认定和法律适用的错误将会逐渐被发现、被过滤、被纠正,最终,裁判发生错误的可能性就会越来越小。可见,再审程序最重要的功能之一就是通过更换审理法官和增加审理次数,纠正生效裁判中存在的错误。(2)救济功能。任何人都有获得公正裁判的权利。正确裁判是公正裁判的重要内容,然而裁判错误又是不可避免的。为了解决理想与现实之间的矛盾,保障当事人的权益,必须给当事人提供救济的机会,因为没有救济就没有权利。裁判发生法律效力后,法院对案件进行再一次审理,除了能够发现并纠正生效裁判中的错误外,还能够为当事人提供声明不服和进一步陈述理由的机会。利用这个机会,当事人不但可以声明自己对生效裁判的不满,提出撤销或者变更裁判的主张以及相应的证明材料,而且可以依法补充自己在前面的诉讼程序中尚未提出的主张及证明材料,从而确保获得公正的司法裁判。可见,再审程序是当事人获得权利救济的非常途径之一,具有救济功能。(3)监督功能。通过对裁判已生效的案件进行再一次审理,纠正生效裁判的错误,不但是对当事人权利的进一步救济,而且是对法官行使权力的监督与制约,从而促使法官正确行使权力,保障当事人的程序主体地位。这就是再审程序的监督与保障功能。

第二节 再审事由

一、认定事实错误

认定事实错误主要有以下几种情形。

第一,有新的证据,足以推翻原判决、裁定。再审申请人提供的新的证据,能够证明原判决、裁定认定基本事实或者裁判结果错误的,应当认定为《民事诉讼法》第211条第1项规定的应当再审的情形。对于符合该规定的证据,人民法院应当责令再审申请人说明其逾期提供该证据的理由;拒不说明理由或者理由不成立的,依照《民事诉讼法》第68条第2款的规定处理。再审申请人证明其提交的新的证据符合下列情形之一的,可以认定逾期提供证据的理由成立:(1)在原审庭审结束前已经存在,因客观原因于庭审结束后才发现的;(2)在原审庭审结束前已经发现,但因客观原因无法取得或者在规定的期限内不能提供的;(3)在原审庭审结束后形成,无法据此另行提起诉讼的。

再审申请人提交的证据在原审中已经提供,原审人民法院未组织质证且未作为裁判根据的,视为逾期提供证据的理由成立,但原审人民法院依照《民事诉讼法》第68条规定不予采纳的除外。

第二,原判决、裁定认定的基本事实缺乏证据证明。根据《民事诉讼法解释》的规定,"基本事实"是指用以确定当事人主体资格、案件性质、民事权利义务等对原判决、裁定的结果有实质性影响的事实。基本事实缺乏证据支持,裁判的正确性和公正性就失去基础,人民法院自然需要对案件进行再审。

第三,原判决、裁定认定事实的主要证据是伪造的。伪造主要证据是指提供虚假证言、篡改书面证据、提供虚假书证、伪造印章、伪造或变造勘验笔录或鉴定意见等。在伪造主要证据时,作为原裁判基础的证据材料是虚假或不真实的,人民法院据此认定的案件基本事实也就是错误的,当然可以作为再审事由。

第四,原判决、裁定认定事实的主要证据未经质证。证据应当在法庭上出示,并由当事人互相质证。因此,未经质证,无论是当事人提供的证据,还是人民法院调查和收集的证据,都不得作为认定案件事实的根据。因此,原判决、裁定以未经质证的证据作为认定事实的主要证据,构成再审事由。但是,当事人对原判决、裁定认定事实的主要证据在原审中拒绝发表质证意见或者质证中未对证据发表质证意见的,不属于未经质证的情形。

第五,对审理案件需要的主要证据,当事人因客观原因不能自行收集,书面申请人民法院调查和收集,人民法院未调查和收集。对于该再审事由的适用须具备以下条件:(1)该证据对查明待证事实具有重要作用,是人民法院认定案件基本事实所必需的证据;(2)当事人和诉讼代理人因客观原因无法收集该证据并向人民法院提交了调查和收集申请;(3)人民法院未根据申请调查和收集该证据。

第六,据以作出原判决、裁定的法律文书被撤销或者变更。作为原裁判依据的法律文书被撤销或变更,则作出原裁判的基础不复存在,原裁判具有再审的必要。法律文书包括:(1)发生法律效力的判决书、裁定书和调解书;(2)发生法律效力的仲裁裁决书;(3)具有强制执行效力的公证债权文书。

二、适用法律错误

在民事诉讼中,适用法律是法官最基本的职责,法官不仅要精通实体法,而且要精通程序法。适用法律错误不仅会导致裁判错误,而且会损害法律适用的权威,因此,适用法律错误当然应该成为再审事由。有下列情形之一,导致判决、裁定结果错误的,应当认定为原判决、裁定适用法律有错误:(1)适用的法律与案件性质明显不符的;(2)确定民事责任明显违背当事人约定或者法律规定的;(3)适用已经失效或尚未施行的法律的;(4)违反法律溯及力规定的;(5)违反法律适用规则的;(6)明显违背立法原意的。除上述情况外,经常出现"适用法律错误"的情况可能还有:(1)本应适用此法却适用彼法,或本应适用本法的此条或此款却适用了本法的彼条或彼款;(2)漏引或错引法条;(3)引用法条不明确,无法确定原裁判适用的具体法律规范等。

三、审判主体不合法

涉及审判主体不合法的情形主要有以下两种:(1)审判组织的组成不合法或者依法应当回避的审判人员没有回避的;(2)审判人员审理该案件时有贪污受贿、徇私舞弊、枉法裁判行为的。审判人员审理该案件有贪污受贿、徇私舞弊、枉法裁判行为,是指已经由生效刑事法律文书或者法律处分决定所确认的行为。

四、审判程序不合法

人民法院严重违反法定程序的,当事人可以申请再审。人民法院严重违反法定程序,违背诉讼程序规则,造成程序不公,损害司法正义时,应允许对原裁判的案件进行再审。根据《民事诉讼法解释》的规定,下列情形,可以认定为严重违反法定程序:(1)审判组织的组成不合法的;(2)应当回避的审判人员未回避的;(3)无诉讼行为能力人未经法定代理人代为诉讼的;(4)违法剥夺当事人辩论权利的。

五、关于案外第三人申请再审的事由

在我国司法实践中,当事人抓住民事诉讼制度的漏洞,或隐瞒真实事实,或捏造虚假事实和证据,或为不知情的案外人设定义务,或串通实施无权处分的行为,其目的无非是逃避债务、损害他人利益、谋求私利的最大化。而在此过程中,司法程序成为当事人的合法"外衣",民事诉讼的产物——法院的判决、裁定、调解书所具有的既判力、拘束力则为当事人侵害案外人利益、谋求私利提供了正当化的借口。这种现象具有极大的危害性,既侵害了案外人的合法权益,又浪费了司法资源,更为严重的是,其损害了人民法院的司法权威。

在此背景下,为利益受到侵害的案外人提供必要的救济机制,正是案外人申请再审制度的核心价值所在。这一机制不仅可以部分弥补刺激虚假诉讼的辩论主义的不足,减少二次纠纷出现的概率,而且有助于净化民事诉讼环境,纯洁民事诉讼秩序,鼓励诚信诉讼。当然,案外人申请再审只是对案外人利益进行事后救济的一种制度安排,并不能取代法院事前和事中的谨慎审查与防范、向利害关系人通报情况并通知其参与诉讼、依职权调查和收集案外人利益受到侵害与否的证据等职责。

在执行过程中,案外人对执行标的提出书面异议的,人民法院应当自收到书面异议之日起15日内审查,理由成立的,裁定中止对该标的的执行;理由不成立的,裁定驳回。案外人、当事人对裁定不服,认为原判决、裁定错误的,依照审判监督程序办理;与原判决、裁定无关的,可以自裁定送达之日起15日内向人民法院提起诉讼。这条规定被认为是案外人申请再审的法律依据。[1] 对此,需要区分两种类型分别说明:(1)执行程序外的案外人申请再审,案外人主张保护其受到生效裁判侵害的权利;(2)执行程序中的案外人申请再审,案外人主张的是足以排除依据生效裁判进行强制执行的权利。案外人对生效法律文书确定的执行标的(物)所能够主张的权利类型,可以是案外人对执行标的物享有的"所有权或者其他阻止标的物转让、交付的权利"。无论案外人在执行标的物上存在的权利是否为物权,只要案外人权利受到侵害,或不具有忍受强制执行的合法理由,就可以提起再审申请。结合民法的规定,案外人主张受到侵害的权利或者足以排除强制执行的权利主要有所有权、用益物权、担保物权、占有、孳息收取权、债权和依法保全标的物。[2]

第三节　再审程序的启动

一、申请再审

(一)当事人申请再审

1. 当事人申请再审的概念

当事人申请再审,是指当事人认为已经生效的法院判决、裁定、调解书有错误或者侵犯了其合法权益,依法向法院提出申请,请求法院对已经审结的案件进行重新审理的诉讼行为。申请再审是当事人享有的诉权之一。从司法实践来看,原裁判是否有错误主要是通过当事人申请再审发现的,人民法院对申请再审进行审查后判断是否应当提起再审。因此,申请再审是再审程序的重要组成部分,在再审程序中具有十分重要的意义。

申请再审与申诉不同。虽然申请再审和申诉都是公民在合法权益遭受损害时请求国家机关予以救济保护的权利手段,但申请再审与申诉存在重大区别。从本质上看,申诉是宪法赋予公民、法人、其他组织向国家机关及其工作人员提出要求、建议、批评的权利,是一项民主权利。当事人行使申诉权没有任何限制,即没有次数限制(无论多少次都可以)、没有法院级别限制(向任何一级法院都可以申诉)、没有案件限制(无论案件的种类)、没有申诉主体限制(非当事人也可以申诉)、没有针对机关的限制(可以向法院、检察院申诉,也可向其他国家机关,如政府、人大申诉)、没有时间限制(无论裁判过了多长时间仍可以申诉)。申诉权的行使实际上仅仅将有关

[1] 参见肖建国:《论案外人申请再审的制度价值与程序设计》,载《法学杂志》2009年第9期。
[2] 参见肖建国:《论案外人申请再审的制度价值与程序设计》,载《法学杂志》2009年第9期。

错误裁判的信息传递给有审判监督权的国家机构,对后者没有直接的约束力;而申请再审与起诉权、上诉权一样,是当事人的一项诉讼性权利,必须具备相应的法定条件。

2. 当事人申请再审的条件

(1)申请再审的对象是生效判决、裁定和调解书。申请再审的对象是已经生效的判决、裁定和调解书。但是,并非所有生效裁判都可以申请再审。下列案件不得申请再审:①已经发生法律效力的解除婚姻关系的判决、调解书。当事人就离婚案件中的财产分割问题申请再审,如涉及判决中已分割的财产,人民法院应当依照《民事诉讼法》第211条的规定进行审查,符合再审条件的,应当裁定再审;如涉及判决中未作处理的夫妻共同财产,应当告知当事人另行起诉。②适用特别程序、督促程序、公示催告程序、破产程序等非讼程序审理的案件。③当事人申请再审,有下列情形之一的,人民法院不予受理:再审申请被驳回后再次提出申请的;对再审判决、裁定提出申请的;在人民检察院对当事人的申请作出不予提出再审检察建议或者抗诉决定后又提出申请的。对第一项、第二项规定的情形,人民法院应当告知当事人可以向人民检察院申请再审检察建议或者抗诉,但因人民检察院提出再审检察建议或者抗诉而再审作出的判决、裁定除外。当事人就离婚案件中的财产分割问题申请再审,如涉及判决中已分割的财产,人民法院应当依法进行审查,符合再审条件的,应当裁定再审;如涉及判决中未做处理的夫妻共同财产,应当告知当事人另行起诉。

当事人对已经发生法律效力的调解书,提出证据证明调解违反自愿原则或者调解协议的内容违反法律的,可以申请再审。因此,若调解没有违反调解原则或调解协议的内容没有违反法律,当事人不得申请再审。当事人对已经发生法律效力的调解书申请再审,应当在调解书发生法律效力后6个月内提出。对于裁定而言,当事人认为发生法律效力的不予受理、驳回起诉的裁定错误的,可以申请再审。因此,一般情况下,对于其他裁定不能申请再审。

(2)必须具备申请再审的法定事实和理由。当事人申请再审的,必须具备法定的再审事由。

(3)申请人必须适格。受生效裁判、调解书拘束的当事人、法定代理人、权利义务承受人是申请再审的适格主体。当事人是指生效裁判、调解书中确认的民事实体法律关系中的权利享有者和义务承担者。当事人是无民事行为能力人、限制民事行为能力人的,其法定代理人可以代理当事人提出再审申请。当事人死亡或者终止的,其权利义务承继者可以申请再审。判决、调解书生效后,当事人将判决、调解书确认的债权转让,债权受让人对该判决、调解书不服申请再审的,人民法院不予受理。

(4)必须在法定期间内申请再审。当事人申请再审,应当在判决、裁定发生法律效力后6个月内提出。必须共同进行诉讼的当事人因不能归责于本人或者其诉讼代理人的事由未参加诉讼的,可以自知道或者应当知道之日起6个月内申请再审。

以下四种情况，自知道或者应当知道之日起6个月内提出：①新的证据，足以推翻原判决、裁定的；②原判决、裁定认定事实的主要证据是伪造的；③据以作出原判决、裁定的法律文书被撤销或者变更的；④审判人员审理该案件时有贪污受贿、徇私舞弊、枉法裁判行为的。当事人对已经发生法律效力的调解书申请再审，应当在调解书发生法律效力后6个月内提出。申请再审的期间属于法定不变期间，该期间不适用中止、中断和延长的规定。

（5）必须向有管辖权的人民法院申请再审。当事人对已经发生法律效力的判决、裁定，认为有错误的，可以向上一级人民法院申请再审；当事人一方人数众多或者当事人双方为公民的案件，也可以向原审人民法院申请再审。

3. 当事人申请再审的程序

（1）申请书及申请材料。当事人申请再审的，应当提交再审申请书等材料。应当提交的材料包括：①再审申请书，并按照被申请人和原审其他当事人的人数提交副本。②再审申请人是自然人的，应当提交身份证明；再审申请人是法人或者其他组织的，应当提交营业执照、组织机构代码证书、法定代表人或者主要负责人身份证明书。委托他人代为申请的，应当提交授权委托书和代理人身份证明。③原审判决书、裁定书、调解书。④反映案件基本事实的主要证据及其他材料。前述第②、③、④项规定的材料可以是与原件核对无异的复印件。

（2）再审申请书应当记明下列事项：①再审申请人与被申请人及原审其他当事人的基本信息；②原审人民法院的名称，原审裁判文书案号；③具体的再审请求；④申请再审的法定情形及具体事实、理由。再审申请书应当明确申请再审的人民法院，并由再审申请人签名、捺印或者盖章。

（二）案外人申请再审

案外人申请再审，是指因生效裁判而受到侵害的案外人，根据法律规定对生效裁判不服向人民法院申请再审的程序制度。案外人在案件生效裁判作出前的案件审理过程中，如果没有获得程序参与、辩论和质证等正当程序保障的情况下，其权益可能会受到人民法院作出的裁判的不利影响。实际上，案外人因生效裁判、调解书侵害其合法权益而提出异议的情形时有发生。出现这种结果的原因是多方面的，既有诉讼理念上的原因，也有诉讼制度设计上的原因。随着司法改革不断取得进展，我国民事诉讼逐渐从人民法院主导的“职权主义”向当事人主导的“辩论主义”推进。在以辩论主义和处分主义为理念的诉讼模式下，人民法院处于相对消极、中立的地位，当事人提供事实，法院适用法律，两者之间的分工相对清晰，因此，就会出现人民法院无法应对当事人相互串通的虚假诉讼行为，也难以遏制当事人利用诉讼实施损人利己行为的情形。例如，当事人互相串通，提起虚假诉讼侵害案外人的利益，典型的有假离婚逃避债务，或者提起虚假的债权债务之诉转移财产等，真正的债权人即便知晓当事人的违法诉讼目的也难以与之对抗。

执行过程中，案外人对执行标的提出书面异议的，人民法院应当自收到书面异议之日起15日内审查，理由成立的，裁定中止对该标的的执行；理由不成立的，裁定驳回。案外人、当事人对裁定不服，认为原判决、裁定错误的，依照审判监督程序办理；与原判决、裁定无关的，可以自裁定送达之日起15日内向人民法院提起诉讼。对此，《民事诉讼法解释》第421条进一步明确规定，案外人对驳回其执行异议的裁定不服，认为原判决、裁定、调解书内容错误损害其民事权益的，可以自执行异议裁定送达之日起6个月内，向作出原判决、裁定、调解书的人民法院申请再审。

案外第三人申请再审可分为两种：一是执行程序外的案外人申请再审，也称"案外人直接申请再审"；二是执行程序中的案外人申请再审。这两者的地位和作用各不相同，其中，案外人直接申请再审被视为主要的案外人申请形态，而执行程序中的申请再审被视为从属于执行程序的辅助性救济形式。

1. 执行程序外的案外人申请再审

执行程序外的案外人申请再审需要具备以下四个条件：(1)案外人对原判决、裁定、调解书确定的执行标的物主张权利；(2)案外人无法通过提起新的诉讼来解决执行标的物权利的争议；(3)再审申请在判决、裁定、调解书发生法律效力后6年内，或者自知道或应当知道利益被损害之日起6个月内提出；(4)再审申请向作出原判决、裁定、调解书的人民法院的上一级法院提出。

2. 执行程序中的案外人申请再审

执行程序中的案外人申请再审的条件包括：(1)应在从执行立案到结案的执行过程中提出申请；(2)以异议程序为前置程序，即案外人对执行标的主张权利提出书面异议，执行法院以异议理由不成立为由裁定驳回异议，案外人对该裁定不服，认为原判决、裁定、调解书有错误；(3)再审申请在判决、裁定、调解书发生法律效力后6个月内提出；(4)再审申请向作出原判决、裁定、调解书的人民法院的上一级法院提出。

比较两种案外人申请再审的适用条件可知，除了管辖法院上两者具有共性外，两者在其他条件上都存在一定的区别：(1)执行程序外的案外人申请再审的前提是"无法提起新的诉讼解决争议"，而执行程序中的案外人申请再审以"异议程序"为前置程序。(2)执行程序外的案外人直接申请再审须以案外人对原生效裁判确定的"执行标的物"主张权利为条件，而执行程序中的案外人申请再审则以案外人对"执行标的"主张权利并提出异议为条件。(3)申请再审的期限存在区别，执行程序外的案外人的再审申请可以在判决、裁定、调解书发生法律效力后6年内，或者自知道或应当知道利益被损害之日起6个月内提出；而执行程序中的案外人申请再审只能在判决、裁定、调解书发生法律效力后6个月内提出。

对案外人申请再审的案件，人民法院裁定再审后，案外人属于必要的共同诉讼当事人的，按照必要共同诉讼当事人申请再审处理；案外人不是必要的共同诉讼当事人的，人民法院仅审理原判决、裁定、调解书对其民事权益造成损害的内容。经审理，再审请求成立的，撤销或者改变原判决、裁定、调解书；再审请求不成立的，维持原判决、裁定、调解书。

（三）再审申请的审查

1. 再审申请审查概念及特征

再审申请审查是指人民法院根据当事人、案外人的再审申请，对已经发生法律效力的判决、裁定或调解书进行审查，以确定再审申请是否具备法律规定的再审事由，并决定提起再审或驳回申请的程序。再审申请审查的目的是确定当事人或案外人的再审申请是否具备再审事由，从而决定是否启动再审程序的审判活动，是民事审判监督程序的重要组成部分，对当事人和人民法院都具有十分重要的意义。

我国民事再审审查程序具有以下特征：(1)审查程序的独立性。再审审查程序和再审审理程序适当分离，由专门的审查机构和审查人员遵循透明的审查程序对申请再审的事由进行审查，促进再审审查程序的专业化和独立化发展。(2)审查程序的法定性。审查程序的法定性既是当事人申请再审权的法律保障，也是人民法院对再审申请的审查依据。审查程序的法定性有助于推动再审申请审查工作的规范化。(3)审查标准和事由的统一性。再审申请审查属于"再审法定事由"审查，就是通过审查确定是否存在再审的法定事由，因此，人民法院在审查时，应该以该事实审查为统一的标准。(4)审查方式的规范性和灵活性。现行法对审查方式做了详细规定，体现出审查方式的规定性和灵活性。法定性要求人民法院对再审申请进行审查时要严格按照法定方式进行，同时，法律也规定了多种审查方式，人民法院可以采取径行裁定、阅卷审查、询问听证等不同的方式进行审查。

再审申请审查程序和再审案件审理程序是再审程序的两个环节，两者之间虽然有一定联系，但也存在很大的差别，这也体现出两者的目的和功能的不同。首先，两者的适用顺序不同。再审申请审查程序在先，再审审理程序在后。经过审查程序，确实存在法定再审事由的，才能进入再审审理程序。其次，两者的适用条件不同。再审申请审查程序主要是审查再审事由。审理程序的适用以审查程序结束后得出的结论为前提。再次，两者适用的目的不同。再审申请审查程序是对再审事由是否成立的审查判断，再审审理程序是对案件进行再审，审查程序关于再审事由的判断不必然约束审理程序中法官对再审事由的判断。最后，两者适用的程序不同。再审申请审查程序和再审案件审理程序是各自独立的程序，都有自己的程序规范。

2. 再审申请审查程序的内容

人民法院应当自收到再审申请书之日起3个月内审查，符合本法规定的，裁定再审；不符合本法规定的，裁定驳回申请。有特殊情况需要延长的，由本院院长批准。(1)再审申请的受理。人民法院应当自收到符合条件的再审申请书等材料之日起5日内向再审申请人发送受理通知书，并向被申请人及原审其他当事人发送应诉通知书、再审申请书副本等材料。(2)再审申请审查的主体。人民法院受理再审申请后，应当组成合议庭予以审查，不能由独任法官审查，体现了司法实践中对当事人申请再审的权利以及双方当事人合法权益的重视。(3)再审申请的审查范围。人民法院审查申请再审的案件，应当围绕申请再审事由是否成立进行，申请再审人未主张的事由不予审查。再审申请审查的内容是再审事由,审查的目的是判断再审事由是否成立。再审事由在再审申请书中已经载明,合议庭审查时应当尊重当事人的处分权,对于当事人没有主张的再审事由不予审查。若在审查过程中,发现确实存在当事人申请再审事由之外的法定再审事由,人民法院可以决定再审。(4)再审申请的审查方式。再审申请的审查方式包括审查再审书面材料、调卷审查、询问当事人等。(5)听证程序。人民法院还可以采用听证程序对再审申请进行审查。人民法院对以下列事由申请再审的,可以组织当事人听证:①有新的证据,足以推翻原判决、裁定的;②原判决、裁定认定的基本事实缺乏证据证明的;③原判决、裁定认定事实的主要证据是伪造的;④原判决、裁定适用法律确有错误的。人民法院决定采取听证审查的案件,应当在举行听证5日前通知当事人。听证由审判长主持,围绕再审事由进行。(6)多个再审事由的审查。经审查,其中一方再审申请人主张的再审事由成立的,应当裁定再审;各方再审申请人主张的再审事由均不成立的,一并裁定驳回再审申请。(7)按撤回再审申请处理。申请再审人经传票传唤,无正当理由拒不参加听证或未经许可中途退出的,裁定按撤回再审申请处理。被申请人及原审其他当事人不参加听证或未经许可中途退出的,视为放弃在听证过程中陈述意见的权利。

3. 再审申请审查的期限及审查结果

人民法院应当自受理之日起3个月内审查完毕,但公告期间、当事人和解期间等不计入审查期限。有特殊情况需要延长的,由本院院长批准。

人民法院对再审申请进行审查后,主要有以下几种结果。

(1)裁定再审。当事人主张的再审事由成立,且符合申请再审条件的,人民法院应当裁定再审。人民法院对已经发生法律效力的判决、裁定、调解书依法决定再审,需要中止执行的,应当在再审裁定中同时写明中止原判决、裁定、调解书的执行;情况紧急的,可以将中止执行的裁定口头通知负责执行的人民法院,并在通知后10日内发出裁定书。对于以下列事由申请再审,且根据当事人提交的申请材料足以确定再审事由成立的案件,人民法院可以径行裁定再审:①审判组织的组成不合法或者依法应当回避的审判人员没有回避的;②无诉讼行为能力人未经法定代理人代为诉讼,或者应当参加诉讼的当事人因不能归责于本人或者其诉讼代理人的事由未参加诉讼的;③据以作出原判决、裁定的法律文书被撤销或者变更的;④审判人员在审理该案件时有贪污受贿、徇私舞弊、枉法裁判行为,并经相关刑事法律文书或者纪律处分决定确认的。

裁定再审产生以下法律效力:①启动本案的再审审理程序。②停止原裁判的执行。按照审判监督程序决定再审的案件,裁定中止原判决、裁定、调解书的执行,但追索赡养费、扶养费、抚养费、抚恤金、医疗费用、劳动报酬等案件,可以不中止执行。③原裁判的执行力继续存在。在再审审理结束并对原裁判进行改判或撤销之前,原裁判的执行力继续存在。

在审查过程中,申请再审人、被申请人及原审其他当事人自愿达成和解协议,当事人申请人民法院出具调解书且能够确定申请再审事由成立的，人民法院应当裁定再审并制作调解书。

(2)裁定驳回再审申请。当事人主张的再审事由不成立，或者当事人申请再审超过法定申请再审期限、超出法定再审事由范围等不符合申请再审条件的，人民法院应当裁定驳回再审申请。驳回再审申请的裁定一经送达，即发生法律效力。因此，一般情况下，再审申请被驳回后，申请人以相同理由再次申请再审的，不作为申请再审案件审查处理。申请人不服驳回其再审申请的裁定，向作出驳回裁定的人民法院的上一级人民法院申请再审的，不作为申请再审案件审查处理。

(3)裁定撤回再审申请。裁定撤回再审申请有两种情况：一是准许当事人申请撤回再审申请；二是按撤回再审申请处理。审查再审申请期间，再审申请人撤回再审申请的，是否准许，由人民法院裁定。再审申请人经传票传唤，无正当理由拒不接受询问的，可以按撤回再审申请处理。人民法院准许撤回再审申请或者按撤回再审申请处理后，再审申请人再次申请再审的，除法律有特别规定外，不予受理。

(4)裁定终结审查。根据《民事诉讼法解释》的规定，再审申请审查期间有下列情形之一的，裁定终结审查：①再审申请人死亡或者终止，无权利义务承继人或者权利义务承继人声明放弃再审申请的；②在给付之诉中，负有给付义务的被申请人死亡或者终止，无可供执行的财产，也没有应当承担义务的人的；③当事人达成和解协议且已履行完毕，但当事人在执行和解协议中声明不放弃申请再审权利的除外；④他人未经授权以当事人名义申请再审的；⑤原审或者上一级人民法院已经裁定再审的；⑥再审申请被驳回后再次提出申请的，对再审判决、裁定提出申请的，在人民检察院对当事人的申请作出不予提出再审检察建议或者抗诉决定后又提出申请的。

二、人民法院决定再审

(一)人民法院决定再审的概念

人民法院决定再审，是指人民法院发现本院或者下级人民法院已经发生法律效力的判决、裁定确有错误，决定对案件进行再次审理的诉讼行为。

各级人民法院院长对本院已经发生法律效力的判决、裁定、调解书，发现确有错误，认为需要再审的，应当提交审判委员会讨论决定。最高人民法院对地方各级人民法院已经发生法律效力的判决、裁定、调解书，上级人民法院对下级人民法院已经发生法律效力的判决、裁定、调解书，发现确有错误的，有权提审或者指令下级人民法院再审。当事人未申请再审、人民检察院未抗诉的案件，人民法院发现原判决、裁定、调解协议有损害国家利益、社会公共利益等确有错误情形的，应当提起再审。

由此可知，对已经审结的民事案件重新启动审判程序，纠正错误的裁判，是人民法院依法行使审判监督权的职权行为。人民法院行使审判监督权，既包括上级法院对下级法院审判工作的监督，也包括原审法院内部的自我监督；既包括对判决结果的监督，也包括对判决过程的监督。

（二）人民法院决定再审的条件

人民法院决定再审必须具备下列条件：(1)判决、裁定或调解书已经发生法律效力。未生效的判决或裁定，当事人可以在审级制度之内获得救济，因此，不需要启动再审程序。但应注意，并非所有的生效裁判都可以提起再审。(2)已经生效的判决、裁定、调解书确有错误。"确有错误"既包括认定事实有错误，也包括适用法律有错误。"确有错误"仅是人民法院初步审查认定的结果，至于判决、裁定是否真正存在错误，必须经过再审程序审理才能确定。(3)必须由法定主体提起或者决定再审。对于本院已经发生法律效力的判决、裁定，应当由本院院长提交审判委员会讨论决定是否再审；对于地方各级人民法院已经发生法律效力的判决、裁定，最高人民法院、上级人民法院有权决定再审。

（三）人民法院决定再审的程序

由于有权提起再审程序的人民法院及人员不同，提起再审的程序也有所不同。(1)各级人民法院院长发现本院作出的已生效判决、裁定确有错误而提起再审的程序。各级人民法院中享有审判监督权的是院长和审判委员会，他们对本院审判人员和合议庭的审判工作有权进行监督。因此，当人民法院院长发现本院作出的已生效裁判确有错误的，应提交审判委员会讨论，由审判委员会决定是否再审。(2)最高人民法院对地方各级人民法院已发生法律效力的判决、裁定，发现确有错误的，提审或指令再审的程序。最高人民法院是最高审判机关，对地方各级人民法院的审判工作享有监督权。因此，最高人民法院发现地方各级人民法院作出的生效裁判确有错误的，应行使审判监督权，根据案件具体情况，决定提审或指令再审；发现生效裁判确有错误的，可以裁定提审，或者指令下级法院再审。最高人民法院提审时，应在提审的裁定中同时写明中止原判决、裁定的执行，并向原审人民法院调取案卷。最高人民法院指定下级人民法院再审时，下级人民法院应根据指令进行再审，并将审判结果报最高人民法院。(3)上级人民法院对下级人民法院的审判工作享有监督权，因此，上级人民法院发现辖区内的下级人民法院的生效判决、裁定确有错误的，有权提审或者指令下级人民法院再审，具体程序与最高人民法院提审或指令再审相同。

三、检察院发动再审

（一）检察院发动再审的含义

检察院发动再审，是指人民检察院认为人民法院已经生效的判决、裁定、调解书确有错误，并具备法定再审事由，依法提请人民法院对案件进行重新审理的诉讼行为。

在我国法律中，人民检察院是国家专门的法律监督机关，对人民法院的审判活动负有监督职责。人民检察院有权对民事审判活动实行法律监督。从现有法律规定来看，人民检察院对人民法院的监督属于事后监督，即发现人民法院生效的裁判确有错误的，可以法定再审程序要求人民法院对案件进行再审。

人民检察院启动再审程序是再审程序的重要组成部分，有利于维护国家利益和公共利益,促进司法公正和司法权威,保障国家法律统一、正确地实施。

人民检察院发动再审程序的方式有两种:一是检察建议,二是抗诉。从立法体系来看,对于检察院发动的再审与人民法院决定再审的关系,应该按“法院纠错在先,检察监督在后”的顺序来理解,即检察机关应优先适用检察建议,通过提出检察建议由人民法院自动发动再审。

(二)检察建议

1. 检察建议的概念和意义

检察建议,是指人民检察院根据民事当事人的申请或依职权发现人民法院的审判人员在审理案件过程中存在违法行为,从而建议人民法院启动再审程序对案件进行重审的行为。各级人民检察院均可以提出检察建议,不受抗诉审级的限制,适用时通常能将检察机关的外部监督转化为人民法院的内部监督形式,有利于实现检察机关和人民法院之间的良性互动。检察建议适用的范围广泛,除了针对人民法院的生效判决、裁定和调解书提出再审的检察建议外,还可以对人民法院在诉讼过程中滥用审判权、自由裁量权等违法行为进行监督。因此,与抗诉相比,检察建议具有独特优势。

2. 检察建议的提出

检察建议的提出包括两种情形:(1)依职权提出检察建议。地方各级人民检察院对同级人民法院已经发生法律效力的判决、裁定,发现有《民事诉讼法》第 219 条规定的情形之一的,或者发现调解书损害国家利益、社会公共利益的,可以向同级人民法院提出检察建议,并报上级人民检察院备案。此外,各级人民检察院对审判监督程序以外的其他审判程序中审判人员的违法行为,有权向同级人民法院提出检察建议。(2)根据当事人的申请提出检察建议。有下列情形之一的,当事人可以向人民检察院申请检察建议:①人民法院驳回再审申请的;②人民法院逾期未对再审申请作出裁定的;③再审判决、裁定有明显错误的。对于当事人的申请,人民检察院应当在 3 个月内进行审查,并作出提出或者不予提出检察建议或者抗诉的决定。当事人不得再次向人民检察院申请检察建议。

3. 检察建议的效力

检察机关提出的建议对人民法院有拘束力,表现为以下两个方面。

(1)人民法院应受理检察建议。对下列检察建议,人民法院应当受理:①人民检察院依法对损害国家利益、社会公共利益的发生法律效力的判决、裁定、调解书提出抗诉,或者经人民检察院检察委员会讨论决定提出再审检察建议的,人民法院应予受理。②人民检察院对有明显错误的再审判决、裁定提出抗诉或者再审检察建议的,人民法院应予受理。③地方各级人民检察院依当事人的申请对生效判决、裁定向同级人民法院提出再审检察建议,符合下列条件的,应予受理,第一,再审检察建议书和原审当事人申请书及相关证据材料已经提交;第二,建议再审的对象为可以进行再审的判决、裁定;第三,再审检察建议书列明该判决、裁定存在应当再审的法定事由;第四,属于当事人可以向人民检察院申请检察建议或者抗诉情形;第五,再审检察建议经该人民检察院检察委员会讨论决定。不符合前款规定的,人民法院可以建议人民检察院予以补正或者撤回;不予补正或者撤回的,应当函告人民检察院不予受理。

(2)对检察建议的审查。人民法院收到再审检察建议后,应当组成合议庭,在3个月内进行审查,发现原判决、裁定、调解书确有错误,需要再审的,裁定再审,并通知当事人;经审查,决定不予再审的,应当书面回复人民检察院。人民法院审理因人民检察院抗诉或者检察建议裁定再审的案件,不受此前已经作出的驳回当事人再审申请裁定的影响。

(三)抗诉

抗诉是指人民检察院认为人民法院作出的已生效的判决、裁定确有错误,或者发现调解损害国家利益、社会公共利益时,依法向人民法院提出对案件进行重新审理的诉讼活动。人民检察院抗诉的,人民法院必须对案件进行再审,所以,抗诉是引起再审程序发生的主要方式之一。

1. 抗诉的条件

人民检察院提出抗诉应该具备以下法定条件:(1)人民法院作出的判决、裁定或调解书已经发生法律效力。(2)发现人民法院作出的已经发生法律效力的判决、裁定或调解书确有错误,具备法定的再审事由。对于生效的判决、裁定而言,当具备可以抗诉的法定情形之一时,人民检察院可以在法定职权范围内依审判监督程序提起抗诉。对于调解书而言,人民检察院若发现调解书损害国家利益、社会公共利益的,应当提出抗诉。

2. 抗诉的提起

检察机关提起抗诉的方式有以下两种。

(1)依当事人的申请提起抗诉。有下列情形之一的,当事人可以向人民检察院申请抗诉:①人民法院驳回再审申请的;②人民法院逾期未对再审申请作出裁定的;③再审判决、裁定有明显错误的。人民检察院对当事人的申请应当在3个月内进行审查,作出提出或者不予提出抗诉的决定。人民检察院作出决定后,当事人不得再次向人民检察院申请抗诉。

(2)依职权提起抗诉。人民检察院在对人民法院的工作进行监督的过程中,若发现判决、裁定、调解书确实存在错误,具备再审事由,即使当事人没有提出抗诉申请,也可以直接向人民法院提出抗诉。在提出抗诉之前,人民检察院因履行法律监督职责提出检察建议或者抗诉的需要,可以向当事人或者案外人调查核实有关情况。

3. 抗诉的程序

最高人民检察院对各级人民法院已经发生法律效力的判决、裁定,上级人民检察院对下级人民法院已经发生法律效力的判决、裁定,发现有法定抗诉情形的,或者发现调解书损害国家利益、社会公共利益的,应当提出抗诉。

地方各级人民检察院对同级人民法院已经发生法律效力的判决、裁定,发现有法定抗诉情形之一的,或者发现调解书损害国家利益、社会公共利益的,可以向同级人民法院提出检察建议,并报上级人民检察院备案;也可以提请上级人民检察院向同级人民法院提出抗诉。

人民检察院决定对人民法院的判决、裁定、调解书提出抗诉的,应当制作抗诉书。人民检察院提出抗诉的案件,接受抗诉的人民法院应当自收到抗诉书之日起30日内作出再审的裁定;对于存在事实错误和严重程序错误的案件,可以交下一级人民法院再审,但已经该下一级人民法院再审的除外。

人民检察院提出抗诉的案件,人民法院再审时,应当通知人民检察院派员出席法庭。

4. 抗诉的处理

对下列抗诉案件,人民法院应当受理:(1)人民检察院依法对损害国家利益、社会公共利益的发生法律效力的判决、裁定、调解书提出抗诉,或者经人民检察院检察委员会讨论决定提出再审检察建议的,人民法院应予受理;(2)人民检察院对已经发生法律效力的判决以及不予受理、驳回起诉的裁定依法提出抗诉的,人民法院应予受理,但适用特别程序、督促程序、公示催告程序、破产程序以及解除婚姻关系的判决、裁定等不适用审判监督程序的判决、裁定的除外;(3)人民检察院对有明显错误的再审判决、裁定提出抗诉或者再审检察建议的,人民法院应予受理。

人民检察院对生效判决、裁定提出抗诉,符合下列条件的,人民法院应当在30日内裁定再审:(1)抗诉书和原审当事人申请书及相关证据材料已经提交;(2)抗诉对象为依照《民事诉讼法》和《民事诉讼法解释》规定可以进行再审的判决、裁定;(3)抗诉书列明该判决、裁定有《民事诉讼法》规定的再审事由;(4)存在可以再审的法定事由。不符合条件规定的,人民法院可以建议人民检察院予以补正或者撤回;不予补正或者撤回的,人民法院可以裁定不予受理。

第四节　再审案件的审理程序

一、再审案件的审理准备

(一)裁定中止原裁判的执行

按照审判监督程序决定再审的案件,裁定中止原判决、裁定、调解书的执行;但是,追索赡养费、扶养费、抚养费、抚恤金、医疗费用、劳动报酬等案件,可以不中止执行。据此,无论是对当事人申请再审的案件、人民检察院提起抗诉的案件还是人民法院决定再审的案件,人民法院裁定再审的同时应当作出中止原判决执行的裁定。对于中止原裁判执行的裁定,需要注意以下几点:(1)中止原裁判执行的裁定只是暂时停止原裁判的执行,并不是解除其执行力。因此,正在执行的案件暂停执行,待案件再审后，再决定是否撤销被暂停执行的裁判。(2)对于追索赡养费、扶养费、抚养费、抚恤金、医疗费用、劳动报酬等特殊案件的裁判，可以不中止执行。(3)中止执行的裁定由再审法院作出，院长署名，加盖人民法院印章。

(二)确定当事人

人民法院在审查申请再审案件的过程中，被申请人或者原审其他当事人提出符合条件的再审申请的，应当将其列为申请再审人。在再审申请的审查过程中，申请再审人或者被申请人死亡或者终止的，按下列情形分别处理：(1)申请再审人有权利义务继受人且该权利义务继受人申请参加审查程序的，变更其为申请再审人；(2)被申请人有权利义务继受人的，变更其权利义务继受人为被申请人；(3)申请再审人无权利义务继受人或其权利义务继受人未申请参加审查程序的，裁定终结审查程序；(4)被申请人无权利义务继受人且无可供执行的财产的，裁定终结审查程序。

(三)另行组成合议庭

人民法院审理再审案件，应当另行组成合议庭。原来是第一审的，按照第一审程序组成合议庭；原来是第二审的或者是上级人民法院提审的，按照第二审程序组成合议庭。无论是按第一审还是第二审程序组成合议庭，原合议庭成员或独任审判员均不得参加新组成的合议庭。

二、再审案件的审理

(一)开庭审理

人民法院审理再审案件应当组成合议庭开庭审理；但按照第二审程序审理，有特殊情况或者双方当事人已经通过其他方式充分表达意见，且书面同意不开庭审理的除外。符合缺席判决条件的，可以缺席判决。

(二)审理范围

人民法院审理再审案件应当围绕再审请求进行。当事人的再审请求超出原审诉讼请求的，不予审理；符合另案诉讼条件的，告知当事人可以另行起诉。被申请人及原审其他当事人在庭审辩论结束前提出的再审请求，符合《民事诉讼法》规定的，人民法院应当一并审理。人民法院经再审，发现已经发生法律效力的判决、裁定损害国家利益、社会公共利益、他人合法权益的，应当一并审理。经再审后裁定撤销原判决、发回重审的案件，当事人增加诉讼请求的，人民法院可以合并审理。人民法院审查再审申请期间，人民检察院对该案提起抗诉的，人民法院应裁定再审，并在再审过程中将申请人的具体再审请求一并纳入再审案件的审理范围进行审理。

(三)审理程序

1. 审理程序的选择

人民法院按照审判监督程序再审的案件，发生法律效力的判决、裁定是由第一审法院作出的，按照第一审程序审理，所作的判决、裁定，当事人可以上诉；发生法律效力的判决、裁定是由第二审法院作出的，按照第二审程序审理，所做的判决、裁定是发生法律效力的判决、裁定；上级人民法院按照审判监督程序提审的，按照第二审程序审理,所作的判决、裁定是发生法律效力的判决、裁定。但是,上级人民法院按照审判监督程序提审的,一律按照第二审程序审理,所作的判决、裁定是发生法律效力的判决、裁定,当事人不得提起上诉。

2. 开庭审理程序

人民法院开庭审理再审案件,应当按照下列情形分别进行:(1)因当事人申请再审的,先由再审申请人陈述再审请求及理由,后由被申请人答辩、其他原审当事人发表意见;(2)因抗诉再审的,先由抗诉机关宣读抗诉书,再由申请抗诉的当事人陈述,后由被申请人答辩、其他原审当事人发表意见;(3)人民法院依职权再审,有申诉人的,先由申诉人陈述再审请求及理由,后由被申诉人答辩、其他原审当事人发表意见;(4)人民法院依职权再审,没有申诉人的,先由原审原告或者原审上诉人陈述,后由原审其他当事人发表意见。对前款第(1)~(3)项规定的情形,人民法院应当要求当事人明确其再审请求。

3. 检察院参加诉讼

人民法院开庭审理抗诉案件,应当在开庭3日前通知人民检察院、当事人和其他诉讼参与人。同级人民检察院或者提出抗诉的人民检察院应当派员出庭。人民检察院因履行法律监督职责向当事人或者案外人调查核实的情况,应当向法庭提交并予以说明,由双方当事人进行质证。

4. 必要共同诉讼当事人申请再审的程序

必须共同进行诉讼的当事人因不能归责于本人或者其诉讼代理人的事由而未参加诉讼的,自知道或者应当知道之日起6个月内申请再审。人民法院因必要共同诉讼当事人申请而裁定再审,按照第一审程序再审的,应当追加其为当事人,作出新的判决、裁定;按照第二审程序再审,经调解不能达成协议的,应当撤销原判决、裁定,发回重审,重审时应追加其为当事人。

5. 小额诉讼当事人申请再审

对小额诉讼案件的判决、裁定,当事人以《民事诉讼法》第211条规定的事由向原审人民法院申请再审的,人民法院应当受理。申请再审事由成立的,应当裁定再审,组成合议庭进行审理。作出的再审判决、裁定,当事人不得上诉。当事人以不应按小额诉讼案件审理为由向原审人民法院申请再审的,人民法院应当受理。理由成立的,应当裁定再审,组成合议庭审理。作出的再审判决、裁定,当事人可以上诉。

三、再审案件的裁判

人民法院对再审案件进行审理后,应按照不同情形作出裁判。再审案件若是适用第二审程序审理,第二审人民法院宣告判决可以自行宣判,也可以委托原审人民法院或者当事人所在地人民法院代行宣判。

第一,判决维持裁判。人民法院经再审审理认为原判决、裁定认定事实清楚、适用法律正确的,应予维持;原判决、裁定认定事实、适用法律虽有瑕疵,但裁判结果正确的,应在再审判决、裁定中纠正瑕疵后予以维持。

第二,裁定撤销原判决并发回重审。人民法院按照第二审程序审理再审案件,发现原判决认定事实错误或者认定事实不清的,应当在查清事实后改判。但原审人民法院便于查清事实、化解纠纷的,可以裁定撤销原判决,发回重审;原审程序遗漏必须参加诉讼的当事人且无法达成调解协议,以及存在其他违反法定程序的情况,不宜在再审程序中直接作出实体处理的,应当裁定撤销原判决,发回重审。

再审裁定撤销原判决、裁定发回重审的案件,当事人申请变更、增加诉讼请求或者提出反诉,符合下列情形之一的,人民法院应当准许:(1)原审未合法传唤即缺席判决,影响当事人行使诉讼权利的;(2)追加新的诉讼当事人的;(3)诉讼标的物灭失或者发生变化致使原诉讼请求无法实现的;(4)当事人申请变更、增加的诉讼请求或者提出的反诉无法通过另诉解决的。

第三,依法改判。原判决、裁定认定事实、适用法律错误导致判决错误的,应当依法改判、撤销或者变更。新的证据证明原判决、裁定确有错误的,人民法院应予改判。当事人提出新的证据致使再审改判,因再审申请人或者申请检察监督当事人的过错未能在原审程序中及时举证,被申请人等当事人请求补偿其增加的交通、住宿、就餐、误工等诉讼费用的,人民法院应当支持。

第四,对调解书再审后的处理。人民法院对调解书裁定再审后,按照下列情形分别处理:(1)当事人提出的调解违反自愿原则的事由不成立,且调解书的内容不违反法律强制性规定的,裁定驳回再审申请;(2)人民检察院抗诉或者再审检察建议所主张的损害国家利益、社会公共利益的理由不成立的,裁定终结再审程序。前款规定情形,人民法院裁定中止执行的调解书需要继续执行的,自动恢复执行。

第五,裁定准许再审原告撤回起诉。一审原告在再审审理程序中申请撤回起诉,经其他当事人同意,且不损害国家利益、社会公共利益、他人合法权益的,人民法院可以准许。裁定准许撤诉的,应当一并撤销原判决。一审原告在再审审理程序中撤回起诉后重复起诉的,人民法院不予受理。

第六,裁定驳回起诉。按照第二审程序再审的案件,人民法院经审理认为不符合《民事诉讼法》规定的起诉条件或者符合《民事诉讼法》规定的不予受理情形的,应当裁定撤销一审、二审判决,驳回起诉。

第七,裁定准许检察院撤回抗诉。人民检察院撤回抗诉的,应当准许。

四、制作调解书

当事人在再审审理中经调解达成协议的,人民法院应当制作调解书。调解书经各方当事人签收后即具有法律效力,原判决、裁定视为被撤销。部分当事人到庭并达成调解协议,其他当事人未作出书面表示的,人民法院应当在判决中对该事实作出表述;调解协议的内容不违反法律规定,且不损害其他当事人合法权益的,可以在判决主文中予以确认。

思考与练习

1. 甲公司诉乙公司合同纠纷案,南山市S县法院进行了审理并作出驳回甲公司诉讼请求的判决,甲公司未提出上诉。判决生效后,甲公司因收集到新的证据申请再审。下列选项中正确的是(   )。

A. 甲公司应当向S县法院申请再审

B. 甲公司应当向南山市中级人民法院申请再审

C. 法院应当适用一审程序再审本案

D. 法院应当适用二审程序再审本案

2. 三合公司诉两江公司合同纠纷一案,经法院审理后判决两江公司败诉。此后,两江公司与海大公司合并成立了大江公司。在对两江公司的财务进行审核时,发现了一份对前述案件事实认定极为重要的证据。关于该案的再审,下列说法中正确的是(   )。

A. 应当由两江公司申请再审并参加诉讼

B. 应当由海大公司申请再审并参加诉讼

C. 应当由大江公司申请再审并参加诉讼

D. 应当由两江公司申请再审,但必须由大江公司参加诉讼

3. 关于检察机关民事抗诉的表述,下列选项中正确的是(   )。

A. 各级检察机关均享有法律规定的抗诉权

B. 检察机关提出抗诉,应当经当事人同意

C. 对于检察机关提出抗诉的案件,法院应当再审

D. 对于检察机关提出抗诉而进行再审的案件,法院应当由审判员组成合议庭进行审理

4. 某省高级人民法院依照审判监督程序审理某案,发现张某是必须参加诉讼的当事人,而一审、二审法院将其遗漏。在这种情况下,该省高级人民法院(   )。

A. 通知张某参加诉讼并进行调解;调解不成的,裁定撤销二审判决,发回二审法院重审

B. 通知张某参加诉讼并进行调解;调解不成的,裁定撤销一审、二审判决,发回一审法院重审

C. 应当直接裁定撤销二审判决,发回二审法院重审

D. 只能直接裁定撤销一审、二审判决,发回一审法院重审

5. 关于再审程序的说法,下列选项中正确的是(   )。

A. 在再审中,当事人提出新的诉讼请求的,原则上法院应根据自愿原则进行调解;调解不成的,告知其另行起诉

B. 在再审中,当事人增加诉讼请求的,原则上法院应根据自愿原则进行调解;调

解不成的,裁定发回重审

C. 按照第一审程序再审案件时,经法院许可,原审原告可撤回起诉

D. 在一定条件下,案外人可申请再审

6. 某省甲市检察院根据某当事人的申诉,发现甲市中级人民法院作出的二审判决适用法律确有错误。在此情况下,甲市人民检察院应(　　)。

A. 只能告知当事人向法院申请再审　　B. 向甲市中级人民法院提出抗诉

C. 向一审法院提出抗诉　　D. 提请上一级检察院提出抗诉

7. 2003 年 11 月 10 日,内蒙古一机厂用户邓某和收到一份包头市邮电局 9 月的用户长途电话查询单,查询单记载着邓某和家中电话在 2003 年 7 月 21 日至 8 月 10 日期间打过 12 次长途电话,合计电话费 41.65 元。邓某和否认用他家电话打过这 12 次长途电话,便向市邮电局营业台查询此事,不但没有得到答复,还遭到 3 号台一位女营业员的辱骂。之后,邓某和向包头市邮电局纪检委反映了此事,但没有结果。于是,邓某和向报社写了投诉信。自 2003 年 11 月 26 日起,《包头日报》《内蒙古日报》《经济日报》《法制日报》《人民日报》等先后刊发了投诉信。不料,2004 年 1 月 22 日,包头市邮电局状告邓某和写投诉信侵害了其名誉权。邓某和则提起反诉。

包头市青山区人民法院受理了此案。经查明,有争议的 12 次长途电话,其中 10 次被叫方均为内蒙古一机厂总务处处长郭某生的亲属或与其有业务往来的人。郭某生也声称 10 次电话都是从自家的电话或单位的电话打出的,属公费直拨电话。青山区人民法院在审理此案时,包头市邮电局青山局机器设备已更新为程控式交换机,电话号码也由 5 位升至 6 位。法院委托有关技术人员对更新后的设备进行了准确性鉴定,结论是"电脑计费,不会错"。青山区人民法院据此于 2005 年 6 月 29 日作出判决:驳回邓某和的反诉请求,判定他侵害邮电局名誉权,公开赔礼道歉,承担有关费用。邓某和不服向包头市中级人民法院提起上诉,但包头市中级人民法院判决驳回其上诉。

邓某和继续申请再审。2007 年 10 月 8 日,内蒙古高级人民法院决定再审,并于 2007 年 11 月 11 日公开开庭审理。经过审理,内蒙古高级人民法院认为邓某和向新闻界投诉未打 12 次长途电话的文章内容基本属实,其行为不构成对包头市邮电局的名誉侵害。双方达成调解协议,包头市邮电局诉邓某和侵害名誉权不当,向邓某和赔礼道歉;包头市邮电局向邓某和返还 41.65 元长途电话费及利息,赔偿邓某和因诉讼造成的直接损失、精神损失,并承担一审、二审、再审案件受理费、反诉费、鉴定费等共计 1.6 万元。

请问:邓某和申请再审,可以什么为申请再审的理由?如果内蒙古高级人民法院决定对此案进行审理,应当为哪些诉讼行为?

CHAPTER 18
第十八章

民事非讼程序

本章导读

- 民事案件可以分为争讼案件与非讼案件，审理争讼案件的程序属于诉讼程序，审理非讼案件的程序属于非讼程序。非讼程序适用非讼程序法理。人民法院审理选民资格案件、宣告失踪或者宣告死亡案件、指定遗产管理人案件、认定公民无民事行为能力或者限制民事行为能力案件、认定财产无主案件、确认调解协议案件和实现担保物权案件，适用非讼程序的有关规定。
- 特别程序是我国非讼程序的重要组成部分，是人民法院审理某些民事非争议案件所适用的若干特殊程序的总称。
- 督促程序是一种督促债务人向债权人偿还债务的程序，为债权人提供了一种更经济、更便捷的选择途径。因此，督促程序的立法宗旨是适应经济社会发展的需要，简化程序，节省诉讼费用，达到诉讼经济的目的。
- 公示催告程序是为了克服相对人不明确的诉讼障碍，对一些特定的案件进行处理的程序。目前，我国民事诉讼规定的公示催告程序主要是解决被盗、遗失或灭失的票据等有价证券的权利归属等法律问题，通过公示催告程序，使当事人票据上的权利不因票据的丢失而受到侵害。

第一节　民事非讼程序概述

一、民事非讼案件

（一）民事非讼案件的概念

人民法院依照《民事诉讼法》处理的民事案件，在性质上可区分为诉讼案件和非讼案件两大类。诉讼案件是指双方当事人对于诉讼标的存在民事权益争议并请求法院予以裁判的案件；非讼案件则是指利害关系人或起诉人在没有民事权益争议的情况下，请求法院确认某种事实和权利是否存在，从而引起一定的民事法律关系发生、变更或消灭的案件。因此,在理论上,非讼案件与诉讼案件相对应。无论是民事诉讼案件还是民事非讼案件,都是我国民事诉讼法对事效力的组成内容。民事诉讼案件是指当事人之间因发生民事权利义务纠纷而形成的民事案件。我国台湾地区和一些外国的民事诉讼立法中,将民事非讼案件称为非讼事件。这类“事件”本身不具有民事权益的讼争性,只是请求法院确认一定事实的一种行为或手续,因此,称之为“非讼事件”是比较妥当的。在我国的司法实践中,习惯上称这类案件为“非讼案件”。

(二)民事非讼案件的范围

世界各国的民事诉讼法一般都设有非讼程序,以审理一些特殊类型的案件。但在非讼程序的适用范围方面却有较大的差异。世界各国的民事诉讼法一般都把认定公民失踪和宣告失踪人死亡、公民行为能力受限或无行为能力、财产无主等案件列入非讼程序的适用范围。此外,有些国家的民事诉讼法将丢失不记名凭证的复权(公示催告程序)、遗嘱文件的验证、死者或无行为能力人财产的管理、婚姻亲子关系案件等也列入适用非讼程序的范围。总之,外国民事诉讼法中非讼程序的适用范围是比较广泛的。[1]

对于非讼案件的范围,我国学术界主要存在以下三种观点。[2]

第一种观点认为,非讼案件包括根据特别程序审理的案件与根据督促程序和公示催告程序审理的案件。大多数教科书都采用这种观点。持这种观点的学者认为,“非民事权益争议”包含两层意思:一是某些根本不属于民事案件,但却被规定在了《民事诉讼法》中的案件,如选民名单案件;二是尽管属于民事案件,但不是民事权益争议的案件,如宣告公民失踪案件、宣告公民死亡案件、认定公民无民事行为能力案件、认定公民限制民事行为能力案件和认定财产无主案件。依此观点,除了特别程序一章所规定的程序外,其后面的督促程序、公示催告程序,以及申请确认仲裁协议无效和申请撤销仲裁裁决程序也应当属于特别程序。[3]

第二种观点认为,特别程序应采用广义概念,用三种不同的界定标准来确定不同属性的特别程序。适用特别程序审理的案件都是特别民事案件,但并非都属于非讼案件。这三种标准是:(1)案件是否为非讼案件;(2)诉讼标的即实体法律关系是否特殊;(3)是否为与通常程序有重大不同的专门的简易程序。[4] 依此标准,特别程序的案件可以分为三类:一是非讼案件,即案件本身不具有民事权益争议的性质;二是案件本身具有民事权益争议的性质,但在诉的标的的性质上较为特殊,因此,在

[1] 参见王强义:《民事诉讼特别程序研究》,中国政法大学出版社1993年版,第132页。

[2] 参见章武生:《非讼程序的反思与重构》,载《中国法学》2011年第3期。

[3] 参见张卫平主编:《民事诉讼法》,法律出版社2004年版,第375~376页;李浩:《民事诉讼法学》,法律出版社2011年版,第427页以下。

[4] 参见王强义:《民事诉讼特别程序研究》,中国政法大学出版社1993年版,第28页。

适用的程序上也存在许多特点的案件,如人事诉讼程序案件;三是与通常程序有重大不同的简易程序,如票据和证书诉讼程序。

第三种观点认为,非讼程序应以民事案件的非讼性质为确定标准,适用非讼程序审理的案件必须具备非讼性。持这种观点的学者认为,标准的单一性与统一性是确定标准的一个重要原则。根据这个原则,要求在为特别程序选定标准时抛弃多元论的观点,并且要明确立法上为什么应有一个与通常诉讼程序相反的“非讼程序”,以及它有何种制度上或程序上的机能,对于程序法律原理的构建及其系统化,特别程序能够作出怎样的贡献。基于这些考虑,特别程序的适用范围应以民事案件的非讼性质为确定标准。[1]

尽管在研究上存在很多分歧,但许多教科书都将我国《民事诉讼法》第15章、第17章和第18章规定的程序称为非讼程序,将适用这些程序审理的案件称为非讼案件。[2] 笔者认为,能够适用非讼程序来审理的民事案件必须由法律明确规定,因此,现阶段,民事非讼案件主要包括适用特别程序审理的宣告公民失踪案件、宣告公民死亡案件、认定公民无民事行为能力案件、认定公民限制民事行为能力案件、指定遗产管理人案件、认定财产无主案件、确认调解协议的案件、实现担保物权的案件,以及适用督促程序的申请支付令案件和适用公示催告程序的案件。

二、民事非讼程序的内容

(一)民事非讼程序的概念

由于案件的性质不同,法院行使审判权的前提及目的不同,因此,程序的具体设置也就必然不同。诉讼案件与非讼案件的客观存在是诉讼程序与非讼程序设立的客观基础,法院处理诉讼案件适用通常诉讼程序,处理非讼案件则适用非讼程序。

我国《民事诉讼法》为民事非讼案件专门设立了民事非讼程序。所谓民事非讼程序,是指人民法院审理民事非讼案件所适用的程序。民事非讼程序具体包括特别程序、督促程序和公示催告程序等。

从理论上科学界定非讼程序,应当确立两个基本前提。首先,非讼程序是相对于诉讼程序而言的,它是民事审判程序的一种。诉讼程序与非讼程序是民事审判程序的基本分类[3],因此,非讼程序具有作为民事审判程序的一般属性,即法院通过行使审判权对申请人提出的非讼请求作出裁判。其次,非讼程序的设置体现了程序设置与解决民事案件需要的适应性,它与通常的诉讼程序一样,都有着各自需要通过法院审判来解决的问题,因此,非讼程序也具有自身所特有的审理对象、原理、规则等属性。非讼程序的一般属性决定了其作为民事审判程序所处理的案件是由民

---

[1] 参见江伟主编:《民事诉讼法学原理》,中国人民大学出版社1999年版,第712~713页。

[2] 参见李浩:《民事诉讼法学》,法律出版社2011年版,第427页以下;张卫平主编:《民事诉讼法》(第2版),法律出版社2009年版,第391页。

[3] 参见江伟主编:《民事诉讼法学原理》,中国人民大学出版社1999年版,第713页。

事实体法调整的社会关系所引起的,即该法律关系具有"民事性",并应与人身权、财产权有关。非讼程序的特殊属性使其有足够的理由在民事审判程序中独立存在并发挥其独特的功能,而决定非讼程序这种特殊属性的根本原因在于其所处理的民事案件的非讼性质。

(二)民事非讼程序的特征

与民事诉讼程序相比,民事非讼程序具有下列特征:(1)民事非讼程序在立法构造上具有分立性和适用对象的特定性。所谓分立性,是指各种非讼案件之间没有统一的、相互之间存在必然联系的程序,因此,民事非讼程序并非一个统一的程序,而是由若干个独立或相对独立的程序组成的,彼此不能相互代替。所谓适用对象的特定性,是指每一个独立或相对独立的非讼程序只适用于一种非讼民事案件的审理,即各类非讼民事案件都有自己特定的程序。例如,宣告公民失踪案件只能依宣告公民失踪程序审理,申请支付令案件则只能依督促程序审理。(2)民事非讼程序管辖规定的特定性。民事非讼程序案件只适用于特定的基层人民法院管辖,中级以上人民法院不能适用民事非讼程序审理民事非讼案件,其中包括不能运用管辖权的转移提审民事非讼案件。(3)民事非讼程序规则有其特定性。第一,由于非讼程序往往涉及当事人以外的任何不特定民事主体的利益,与公益有关,因此,非讼程序的审理规则主要应体现国家干预原则,限制当事人在程序过程中的权利。同时,非讼程序不适用反诉、调解、上诉、申请再审等制度。第二,民事非讼案件由于没有对应的另一方当事人,人民法院受理申请后,既不需要按照通常民事诉讼程序那样送达申请书副本,也不需要另一方当事人提交答辩状,更不需要追加当事人或通知第三人参加诉讼等,因此,审理非讼案件的程序不需要通常民事诉讼程序中的"审理前的准备"。第三,在非讼程序中,人民法院一般只需要通过对申请人提供的资料(包括诉讼资料和证据资料)进行书面审查,其审理过程不需要对社会和民众公开。(4)适用民事非讼程序审理民事非讼案件实行一审终审。基层人民法院适用民事非讼程序所做的判决是终审判决,当事人不得上诉。同时,依民事非讼程序作出的生效判决,如果出现与判决相悖的事实,不适用审判监督程序提起再审,而适用民事非讼程序撤销原判决,作出新判决,或者由利害关系人依照普通程序另行起诉等。

(三)民事非讼程序的基本原则

一般认为,民事非讼程序的基本原理或基本原则包括职权主义、书面审理主义、不公开审理主义等。第一,非讼程序以职权主义为主。在非讼程序中,原则上限制当事人主义的适用而采用职权主义,法院可以变更或超出当事人诉讼请求的内容和范围进行审理和裁判,法院可以主动调查、收集证据。第二,非讼程序以书面审理主义为主。由于非讼案件往往不存在争议,只有一方申请人而无对立的双方当事人,因此,基本不适用对审原则,也不可能进行法庭言词辩论,法官通常是对当事人提交的证据等材料进行书面审理,并在此基础上对非讼案件作出处理。第三,非讼程序以不公开审理为主。一般认为,公开审理与言词审理紧密联系,而不公开审理与书面审理密切相关。由于非讼程序无须法庭言词辩论而多采用书面审理，因此，对非讼案件原则上无须公开审理。当然，法官若认为公开审理有助于查明案件事实，也可以公开审理。

(四)民事非讼程序的共同规则

根据我国《民事诉讼法》及相关司法解释的规定，非讼程序的共同规则主要有：(1)实行一审终审。(2)除了选民资格案件和重大、疑难案件外，实行独任制审理。(3)审理期限较短。人民法院适用特别程序审理的案件，应当在立案之日起30日内或者公告期满后30日内审结。(4)对于适用特别程序审理的案件，免交诉讼费用。(5)人民法院适用非讼程序审理案件时，若发现案件存在实体争议，应当裁定终结非讼程序，直接转入诉讼程序或告知申请人另行起诉。

第二节　特别程序

一、特别程序概述

(一)特别程序的概念

特别程序是我国民事诉讼程序的重要组成部分，是人民法院审理某些民事非争议案件所适用的若干特殊程序的总称。特别程序是相对于普通程序和简易程序而言的，与它们相比，特别程序具有独立性与特殊性。普通程序和简易程序都适用于审理一般民事争议案件，而适用特别程序审理的案件一般都是非争议民事案件，因此，两者在审理对象、制度和具体程序上有较大的区别。虽然特别程序也规定在《民事诉讼法》中，但却在普通程序之外另立章节加以规定，在立法上也显示了其独立性的特点。

不过，特别程序不是一种单一的程序，而是包括审理若干不同种类的非民事争议案件的一系列程序的总称，这些不同的特殊审理程序分别规定在民事实体法和民事诉讼法中。从我国《民事诉讼法》的规定来看，特别程序包括审理选民资格案件的程序、宣告公民失踪案件的程序、宣告公民死亡案件的程序、指定遗产管理人案件的程序、认定公民无民事行为能力或限制民事行为能力案件的程序、认定财产无主案件的程序、确认调解协议效力的程序，以及实现担保物权的程序等。

(二)特别程序的特征

与诉讼程序相比，特别程序具有鲜明特点：(1)审理对象特殊。适用特别程序审理的案件只是确认某种法律事实或者权利是否存在，而不是解决民事权利义务争议。人民法院在依照特别程序审理案件的过程中，发现案件属于民事权益争议的，应当裁定终结特别程序，并告知利害关系人可以另行起诉。(2)当事人特殊。适用特别程序审理案件，不存在双方当事人之间的争议，因此，特别程序是因申请人的申请或者起诉人的起诉而开始，但申请人或起诉人并不一定与案件有直接的利害关系。一般情况下，在特别程序中没有对方当事人，因此，特别程序也不存在反驳、辩论、调解等必须有被告参与的程序。(3)审判组织特殊。适用特别程序审理的案件原则上由独任制审判员进行审理;但有两种例外,即选民资格案件和其他重大疑难案件,由审判员组成合议庭审理。(4)实行一审终审制度。适用特别程序审理的案件实行一审终审,判决书一经送达即发生法律效力;即使申请人或者起诉人不服,也不得上诉。(5)不适用审判监督制度。适用特别程序审理的案件不适用审判监督程序,所作出的裁判生效后,如果发现裁判在认定事实、适用法律等方面有错误,原审人民法院可以根据有关人员的申请,按照特别程序的规定,撤销原裁判。(6)案件审理期限较短。适用特别程序审理的案件,应当在立案之日起 30 日内或者公告之日起 30 日内审结,有特殊情况需要延长的,由院长批准;但是,选民资格案件必须在选举日之前审结。(7)免交案件受理费。适用特别程序审理的案件,不论当事人的经济状况如何,一律免交案件受理费。(8)救济方式特殊。适用特别程序作出的判决、裁定,当事人、利害关系人认为有错误的,可以向作出该判决、裁定的人民法院提出异议。人民法院经审查,异议成立或者部分成立的,其应作出新的判决、裁定撤销或者改变原判决、裁定;异议不成立的,裁定驳回。对人民法院作出的确认调解协议、准许实现担保物权的裁定,当事人有异议的,应当自收到裁定之日起 15 日内提出;利害关系人有异议的,自知道或者应当知道其民事权益受到侵害之日起 6 个月内提出。

二、选民资格案件程序

(一)选民资格案件的概念

选民资格案件,是指公民对选举委员会所公布的选民资格名单有不同意见,向选举委员会提出申诉后,因不服选举委员会的处理决定而向人民法院提起诉讼的案件。

选举权与被选举权是宪法赋予公民的一项重要政治权利,公民对选举委员会公布的选民资格名单有不同意见,认为有错误的,可以向选举委员会申诉。若不能得到满意的处理决定,可以向人民法院起诉。可见,选民资格案件是一种特殊的案件。

《选举法》规定,选民登记按选区进行,经登记确认的选民资格长期有效。每次选举前对上次选民登记以后新满 18 周岁的、被剥夺政治权利期满后恢复政治权利的选民予以登记。对选民经登记后迁出原选区的,列入新迁入选区的选民名单;对死亡和依照法律被剥夺政治权利的人,从选民名单上除名。精神病患者不能行使选举权利的,经选举委员会确认,不列入选民名单。选民名单应在选举日的 20 日前公布,实行凭选民证参加投票选举的,还应当发给选民证。

公民若对选举委员会公布的选民资格名单有不同意见或认为有错误的,如无选举资格的人却被列入选举名册,或有选举资格的人却未被列入选举名册,实际上涉及公民有无选举权或被选举权的问题。可以在选民名单公布之日起 5 日内向选举委员会提出申诉。选举委员会对申诉意见应在 3 日内作出处理决定。申诉人如果对处理决定不服,可以在选举日的 5 日前向人民法院起诉,人民法院应在选举日以前作出判决。人民法院的判决为最后决定。

（二）选民资格案件的审理程序

选民资格案件的特殊性决定了选民资格案件的审理需要特殊的诉讼程序。人民法院审理选民资格案件需要根据《民事诉讼法》规定的特别程序进行审理。与其他案件相比，选民资格案件的审理有以下几个方面的特殊性：(1)申诉程序前置选民资格案件实行申诉程序前置原则。公民对选民资格名单有不同意见的，应当先向选举委员会提出申诉，选举委员会应当在3日内对申诉作出处理决定。(2)起诉权的主体多样。选民资格案件的起诉人必须是公民，既可以是与选民名单有利害关系的公民本人，也可以是与选民名单没有利害关系的其他公民。也就是说，只要认为选举委员会公布的选民名单有错误的公民，都有起诉权。(3)起诉和审理时间要求严格。为了使人民法院有必要的审理时间，申诉人对选举委员会作出的决定不服的，可以在选举日的5日前向人民法院起诉；如果离选举日的时间不足5日，人民法院将不予受理。人民法院受理选民资格案件后，必须在选举日前审结。因为，对于选民资格而言，必须在选举日之前确定，若选举结束后再判决就没有意义了。(4)选民资格案件的管辖法院特定。为了便于选民起诉和选举委员会指派代表参加诉讼，也为了人民法院及时与选举委员会联系并尽快审理结案，选民资格案件由选区所在地的基层人民法院审理。(5)选民资格案件的审判组织。选民资格案件关系到公民的选举权与被选举权，因此，应当采用合议庭进行审理，并且合议庭只能由审判员组成。(6)选民资格案件的审理。如果公民是因自己的选民资格而起诉，人民法院审理案件时只需通知起诉人和选举委员会参加诉讼。如果是因其他公民的选民资格而起诉，人民法院审理案件时应当通知起诉人、选举委员会和相关公民参加诉讼。在审理过程中，人民法院应当听取起诉人、选举委员会和相关公民的意见，允许他们辩论。(7)选民资格案件的判决。人民法院应当在选举日以前审结案件，作出判决，并将所作出的判决送达选民本人和选举委员会。人民法院的判决是终审判决，一经送达即发生法律效力。适用特别程序作出的判决、裁定，当事人、利害关系人认为有错误的，可以向作出该判决、裁定的人民法院提出异议。人民法院经审查，异议成立或者部分成立的，作出新的判决、裁定撤销或者改变原判决、裁定；异议不成立的，裁定驳回。

三、宣告失踪和宣告死亡程序

（一）宣告失踪程序

1. 宣告失踪案件的概念

宣告公民失踪的案件，是指公民离开其最后居住地不知去向、下落不明已达法定期限，人民法院根据利害关系人的申请，判决宣告该公民为失踪人的案件。人民法院审理宣告公民失踪案件的程序称为宣告失踪程序。

在日常生活中，当公民失踪达一定期限时，就会影响有该公民参与的民事法律关系的正常运转，会使相对人处于不稳定的民事法律关系中，也不利于其本人财产关系的维护,因此,我国《民法典》和《民事诉讼法》分别从实体和程序两个方面规定了宣告公民失踪制度。

2. 宣告失踪案件的审理程序

(1)申请宣告失踪。申请宣告公民失踪必须同时具备以下几个条件:①存在宣告公民失踪的法律事实。公民下落不明满2年的,利害关系人可以向人民法院申请宣告其为失踪人。所谓下落不明,是指公民离开其最后的住所后没有任何音讯,也无人知道其下落,即去向不明。若是其去向明确,只是音讯阻隔,则不属于下落不明的情况。②有利害关系人提出申请。人民法院不得依职权宣告公民失踪,必须有利害关系人提出申请。这里的利害关系人,包括下落不明人的配偶、父母、子女、祖父母、外祖父母、孙子女、外孙子女,以及其他与之有利害关系的人。申请宣告失踪时,上述利害关系无顺序上的限制;但必须有人提出申请,而且提出申请的人必须是利害关系人。无人申请,人民法院不得依职权宣告公民失踪;提出申请的人与失踪人没有利害关系,其申请就不能成立,人民法院不得宣告公民失踪。符合法律规定的多个利害关系人提出宣告失踪、宣告死亡申请的,列为共同申请人。③提交书面申请。申请人应当提交书面申请。申请书应当载明失踪的事实和时间,申请人与被申请人之间的关系,申请人请求的事项等;同时,应当附有公安机关或其他机关出具的关于被申请人下落不明的书面证明。④向有管辖权的人民法院提出申请。申请人应当向有管辖权的人民法院申请。宣告失踪案件的管辖法院为失踪人所在地的基层人民法院。

(2)公告。人民法院受理宣告失踪案件以后,应当发出寻找下落不明人的公告。公告应当写明案由、申请人申请的内容、公告期间及公告期届满的法律后果等。公告的期限为3个月。寻找下落不明人的公告应当记载下列内容:①被申请人应当在规定期间内向受理法院申报其具体地址及其联系方式;否则,被申请人将被宣告失踪或宣告死亡。②凡知悉被申请人生存现状的人,应当在公告期间内将其所知道的情况向受理法院报告。

(3)财产代管人及变更。宣告失踪或者宣告死亡案件,人民法院可以根据申请人的请求,清理下落不明人的财产,并指定案件审理期间的财产管理人。公告期满后,人民法院判决宣告失踪的,应当按照《民法典》第42条的规定同时指定失踪人的财产代管人。[1] 失踪人的财产代管人经人民法院指定后,代管人申请变更代管的,比照《民事诉讼法》特别程序的有关规定进行审理。申请理由成立的,裁定撤销申请人的代管人身份,同时另行指定财产代管人;申请理由不成立的,裁定驳回申请。失踪人的其他利害关系人申请变更代管的,人民法院应当告知其以原指定的代管人为

[1] 根据《民法典》第42条的规定,失踪人的财产由其配偶、成年子女、父母或者其他愿意担任财产代管人的人代管。代管有争议,没有前款规定的人,或者前款规定的人无代管能力的,由人民法院指定的人代管。

被告起诉,并按普通程序进行审理。

(4)判决。人民法院受理宣告失踪、宣告死亡案件后,作出判决前,申请人撤回申请的,人民法院应当裁定终结案件,但其他符合法律规定的利害关系人加入程序要求继续审理的除外。公告期间届满,如果该公民仍然下落不明,人民法院应当确认该公民失踪的事实存在,作出宣告失踪的判决。如果在公告期间,该公民出现或查明下落,人民法院应当作出驳回申请人申请的判决。

3. 宣告失踪的法律后果

人民法院判决宣告公民失踪后,仅产生财产代管的法律后果,即由失踪人的配偶、父母、成年子女或者关系密切的亲戚朋友代管失踪人的财产。失踪人重新出现的,代管人返还财产。

4. 宣告失踪判决的撤销

人民法院宣告公民失踪是一种法律上的推定。因此,若事实情况与这一推定不符,人民法院查明事实后,作出新判决,撤销原判决,恢复该公民失踪前的事实和法律状态。

(二)宣告死亡程序

1. 宣告死亡案件的概念

宣告公民死亡与公民自然死亡相对,是法律上的一种推定。宣告公民死亡的案件,是指公民下落不明达到法定期限,人民法院根据利害关系人的申请,依法宣告该公民死亡的案件。人民法院审理宣告公民死亡案件的程序即宣告公民死亡的程序。

在日常生活中,当公民下落不明的时间很长时,就会影响该公民参与的民事法律关系的正常运转,会使法律关系的相对人处于不稳定的民事法律关系中,特别是会使相关的人身关系受到不正常的影响,因此,我国《民法典》和《民事诉讼法》分别从实体和程序两个方面规定了宣告公民死亡制度。

宣告死亡与宣告失踪既有一定的联系,也有很大的区别。联系点表现在两者的必要前提都是公民离开住所下落不明的事实存在,只是对下落不明的期限要求不同而已。两者的区别在于:宣告死亡是对下落不明人死亡的推定,而宣告失踪是对下落不明人生存的推定。宣告死亡的法律效果与自然死亡相同,不仅会对被宣告死亡人的财产关系产生影响,而且会对其人身关系产生影响;而宣告失踪只对被宣告失踪人的财产关系产生影响,因此,宣告失踪不是宣告死亡的前置程序。

2. 宣告死亡的条件

宣告公民死亡须具备下列条件。

(1)有公民下落不明的事实存在。存在公民下落不明的事实,是指公民离开最后居住地后没有任何音讯或者因意外事故去向不明、生死未卜。根据《民事诉讼法》的规定,公民下落不明的事实主要基于下列情况而发生:①公民离开自己的住所或经常居住地后下落不明;②公民因战争而下落不明;③公民因意外事故而下落不明。

(2)公民下落不明的事实达到法定期限。一般情况下,宣告死亡需公民下落不明满 4 年;因意外事故下落不明,需公民下落不明满 2 年;公民因意外事故下落不明,并经有关机关证明该公民不可能生存的,则无须下落不明的状态持续一定的期限。上述期限从公民最后离开自己住所的次日起算或者从战争结束之日起算或意外事故发生之日起算。人民法院判决宣告公民失踪后,利害关系人向人民法院申请宣告失踪人死亡,自失踪之日起满 4 年的,人民法院应当受理,宣告失踪的判决即该公民失踪的证明,审理中仍应进行公告。

(3)有利害关系人申请。宣告死亡必须有利害关系人提出申请。利害关系人,包括下落不明人的配偶、父母、子女、祖父母、外祖父母、孙子女、外孙子女,以及其他与之有利害关系的人。申请宣告死亡,应按照上述申请人的顺序。如果同一顺序的人,如父母、子女这一顺序的人,有人申请宣告公民失踪,有人申请宣告公民死亡,只要符合申请宣告死亡的条件,则应当按照申请宣告死亡处理。符合法律规定的多个利害关系人提出宣告失踪、宣告死亡申请的,列为共同申请人。

3. 宣告死亡案件的审理程序

(1)申请。申请人应当提交书面申请。申请书应当载明被申请人下落不明的事实和时间,申请人与被申请人之间的关系,申请人请求的事项等;同时,应当附有公安机关或其他机关出具的关于被申请人下落不明的书面证明。

(2)管辖。申请人应当向有管辖权的人民法院提出申请,宣告死亡案件由下落不明公民的住所地基层人民法院审理。

(3)公告。人民法院受理案件后,应当发出寻找下落不明人的公告。对于宣告死亡的,如果因意外事故下落不明,经有关机关证明不可能生存的,公告期为 3 个月,其他情况下公告期为 1 年。在公告期间,凡知道下落不明人生死情况的人,应当向人民法院陈述所知事实。

(4)判决。人民法院受理宣告失踪、宣告死亡案件后,作出判决前,申请人撤回申请的,人民法院应当裁定终结案件,但其他符合法律规定的利害关系人加入程序要求继续审理的除外。

公告期间届满,如果该公民仍然下落不明,人民法院应当作出宣告该公民死亡的判决。判决宣告之日为该公民死亡之日。如果在公告期间,该公民出现或查明下落,人民法院应当作出驳回申请人申请的判决。

4. 宣告死亡后的法律后果

宣告死亡则产生与自然死亡完全相同的法律后果,即宣告死亡结束了该公民以自己的住所地或者经常居住地为活动中心所发生的民事法律关系,该公民的民事权利能力因为宣告死亡而终止,财产关系发生继承,人身关系消灭。

5. 死亡宣告的撤销

失踪人重新出现的,经失踪人或者其他利害关系人的申请,人民法院作出新判决,撤销原判决。失踪人重新出现的,原来的所有财产关系应当恢复,即继承人应当将所继承的财产返还,原物不能返还的,作价返还;而人身关系中的父母、子女关系自然恢复,夫妻关系则要取决于配偶的情况,如果配偶再婚了,就不能自然恢复了。被宣告死亡的公民在其生存期间所为的法律行为仍然有效。

四、认定公民无民事行为能力和限制民事行为能力程序

(一)认定公民无民事行为能力和限制民事行为能力案件的概念

认定自然人无民事行为能力、限制民事行为能力案件,是指人民法院根据利害关系人的申请,对不能正确辨认自己行为或不能完全辨认自己行为的精神病人,按照法定程序,认定并宣告该公民为无民事行为能力或限制民事行为能力的自然人的案件。

自然人的民事行为能力,是指能够通过自己的行为参与民事活动,行使民事权利和履行民事义务的能力。自然人的行为能力受其年龄和精神状态的限制,有民事权利能力的人并不一定有民事行为能力。如果患有精神病,就有可能对自己的行为完全丧失或部分丧失辨别能力,无法正常行使民事权利和履行民事义务。为了保护精神病人的合同权益及维护民事法律关系的正常运转,民法设定了无民事行为能力和限制民事行为能力制度。在自然人患精神病的情况下,其利害关系人可以提出申请,请求人民法院对该自然人的行为能力进行认定。在认定其为无民事行为能力或限制民事行为能力的情况下,应为其设定监护人,代理其从事民事活动,维护其合法民事权益,稳定民事法律关系。

(二)认定公民无民事行为能力和限制民事行为能力案件的审理程序

1. 申请和受理

申请认定自然人无民事行为能力或限制民事行为能力,必须具备下列条件:(1)有利害关系人申请。认定自然人无民事行为能力或限制民事行为能力,必须有利害关系人向人民法院提出申请。利害关系人包括无民事行为能力或限制民事行为能力人的配偶、父母、成年子女、其他近亲属以及关系密切的其他亲属、朋友。这里的“关系密切的其他亲属、朋友”主要是指被申请人近亲属之外的,愿意承担监护责任的,与被申请人有密切关系并经其所在单位或者住所地的居民委员会、村委会同意的其他亲属或朋友。(2)申请人应当提交书面申请。申请认定自然人无民事行为能力或限制民事行为能力,应当向人民法院提交书面申请书。申请书应当写明:申请人与被申请人的姓名、性别、年龄、住址等;申请人与被申请人的关系;被申请人无民事行为能力或限制民事行为能力的事实和根据。(3)向有管辖权的人民法院申请。认定公民无民事行为能力或者限制民事行为能力的案件的管辖法院为无民事行为能力或者限制民事行为能力人所在地的基层人民法院。

人民法院收到申请人的申请后,应当进行审查,认为符合条件的,应当予以受理;认为不符合条件的,驳回申请。

2. 鉴定

人民法院受理案件后,必要时应当对被申请认定无民事行为能力或者限制民事行为能力的自然人进行鉴定。申请人提供了鉴定意见的,人民法院应当对鉴定意见

进行审查。

3. 审理

人民法院审理认定公民无民事行为能力或者限制民事行为能力的案件时,必须为被申请人指定代理人,并且代理人只能在申请人之外的被申请人的近亲属中确定。

在诉讼中,当事人的利害关系人提出该当事人患有精神病,要求宣告该当事人无民事行为能力或限制民事行为能力的,应由利害关系人向人民法院提出申请,由受诉人民法院按照特别程序立案审理,原诉讼中止。

申请认定公民无民事行为能力或者限制民事行为能力的案件,被申请人没有近亲属的,人民法院可以指定其他亲属为代理人。被申请人没有其他亲属的,人民法院可以指定经被申请人所在单位或者住所地的居民委员会、村民委员会同意,且愿意担任代理人的关系密切的朋友为代理人。没有前款规定的代理人的,由被申请人所在单位或者住所地的居民委员会、村民委员会或者民政部门担任代理人。代理人既可以是一人,也可以是同一顺序中的两人。

4. 判决及指定监护人

人民法院经审理,认为申请人的申请有事实根据的,应当判决该公民为无民事行为能力或者限制民事行为能力人;若事实不成立,应当判决驳回申请。

判决公民为无民事行为能力或者限制民事行为能力人的,人民法院应当为其设定监护人。设定监护的方式按照《民法典》的有关规定进行。被指定的监护人不服指定,应当自接到通知之日起30日内向人民法院提出异议。经审理,认为指定并无不当的,裁定驳回异议;指定不当的,判决撤销指定,同时另行指定监护人。判决书应当送达异议人、原指定单位及判决指定的监护人。

5. 判决的撤销

人民法院根据被认定为无民事行为能力人、限制民事行为能力人或者他的监护人的申请,证实该公民无民事行为能力或者限制民事行为能力的原因已经消除的,应当作出新判决,撤销原判决。

五、认定财产无主程序

(一)认定财产无主案件的概念

认定财产无主案件,是指人民法院根据当事人的申请,依照法定程序,将某归属不明的财产认定为无主财产,并将其判归国家或集体所有的案件。

在生活中,总会遇到一些财产脱离主体而处于无主状态,这不仅会使这些财产得不到有效利用,而且也容易引发各种社会纠纷。因此,《民事诉讼法》规定认定财产无主案件程序的意义就在于,既能解决这些无主财产的归属问题、减少社会纠纷,又能促进财产的有效利用、避免社会财富的浪费。

(二)认定财产无主案件的审理程序

1. 申请和受理

一般认为,申请认定财产无主,应当具备下列条件。

(1)财产的主体不明或不存在。财产所有人不明或不存在是认定财产无主的前提。在实践中,财产所有人不明或不存在的情形一般有以下几种:①财产所有人不明,即财产的所有人无法确定,如所有人不明的埋藏物、隐藏物等。②财产无人认领,如无人认领的拾得物。对于拾得物,所有人应当在规定的期限内认领;逾期无人认领的,可以认定为无主财产。③财产无人继承。财产所有人死亡,没有继承人或受遗赠人,或者全体继承人放弃继承或受遗赠人不接受遗赠,对于这类财产可以认定为无主财产。

(2)申请认定无主的财产必须是有形财产。申请认定为无主的财产必须是有形财产,无形财产或精神财富不属于无主财产的认定范围。

(3)财产无主的状态持续了一段时间。财产只是暂时地脱离主体的,不能认定为无主财产。财产脱离主体应当达到一定的期限,才可认为其所有人不明或没有所有人。

(4)必须有人提出申请。认定财产无主,人民法院不能依职权判决,应当由有关当事人提出申请。申请人可以是公民、法人或者其他组织。申请人应当提交书面申请书。当有形财产处于所有人不明或者失去所有人的状态时,申请人即可向无主财产所在地的基层人民法院申请认定该财产为无主财产。

认定财产无主案件的管辖法院为无主财产所在地的基层人民法院。人民法院收到申请后,应当进行审查。经审查认为申请符合条件的,应当受理;对于不符合条件的,应驳回申请。

2. 公告

人民法院受理认定财产无主的案件后,应当发布财产认领公告,寻找财产的所有人。公告应当写明申请人申请认定无主的财产的名称、种类、数量、财产所在地及保管人、申请人与无主财产的关系以及不及时认领的法律后果等。公告的期限为1年。

认定财产无主案件,公告期间有人对财产提出请求的,人民法院应当裁定终结特别程序,告知申请人另行起诉,适用普通程序审理。

3. 判决

人民法院发布公告后,如果在公告期内有人认领财产,人民法院应当裁定终结认定财产无主案件的审理程序;如果无人认领财产,则判决认定该财产为无主财产,收归集体或国家所有。

在审判实践中,经常出现非财产所有人在法院发布公告后,对财产提出请求。例如,继承人以外的人以曾经在生活上照顾过财产所有人为由,要求分割一定的财产,或者财产管理人以尽过管理责任为由,要求取得一定的财产。对此,应当做何处理?一般认为,均应视为出现对财产主张权利之人,人民法院应当终结特别程序,告知请求者向人民法院起诉,人民法院应当按照普通程序审理。[1]

(三)认定财产无主判决的撤销

判决认定财产无主后,原财产所有人或者其继承人出现,在《民法典》规定的诉讼时效内可以对财产提出请求,人民法院审查属实后,应当作出新判决,撤销原判决。被国家或集体取得的财产,原物存在的,应当归还原物;原物不存在的,应当折价偿还。

六、确认调解协议程序

(一)确认调解协议案件的概念

确认调解协议效力的案件,是指对于涉及当事人之间的民事权利义务纠纷,经人民调解组织或其他依法成立的具有调解职能的组织调解达成具有民事合同性质的协议后,由双方当事人共同到人民法院申请确认调解协议的法律效力的案件。人民法院根据当事人的申请,对确认调解协议效力的申请案件进行审理并处理的程序就是确认调解协议效力的程序。

确认调解协议程序的意义主要表现在以下几个方面:(1)为多元化纠纷解决机制的建立提供司法保障。人民法院通过对调解协议的确认,合理配置纠纷解决资源,构建我国科学、系统、完整的多元纠纷解决体系,有效地维护了当事人的合法权益,促进了社会矛盾的化解。(2)有利于降低纠纷解决成本。调解协议确认制度为人民群众提供了更多可供选择的诉讼外纠纷解决渠道,有利于减轻当事人的诉讼成本,最大限度地降低纠纷解决的社会成本。(3)有利于促进案件分流、化解社会纠纷。现如今,面对社会转型期内矛盾高发的态势,迫切需要法院在更广泛的领域内充分发挥职能,参与并促进社会管理创新。

(二)确认调解协议案件的审理程序

1. 申请和受理

当事人向人民法院申请确认调解协议,应当具备下列条件。

(1)属于人民法院确认调解协议的受案范围。总体而言,现在法律及相关司法解释允许当事人申请人民法院确认的调解协议包括经行政机关、人民调解组织、商事调解组织、行业调解组织或其他具有调解职能的组织调解而达成的调解协议。不过,有下列情形之一的,当事人不能申请确认调解协议,当事人申请的,人民法院不予受理:①不属于人民法院受理民事案件的范围或者不属于接受申请的人民法院管辖的;②确认身份关系的;③确认收养关系的;④确认婚姻关系的。

(2)申请主体适格。申请人应当是调解协议的双方当事人,并且要双方当事人共同申请。当然,在实践中,一方当事人提出申请,对方表示同意的应当视为"共同申请"。申请司法确认调解协议的,双方当事人应由本人或者由代理人向调解组织

---

[1] 参见齐树洁主编:《民事程序法》(第3版),厦门大学出版社2009年版,第238页。

所在地基层人民法院或者人民法庭提出申请。

(3)在申请期限内提出申请。当事人申请确认调解协议的,应当自调解协议生效之日起30日内提出申请,若超过该期限,人民法院不予受理。

(4)向有管辖权的人民法院提出申请。当事人申请确认调解协议,应当向调解组织所在地的基层人民法院提出。两个以上调解组织参与调解的,各调解组织所在地基层人民法院均有管辖权。双方当事人可以共同向其中一个调解组织所在地基层人民法院提出申请;双方当事人共同向两个以上调解组织所在地基层人民法院提出申请的,由最先立案的人民法院管辖。经依法设立的调解组织调解达成调解协议,申请司法确认的,由双方当事人自调解协议生效之日起30日内,共同向下列人民法院提出:一是人民法院邀请调解组织开展先行调解的,向作出邀请的人民法院提出;二是调解组织自行开展调解的,向当事人住所地、标的物所在地、调解组织所在地的基层人民法院提出;调解协议所涉纠纷应当由中级人民法院管辖的,向相应的中级人民法院提出。

当事人申请确认调解协议,应当向人民法院提交司法确认申请书、调解协议、身份证明、资格证明,以及与调解协议相关的财产权利证明等证明材料,并提供双方当事人的送达地址、电话号码等联系方式。委托他人代为申请的,必须向人民法院提交由委托人签名或者盖章的授权委托书。当事人申请司法确认调解协议,可以采用书面形式或者口头形式。当事人口头提出申请的,人民法院应当记入笔录,并由当事人签字、捺印或者盖章。

人民法院收到当事人的司法确认申请,应当在3日内决定是否受理。人民法院决定受理的,应当编立"调确字"案号,并及时向当事人送达受理通知书。双方当事人同时到法院申请司法确认的,人民法院可以当即受理并作出是否确认的决定。

当事人申请司法确认调解协议,有下列情形之一的,人民法院裁定不予受理:(1)不属于人民法院受理范围的;(2)不属于收到申请的人民法院管辖的;(3)申请确认婚姻关系、亲子关系、收养关系等身份关系无效、有效或者解除的;(4)涉及适用其他特别程序、公示催告程序、破产程序审理的;(5)调解协议的内容涉及物权、知识产权确权的。人民法院受理申请后,发现有上述不予受理情形的,应当裁定驳回当事人的申请。

确认调解协议的裁定作出前,当事人撤回申请的,人民法院可以裁定准许。当事人无正当理由未在限期内补充陈述、补充证明材料或者拒不接受询问的,人民法院可以按撤回申请处理。

2. 审查

人民法院受理申请后,应当指定一名审判人员对申请进行审查,必要时可以通知双方当事人到场,当面询问当事人。审查的重点应当放在调解协议的内容是否违反法律、调解本身是否尊重当事人的自愿原则等方面。

人民法院审查相关情况时,应当通知双方当事人共同到场对案件进行核实。人民法院经审查,认为当事人的陈述或者提供的证明材料不充分、不完备或者有异议的,可以要求当事人限期补充陈述或者补充证明材料;必要时,人民法院可以向调解组织核实有关情况。

3. 裁判

经审查,调解协议有下列情形之一的,人民法院应当裁定驳回申请:(1)违反法律强制性规定的;(2)侵害国家利益、社会公共利益和他人合法权益的;(3)违反自愿原则的;(4)违背公序良俗的;(5)内容不明确的;(6)其他不能进行司法确认的情形。

人民法院经过审理,认为当事人的申请符合法律规定的,应当对调解协议作出裁定。确认调解协议的决定书具有强制执行效力,人民法院依法作出确认决定后,一方当事人拒绝履行或者未全部履行的,对方当事人可以向作出确认决定的人民法院申请强制执行。

七、指定遗产管理人程序

(一)指定遗产管理人程序的意义

遗产管理人是指在继承开始后遗产分配前,由遗嘱指定、继承人推选或共同担任、特定机构(无人继承时的民政部门或村民委员会)担任或者由人民法院指定的,承担保护和管理遗产的法定职责,保障遗产公平、有序分配的法律主体。《民法典》在遗产管理人的选任、指定、职责、民事责任和报酬五个方面构建了遗产管理人制度的框架,在立法层面上为遗产的处理提供了明确的法律途径和法律保障。《民法典》第1145条和第1146条就遗产管理人的产生(选任和指定)作出了原则性的规定。为了保障《民法典》相关规定的有效实施,2023年修订之后的《民事诉讼法》增加了指定遗产管理人程序的规定。

(二)遗产管理人的产生方式

继承开始后,遗嘱执行人为遗产管理人;没有遗嘱执行人的,继承人应当及时推选遗产管理人;继承人未推选的,由继承人共同担任遗产管理人;没有继承人或者继承人均放弃继承的,由被继承人生前住所地的民政部门或者村民委员会担任遗产管理人。根据《民法典》第1146条的规定,对遗产管理人的确定有争议的,利害关系人可以向人民法院申请指定遗产管理人。

(三)指定遗产管理人的程序

对遗产管理人的确定有争议,利害关系人申请指定遗产管理人的,向被继承人死亡时住所地或者主要遗产所在地基层人民法院提出。申请书应当写明被继承人死亡的时间、申请事由和具体请求,并附有被继承人死亡的相关证据。

人民法院受理申请后,应当审查核实,并按照有利于遗产管理的原则,判决指定遗产管理人。被指定的遗产管理人死亡、终止、丧失民事行为能力或者存在其他无法继续履行遗产管理职责情形的,人民法院可以根据利害关系人或者本人的申请另行指定遗产管理人。遗产管理人违反遗产管理职责,严重侵害继承人、受遗赠人或者债权人合法权益的,人民法院可以根据利害关系人的申请,撤销其遗产管理人资格,并依法指定新的遗产管理人。

八、实现担保物权程序

(一)担保物权的实现方式

债务人不履行到期债务或者发生当事人约定的实现抵押权的情形,抵押权人可以与抵押人协议以抵押财产折价或者以拍卖、变卖该抵押财产所得的价款优先受偿。协议损害其他债权人利益的,其他债权人可以自知道或者应当知道撤销事由之日起1年内请求人民法院撤销该协议。其中,当事人通过约定实现抵押权是最为经济的方式,但是,在司法实践中,当事人往往难以就担保物权的实现方式达成协议,这就需要通过人民法院的强制执行力来帮助当事人实现担保物权。

(二)实现担保物权案件的申请和受理

1. 实现担保物权案件的申请

当事人申请人民法院实现担保物权,应当符合下列条件。

(1)申请人适格。《民事诉讼法》规定的担保物权人,包括抵押权人、质权人、留置权人;其他有权请求实现担保物权的人,包括抵押人、出质人、财产被留置的债务人或者所有权人等。也就是说,从民事诉讼当事人诉讼权利平等的角度考察,抵押人、质权人、留置权人、建设工程承包人当然具有申请实现担保物权的权利。此外,由于担保财产不在其占有和控制下,出质人、动产被留置的债务人也可以申请人民法院拍卖、变卖担保财产,以实现法律规定的担保物权。担保物权人,包括抵押权人、质权人、留置权人;其他有权请求实现担保物权的人,包括抵押人、出质人、财产被留置的债务人或者所有权人等。

(2)向有管辖权的人民法院提出申请。申请实现担保物权,应向担保财产所在地或者担保物权登记地的基层人民法院提出。实现票据、仓单、提单等有权利凭证的权利质权案件,可以由权利凭证持有人住所地人民法院管辖;无权利凭证的权利质权,由出质登记地人民法院管辖。实现担保物权案件属于海事法院等专门人民法院管辖的,由专门人民法院管辖。同一债权的担保物有多个且所在地不同,申请人分别向有管辖权的人民法院申请实现担保物权的,人民法院应当依法受理。

(3)具备实现担保物权的条件。当事人向人民法院申请实现担保物权,必须具备担保物权实现的条件。因此,当事人应当向人民法院提供证据证明担保物权成立及担保物权实现的条件成就。对于抵押权、质权或留置权而言,担保物权实现条件成就是指债务人不履行到期债务或发生当事人约定的实现担保物权的情形。对于建设工程抵押权而言,发包人未按约定支付价款的,承包人催告发包人在合理期限内支付价款而发包人逾期不支付的,担保物权的实现条件成就。

(4)实现担保物权的申请形式。当事人申请实现担保物权,应当提出书面申请。若书面申请确有困难,可以口头申请,由人民法院记入笔录,并由当事人签字或盖章。申请实现担保物权,应当提交下列材料:①申请书。申请书应当记明申请人、被申请人的姓名或者名称、联系方式等基本信息，具体的请求和事实、理由。②证明担保物权存在的材料，包括主合同、担保合同、抵押登记证明或者他项权利证书，权利质权的权利凭证或者质权出质登记证明等。③证明实现担保物权条件成就的材料。④担保财产现状的说明。⑤人民法院认为需要提交的其他材料。

2. 实现担保物权案件的受理

人民法院收到实现担保物权的申请后，应当及时决定是否受理；人民法院决定受理的，应当及时向当事人送达受理通知书。人民法院认为不符合申请条件的，应当决定不予受理。对于可以补正的要件，应当要求当事人补正。对于管辖不合法的，应当告知申请人向有管辖权的人民法院申请。

被担保的债权既有物的担保又有人的担保，当事人对实现担保物权的顺序有约定，实现担保物权的申请违反该约定的，人民法院裁定不予受理；没有约定或者约定不明的，人民法院应当受理。

人民法院受理申请后，应当在5日内向被申请人送达申请书副本、异议权利告知书等文书。被申请人有异议的，应当在收到人民法院通知后的5日内向人民法院提出，同时说明理由并提供相应的证据材料。

人民法院受理申请后，申请人对担保财产提出保全申请的，可以按照《民事诉讼法》关于诉讼保全的规定办理。

（三）实现担保物权案件的审理

实现担保物权案件可以由审判员一人独任审查。担保财产标的额超过基层人民法院管辖范围的，应当组成合议庭进行审查。人民法院审查实现担保物权案件，可以询问申请人、被申请人、利害关系人，必要时可以依职权调查相关事实。

人民法院审理申请实现担保物权案件，应当适用《民事诉讼法》关于特别程序的一般规定。实现担保物权程序在性质上属于非讼程序，因此，当事人之间的主债权债务和担保物权本身应该没有争议，只是申请人民法院通过公权力实现担保物权。

人民法院受理申请后，经审查，符合法律规定的，裁定拍卖、变卖担保财产，当事人依据该裁定可以向人民法院申请执行；不符合法律规定的，裁定驳回申请，当事人可以向人民法院提起诉讼。人民法院应当就主合同的效力、期限、履行情况，担保物权是否有效设立、担保财产的范围、被担保的债权范围、被担保的债权是否已届清偿期等担保物权实现的条件，以及是否损害他人合法权益等内容进行审查。被申请人或者利害关系人提出异议的，人民法院应当一并审查。

（四）实现担保物权案件的裁判及异议

人民法院对实现担保物权的案件进行审理后，若当事人的申请符合条件，应当裁定拍卖或变卖担保物，该裁定为执行根据，当事人据此可以向人民法院申请强制执行；若当事人的申请不符合法律规定，应当裁定驳回申请。一般情况下，若当事人对主债权是否合法有效、担保物权是否成立及担保物权的范围和数额等问题存在争议，就不应继续按实现担保物权的程序处理，应当裁定驳回当事人的申请，当事人可以向人民法院提起诉讼。人民法院审查后,按下列情形分别处理:(1)当事人对实现担保物权无实质性争议且实现担保物权条件成就的,裁定准许拍卖、变卖担保财产;(2)当事人对实现担保物权有部分实质性争议的,可以就无争议部分裁定准许拍卖、变卖担保财产;(3)当事人对实现担保物权有实质性争议的,裁定驳回申请,并告知申请人向人民法院提起诉讼。

适用特别程序作出的判决、裁定,当事人、利害关系人认为有错误的,可以向作出该判决、裁定的人民法院提出异议。人民法院经审查,异议成立或者部分成立的,作出新的判决、裁定撤销或者改变原判决、裁定;异议不成立的,裁定驳回。对人民法院作出的准许实现担保物权的裁定,当事人有异议的,应当自收到裁定之日起15日内提出;利害关系人有异议的,自知道或者应当知道其民事权益受到侵害之日起6个月内提出。

第三节 督促程序

一、督促程序的概念及特征

督促程序又称支付令程序,是指人民法院对于给付金钱或有价证券的债务,根据债权人的申请,直接向债务人发出支付令,要求债务人履行债务的程序。

督促程序是一种督促债务人向债权人偿还债务的程序。一般情况下,当事人之间的债权债务纠纷,应当通过普通程序或简易程序审理后,才能确定当事人之间的权利义务关系。但是,在许多情况下,当事人之间的债权债务关系明确,双方对此也无异议,债权人的债权没有得到清偿,只是因为债务人没有清偿能力或故意拖延,使债权人的债权无法实现。督促程序为债权人提供了一种更经济、更便捷的选择途径。督促程序的立法宗旨是为适应经济社会发展的需要,简化程序,节省诉讼费用,达到诉讼经济的目的。

督促程序的有如下特征:(1)督促程序是非诉程序。督促程序的本质是通过法院督促债权债务关系明确的债务人履行债务。它的前提是对债权的存在及数额等没有争议,因此,它与审理有争议的案件的普通程序及简易程序有明显区别。(2)适用范围特殊。督促程序的适用范围特定,表现为两点:一是只适用请求债务人履行金钱或有价证券的案件,对于其他债务,当事人不得申请督促程序;二是只有在债务已届履行期、债权人与债务人没有其他债务纠纷以及支付令能够送达债务人的情况下,才能适用。(3)程序的开始和终结特殊。督促程序因债权人申请支付令而开始,而不是因起诉而开始;在支付令发出后的15日内,债务人提出的异议成立,则支付令失效,督促程序终结,当事人可以向人民法院起诉,转入普通诉讼程序。(4)程序便捷。督促程序具有便捷性,实行独任制审理,不需要开庭审理,仅对当事人提供的事实和根据进行书面形式的审查,实行一审终审。

二、支付令的申请与受理

（一）支付令的申请

督促程序因债权人申请支付令而开始。债权人申请支付令，符合下列条件的，基层人民法院应当受理，并在收到支付令申请书后 5 日内通知债权人：(1)请求给付金钱或者汇票、本票、支票、股票、债券、国库券、可转让的存款单等有价证券；(2)请求给付的金钱或者有价证券已到期且数额确定，并写明了请求所根据的事实、证据；(3)债权人没有对待给付义务；(4)债务人在我国境内且未下落不明；(5)支付令能够送达债务人；(6)收到申请书的人民法院有管辖权；(7)债权人未向人民法院申请诉前保全。不符合前款规定的，人民法院应当在收到支付令申请书后 5 日内通知债权人不予受理。

债权人应以书面形式提出支付令申请。申请书应当写明请求给付金钱或者有价证券的数量和所根据的事实、证据。因此，债权人向人民法院申请支付令，应当向人民法院提交书面申请，申请书应当记载下列内容：申请人和债务人的姓名、名称、住所等基本情况；请求给付金钱或者有价证券的数量和所根据的事实、证据；申请支付令的请求等。

债权人应当向有管辖权的法院提出申请。支付令申请由债务人住所地的基层人民法院管辖。两个以上人民法院都有管辖权的，债权人可以向其中一个基层人民法院申请支付令。债权人向两个以上有管辖权的基层人民法院申请支付令的，由最先立案的人民法院管辖。基层人民法院受理申请支付令案件，不受债权金额的限制。

（二）支付令申请的审查和受理

人民法院收到债权人的支付令申请书后，认为申请书不符合要求的，可以通知债权人限期补正。人民法院应当自收到补正材料之日起 5 日内通知债权人是否受理。人民法院收到支付令申请后，应当进行审查，经过审查，对于符合支付令申请条件的，应当在 5 日内立案，并及时通知债权人；对于不符合条件的，应当在 5 日内通知债权人不予受理，并说明理由。

三、支付令申请的审理与处理

（一）支付令申请的审理

人民法院受理支付令申请后，应当由独任审判员对支付令申请进行审理。对支付令申请的审理应采用书面形式，无须开庭，无须询问当事人，仅对债权人提交的申请书和相关证据进行审查。人民法院审理的范围仅限于债权人诉讼请求的范围，根据债权人提交的申请书和证据进行审查，无须债务人提交书面陈述意见或证据。审理的内容涉及当事人之间的债权债务关系是否合法、是否明确，事实是否清楚，数额是否确定，债权是否到期等。

人民法院受理申请后，由审判员一人进行审查。经审查债权人提供的事实、证据，对债权债务关系明确、合法的，应当自受理之日起 15 日内向债务人发出支付令。

经过审理，如果人民法院认为当事人的申请不符合支付令条件，应当在15日内裁定驳回支付令申请。人民法院驳回支付令申请的，应当附理由，并送达债权人。对于该裁定，债权人不能申明不服，但可以补足审理条件后再申请，也可以向人民法院提起诉讼。有下列情形之一的，裁定驳回申请：(1)申请人不具备当事人资格的；(2)给付金钱或者有价证券的证明文件没有约定逾期给付利息或者违约金、赔偿金，债权人坚持要求给付利息或者违约金、赔偿金的；(3)要求给付的金钱或者有价证券属于违法所得的；(4)要求给付的金钱或者有价证券尚未到期或者数额不确定的。人民法院受理支付令申请后，发现不符合《民事诉讼法解释》规定的受理条件的，应当自受理之日起15日内裁定驳回申请。

(二)人民法院发出支付令

人民法院对债权人提出的书面申请和提交的证据进行审理后，认为支付令申请符合法定条件的，应当自受理之日起15日内向债务人发出支付令。支付令是人民法院发出的限令债务人履行支付金钱或有价证券，或者在期限内提出异议的法律文书。它是督促程序中最重要的法律文书。支付令应当载明下列内容：(1)债权人、债务人的姓名或名称等基本情况；(2)债务人应给付的金钱或有价证券的种类、数量；(3)债务人清偿债务或者提出异议的期限；(4)债务人在指定期限内既不提出异议，又不履行义务的法律后果。

人民法院应将支付令及时送达债务人。向债务人本人送达支付令，债务人拒绝接收的，人民法院可以留置送达。送达债务人后，还应当通知债权人支付令送达债务人的日期，以便债权人确定申请执行的时间。

支付令具有如下法律效力：(1)督促力。支付令具有督促债务人在法定期限内履行债务的效力，债务人应当自收到支付令之日起15日内清偿债务，或者向人民法院提出异议。因此，对于债务人来说，人民法院发出的支付令具有督促债务人履行债务的效力。(2)执行力。支付令具有强制执行效力；不过，支付令的执行力是附条件的，即如果债务人自收到支付令之日起15日内不提出书面异议或者异议被驳回，支付令就具有了执行力，债权人可以根据支付令向法院申请强制执行。(3)拘束力。支付令一旦发出，就产生拘束力，人民法院原则上不得随意撤销或变更支付令。支付令对当事人也同样具有拘束力，债务人必须清偿债务或提出书面异议，否则就产生强制效力。对设有担保的债务的主债务人发出的支付令，对担保人没有拘束力。债权人就担保关系单独提起诉讼的，支付令自人民法院受理案件之日起失效。

有下列情形之一的，人民法院应当裁定终结督促程序，已发出支付令的，支付令自行失效：(1)人民法院受理支付令申请后，债权人就同一债权债务关系又提起诉讼的；(2)人民法院自发出支付令之日起30日内无法送达债务人的；(3)债务人收到支付令前，债权人撤回申请的。

人民法院院长发现本院已经发生法律效力的支付令确有错误，认为需要撤销的，应当提交本院审判委员会讨论决定后，裁定撤销支付令，驳回债权人的申请。

（三）支付令异议

支付令异议又称债务人异议，即债务人对支付令的异议，是指债务人在法定期限内对支付令所确定的实体义务本身声明不服的行为。在督促程序中，人民法院是根据债权人提出的事实和证据进行审查并发出支付令的，对此，法律允许债务人提出支付令异议，在程序上平等地对待债务人。

《民事诉讼法》没有要求债务人在提出支付令异议时附加事实理由，仅需向人民法院作出反对支付令的书面意思表示即可。不过，债务人提出支付令异议应当符合程序要件；否则，异议不成立。支付令异议成立的要件有：(1)支付令异议必须针对支付令所确定的债务本身或债权人的债权。支付令异议必须是针对债务本身才有法律效力。债务人针对债务是否存在以及债务数额的大小提出的主张，应当构成债务人异议。债务人对债务本身没有异议，只是提出缺乏清偿能力、延缓债务清偿期限、变更债务清偿方式等异议的，不影响支付令的效力。债权人基于同一债权债务关系在同一支付令申请中向债务人提出多项支付请求，债务人仅就其中一项或几项请求提出异议的，不影响其他各项请求的效力；债权人基于同一债权债务关系，就可分之债向多个债务人提出支付请求，多个债务人中的一人或几人提出异议的，不影响其他请求的效力。(2)在法定期限内提出支付令异议。债务人对支付令的异议应当自收到支付令之日起15日内提出。债务人超过法定期间提出异议的，视为未提出异议。(3)以书面形式提出异议。债务人对支付令的异议必须采用书面形式提出。债务人的口头异议无效，这是因为支付令异议关系到支付令能否产生督促力、执行力及督促程序终结等问题。债务人在收到支付令后，未在法定期间提出书面异议而向其他人民法院起诉的，不影响支付令的效力。

债务人在法定期间提出书面异议的，人民法院无须审查异议是否有实体理由，仅需审查支付令是否具备成立要件。经形式审查，债务人提出的书面异议有下列情形之一的，应当认定异议成立，裁定终结督促程序，支付令自行失效：(1)属于不予受理申请的情形的；(2)属于应裁定驳回申请的情形的；(3)属于应当裁定终结督促程序的情形的；(4)人民法院对是否符合发出支付令条件产生合理怀疑的。人民法院认为具备成立要件的，应当裁定终结督促程序。

如果认为支付令异议不成立，应当裁定驳回异议。对驳回裁定异议的裁定，债务人不得提出异议。人民法院作出终结督促程序或者驳回异议裁定前，债务人请求撤回异议的，应当裁定准许。债务人对撤回异议反悔的，人民法院不予支持。

支付令异议成立产生如下效力：(1)支付令自行失效。若支付令异议成立，人民法院应当裁定终结督促程序，支付令自行失效。(2)督促程序自行转入诉讼程序。支付令失效后，申请支付令的一方当事人不同意提起诉讼的，应当自收到终结督促程序裁定之日起7日内向受理申请的人民法院提出。支付令失效后，申请支付令的一方当事人自收到终结督促程序裁定之日起7日内未向受理申请的人民法院表明不同意提起诉讼的，视为向受理申请的人民法院起诉。债权人提出支付令申请的时间，即为向人民法院起诉的时间。因此，一般情况下，支付令失效后，督促程序自动转入诉讼程序，除非申请支付令的当事人不同意提起诉讼。申请支付令的一方当事人不同意提起诉讼的，不影响其向其他有管辖权的人民法院提起诉讼。

四、督促程序的终结

督促程序的终结，是指在督促程序中，因为法律规定的情况或者某种特殊原因而导致督促程序终结。

督促程序的自然终结就是督促程序的正常终结。这主要包括两种情况：一是债务人收到支付令后在法定期间清偿了债务；二是债务人收到支付令后既没有在法定期间提出异议，又没有主动清偿债务，债权人根据支付令申请强制执行，从而实现了债权。

在下列情况下，人民法院应当裁定终结督促程序：(1)债务人依法对支付令提出了异议且经人民法院认定异议成立。(2)债权人在发出支付令之前撤回了支付令申请，或者人民法院受理支付令申请后，申请人又就同一事实起诉的。(3)支付令作出后无法送达债务人。人民法院自发出支付令之日起30日内无法送达债务人的，人民法院裁定终结督促程序。

第四节　公示催告程序

一、公示催告程序概述

公示催告程序，是指人民法院根据当事人的申请，以公示方式催告不明的利害关系人在法定期间内申报权利，如逾期无人申报权利，将根据申请作出除权判决所适用的程序。

当事人提起民事诉讼的基本条件之一，就是必须有明确的对方当事人。如果相对人不明确便难以进行民事诉讼，更无从确定和实现权利。公示催告程序正是为了克服相对人不明确的诉讼障碍，对一些特定的案件进行处理的程序。目前，我国民事诉讼规定的公示催告程序主要是解决被盗、遗失或灭失的票据等有价证券的权利归属问题。

与其他程序相比，公示催告程序具有以下特点：(1)当事人具有特殊性。公示催告程序的申请人是被盗、遗失或者灭失票据的最后持有人，而被催告的一方是不明的利害关系人。(2)适用范围的有限性。我国民事诉讼中的公示催告程序只适用于可以背书转让的票据。公示催告的目的在于使被盗、遗失或者灭失的票据失去效力，从而使原来的票据持有人重新获得权利。(3)公示催告程序中所做的判决具有除权性。公示催告程序是票据丧失后，权利人请求法院通过法定程序宣告票据无效的一种程序制度。人民法院以除权判决的形式宣告票据无效后，丧失票据的人可以凭该判决取得票据权利。(4)审理方式具有特殊性。公示催告程序可以分为公示催告和除权判决两个阶段。公示催告阶段实行独任制审理，除权判决阶段实行合议庭审理。对于公示催告的案件实行一审终审制。

二、公示催告

(一)公示催告的申请和受理

公示催告申请,是指票据或其他有价证券的最后持有人在票据或其他有价证券被盗、遗失或者灭失的情况下,根据法律规定请求人民法院发出公告,催告权利人或利害关系人在法定期间申报权利的行为。

当事人申请公示催告程序,应当符合下列条件。

1. 属于公示催告程序的适用范围

公示催告程序只能适用于可以背书转让的票据以及法律规定允许公示催告的其他事项。我国《票据法》规定的可以背书转让的票据主要有汇票、支票和本票三种。汇票是出票人签发的,委托付款人在见票时或者在指定日期无条件支付确定金额给收款人或者持票人的票据。汇票主要有商业汇票和银行汇票。本票是指出票人签发的,承诺自己在见票时无条件支付确定金额给收款人或者持票人的票据。我国《票据法》仅承认银行本票,即银行签发的承诺自己在见票时无条件支付确定金额给收款人或者持票人的票据。银行本票又可以分为定额本票和不定额本票。支票是出票人签发的,委托办理支票存款业务的银行或者其他金融机构在见票时无条件支付确定金额给收款人或者持票人的票据。我国《支付结算办法》规定支票有三类:(1)现金支票,指票据正面印有"现金"字样,只能用来支取现金的支票;(2)转账支票,指票据正面印有"转账"字样,只能用来转账的支票;(3)普通支票,指票据上未印有"现金"或"转账"字样,既可用来支取现金也可用来转账的支票。但是,普通支票左上角划有两条平行线的,则为划线支票。划线支票只能用来转账,不得支取现金。

以上三种票据都可以分为可以背书转让的票据和不能背书转让的票据。能够申请公示催告的,仅限于可以背书转让的票据。所谓背书转让,是指票据持有人以转让为目的,在票据背面或者粘单上记载有关事项并签章后,将此票据交付给他人的行为。在票据背面或粘单上记载有关事项并签章的人是背书人,接受票据的受让人是被背书人。若出票人在汇票、本票、支票上记载了"不得转让"字样的,则不得背书。

法律规定可以申请公示催告的其他事项,是指除《票据法》规定的三种票据外,其他可以申请公示催告的票据和有价证券,如指示提单、仓单、记名股票等。

2. 须具备申请公示催告的法定事由

申请公示催告的法定事由是可以背书转让的票据持有人,因票据被盗、遗失或者灭失,并且由于以上事实使票据等是否被人持有或被谁持有不明确,即利害关系人不明确。若只是利害关系人的住址不明确,则只能采用公告送达,不得适用公示催告程序;若利害关系人明确,则应该以诉讼程序解决,不能适用公示催告程序。

3. 申请人须适格

公示催告的申请人应当是该票据的最后持有人。根据《民事诉讼法解释》第

442 条的规定,票据持有人是指票据被盗、遗失或者灭失前的最后持有人。因此,若是票据经过多次背书,只有最后持有人有资格申请公示催告。

4. 须向有管辖权的人民法院申请

申请公示催告程序的管辖法院只能是票据支付地的基层人民法院。

5. 必须以书面形式提出申请

申请公示催告,必须提出书面申请,申请书中应当记载内容包括:一是申请人的基本情况;二是票据的名称、号码、票面金额以及出票人、背书人、付款人、付款日期等基本情况;三是提出申请的理由与事实。

人民法院收到公示催告的申请后,应当立即审查,并决定是否受理。经审查认为符合受理条件的,通知予以受理,并同时通知支付人停止支付;认为不符合受理条件的,应当在 7 日内裁定驳回申请。

因票据丧失,申请公示催告的,人民法院应结合票据存根、丧失票据的复印件、出票人关于签发票据的证明、申请人合法取得票据的证明、银行挂失止付通知书和报案证明等证据,决定是否受理。公示催告申请人撤回申请,应在公示催告前提出;公示催告期间申请撤回的,人民法院可以径行裁定终结公示催告程序。

(二)发出止付通知和公告

1. 止付通知

人民法院决定受理申请,应当同时通知支付人停止支付,并在 3 日内发出公告,催促利害关系人申报权利。公示催告的期间由人民法院根据情况决定,但不得少于 60 日。

人民法院决定受理申请的同时,应当通知支付人停止支付。所谓止付通知,就是停止支付通知,是指人民法院在决定受理公示催告申请后,同时向票据的支付人发出的责令其停止向持票人支付票面金额的通知。

票据是持票人占有票据即可行使票据权利,支付人必须见票即付的有价证券。如果票据的合法持有人丧失了票据,就存在因非权利人行使票据权利而遭受损失的危险。因此,人民法院决定受理申请的同时,应当立即通知支付人停止支付。

支付人在接到通知后,在法院判决之前不得向持票人支付,若是支付造成真正权利人损失的,支付人要承担赔偿责任。因此,止付通知,实际上是一种保全措施,就是防止丧失票据的持票人的权利受到损害。人民法院通知支付人停止支付,应当符合有关财产保全的规定。支付人收到停止支付的通知后拒不执行的,人民法院除可采取强制措施外,在判决后,支付人仍应承担付款义务。

2. 发出公示催告公告

人民法院决定受理申请,应当在 3 日内发出公告,催告利害关系人申报权利。

受理申请公告,是指人民法院受理公示催告申请后,向社会发出的催促利害关系人在法定期间内向人民法院申报权利的公告。人民法院发布受理申请的公告,应当写明下列内容:(1)公示催告申请人的姓名或者名称;(2)票据的种类、号码、票面金额、出票人、背书人、持票人、付款期限等事项以及其他可以申请公示催告的权利凭证的种类、号码、权利范围、权利人、义务人、行权日期等事项;(3)申报权利的期间;(4)在公示催告期间转让票据等权利凭证,利害关系人不申报的法律后果。

公告应当在有关报纸或者其他媒体上刊登,并于同日公布于人民法院公告栏内。人民法院所在地有证券交易所的,还应当同日在该交易所公布。公告期间不得少于60日,且公示催告期间届满日不得早于票据付款日后15日。

(三)利害关系人申报权利

公示催告程序以公告和申报权利的方式查明公示催告申请人的申请事由是否真实,并以此来保护利害关系人的合法权益。因此,在公示催告期间,利害关系人可以向发出公示催告的人民法院申报权利。利害关系人就是对票据或者其他有价证券主张权利的人,一般是指持有申请人认为已经被盗、遗失或灭失的票据或有价证券的人。申报权利是利害关系人维护自己合法权益的程序和方式。

利害关系人按以下规则申报权利:(1)利害关系人必须是公示催告程序中的利害关系人,即被盗、遗失或灭失票据或其他有价证券的实际占有人。(2)利害关系人必须在公示催告期间或者人民法院作出除权判决之前申报权利。利害关系人申报权利的,一般应当在公示催告期间申报。若是因正当原因不能在公示催告期间申报,也可以在人民法院作出除权判决前申报。若利害关系人在申报期届满后、判决作出之前申报权利,应当裁定终结公示催告程序,权利人或申报人可向人民法院起诉。[1] (3)利害关系人申报权利的,应当向人民法院提交所持的票据或其他有价证券,人民法院应当对票据等进行形式审查,并通知公示催告的申请人在指定期间查看该票据。若公示催告申请人申请公示催告的票据与利害关系人提交的票据不一致,人民法院应当裁定驳回利害关系人的申报。(4)利害关系人必须向发出公示催告的人民法院申报权利,向申请人或其他人民法院申报均不发生效力。

人民法院收到利害关系人的申报后,应当裁定终结公示催告程序,并通知申请人和支付人。申请人或者申报人可以向人民法院起诉。人民法院终结公示催告程序后,公示催告申请人或者申报人向人民法院提起诉讼,因票据权利纠纷提起的,由票据支付地或者被告住所地人民法院管辖;因非票据权利纠纷提起的,由被告住所地人民法院管辖。

三、除权判决

(一)除权判决的申请及审理

除权判决也称宣告票据或者其他有价证券无效的判决,是指公示催告期间届满且无人申报权利时,人民法院根据申请人的申请而作出的宣告票据或者其他有价证券自此无效的判决。申请除权判决应当具备的前提条件是,公示催告期间无人申报

[1] 根据《民事诉讼法》第232条第2款和第3款的规定,人民法院收到利害关系人的申报后,应当裁定终结公示催告程序,并通知申请人和支付人。申请人或者申报人可以向人民法院起诉。

权利或者虽然有人申报权利但被人民法院裁定驳回。

当事人提出除权判决申请的,人民法院应当进行审理。适用公示催告程序审理的案件,可由审判员一人独任审理;判决宣告票据无效的,应当组成合议庭审理。对于符合条件的除权判决申请,人民法院应当作出除权判决。

人民法院作出除权判决,应当明确宣布申请公示催告的票据自此作废,使票据与其记载的权利分离。对于除权判决,人民法院应当送达申请人并通知支付人,此外,人民法院还应当公告除权判决,除权判决的公告方式与公示催告的公示方式相同。

(二)除权判决的效力及撤销

1. 除权判决的效力

具体而言,人民法院的除权判决一经宣告,即具有以下效力:(1)除权力。申请公示催告的票据不再具有法律效力,利害关系人不再拥有该票据上的权利。而公示催告的申请人可以根据除权判决享有该票据上的权利。(2)请求力。自判决公告之日起,公示催告申请人有权依据判决向付款人请求付款。付款人拒绝付款,申请人向人民法院起诉,符合起诉条件的,人民法院应予受理。(3)确定力。除权判决一经作出,公示催告程序终结,任何人不得对除权判决提起上诉。

2. 除权判决的撤销

当事人对于除权判决不得提起上诉或申请再审,利害关系人若因除权判决而受到不利影响,只能通过撤销之诉来保护自己的利益,即利害关系人可以作为原告,以通过除权判决获得权利的人为被告向人民法院起诉,由人民法院通过普通程序对他们之间的争议进行审理。

利害关系人因正当理由不能在除权判决之前向人民法院申报权利的,自知道或者应当知道除权判决公告之日起1年内,可以向作出除权判决的人民法院起诉。利害关系人向人民法院起诉,必须具备下列条件。(1)利害关系人在人民法院除权判决之前没有向人民法院申报权利。(2)利害关系人没有申报权利有正当理由。"正当理由"包括:①因发生意外事件或者不可抗力致使利害关系人无法知道公告事实的;②利害关系人因被限制人身自由而无法知道公告事实,或者虽然知道公告事实,但无法自己或者委托他人代为申报权利的;③不属于法定申请公示催告情形的;④未予公告或者未按法定方式公告的;⑤其他导致利害关系人在判决作出前未能向人民法院申报权利的客观事由。(3)利害关系人应当自知道或者应当知道判决公告之日起1年内起诉。(4)利害关系人只能向作出除权判决的人民法院起诉。对于符合上述条件的,人民法院应当受理,并通过普通程序进行审理判决。

利害关系人依照规定向人民法院起诉的,人民法院可按票据纠纷适用普通程序审理。利害关系人请求人民法院撤销除权判决的,应当将申请人列为被告。利害关系人仅诉请确认其为合法持票人的,人民法院应当在裁判文书中写明,确认利害关系人为票据权利人的判决作出后,除权判决即被撤销。

经过开庭审理后，人民法院认为利害关系人的起诉具有事实和法律依据的，应当作出撤销除权判决的判决，并向社会公告该判决的内容。自撤销除权判决的判决公告之日起，被宣告为无效的票据恢复效力。利害关系人恢复对该票据的权利，若支付人已经向申请除权判决的申请人支付了票据金额，支付人有权请求除权判决的申请人返还已向其支付的款项。

思考与练习

1. 对《民事诉讼法》规定的督促程序，下列选项中正确的是（　　）。

A. 向债务人送达支付令时，债务人拒绝签收的，法院可以留置送达

B. 向债务人送达支付令时，法院发现债务人下落不明的，可以公告送达

C. 支付令送达债务人之后，在法律规定的异议期间，支付令不具有法律效力

D. 债务人对支付令提出异议通常以书面形式，但书写异议书有困难的，也可以口头提出

2. 甲公司因遗失汇票，向A市B区法院申请公示催告。在公示催告期间，乙公司向B区法院申报权利。关于本案，下列说法中正确的是（　　）。

A. 对乙公司的申报，法院只就申报的汇票与甲公司申请公示催告的汇票是否一致进行形式审查，不进行权利归属的实质审查

B. 乙公司申报权利时，法院应当组织双方当事人进行法庭调查与辩论

C. 乙公司申报权利时，法院应当组成合议庭进行审理

D. 乙公司申报权利成立时，法院应当裁定终结公示催告程序

3. 从《民事诉讼法》的规定来看，督促程序与公示催告程序的共同特点是（　　）。

A. 程序的启动是基于权利人的申请，无答辩程序

B. 程序设计上无开庭审理阶段

C. 都设置了义务人或利害关系人申报权利的程序

D. 对法院的处理结果不服者，均不能提出上诉，也不能申请再审

4. 个体工商户李某拖欠甲公司货款5万元，甲公司多次催讨无果，遂向李某所在地基层人民法院申请支付令。法院受理后经过审查，认为该申请成立。下列说法中正确的是（　　）。

A. 如果在向李某送达支付令时，李某拒绝接收，人民法院可以留置送达

B. 如果李某在法定期间提出书面异议，人民法院应对异议理由是否成立进行审查

C. 如果李某在法定期间向法院书面说明目前还钱确有困难并承诺在2个月后一定还清，则支付令可不生效

D. 如果李某在法定期间未提出书面异议但向甲公司所在地的人民法院起诉，请求确认该债务已经偿还，则支付令的效力不受影响

5. 单某原系某厂工人。2003年5月单某失踪。2005年11月，单某所在的工厂以单某失踪2年多毫无下落、生死不明为由要求宣告单某失踪。人民法院于2006年5月判决宣告单某失踪。2008年6月，单某的妻子孙某以单某失踪长达5年之久毫无下落，夫妻关系名存实亡为由，向法院起诉要求离婚。人民法院认为单某失踪多年，不能出庭应诉，但已符合宣告死亡的条件，遂将本案依特别程序进行审理，发布公告，寻找失踪人单某。公告期间3个月届满后单某仍无下落。人民法院遂于2008年10月19日作出判决：宣告单某死亡，本判决宣告之日即其死亡之日；单某和孙某的婚姻关系自判决之日起解除。2009年春节，失踪多年的单某回到家中。

请问：

(1)单某所在的工厂是否有权利申请宣告单某失踪？

(2)人民法院可否主动适用宣告死亡程序？其所适用的宣告死亡程序有无错误？

(3)在宣告死亡的判决中，能否对婚姻关系问题作出判决？

6. 甲公司于2002年3月与乙公司签订了价值50万元的粮油买卖合同。乙公司转手将大部分食油销售给丙公司，价款50万元。至2002年年底，甲公司已依约履行完毕，但乙公司未按合同规定在2002年12月前付款。2003年，甲公司与乙公司又签订了合法的付款协议，协议将乙公司对丙公司的50万元债权转让给甲公司，一旦丙公司付款，乙公司即以此笔款项履行对甲公司的付款义务。至2003年6月底，丙公司已过付款期限但仍未付款，最终使甲公司未能收回50万元款项。现查明，甲、乙、丙公司之间没有其他债权债务纠纷。

请问：

(1)甲公司能否向法院申请支付令要求乙公司还款？为什么？

(2)甲公司能否向法院申请支付令要求丙公司还款？为什么？

CHAPTER 19

第十九章

民事执行程序总论

本章导读

- 对于具有给付内容的生效法律文书，义务人若不履行给付义务，权利人可以申请人民法院强制执行，这是生效法律文书法律效力的体现，也是国家司法权威性的体现。民事执行程序是人民法院、申请执行人、被申请人及其他协助执行人在执行活动中应当遵守的法定程序。
- 民事执行应当遵循执行当事人不平等原则、执行合法原则、执行及时原则、执行穷尽原则以及执行检察监督原则。
- 在民事执行中，执行机关、执行当事人、执行参与人和执行异议人都是执行法律关系的主体，根据执行法律的规定享有权利和承担义务。原则上，人民法院的执行只针对债权人的财产，例外情况下才能以债务人的人身、劳力或自由等作为执行标的。
- 强制执行必须有执行依据。在我国的民事执行中，执行根据包括人民法院制作的法律文书和根据法律规定由人民法院执行的其他法律文书。人民法院制作的法律文书由第一审人民法院或者与第一审人民法院同级的被执行财产所在地人民法院执行。法律规定由人民法院执行的其他法律文书，由被执行人住所地或者被执行财产所在地人民法院执行。

第一节　民事执行程序概述

一、民事执行程序的概念和特征

民事执行是指人民法院依照法定程序，采取民事强制执行措施，迫使债务人履行义务，实现法院生效裁判及其他法律文书的内容的行为。民事执行程序是人民法院、申请执行人、被申请人及其他协助执行人在执行活动中应当遵守的法定程序。民事执行程序与行政执行程序、刑事执行程序共同构成我国的强制执行程序。

民事执行程序不是民事诉讼活动的必经程序,但却是民事诉讼程序的最后阶段和必要保障。与诉讼程序及其他制度相比,民事执行程序具有以下特征:(1)民事执行由国家机关进行。在我国,执行权由人民法院统一行使。无论生效的法律文书是由何种机构作出的,凡依法应当通过民事执行程序加以实现的,都只能由人民法院执行。(2)民事执行以执行依据为前提。执行程序的目的在于实现生效法律文书所规定的内容。人民法院的判决、裁定、调解书或者其他机关作出的具有执行内容的文书一经生效,义务人就应主动履行义务;如拒绝履行,权利人可申请人民法院强制实现法律文书中确定的权利。(3)执行手段具有强制性。民事执行是运用国家强制力实现已经确定的私权的程序,具体而言,执行程序是人民法院运用公权力强制义务人履行义务的程序,强制措施是实现执行目的的必要手段。

二、民事执行的性质

民事执行权是民事执行机关代表国家依一定的法定程序行使,强制债务人履行具有强制执行效力的法律文书所确定的债务,实现债权人的债权的一种权力。该定义涵盖了执行权的特征,主要体现为公权性、强制性、专属性和独立性。

关于执行行为的性质,目前学界主要有以下三种观点:(1)司法行为说。该学说认为,执行行为应当是司法行为。持这种观点的理由主要有两个:一是基于对我国民事执行体制的传统认识,认为既然执行行为是由作为国家司法机关的人民法院来行使,执行就理所应当属于司法行为;二是认为执行行为从具体内容上可以划分为单纯的执行行为和执行救济行为。执行行为的正当性最终源于审判行为的正当性,而不是源于行政行为的正当性。执行行为是实现司法救济的基本手段,是审判行为当然的、不可或缺的附属物,而完整的司法行为必然由审判行为和执行行为共同构成。(2)行政行为说。该学说认为,执行行为具有确定性、主动性和命令性等行政性特征,所以,执行行为与司法行为有着显著的区别,应当属于行政行为。(3)司法行政行为说。持这种观点的学者认为,执行行为兼具司法行为和行政行为双重属性。一方面,执行工作具有不同于审判工作的行政性。执行的目的在于强迫债务人履行债务以实现债权人的债权。一旦进入执行程序,执行人员就要围绕执行根据确定的义务,主动采取各种强制执行措施,强制债务人履行。可见,民事执行具有确定性、主动性、命令性、强制性等行政行为的特点。另一方面,民事执行又不同于一般意义上的行政行为,因为其主要任务是使人民法院行使审判权作出的生效判决得以落实。由此可知,民事执行是一种以保证人民法院实现司法职能为基本任务的行政行为,即一种司法行政行为。

三、民事执行程序与民事审判程序的关系

民事执行程序和民事审判程序都是民事诉讼程序的组成部分,两者既有联系又有区别。民事执行程序与民事审判程序的联系表现在:(1)两者的最终目的相同。民事执行程序和民事审判程序都是人民法院解决民事争议适用的程序,虽然侧重点不同,但在根本目的上具有一致性。无论是民事执行程序还是民事审判程序,都是基于当事人向法院主张司法救济而启动，最终目的在于解决民事纠纷，保障当事人合法权益的实现。无论缺少哪个程序，民事争议都不可能彻底解决。(2)两者相互支持。民事审判程序在先，其任务是对当事人之间的民事实体法律关系作出法律上的判定；民事执行程序在后，其任务是保证民事审判程序作出的生效判决、裁定、调解书的内容得以实现。民事审判程序是民事执行程序的前提和基础，民事执行程序是民事审判程序的延续和保障。(3)两者共享相同的原则和制度。民事执行程序和民事审判程序在某些基本原则和制度上有相似之处，如审判权和执行权都是由人民法院行使，当事人处分原则、同等原则和对等原则，当事人能力，以及期间、送达、强制措施等制度对两者也都适用。

当然，民事执行程序和民事审判程序毕竟是两种不同的程序，两者有鲜明的区别，民事执行程序具有自身独立的价值。具体而言，表现在以下几个方面：(1)两者的权利基础不同。民事审判程序是以审判权为基础的法定程序，是由人民法院的审判组织、审判人员进行的审判活动；民事执行程序是以司法执行权为基础的法定程序，是由人民法院的执行组织进行的执行活动。人民法院是享有审判权的唯一机关，而享有执行权的机关除了人民法院之外，还有部分行政机关。(2)两者的任务和具体作用不同。民事审判程序的任务是对实体权利义务进行判定，民事执行程序的任务是实现生效法律文书确定的权利义务。(3)两者是否为民事诉讼必经程序不同。民事审判程序是民事诉讼的必经程序，而民事执行程序不是必经程序。未生效或不具有给付内容的法院裁判无须执行，同时，对有给付内容的生效裁判，如债务人主动履行法律文书确定的义务，则权利人不需要申请启动民事执行程序。(4)两者追求的价值目标不同。民事审判是人民法院查清案情，分清是非，对当事人之间的民事争议作出判定的过程，追求实体公正和程序公正是民事审判活动的价值目标。与其不同的是，民事执行是法院运用司法执行权最大限度地实现法律文书中内容的过程。在这个过程中不存在民事争议，也不存在地位平等的申请人和被申请人，执行效率是民事执行程序最主要的价值目标。(5)两者的依据不同。民事执行的依据不限于人民法院作出的生效裁判、调解书，还包括其他具有强制执行力的法律文书，如仲裁机构的生效裁决、行政机关的行政处罚决定和行政处理决定、经过公证的债权债务文书等。

四、民事执行的基本原则

(一)执行当事人不平等原则

执行当事人不平等原则，是指执行程序中的债权人和债务人地位不平等，双方的权利义务有差别。在民事执行中，当事人之间的权利义务业已确定，民事执行的目的就是迅速、有效地迫使债务人履行义务，实现债权人的权利，维护人民法院裁判的权威。因此，民事执行中不适宜也无法使债务人和债权人处于平等地位或享有平等权利。

（二）执行合法原则

执行合法原则，是指执行活动必须以生效的法律文书为依据，并且依照法定程序和方式进行。执行合法原则要求法院的执行活动既要符合实体法，又要符合程序法。执行合法具体表现为以下三个方面，即执行依据法定原则、民事执行程序和方式合法以及案外人合法权益不受侵害。

（三）执行及时原则

执行及时原则是民事执行程序的基本价值要求。民事执行是一种与司法行为有密切联系的司法强制行为，追求效率是民事执行的最高追求。因此，人民法院在执行过程中应当尽可能地缩短执行周期，提高执行效率，尽快实现债权人的债权。

（四）执行穷尽原则

所谓“执行穷尽”，是指执行法院应当穷尽各种执行方法、措施和途径，从而最大限度地实现生效法律文书所确定的内容，保护债权人的合法权益。执行穷尽原则的目的在于督促执行人员尽职尽责地开展执行活动，发挥执行程序的最大效用。根据该原则，人民法院为了实现生效法律文书所确定的权利，应当穷尽各种执行方法、措施和途径，对被执行人的财产进行必要的调查、审计，依法采取查封、扣押、冻结、拍卖、变卖等执行行为，在履行了上述程序后仍不能满足债权人权利的，人民法院才能裁定终结执行程序。

（五）执行检察监督原则

《民事诉讼法》第246条规定：“人民检察院有权对民事执行活动实行法律监督。”与任何公权力一样，执行权的行使同样需要监督和制约。为了保障人民法院执行活动的合法性和有效性，作为法律监督机关的人民检察院有权对人民法院的执行活动进行必要的监督。

第二节　执行主体与执行标的

一、执行主体

执行主体是指在执行法律关系中依照法律规定享有权利和承担义务的主体，包括执行机关、执行当事人、执行参与人等。

（一）执行机关

1. 执行机关的设置

民事执行机关是指享有民事执行权的人民法院。狭义的执行机关是指人民法院内部专门行使执行权的机构，人民法院根据需要设立的专门负责执行工作的机构。

一般认为，我国现行立法和实践都坚持“审执分立”原则，即民事审判的主体与民事执行的主体适当分离。自20世纪90年代起，各基层人民法院和中级人民法院都在审判庭之外设立了独立的执行庭。1999年，最高人民法院颁布《人民法院五年改革纲要》,要求建立"对各级人民法院执行机构统一领导,监督、配合得力,运转高效的执行工作体制"。自1999年年底起,最高人民法院陆续发布了一系列关于执行机构和执行体制改革的规定,2000年1月14日颁布了《关于高级人民法院统一管理执行工作若干问题的规定》,确定了由高级人民法院统一管理本辖区执行工作。各地高级人民法院纷纷成立新的执行机构,统一称为执行局。基层法院和中级人民法院在原有的执行庭之外重新成立新的执行局。2008年11月,最高人民法院成立了执行局。至此,我国相对独立的执行体制基本确立。

2. 执行机关的组成人员

执行机关行使执行权,是通过具体的执行人员进行的。《执行工作规定》第1条规定:"人民法院根据需要,依据有关法律的规定,设立执行机构,专门负责执行工作。"执行机构通常情况下由执行法官、执行员、书记员和司法警察组成。2011年《最高人民法院关于执行权合理配置和科学运行的若干意见》首次区分了执行法官和执行员。其中,执行法官负责在执行过程中出现的执行争议或异议的审查工作,也负责一部分执行实施工作。执行员作为执行机构的重要组成人员,代表法院负责和组织执行实施工作。

根据《民事诉讼法》和《执行工作规定》的规定,在执行中,各执行人员的具体职责如下:(1)执行法官的职责。执行法官在执行中行使执行裁判职能,即对执行程序中需要进行裁定、决定的事项作出处理,如对执行当事人的变更与追加、对案外人异议的初步审查处理、对被异议人的审查处理、制定分配方案、裁定执行中止和终结等。(2)执行员的职责。执行员办理执行事项,行使执行权,实施执行行为。执行员的职责包括执行调查、发布执行命令、采取执行措施等。(3)书记员的职责。执行机关配置书记员,负责记录及其他日常工作,协助执行员办理执行事项。(4)司法警察的职责。司法警察受执行员指挥,负责维持执行工作秩序,并协助执行工作的进行。

(二)执行当事人

1. 执行当事人的概念

执行当事人是指申请执行人与被执行人,也即生效法律文书中的债权人和债务人。其中,债权人有权向执行机构申请启动强制执行程序,要求执行机构通过民事执行程序实现其民事权利;债务人则有义务按照执行机构的要求履行法律文书中的民事义务。在民事执行过程中,当事人的地位是不平等的。实现申请执行人的利益是执行程序的目的和任务,而被执行人是执行机构采用强制措施迫使其履行义务的对象。

执行当事人通常应当具有诉讼行为能力,无诉讼行为能力人,由其法定代理人代为行使权利、履行义务。

2. 执行当事人的变更

执行承担,是指在执行程序中,由于出现了法定事由或某种特殊情况,执行依据上载明的执行当事人已经不存在,而由其他公民、法人或其他组织代替原执行当事人行使权利或履行义务的制度。执行承担包括执行程序中权利的继受和义务的承担两个方面:(1)执行申请人的变更。作为执行申请人的公民死亡或作为一方当事人的法人或者其他组织终止,有继承人或权利承受人的,应由继承人或权利承受人作为权利人参加执行程序,继受申请执行人的权利。(2)被执行人的变更。作为被执行人的公民死亡的,以其遗产偿还债务。作为被执行人的法人或者其他组织终止的,由其权利义务承受人履行义务。

《最高人民法院关于民事执行中变更、追加当事人若干问题的规定》,对当事人变更和追加的情形做了详细规定。对下列情形,应变更被执行人:(1)执行中作为被执行人的法人或者非法人组织合并的,人民法院可以依申请裁定变更后的法人或非法人组织为被执行人。(2)执行中作为被执行人的法人或者非法人组织分立的,人民法院可以依申请裁定变更后的法人或非法人组织为被执行人。但被执行人在分立前与申请执行人就债务清偿达成的书面协议另有约定的除外。(3)非法人组织在执行中不能履行法律文书确定的义务的,人民法院可以依申请裁定执行对该非法人组织依法承担义务的法人或者公民个人的财产。(4)在执行中,作为被执行人的法人或者非法人组织名称变更的,人民法院可以裁定变更后的法人或者非法人组织为被执行人,并在法律文书中注明变更前的姓名或名称。(5)作为被执行人的自然人死亡或被宣告死亡,其遗产继承人没有放弃继承的,人民法院可以依申请裁定变更被执行人,由该继承人在遗产的范围内偿还债务。继承人放弃继承又无遗嘱执行人的,人民法院可以直接执行被执行人的遗产。

(三)执行参与人

执行参与人是在民事执行过程中除人民法院、执行当事人以外参加执行工作的组织和个人,包括协助执行人、执行见证人等。

协助执行是指人民法院通知有关单位、个人或者请求有关人民法院协助执行生效法律文书的一种法律制度。协助执行人包括协助办理查询、冻结事务的银行、工商部门,负责办理产权过户登记手续的土地、房管部门以及协助扣留、提取被执行人收入的单位等。

执行见证是指人民法院在采取某些执行措施时,通知某些单位或个人到场对执行活动进行观察、监督和证实的一种法律制度。可以成为执行见证人的人员主要有:(1)被执行人为未成年人的,其成年家属;(2)被执行人作为公民时,其工作单位或者财产所在地基层组织指派参加执行的人员;(3)被执行人为单位时,其法定代表人或者主要负责人。

二、执行标的

执行标的也称执行对象或执行客体,是指在执行程序中生效法律文书所确定的给付内容。人民法院的执行原则上只针对债权人的财产,只有在特定情况下,才能以债务人的人身、劳力或自由等作为执行标的。

执行标的不同于执行标的物。执行标的物是作为执行标的的财产,属于执行标的之一，是以物的形式表现的执行标的。执行标的也不同于执行内容。执行内容是生效法律文书所确定的债务人应为的给付义务，该义务的实现是人民法院对执行标的采取执行措施所要达到的目的。执行标的可以分为财产执行标的、行为执行标的和人身执行标的。

第一类执行标的是财产，这是最重要的执行标的。根据生效法律文书的内容，人民法院需要完成的执行任务可能是要求债务人给付金钱、物品、有价证券等财产，也可能是要求债务人为一定的行为或不为一定的行为。因此，财产执行标的一般包括执行标的物和可替代的行为。可以作为执行标的的财产包括有体物和无形财产权。有体物是指被执行人享有所有权或有权处分的具有价值的有体物，包括不动产和动产。无形财产权是指被执行人所享有的非以实物形态存在的财产，包括存款、债权、用益物权、知识产权、股权及其他权利等在内的财产权。

被执行人的财产原则上均可以强制执行，但实体法和程序法基于保障社会安全、社会公益、债务人的生存利益、第三人利益及促进社会文化发展等考虑，对于被执行人的特定财产，执行法院不得采取执行措施，此即豁免执行的财产。被执行人的下列财产属于豁免财产，人民法院不得查封、扣押、冻结：(1)被执行人及其所扶养的家属生活所必需的衣服、家具、炊具、餐具及其他家庭生活必需的物品。(2)被执行人及其所扶养家属所必需的生活费用。当地有最低生活保障标准的，必需的生活费用依照该标准确定。(3)被执行人及其所扶养家属完成义务教育所必需的物品。(4)未公开的发明或者未发表的著作。(5)被执行人及其所扶养家属用于身体缺陷所必需的辅助工具、医疗物品。(6)被执行人所得的勋章及其他荣誉表彰的物品。(7)根据《缔结条约程序法》的规定，以中华人民共和国、中华人民共和国政府或者中华人民共和国政府部门名义与外国、国际组织缔结的条约、协定和其他具有条约、协定性质的文件中规定免于查封、扣押、冻结的财产。(8)法律或者司法解释规定的其他不得查封、扣押、冻结的财产。

此外，法律和司法解释规定了某些财产权利不得作为执行标的。例如，信用证开证保证金、证券经营机构清算账户资金、期货交易保证金、银行承兑汇票保证金等。专属于债务人所有的权利，如健康权、姓名权、肖像权、名誉权等人身权，以及退休金等都不得成为执行标的。[1]

第二类执行标的是行为。完成行为的执行中，执行标的是被执行人的作为或不作为，如排除妨碍、继续履行合同、赔礼道歉、拆除违章建筑、更换不合格产品等。对判决、裁定和其他法律文书指定的行为，被执行人未按执行通知履行的，人民法院可以强制执行或者委托有关单位或者其他人完成，费用由被执行人承担。

第三类执行标的是人身。现代法治国家仅允许在特定的情况下以人身作为执

---

〔1〕 参见谭兵主编：《民事诉讼法学》，法律出版社2004年版，第493页。

行标的。对于人身而言，目前只有在以交出子女为内容的生效法律文书为执行依据时，才可采取直接强制的方法将子女交给权利人。对于人身自由而言，为了促使债务人履行债务，允许以人身自由为执行标的，如可以对债务人采取拘传、拘留、限制出境等间接执行措施。

第三节　执行根据与执行管辖

一、执行根据

（一）执行根据的概念及特征

执行根据是指执行机关据以执行的法律文书。作为执行根据的法律文书具有给付内容，载明债权人享有一定的债权，因此，债权人据此可以请求人民法院强制执行。当事人申请人民法院执行的生效法律文书应当具备下列条件：（1）权利义务主体明确；（2）给付内容明确。法律文书确定继续履行合同的，应当明确继续履行的具体内容。

执行根据的特征包括：（1）执行根据具有法定性。法定性是指执行根据是由有关机关作出的特定的法律文书。除了人民法院制作的判决、裁决、调解书、支付令，仲裁机构作出的裁决书，行政机关作出的行政处罚决定、行政处理决定，以及经过公证的法律文书之外，其他法律文书不能成为执行依据。（2）执行根据的权利义务主体明确。（3）执行根据具有确定性。确定性是指执行根据已经发生法律效力，对当事人的民事权利和义务已经进行确认，非经法定程序不得撤销和改变。执行法院在执行过程中也不得擅自撤销或改变执行根据的内容。（4）执行根据的给付内容明确。给付性是指执行根据确认了债务人负有的法定债务。不具有给付内容的法律文书不能作为执行依据，并且执行根据的给付内容必须是明确的，债务的种类、数额及履行期限等内容都应当明确。执行根据确定继续履行合同的，应当明确继续履行的具体内容。

（二）执行根据的种类

根据法律文书制作者的不同，可以将执行根据分为两种类型，即人民法院制作的法律文书和法律规定由人民法院执行的其他法律文书。

1. 人民法院制作的法律文书

人民法院制作的法律文书包括民事、行政判决、裁定、调解书，民事制裁决定、支付令，以及刑事附带民事判决、裁定、调解书等。（1）确定的判决。可以作为执行根据的判决有民事判决和刑事判决中涉及财产的判决。（2）确定的裁定。例如，财产保全的裁定，先予执行的裁定，拍卖、变卖担保财产的裁定，拍卖建筑工程的裁定等。（3）发生法律效力的调解书和支付令。

2. 法律规定由人民法院执行的其他法律文书

这类法律文书主要包括：（1）仲裁裁决。当事人应当履行裁决，一方当事人不履行的，另一方当事人可以依照《民事诉讼法》的有关规定向人民法院申请执行，受申请的人民法院应当执行。(2)劳动争议仲裁裁决。下列劳动争议，除《劳动争议调解仲裁法》另有规定外，仲裁裁决为终局裁决，裁决书自作出之日起发生法律效力：①追索劳动报酬、工伤医疗费、经济补偿或者赔偿金，不超过当地月最低工资标准12个月金额的争议；②因执行国家的劳动标准在工作时间、休息休假、社会保险等方面发生的争议。对于其他劳动仲裁裁决，当事人可以自收到裁决书之日起15日内向人民法院提起诉讼，期限届满未起诉的，仲裁裁决生效，具有强制执行力。(3)劳动争议优先执行裁决。(4)农村土地承包仲裁裁决。(5)农村土地承包仲裁先行裁决。对权利义务关系明确的纠纷，经当事人申请，仲裁庭可以先行裁定维持现状、恢复农业生产以及停止取土、占地等行为。一方当事人不履行先行裁定的，另一方当事人可以向人民法院申请执行，但应当提供相应的担保。(6)公证债权文书。对经公证的以给付为内容并载明债务人愿意接受强制执行承诺的债权文书，债务人不履行或者履行不适当的，债权人可以依法向有管辖权的人民法院申请执行。

二、执行管辖

(一)级别管辖

根据《民事诉讼法》及相关司法解释的规定，基层人民法院管辖的执行案件包括：(1)基层人民法院作为第一审人民法院作出的生效法律文书。(2)刑事判决、裁定中的财产部分以及刑事附带民事诉讼判决书、裁定书、调解书之执行。(3)上级人民法院指定基层人民法院执行的案件。(4)由基层人民法院依照《民事诉讼法》作出的发生法律效力的支付令以及其他需要执行的非诉案件的判决书和裁定书之执行。(5)国内仲裁案件中的保全裁定之执行。(6)按照诉讼标的额，由其管辖的国内仲裁裁决书和调解书之执行。(7)按照诉讼标的额，由其管辖的公证机关制作的赋予强制执行效力的公证文书之执行。(8)其他案件。

中级人民法院管辖的执行案件包括：(1)中级人民法院作为第一审人民法院作出的生效法律文书；(2)涉外仲裁保全的执行案件；(3)经我国人民法院承认其效力的外国法院的判决书、裁决书、调解书、支付令以及外国仲裁机构作出的仲裁裁决书、调解书之执行；(4)经人民法院认可的我国台湾、香港、澳门地区的判决书、裁决书、调解书、支付令以及外国仲裁机构作出的仲裁裁决书、调解书之执行；(5)按照诉讼标的额，由其管辖的国内仲裁裁决书和调解书之执行；(6)按照诉讼标的额，由其管辖的公证机关制作的赋予强制执行效力的公证文书之执行；(7)专利管理机关依法作出的处理决定和处罚决定，由被执行人住所地或财产所在地的省、自治区、直辖市有权受理专利纠纷案件的中级人民法院执行；(8)国务院各部门、各省、自治区、直辖市人民政府和海关依照法律、法规作出的处理决定和处罚决定，由被执行人住所地或财产所在地的中级人民法院执行；(9)中级人民法院提级执行或上级人民法院依法指定中级人民法院管辖的执行案件；(10)其他案件。

高级人民法院管辖的执行案件：(1)高级人民法院作为第一审人民法院作出的

生效法律文书;(2)按照诉讼标的额,由其管辖的国内仲裁裁决书和调解书之执行;(3)按照诉讼标的额,由其管辖的公证机关制作的赋予强制执行效力的公证文书之执行;(4)高级人民法院提级执行或最高人民法院依法指令高级法院执行的案件;(5)其他案件。

最高人民法院管辖的执行案件:(1)最高人民法院作为第一审人民法院作出的生效法律文书;(2)最高人民法院提级执行的案件;(3)其他案件。

(二)地域管辖

发生法律效力的民事判决、裁定,以及刑事判决、裁定中的财产部分,由第一审人民法院或者与第一审人民法院同级的被执行财产所在地的人民法院执行。法律规定由人民法院执行的其他法律文书,由被执行人住所地或者被执行的财产所在地人民法院执行。发生法律效力的实现担保物权裁定、确认调解协议裁定、支付令,由作出裁定、支付令的人民法院或者与其同级的被执行财产所在地的人民法院执行。认定财产无主的判决,由作出判决的人民法院将无主财产收归国家或者集体所有。

根据最高人民法院《执行工作规定》的规定,两个以上人民法院都有管辖权的,当事人可以选择向其中一个人民法院申请执行。如果当事人分别向两个以上人民法院申请执行,则由最先立案的人民法院管辖。人民法院之间因执行管辖权发生争议的,由双方协商解决;协商不成的,报请双方共同的上级人民法院指定管辖。根据《执行程序解释》,人民法院在立案前发现其他有管辖权的人民法院已经立案的,不得重复立案。立案后发现其他有管辖权的人民法院已经立案的,应当撤销案件;已经采取执行措施的,应当将控制的财产交先立案的执行法院处理。根据最高人民法院《执行工作规定》的规定,法定的执行地域管辖可以因委托执行和协议管辖而发生改变。

(三)执行管辖权异议

根据法律规定,有的民事执行案件可以由两个以上人民法院管辖,申请执行人可以选择。

根据《执行程序解释》的规定,对人民法院采取财产保全措施的案件,申请执行人向采取财产保全措施的人民法院以外的其他有管辖权的人民法院申请执行的,采取财产保全措施的人民法院应当将保全的财产交执行法院处理。财产保全措施可能由第一审法院作出,也可能由第二审法院作出,通常由作出裁定的法院直接交本院的执行机构执行,而生效判决、调解书依法应当由第一审法院管辖,因此,有可能执行财产保全的法院和执行判决、调解书的法院不是同一个法院。在这种情况下,采取财产保全措施的法院应当将保全的财产交执行法院。人民法院受理执行申请后,当事人对管辖权有异议的,应当自收到执行通知书之日起 10 日内提出。人民法院对当事人提出的异议应当审查。异议成立的,应当撤销执行案件,并告知当事人向有管辖权的人民法院申请执行;异议不成立的,裁定驳回。当事人对裁定不服的,可以向上一级人民法院申请复议。

管辖权异议在审查和复议期间,不停止执行。

思考与练习

1. 甲、乙、丙三人合伙经营一家小食品店，并依法登记取得了字号。因该合伙组织分别与A、B、C三家公司纠纷的诉讼全部败诉而进入执行程序。在执行中，该合伙组织的财产不足以清偿A、B、C三家公司的债务。对此，法院应当（　　）。

A. 裁定追加甲、乙、丙为被执行人

B. 就合伙组织的财产依A、B、C三家公司申请执行的先后顺序进行清偿

C. 按A、B、C三家公司的债权比例进行清偿

D. 告知A、B、C三家公司申请该合伙组织破产，按破产程序清偿

2. 关于现行民事执行制度，下列选项正确的是（　　）。

A. 发生法律效力的判决的执行法院，包括案件的第一审法院和与第一审法院同级的被执行财产所在地的法院

B. 案外人对执行标的异议的裁定不服的，可以根据执行标的的不同情况，选择提起诉讼或通过审判监督程序进行救济

C. 申请执行人与被申请执行人达成和解协议的，在和解协议履行期间，执行程序终结

D. 申请执行的期限因申请人与被申请人为自然人或法人而不同

3. 关于民事审判程序与民事执行程序的关系，下列说法错误的是（　　）。

A. 民事审判程序是确认民事权利义务的程序，民事执行程序是实现民事权利义务关系的程序

B. 法院对案件裁定进行再审时，应当裁定终结执行

C. 民事审判程序是民事执行程序的前提

D. 民事执行程序是民事审判程序的继续

4. 东方汽车制造有限公司不履行购销合同，给光华钢材生产厂造成了经济损失，光华钢材生产厂起诉至甲市东城区人民法院，东城区人民法院经过开庭审理，判决东方汽车制造有限公司赔偿光华钢材生产厂经济损失及违约金共12万元。东方汽车制造有限公司不服，向甲市中级人民法院提出上诉。甲市中级人民法院认为一审判决认定的基本事实清楚、适用法律正确，但判决赔偿损失过多，改判东方汽车制造有限公司赔偿光华钢材生产厂经济损失9万元。

判决确定的履行期间届满后，东方汽车制造有限公司拒不履行赔偿义务。光华钢材生产厂向甲市中级人民法院申请执行，甲市中级人民法院告知光华钢材生产厂应向东城区人民法院提出申请。东城区人民法院接到申请后，又告诉光华钢材生产厂向被申请人（东方汽车制造有限公司）住所地乙市人民法院申请执行。

请问：本案判决应由哪个法院执行？

CHAPTER 20

第 二 十 章

执行程序的进行

本 章 导 读

- 执行程序因当事人提出申请执行和法院主动移送执行而开始。人民法院在收到当事人的执行申请后应在7日内审查，作出受理或驳回申请的裁定。
- 被申请人可以向人民法院提供担保并申请暂缓执行。人民法院也可以根据其他法定事由而决定暂缓执行。对于法律规定由人民法院执行的其他法律文书，因出现法定事由而不能执行的，人民法院可以裁定不予执行。
- 对于具备委托执行条件的案件，人民法院可以委托外地的人民法院执行。受理执行案件的人民法院可以通知有关单位、个人或其他人民法院协助执行生效法律文书所确定的内容，接到协助执行通知的单位和个人应当协助执行，拒不协助执行的，应当承担相应的法律责任。
- 执行竞合一般包括民事执行之间的竞合、民事执行与行政处罚之间的竞合以及民事执行与财产刑罚执行之间的竞合。民事执行之间发生竞合时，原则上采取申请优先的方式处理。民事执行与行政处罚或财产刑罚执行发生竞合时，原则上采取民事执行优先于行政处罚或刑罚方式处理。
- 债务人的财产不足以清偿各债权人的全部债权，申请执行人以外的其他债权人凭有效的执行根据也可以申请加入已开始的执行程序，各债权人从执行标的物的变价中获得公平清偿。
- 在执行过程中，若出现法定事由，需要暂时停止执行的，执行法院可以裁定中止执行。若因法定事由而使执行失去意义或不能继续时，执行法院可以裁定终结执行。当事人在执行过程中可以达成执行和解，和解协议履行完毕的，执行法院裁定终结执行。
- 执行救济，是指当事人或利害关系人的利益因人民法院的执行行为违法或不当而受到侵害时，为了保护自己或第三人利益而施以救济的方法和制度。

第一节 执行程序的开始

一、执行程序开始的方式

发生法律效力的民事判决、裁定,当事人必须履行。一方拒绝履行的,对方当事人可以向人民法院申请执行,也可以由审判员移送执行员执行。调解书和其他应当由人民法院执行的法律文书,当事人必须履行。一方拒绝履行的,对方当事人可以向人民法院申请执行。因此,执行程序的开始有两种形式,即申请执行和移送执行。申请执行是指法律文书生效后,债务人拒绝履行债务的,债权人直接向有管辖权的法院申请启动执行程序。移送执行是指法院主动将生效法律文书移送至执行机构,由执行机构启动执行程序。债权人是否申请执行,应由当事人自行决定,因此,执行程序的开始应以当事人申请执行为原则,以移送执行为例外。

(一)申请执行

1. 当事人申请执行的条件

当事人申请执行应当符合以下条件:(1)申请人适格。申请人应当为生效法律文书中确定的权利人或其继承人、权利承受人。(2)要有合法的执行根据,申请执行的法律文书必须是生效的法律文书。(3)申请执行的法律文书必须具有确定的给付内容。(4)债务人逾期不履行或者拒绝履行法律文书确定的义务。(5)应在法定执行时效内提出申请执行。申请执行的期间为 2 年。申请执行时效的中止、中断,适用法律有关诉讼时效中止、中断的规定。申请执行期间从法律文书规定履行期间的最后一日起计算;法律文书规定分期履行的,从规定的每次履行期间的最后一日起计算;法律文书未规定履行期间的,从法律文书生效之日起计算。根据《民事诉讼法解释》第 481 条的规定,申请执行人超过申请执行时效期间向人民法院申请强制执行的,人民法院应予受理。被执行人对申请执行时效期间提出异议,人民法院经审查异议成立的,裁定不予执行。被执行人履行全部或者部分义务后,又以不知道申请执行时效期间届满为由请求执行回转的,人民法院不予支持。根据《执行程序解释》的规定,申请执行时效因申请执行、当事人双方达成和解协议、当事人一方提出履行要求或者同意履行义务而中断。[1] 从中断时起,申请执行时效期间重新计算。生效法律文书规定债务人负有不作为义务的,申请执行时效期间从债务人违反不作为义务之日起计算。因撤销申请而终结执行后,申请执行时效期间内再次申请执行的,人民法院应当受理。(6)向有管辖权的人民法院申请执行。

2. 申请执行应当提交的文件和证件

债权人申请执行,应当向人民法院提交下列文件和证件:(1)申请执行书。申请

---

[1] 参见孙超:《执行时效的制度变革、规则适用与立法展望》,载《法律适用》2022 年第 7 期。

执行书应写明申请执行的理由、事项、执行标的以及申请执行人所了解的被申请人的财产状况。申请执行人书写申请执行书确有困难的,可以口头提出申请。人民法院接待人员对口头申请应当制作笔录,由申请执行人签字或盖章。外国一方当事人申请执行的,应当提交中文申请执行书。当事人所在国与我国缔结或共同参加的司法协助条约有特别规定的,按照条约规定办理。(2)生效法律文书副本。(3)申请执行人的身份证明。公民个人申请的,应当出示居民身份证;法人申请的,应当提交法人营业执照副本和法定代表人身份证明;其他组织申请的,应当提交营业执照副本。继承人或者权利承受人申请的,应当提交继承或者承受权利的证明文件。(4)申请执行人向被执行的财产所在地人民法院申请执行的,应当提供该人民法院辖区内有可供执行财产的证明材料。(5)其他应当提交的文件或者证件。

申请执行仲裁机构的仲裁裁决,应当向人民法院提交有仲裁条款的合同书或者仲裁协议书。申请执行国外仲裁机构的仲裁裁决的,应当提交经我国驻外使、领馆认证或者我国公证机关公证的仲裁裁决书中文文本。

当事人委托代理人申请执行,应当向人民法院提交经委托人签字或者盖章的授权委托书,写明委托事项和权限。

(二)移送执行

移送执行,是指人民法院在作出裁判后,因情况特殊而认为有立即执行的必要时,由审判庭直接将裁判交付执行机关执行。人民法院可以依职权移送执行的案件主要有三类:(1)发生法律效力的具有给付赡养费、扶养费、抚养费内容的法律文书;(2)民事制裁决定书;(3)刑事附带民事判决、裁定、调解书;(4)公益诉讼的生效裁判。人民检察院提起公益诉讼案件判决、裁定发生法律效力,被告不履行的,人民法院应当移送执行。

二、执行通知和执行调查

(一)执行通知

人民法院应当自收到申请执行书或者移交执行书后 10 日内发出执行通知。执行通知中除应责令被执行人履行法律文书确定的义务外,还应通知其承担迟延履行利息或者迟延履行金。

(二)执行调查

执行调查主要是指调查被执行人的财产状况。民事执行的实质是财产执行,因此,人民法院受理执行申请后必须设法查明被执行人有无可供执行的财产,以及可供执行的财产的种类、数量、所在地等情况,然后决定应当采取的执行措施,确保执行工作的顺利进行和完成。

人民法院调查被执行人财产的方法有以下几种:(1)由申请人提供被执行人的财产情况或线索。申请执行人应当向人民法院提供其所了解的被执行人的财产状况或线索。被执行人必须如实向人民法院报告其财产状况。当然,若申请人提供被执行人的财产状况或财产线索有困难,人民法院应当依职权进行调查而不能怠于调查。人民法院有权查询被执行人的身份信息与财产信息，掌握相关信息的单位和个人必须按照协助执行通知书办理。(2)责令被执行人就其财产状况进行申报。被执行人有义务向人民法院报告其财产状况。根据《民事诉讼法》第252条的规定，被执行人未按执行通知履行法律文书确定的义务，应当报告当前以及收到执行通知之日前一年的财产情况。被执行人拒绝报告或者虚假报告的，人民法院可以根据情节轻重对被执行人或者其法定代理人、有关单位的主要负责人或者直接责任人员予以罚款、拘留。依据《执行工作规定》为查明被执行人的财产状况和履行义务的能力，可以传唤被执行人或被执行人的法定代表人或负责人到人民法院接受询问。被执行人拒绝按人民法院的要求提供其有关财产状况的证据材料的，人民法院可以按照法律规定进行搜查。人民法院依法搜查时，对被执行人可能存放隐匿的财物及有关证据材料的处所、箱柜等，经责令被执行人开启而拒不配合的，可以强制开启。(3)向有关部门和单位调查被执行人的财产状况或线索。人民法院在执行中有权向被执行人、有关机关、社会团体、企事业单位或公民个人调查了解被执行人的财产状况，对调查所需的材料可以进行复制、抄录或拍照，但应当依法保密。《民事诉讼法解释》第482条第1、2款规定，对必须接受调查询问的被执行人、被执行人的法定代表人、负责人或者实际控制人，经依法传唤无正当理由拒不到场的，人民法院可以拘传其到场。人民法院应当及时对被拘传人进行调查询问，调查询问的时间不得超过8小时；情况复杂，依法可能采取拘留措施的，调查询问的时间不得超过24小时。

人民法院在本辖区以外采取拘传措施时，可以将被拘传人拘传到当地人民法院，当地人民法院应予以协助。

三、执行担保与暂缓执行

（一）执行担保

执行担保是指在执行中，被执行人在法院确定的履行期间内存在暂时困难，无法履行给付义务，向人民法院提供担保并得到申请执行人的同意后，经人民法院许可，裁定暂缓执行的一种法律制度。

适用执行担保应当具备条件：(1)被执行人向人民法院提出申请。执行担保是被执行人无法在法定期限内履行债务，同时又不愿意被法院强制执行而请求法院暂缓执行的制度安排，因此，需要被执行人提出申请。当事人申请中应该包括提供担保申请和暂缓执行申请。(2)被执行人暂时有困难。这是指被执行人客观上确实存在无法在规定期限内履行债务的困难，这是适用执行担保的必要前提。如果被执行人恶意逃避法定义务，故意拖延时间或根本没有执行能力，则不能适用执行担保。(3)被执行人或第三人必须向人民法院提供担保。向人民法院提供执行担保的，可以由被执行人或者他人提供财产担保，也可以由他人提供保证。担保人应当具有代为履行或者代为承担赔偿责任的能力。他人提供执行保证的，应当向执行法院出具保证书，并将保证书副本送交申请执行人。被执行人或者他人提供财产担保的，应当办理相应手续。(4)必须征得申请执行人的同意。执行担保的目的是暂缓执行，而暂缓执行将导致执行申请人的利益暂时不能得到实现,因此,应得到申请人的同意。

执行担保发生以下法律效力:(1)执行担保符合条件的,是否暂缓执行及暂缓执行的期限由人民法院决定。因此,执行担保申请并不必然引起暂缓执行的法律效果。(2)因执行担保而决定暂缓执行的,会产生相应的法律后果。例如,已经开始执行的行为暂时停止,不再采取新的执行措施,不再为新的执行行为;已经实施的执行行为仍然有效,不因暂缓执行而自动解除。(3)被执行人在人民法院决定暂缓执行的期限届满后仍不履行义务的,人民法院可以直接执行担保财产,或者裁定执行担保人的财产,但执行担保人的财产以担保人应当履行义务部分的财产为限。(4)根据《民事诉讼法解释》第467条的规定,人民法院依法决定暂缓执行,如果担保是有期限的,暂缓执行的期限应当与担保期限一致,但最长不得超过1年。被执行人或者担保人对担保财产在暂缓执行期间有转移、隐藏、变卖、毁损等行为的,人民法院可以恢复强制执行。

(二)暂缓执行

暂缓执行是指执行程序开始后,人民法院因法定事由依职权或根据当事人、其他利害关系人的申请,决定在一定期限内暂时停止执行措施。暂缓执行是因在执行中出现一些特定的法定事由,需要等待人民法院的处理结果,因此,需要暂时停止执行。

根据规定,需要暂缓执行的情形包括:(1)因被执行人提供担保而暂缓执行。在执行中,被执行人向人民法院提供担保,并经申请执行人同意的,人民法院可以决定暂缓执行及暂缓执行的期限。(2)因委托执行的人民法院决定暂缓执行。受委托人民法院遇有需要中止或者终结执行的情形,应当及时函告委托人民法院,由委托人民法院作出裁定,在此期间,可以暂缓执行。受委托人民法院不得自行裁定中止或者终结执行。在委托执行中,案外人对执行标的提出异议的,受委托人民法院应当函告委托人民法院,由委托人民法院通知驳回或者作出中止执行的裁定,在此期间,暂缓执行。(3)因上级人民法院的决定而暂缓执行。因上级人民法院决定暂缓执行的情形有:①上级人民法院发现下级人民法院在执行中作出的裁定、决定、通知或具体执行行为不当或有错误的,应当及时指令下级人民法院纠正,并可以通知有关法院暂缓执行;②上级人民法院在监督、指导、协调下级人民法院执行案件的过程中,发现据以执行的生效法律文书确有错误的,应当书面通知下级人民法院暂缓执行,并按照审判监督程序处理。上级人民法院在申诉案件复查期间,决定对生效法律文书暂缓执行的,有关审判庭应当将暂缓执行的通知抄送执行机构。此外,根据《暂缓执行工作规定》第7条规定,有下列情形之一的,人民法院可以依职权决定暂缓执行:①上级人民法院已经受理执行争议案件并正在处理的;②人民法院发现据以执行的生效法律文书确有错误,并正在按照审判监督程序进行审查的。人民法院依照前款规定决定暂缓执行的,一般应由申请执行人或者被执行人提供相应的担保。

(4)依当事人的申请而暂缓执行。根据《暂缓执行工作规定》第3条的规定，有下列情形之一的，经当事人或者其他利害关系人申请，人民法院可以决定暂缓执行：①执行措施或者执行程序违反法律规定的；②执行标的物存在权属争议的；③被执行人对申请执行人享有抵销权的。

人民法院决定暂缓执行后，产生下列法律效果：(1)暂停执行程序。执行机关不得采取新的执行措施，不得再为新的执行行为。(2)维持原有的执行效果。暂缓执行之前的执行行为仍然有效，不因暂缓执行而失效。(3)有条件地恢复执行。暂缓执行期间或暂缓执行期限届满时，债务人履行了法律文书确定的义务的，执行程序终结；若逾期仍不履行，人民法院应当立即恢复执行。

暂缓执行期限届满前，据以决定暂缓执行的事由消灭，如果该暂缓执行的决定是由执行法院作出的，执行法院应当立即作出恢复执行的决定；如果该暂缓执行的决定是由执行法院的上级人民法院作出的，执行法院应当将该暂缓执行事由消灭的情况及时报告上级人民法院，该上级人民法院应当在收到报告后10日内审查核实并作出恢复执行的决定。

根据《暂缓执行工作规定》第10条的规定，暂缓执行的期限一般不得超过3个月。因特殊事由需要延长的，可以适当延长，延长的期限不得超过3个月。暂缓执行的期限从执行法院作出暂缓执行决定之日起计算。暂缓执行的决定由上级人民法院作出的，从执行法院收到暂缓执行决定之日起计算。

四、不予执行

不予执行，是指人民法院对执行申请审查后裁定不予执行，或在执行过程中因出现法定原因，裁定停止执行并终结执行程序的行为。以下几种情况，人民法院裁定不予执行。

第一，不予执行的仲裁裁决。被申请人提出证据证明仲裁裁决有下列情形之一的，经人民法院组成合议庭审查核实，裁定不予执行：(1)当事人在合同中没有订立仲裁条款或者事后没有达成书面仲裁协议的；(2)裁决的事项不属于仲裁协议的范围或者仲裁机构无权仲裁的；(3)仲裁庭的组成或者仲裁的程序违反法定程序的；(4)裁决所根据的证据是伪造的；(5)对方当事人向仲裁机构隐瞒了足以影响公正裁决的证据的；(6)仲裁员在仲裁该案时有贪污受贿、徇私舞弊、枉法裁决行为的。人民法院认定执行该裁决违背社会公共利益的，裁定不予执行。

人民法院应组成合议庭进行审查核实，确有该情形存在的，应裁定不予执行。不予执行的裁定书应当送达双方当事人和仲裁机构。人民法院裁定不予执行仲裁裁决后，当事人对该裁定提出执行异议或者复议的，人民法院不予受理。当事人既可以就该民事纠纷重新达成书面仲裁协议申请仲裁，也可以向人民法院起诉。

第二，不予执行的公证债权文书。公证债权文书确有错误的，人民法院裁定不予执行，并将裁定书送达双方当事人和公证机关。《民事诉讼法解释》第478条有下列情形之一的，可以认定公证债权文书确有错误：(1)公证债权文书属于不得赋予强制执行效力的债权文书的；(2)被执行人一方未亲自或者未委托代理人到场公证等严重违反法律规定的公证程序的；(3)公证债权文书的内容与事实不符或者违反法律强制性规定的；(4)公证债权文书未载明被执行人不履行义务或者不完全履行义务时同意接受强制执行的。人民法院认定执行该公证债权文书违背社会公共利益的，裁定不予执行。公证债权文书被裁定不予执行后，当事人、公证事项的利害关系人可以就债权争议提起诉讼。当事人请求不予执行仲裁裁决或者公证债权文书的，应当在执行终结前向执行法院提出。

第三，不予执行的外国法院的判决、裁定。当事人向人民法院申请承认和执行外国法院的判决、裁定，法院依照我国缔结或者参加的国际条约，或者按照互惠原则进行审查后，如果其内容违反了我国法律的基本原则或者侵犯国家主权安全、社会公共利益，则不予承认和执行。

第四，不予执行的劳动争议仲裁。根据《劳动争议案件适用法律解释(一)》的规定，当事人申请人民法院执行劳动争议仲裁机构作出的发生法律效力的裁决书、调解书，被申请人提出证据证明劳动争议仲裁裁决书、调解书有下列情形之一，并经审查核实的，人民法院可以依法裁定不予执行：(1)裁决的事项不属于劳动争议仲裁范围，或者劳动争议仲裁机构无权仲裁的；(2)适用法律、法规确有错误的；(3)违反法定程序的；(4)裁决所根据的证据是伪造的；(5)对方当事人隐瞒了足以影响公正裁决的证据的；(6)仲裁员仲裁该案时，有索贿受贿、徇私舞弊、枉法裁决行为的。人民法院认定执行该劳动争议仲裁裁决违背社会公共利益的。

人民法院裁定不予执行后，执行程序终结，原执行根据失去执行力，不仅不能重新申请执行，而且原来已经实施的执行行为也应予以撤销。人民法院裁定不予执行后，可以办理执行结案。

第二节　委托执行与协助执行

一、委托执行

(一)委托执行的条件

委托执行，是指对于债务人或被执行的财产处于辖区之外的执行案件，受理执行案件的人民法院委托当地人民法院代为执行的司法制度。在委托执行中，被委托代为执行的人民法院是受托方人民法院，受理执行案件并将案件委托给当地人民法院代为执行的为委托方人民法院。委托执行和协助执行是法院内部的一项司法协助制度，双方法院都必须严格按照法定条件执行。

委托执行必须符合以下几个条件：(1)被执行人或被执行的财产全部或部分在受理执行案件的人民法院辖区之外。(2)受托人民法院是被执行人住所地或被执行财产所在地人民法院。(3)委托执行一般应在同级人民法院之间进行；经对方法院同意，也可委托上一级法院执行。(4)凡需要委托执行的案件，委托法院应在立案后

1个月内办妥委托执行手续。超过此期限委托的,应当经对方法院同意。(5)委托法院应当向受委托法院出具书面委托函,并附据以执行的生效法律文书副本原件、立案审批表复印件及有关情况说明。

(二)不可委托执行的案件

委托法院明知被执行人有下列情形的,应当及时依法裁定中止执行或终结执行,不得委托当地法院执行:(1)无确切住所,长期下落不明,又无财产可供执行的。(2)有关法院已经受理以被执行人为债务人的破产案件或者已经宣告其破产的。(3)被执行人在不同辖区,并且任何一个辖区内的财产都不足以单独清偿债务的。(4)需要裁定变更或追加本辖区外的被执行人的。(5)案件审理时已对外地的财产进行保全,异地执行更为方便的。(6)分布在不同辖区的多个被执行人对清偿债务的承担有一定关联的。(7)因其他特殊情况不便委托执行,经高级人民法院批准的。

(三)委托执行的期限及事务处理

需要委托执行的,受理执行案件的人民法院应当向受委托法院出具书面委托函,并附据以执行的生效法律文书副本原件、立案审批表复印件及有关情况说明,包括财产保全情况、被执行人的财产状况、生效法律文书履行情况,并注明委托法院的地址、联系电话、联系人等。受委托人民法院收到委托函件后,必须在15日内执行,不得拒绝。执行完毕后,应当将执行结果及时函复委托人民法院;在30日内如果还未执行完毕,也应当将执行情况函告委托人民法院。受委托人民法院自收到委托函件之日起15日内不执行的,委托人民法院可以请求受委托人民法院的上级人民法院指令受委托人民法院执行。

此外,在执行过程中,还应当注意以下几点:(1)受托人民法院在接到委托函后,无权对委托执行的生效法律文书进行实体审查。执行中发现据以执行的法律文书有错误的,受托人民法院应当及时向委托人民法院反映。(2)受托人民法院应当严格按生效法律文书的规定和委托人民法院的要求执行。对债务人履行债务的时间、期限和方式需要变更的,受托人民法院应当征得申请执行人的同意,并将变更情况及时告知委托人民法院。(3)受托人民法院遇有需要中止或者终结执行的情形,应当及时函告委托人民法院,由委托人民法院裁定,在此期间,可以暂缓执行。受托人民法院不得自行裁定中止或者终结执行。(4)委托执行中,案外人对执行标的提出异议,受托法院应当函告委托人民法院,由委托人民法院通知驳回或者作出中止执行的裁定。在此期间,暂缓执行。

二、协助执行

(一)协助执行的概念

协助执行有广义和狭义之分。狭义的协助执行是指人民法院内部的一种司法协助;广义的协助执行,除了人民法院之间的协助执行外,还包括有关单位的协助执行和公民个人的协助执行。[1] 因此,综合两种含义,协助执行是指受理执行案件的人民法院通知有关单位、个人或人民法院协助执行生效法律文书所确定的内容的一种法律制度。

(二)人民法院之间的协助执行

1. 人民法院之间协助执行的特征

人民法院协助执行具有以下特征:(1)被执行人或者被执行财产在受理执行案件的法院的辖区外;(2)受理执行案件的人民法院直接到辖区外执行;(3)当地法院辅助执行。协助执行中,执行法院以自己的名义采取执行措施,实施执行行为,当地法院只是起配合、支持、帮助等辅助作用。[2]

2. 人民法院协助执行的程序

执行法院异地直接执行案件时,应当主动请求当地法院协助执行,同时,应当出具协助执行公函、介绍信和执行公务证,并主动介绍案情和准备采取的执行方案,同时阐明要求协助的内容。

对执行法院的协助执行请求,当地法院应当积极配合,协同排除障碍,保证执行人员的人身安全和执行装备、执行标的物不受侵害。当地法院不得对外地法院的协助执行请求置之不理,不得以任何理由拒绝、推诿,更不能为被执行人通风报信、妨碍外地法院的执行。

在协助执行过程中,协助执行法院只能起到配合作用,不能以任何形式对执行根据进行审查,不能自行采取或解除强制执行措施。在协助执行中,对执行异议、中止或终结情况以及发现的其他重大问题,由执行法院作出决定。[3]

(三)其他单位或个人的协助执行

人民法院之外的其他单位或个人,需要根据法律的规定协助人民法院执行,主要涉及以下几种情形。(1)登记机关的协助执行。登记机关的协助执行主要包括:①协助查询;②协助办理查封或预查封登记;③协助办理轮候查封登记;④协助办理财产权证照转移过户登记等。(2)登记机构的协助执行。人民法院决定扣押、冻结、划拨、变价财产,应当作出裁定,并发出协助执行通知书,有关单位必须办理。据此,负责登记的证券交易市场、证券登记结算机构、证券公司等负有协助执行义务。(3)金融机构的协助执行。人民法院有权向银行等金融机构查询被执行人的存款情况,有权冻结、划拨被执行人的存款。银行等金融机构需要根据人民法院的要求立即协助执行,办理查询、冻结和划拨。(4)用人单位的协助执行。被执行人未按执行通知履行法律文书确定的义务,人民法院有权扣留、提取被执行人应当履行义务部分的收入,但应当保留被执行人及其所扶养家属的生活必需费用。据此,被执行人

---

〔1〕 参见谭兵主编:《民事诉讼法学》,法律出版社 2004 年版,第 515 页。

〔2〕 参见谭兵主编:《民事诉讼法学》,法律出版社 2004 年版,第 515 页。

〔3〕 参见唐德华主编:《执行法律及司法解释条文释义》,人民法院出版社 2003 年版,第 699 页。

所在单位在收到协助执行通知书后,应当立即协助执行。(5)标的物持有人的协助执行。法律文书指定交付的财物或者票证,由执行员传唤双方当事人当面交付,或者由执行员转交,并由被交付人签收。有关单位持有该项财物或者票证的,应当根据人民法院的协助执行通知书转交,并由被交付人签收。有关公民持有该项财物或者票证的,人民法院通知其交出;拒不交出的,强制执行。(6)接受投资企业的协助执行。对被执行人在有限责任公司、其他法人企业中的投资权益或股权,人民法院可以采取冻结措施。冻结投资权益或股权的,应当通知有关企业不得办理被冻结投资权益或股权的转移手续,不得向被执行人支付股息或红利。被冻结的投资权益或股权,被执行人不得自行转让。对被执行人从有关企业中应得的已到期的股息或红利等收益,人民法院有权裁定禁止被执行人提取和有关企业向被执行人支付,并要求有关企业直接向申请执行人支付。对被执行人预期从有关企业中应得的股息或红利等收益,人民法院可以采取冻结措施,禁止到期后被执行人提取和有关企业向被执行人支付;到期后,人民法院可从有关企业中提取,并出具提取收据。(7)公安机关的协助执行。公安机关应当依法严厉打击拒不执行法院判决、裁定和其他妨害执行的违法犯罪行为;对以暴力、威胁方法妨害或者抗拒执行的行为,在接到人民法院通报后立即出警,依法处置。协助人民法院查询被执行人的户籍信息和下落,在履行职责过程中发现人民法院需要拘留、拘传被执行人的,及时向人民法院通报情况;对人民法院在执行中决定拘留的人员,及时予以收押。协助限制被执行人出境;协助人民法院办理车辆查封、扣押和转移登记等手续;发现被执行人的车辆等财产时,及时将有关信息通知负责执行的人民法院。(8)行政机关协助执行。人民法院执行被执行人的财产有困难的,可以向行政主管机关寻求协助。

人民法院要求有关单位和个人协助执行的,应当发出协助执行通知书。协助执行通知书应当载明所需协助的具体事项。对拒不协助执行的,人民法院可以依法:(1)采取强制措施。有协助义务的单位拒不协助执行的,人民法院除了可以责令其协助执行外,还可以对其主要负责人或者直接责任人员予以罚款;对仍不履行协助义务的,可以予以拘留;并可以向监察机关或者有关机关提出予以纪律处分的司法建议。(2)判处承担赔偿责任。有协助执行义务的单位和个人若不依法履行协助执行义务,给当事人造成损失的,应当承担损害赔偿责任或国家赔偿责任。

第三节　执行竞合与参与分配

一、执行竞合

(一)执行竞合的概念

执行竞合,是指在民事执行程序中,两个或两个以上债权人同时或者先后以不同的执行依据对同一债务人的特定财产申请人民法院强制执行,而各债权人的请求之间相互排斥,因此,各债权人的权利难以同时完全满足的一种执行状态。

执行竞合一般包括民事执行之间的竞合、民事执行与行政处罚之间的竞合以及民事执行与财产刑执行之间的竞合。

(二)民事执行竞合

1. 民事执行竞合的条件

通常认为,民事执行竞合的适用应当具备以下条件:(1)存在两个或两个以上执行权利人。如果只有一个执行权利人,即便按照多份执行依据向法院申请强制执行,也不会发生执行竞合的问题。(2)执行对象是同一债务人的同一特定财产。(3)不同权利人的执行依据是各自独立的生效法律文书。(4)数个法律文书进入执行程序且未执行终结。只有发生在同一时间段内,才会产生竞争关系;如果其中某个执行程序已经终结,则意味着其他的执行因欠缺执行对象而无法实现执行目的,当然就不存在执行竞合。

2. 民事执行竞合的形态

第一,保全执行之间的竞合。对同一标的物采取同种保全措施的,如果后采取的保全措施与先采取的保全措施相抵触,则后采取的成为轮候保全。等待进入终局执行程序,如果保全所依据的债权有的具有担保,有的不具有担保,则担保债权的保全优先受偿。若各债权对执行标的物均无担保物权,则依采取执行措施的先后而定。采取执行措施在先的,取得优先受偿的地位。

第二,终局执行之间的竞合。一是不同申请人提交的数个执行根据所确定的交付物是同一标的物。这就意味着,人民法院执行中发现两地法院或人民法院与仲裁机构就同一法律关系作出不同裁判内容的法律文书的,各有关法院应当立即停止执行,报请共同的上级法院处理。二是数个具有金钱给付内容的执行根据在执行中均要求对被执行人的同一标的物实施清偿。多份生效法律文书确定金钱给付内容的多个债权人分别对同一被执行人申请执行,各债权人对执行标的物均无担保物权的,按照执行法院采取执行措施的先后顺序受偿。根据该规定,针对多数债权人均为金钱债权且均未设担保物权的,按照采取执行措施的先后顺序受偿,即采取的是优先主义。优先主义有利于提高债权人的法律保护意识,督促债权人及时行使申请执行权,方便法院及时解决执行纠纷。三是债权种类不同的执行竞合,有基于所有权和担保物权而享有债权的,有基于一般债权债务关系而享有债权的,在此情况下,多个债权人的债权种类不同的,基于所有权和担保物权而享有的债权优先于金钱债权受偿;有多个担保物权的,按照各担保物权成立的先后顺序清偿。

第三,保全执行与终局执行之间的竞合。人民法院已经保全了债务人的财产的,其他人民法院不得在执行中重复查封或擅自解除查封,只能对超出被保全的部分采取强制措施。保全债权人在取得终局执行根据后,可直接申请人民法院执行被保全的财产。反之,如果人民法院的终局执行在前,保全在后,则对已经处在执行中的财产,不得进行重复查封或冻结。

第四,民事执行与行政处罚之间的竞合。根据《民法典》第187条的规定:“民事主体因同一行为应当承担民事责任、行政责任和刑事责任的，承担行政责任或者刑事责任不影响承担民事责任；民事主体的财产不足以支付的，优先用于承担民事责任。”当民事执行与行政处罚发生竞合时，民事执行优先于行政处罚。

第五，民事执行与财产刑执行之间的竞合。包括：(1)民事执行与没收财产的执行之间的竞合。在发生民事执行与没收财产的执行之间的竞合时，适用民事执行优先于没收财产刑执行的原则。(2)民事执行与罚金的执行之间的竞合。在民事执行与罚金发生执行竞合的情况下，适用民事执行优先于罚金刑执行的原则。《刑法》第36条规定：“由于犯罪行为而使被害人遭受经济损失的，对犯罪分子除依法给予刑事处罚外，并应根据情况判处赔偿经济损失。承担民事赔偿责任的犯罪分子，同时被判处罚金，其财产不足以全部支付的，或者被判处没收财产的，应当先承担对被害人的民事赔偿责任。”可见，民事执行的优先性仅针对因同一犯罪行为既要承担罚金刑罚又要对受害人予以民事赔偿的情况，对犯罪分子所负的其他债务的执行不能优先于罚金的执行。[1]

二、参与分配

参与分配，是指在执行程序中，因债务人的财产不足以清偿各债权人的全部债权，申请执行人以外的其他债权人凭有效的执行根据申请加入已开始的执行程序，各债权人从执行标的物的变价中获得公平清偿的制度。[2]

我国实行的是有限破产制度，即债务人为法人企业的，在所有财产不足以清偿所有债权的情况下，适用破产程序对债权人进行公平受偿。然而，当债务人为公民或其他组织的，就无法适用破产制度。因此，最高人民法院通过司法解释建立的参与分配制度，旨在将无法用破产制度解决的问题放置于个别执行程序中解决，弥补了有限破产主义的缺陷。

根据相关的司法解释，债权人申请参与分配应当符合以下条件：(1)被执行人为公民或者其他组织。如果被执行人是法人，那么，在执行过程中若发现其财产不足以清偿全部债务，人民法院可告知当事人依法申请破产。所以，被执行人若是法人，则债权人无须申请参与分配。(2)申请参与分配的债权人已经对被执行人取得执行根据。如果债权人尚在起诉过程中，或者仅以一般的债权为依据，都不能申请参与分配。(3)申请参与分配的债权均为金钱债权。如果先开始执行的债权是基于所有权的债权，如交付特定标的物，则其他金钱债权就不能参与分配，因为前者基于物权的债权享有优先权。即使先执行的是金钱债权，物权仍然享有优先权。(4)被执行人的财产不能清偿所有债务。被执行人的全部财产或者主要财产已经被人民法院先行查封、扣押或冻结，已无其他财产可供执行，或者其他财产不足以清偿债务，如果债务人还有其他财产可供执行，债权人无须申请参与分配。(5)参与分配的申请

---

[1] 参见江伟主编：《民事诉讼法》(第6版)，中国人民大学出版社2013年版，第439页。

[2] 参见谭兵主编：《民事诉讼法学》，法律出版社2004年版，第511页。

应当在执行程序开始后、被执行人的财产执行完毕前提出。参与分配制度只能做到有限的公平分配，如果被执行人的财产已经执行完毕，债权人当然就无法再申请参与分配了。

参与分配按如下程序进行：(1)申请参与分配。债权人申请参与分配的，应当向其原申请执行法院提交参与分配申请书，写明参与分配的理由并附执行依据。该执行法院应将参与分配申请书转交主持分配的法院并说明执行情况。(2)主持分配的法院。对被执行人财产的具体分配，由首先查封、扣押或冻结的法院主持进行。首先查封、扣押、冻结的法院所采取的执行措施如果是执行财产保全裁定，具体分配应当在该院案件审理终结后进行。(3)参与分配的顺序。对人民法院查封、扣押或冻结的财产有优先权、担保物权的债权人，优先获得清偿。被执行人财产的剩余部分，对普通债权按比例进行分配。对参与分配的方案，债权人和被执行人均有权向法院提出异议。对于当事人提出的异议，按照执行救济程序处理。(4)债权人可以申请继续执行。被执行人的财产分配给各债权人后，被执行人对其剩余债务应当继续清偿。债权人发现被执行人有其他财产的，人民法院可以根据债权人的申请继续依法执行。(5)企业法人应参照执行。被执行人为企业法人，未经清理或清算而撤销、注销或歇业，其财产不足以清偿全部债务的，按照参与分配制度处理。

第四节 执行中止、执行和解与执行终结

一、执行中止

执行中止，是指人民法院在执行过程中，出现了某种特殊情况而需要暂时停止执行程序的行为。执行中止不同于执行终结，只是执行程序暂时停止，一旦特殊情况消失，法院恢复执行程序。执行中止包括整个执行程序的中止和个别执行行为的中止：前者是指由于发生法定事由使整个执行程序不能继续进行而需要中止，后者是仅对执行标的物的一部分中止执行。《民事诉讼法》第267条有下列情形之一的，人民法院应当裁定执行中止。

1. 申请人表示可以延期执行。对于移送执行的案件，如果债权人表示可以延期执行，人民法院可以裁定中止执行。

2. 案外人对执行标的提出确有理由的异议的。案外人对执行标的提出书面异议的，人民法院应当自收到书面异议之日起15日内审查，理由成立的，裁定中止对该标的的执行。申请执行人对中止裁定不服，可以向执行法院提起诉讼。申请执行人自裁定送达之日起15日内未提起诉讼的，人民法院应当裁定解除已经采取的执行措施。

3. 作为一方当事人的公民死亡，需要等待继承人继承权利或者承担义务的。

4. 作为一方当事人的法人或者其他组织终止，尚未确定权利义务承受人的。

5. 人民法院认为应当中止执行的其他情形。根据《执行工作规定》第102条的

规定,其他情形包括:(1)人民法院已受理以被执行人为债务人的破产申请的;(2)被执行人确无财产可供执行的;(3)执行的标的物是其他法院或仲裁机构正在审理的案件争议标的物,需要等待该案件审理完毕确定权属的;(4)一方当事人申请执行仲裁裁决,另一方当事人申请撤销仲裁裁决的;(5)仲裁裁决的被申请执行人依法向人民法院提出不予执行请求,并提供适当担保的。

执行中止的裁定书应当写明执行中止的理由和法律依据,执行人员签名或盖章,并加盖人民法院公章。中止执行的裁定一经送达当事人立即发生法律效力。中止执行的情形消失后,执行法院可以根据当事人的申请或依职权恢复执行。恢复执行应当书面通知当事人。

二、执行和解

执行和解,是指在执行过程中,双方当事人自愿作出相互谅解和让步,就如何履行生效法律文书的有关内容达成协议,从而使执行程序终结的活动。执行和解是当事人行使处分权的结果,是处分原则在执行程序中的体现。申请执行人因受欺诈、胁迫与被执行人达成和解协议,或者当事人不履行和解协议的,人民法院可以根据当事人的申请,恢复对原生效法律文书的执行。[1] 据此,只要执行和解是当事人真实的意思表示,内容不违反法律规定,人民法院都应当允许。执行程序中,除当事人执行和解外,执行人员不能进行调解。因为对于生效的法律文书,非依法定程序不得撤销或者变更;执行人员的任务是强制实现生效法律文书的内容,无权解决实体权利义务争议,所以,执行过程中不得进行调解。

执行和解的本质是当事人双方达成民事合同,成立有效的合同必须符合以下条件:(1)和解协议必须出自当事人双方的真实意愿。执行和解的过程中不应当存在欺诈、胁迫、重大误解、乘人之危等行为,从而使当事人作出与其真实意愿不一致的表示。如有上述情况,当事人可以向人民法院要求恢复执行程序。(2)和解协议的内容应当符合现行法律规定。和解协议可以变更生效法律文书确定的履行义务主体、标的物及其数额、履行期限和履行方式。但是,和解协议不得有违反法律、行政法规的强制性规定,不得损害社会公共利益和第三人的合法权益。(3)和解协议一般采用书面形式。和解协议一般采用书面协议,执行人员应将和解协议副本附卷。无书面协议的,执行人员应将和解协议的内容记入笔录并由双方当事人签名或盖章。(4)和解协议无须法院审查与批准。与执行担保不同,执行和解完全由当事人自行协商达成,执行法院不做实质审查和批准,但是,应当询问当事人是否完全自愿达成该协议以及查明协议是否有违法内容。只要符合上述条件,执行法院就应当允许。

申请执行人与被执行人达成和解协议后请求中止执行或者撤回执行申请的,人

---

[1] 参见谭秋桂:《论民事执行和解的性质》,载《法学杂志》2020 年第 11 期。

民法院可以裁定中止执行或者终结执行。一方当事人不履行或者不完全履行在执行中双方自愿达成的和解协议,对方当事人申请执行原生效法律文书的,人民法院应当恢复执行,但和解协议已履行的部分应当扣除。和解协议已经履行完毕的,人民法院不予恢复执行。申请恢复执行原生效法律文书,适用《民事诉讼法》第250条申请执行期间的规定。申请执行期间因达成执行中的和解协议而中断,其期间自和解协议约定履行期限的最后一日起重新计算。当事人之间达成的和解协议合法有效并已履行完毕的,人民法院裁定执行终止。

三、执行终结和执行结案

执行终结,是指在执行程序中,因发生法律事由,执行程序没有必要或者不可能继续进行,因而依法裁定结束执行程序的制度。《民事诉讼法》第268条规定,有下列情形之一的,人民法院裁定终结执行:(1)申请人撤销申请的;(2)据以执行的法律文书被撤销的;(3)作为被执行人的公民死亡,无遗产可供执行,又无义务承担人的;(4)追索赡养费、扶养费、抚养费案件的权利人死亡的;(5)作为被执行人的公民因生活困难无力偿还借款,无收入来源,又丧失劳动能力的;(6)人民法院认为应当终结执行的其他情形。执行终结的裁定书应写明终结执行的原因和法律依据。终结执行的裁定送达当事人后立即生效。

执行结案,是指人民法院在执行完毕或认为不需要再执行时,宣布结束执行程序的行为。执行结案的方式包括以下四种:生效法律文书确定的内容全部执行完毕、裁定终结执行、裁定不予执行及当事人之间达成执行和解协议并已履行完毕。

被执行人有财产可供执行的案件,一般应当在立案之日起6个月内执结;非诉执行案件一般应当在立案之日起3个月内执结。有特殊情况需延长执行期限的,应当报请本院院长或副院长批准。申请延长执行期限的,应当在期限届满前5日内提出。

对于委托执行的案件,受委托的人民法院收到委托函件后,必须在15日内开始执行,不得拒绝。执行完毕后,应当将执行结果及时函复委托人民法院;如果在30日内未执行完毕,应当将执行情况函告委托人民法院。

下列期间不计入办案期限:(1)公告送达执行法律文书的期间;(2)暂缓执行的期间;(3)中止执行的期间;(4)就法律适用问题向上级法院请示的期间;(5)与其他法院发生执行争议报请共同的上级法院协调处理的期间。

人民法院采取相应的执行措施后,被执行人仍不能偿还债务的,应当继续履行义务。债权人发现被执行人有其他财产的,可以随时请求人民法院执行。经过财产调查未发现可供执行的财产,在申请执行人签字确认或者执行法院组成合议庭审查核实并经院长批准后,可以裁定终结本次执行程序。依照前款规定终结执行后,申请执行人发现被执行人有可供执行的财产的,可以再次申请执行。再次申请不受申请执行时效期间的限制。

第五节　执行救济

一、执行异议

(一)执行异议的一般规定

执行异议,是指当事人或利害关系人认为执行行为违反法律规定时,向人民法院提出异议,请求执行法院予以纠正或撤销的行为。执行异议属于程序上的救济制度,针对人民法院违反程序的执行行为。当事人、利害关系人认为执行行为违反法律规定的,可以向负责执行的人民法院提出书面异议。提出执行异议应当符合以下条件:(1)提出异议的主体必须是当事人或利害关系人;(2)必须是针对人民法院违法的执行行为提出异议;(3)必须在执行过程中提出异议;(4)必须以书面形式提出异议。

通常情况下,当事人或利害关系人提出执行异议的事由主要有:(1)对执行命令不服;(2)对执行措施或方法不服;(3)认为执行行为违反法定程序;(4)其他违法执行行为。

当事人、利害关系人认为执行行为违反法律规定的,应当以书面形式向负责执行的人民法院提出异议。人民法院应当自收到书面异议之日起15日内审查,理由成立的,裁定撤销或者改正原来的执行行为;理由不成立的,裁定驳回。

当事人、利害关系人对裁定不服的,可以自裁定送达之日起10日内向上一级人民法院申请复议。复议申请书可以通过执行法院转交,也可以直接向执行法院的上一级人民法院提交。执行法院收到复议申请后,应当在5日内将复议所需的案卷材料报送上一级人民法院;上一级人民法院收到复议申请后,应当通知执行法院在5日内报送复议所需的案卷材料。上一级人民法院对当事人、利害关系人的复议申请,应当组成合议庭进行审查并作出裁定。审查期限为收到复议申请之日起30日。有特殊情况需要延长的,经本院院长批准,可以延长,延长的期限不得超过30日。

执行异议审查和复议期间不停止执行。被执行人、利害关系人提供充分、有效的担保请求停止相应处分措施的,人民法院可以准许。如果申请执行人提供充分、有效的担保请求继续执行的,应当继续执行。人民法院对异议进行审查后,认为异议的理由成立的,应裁定撤销或更正执行行为。执行行为虽然存在违法或不当的情形,但当事人或利害关系人未提出执行异议的,视为放弃执行异议权,执行程序不因此而无效,也不得请求国家赔偿。不过,执行程序终结后,因违法执行行为而受到损害的当事人仍可以向债权人提起返还不当得利或损害赔偿诉讼。[1]

(二)案外人执行异议

案外人执行异议,是指没有参加执行程序的案外人认为其对执行标的享有权

---

〔1〕 参见江伟主编:《民事诉讼法》(第6版),中国人民大学出版社2013年版,第442页。

利，人民法院的执行会损害其合法权益，因而向人民法院提出异议，请求人民法院停止对执行标的的执行的行为。案外人对执行标的主张所有权或者有其他足以阻止执行标的转让、交付的实体权利的，可以向执行法院提出异议。

案外人提出执行异议应当符合下列条件：(1)提出执行异议的主体是案外人，即执行当事人和被申请人之外的第三人。(2)应当在执行程序开始之后、终结之前提出执行异议。案外人对执行标的提出异议的，应当在该执行标的执行程序终结前提出。(3)必须对执行标的提出异议，即认为对执行标的享有全部或部分所有权或其他足以阻止执行标的转让、交付的实体权利。在执行中，被执行人通过仲裁程序将人民法院查封、扣押、冻结的财产确权或者分割给案外人的，不影响人民法院执行程序的进行。案外人不服的，可以提出异议。(4)应当以书面形式提出执行异议。

执行过程中，案外人对执行标的提出书面异议的，人民法院应当自收到书面异议之日起 15 日内审查，理由成立的，裁定中止对该标的的执行；理由不成立的，裁定驳回。具体而言，人民法院应当根据《民事诉讼法解释》第 463 条的规定，按照下列情形分别处理：(1)案外人对执行标的不享有足以排除强制执行的权益的，裁定驳回其异议；(2)案外人对执行标的享有足以排除强制执行的权益的，裁定中止执行。

驳回案外人执行异议的裁定自送达案外人之日起 15 日内，人民法院不得对执行标的进行处分。人民法院判决案外人执行异议之诉的诉讼请求成立，该判决生效后，执行程序应当停止，并应当撤销已经实施的执行行为。

二、执行异议之诉

(一)执行异议之诉的概念

执行异议之诉是指案外人、当事人对执行异议的裁定不服而向人民法院提起诉讼。执行异议之诉包括案外人执行异议之诉和当事人执行异议之诉。案外人执行异议之诉，是指案外人对人民法院驳回执行标的异议的裁定不服，并认为与原判决、裁定无关，为维护其合法权益而向执行法院提起的诉讼。案外人是指执行申请人和被申请人之外，认为人民法院对特定执行标的的执行行为侵害其合法权益而提出异议的人。当事人执行异议之诉，是指案外人对执行标的提出书面异议，人民法院审查后认为理由成立，并作出了中止对该执行标的的执行的裁定，当事人认为该裁定错误并与原判决、裁定无关，为维护其合法权益而向人民法院提起的诉讼。

执行过程中，案外人对执行标的提出书面异议的，人民法院应当进行审查，并分情况予以裁定。案外人、当事人对裁定不服，认为原判决、裁定错误的，依照审判监督程序办理；与原判决、裁定无关的，可以自裁定送达之日起 15 日内向人民法院提起诉讼。因此，案外人异议之诉和案外人申请再审都是案外当事人的权利，但两者适用的条件稍有不同，两者可以相互弥补，共同构成执行救济制度的重要内容。

(二)执行异议之诉的条件

提起执行异议之诉，应当具备下列条件：(1)以案外人提出执行异议为前置程序。就案外人执行异议之诉而言，案外人的执行异议申请已经被人民法院裁定驳回。案外人提起执行异议之诉以案外人提出执行异议并被人民法院裁定驳回为前提,因此,案外人没有提出执行异议或执行异议获得人民法院支持,便不存在执行异议之诉的诉权。就当事人执行异议之诉而言,以案外人提出执行异议申请,人民法院认为异议成立并裁定中止执行为前提。若无案外人提出执行异议申请或执行异议申请被驳回,当事人不存在执行异议之诉的诉权。(2)有明确的诉讼请求,且诉讼请求与原判决、裁定无关。就案外人执行异议之诉而言,有明确的排除对执行标的执行的诉讼请求,且诉讼请求与原判决、裁定无关。[1] 提起案外人异议之诉必须具备正当事由。执行异议之诉的正当事由为案外人对执行标的主张所有权或者有其他足以阻止执行标的转让、交付的实体权利,并且与原判决、裁定无关。若案外人对驳回执行异议的裁定不服,认为原判决、裁定错误,应当依照审判监督程序办理。就当事人执行异议之诉而言,应有明确的对执行标的享有权利的诉讼请求。(3)应在法定期限内提出。执行异议之诉应自执行异议裁定送达之日起15日内提起。案外人应自驳回执行异议的裁定送达之日起15日内向人民法院提起诉讼;若超过期限,案外人便丧失对执行异议的诉权。

三、执行回转

(一)执行回转的概念

执行回转又称再执行,是指在案件执行完毕后,因据以执行的法律文书被依法撤销,由执行人员采取措施,强制一方当事人将执行所得的利益退还给原来的被执行人,恢复程序开始前的状态的救济制度。

在司法实践中,发生执行回转的主要原因有:(1)人民法院制作的判决、裁定已经执行完毕,但该判决、裁定被本院或上级人民法院按审判监督程序再审后依法撤销;(2)人民法院制作的先予执行的裁定,在执行完毕后被本院或上级人民法院的终审判决所撤销;(3)公证机关制作的由人民法院强制执行的法律文书,在执行完毕后,又被制作机关或上级机关依法撤销。[2]

(二)执行回转的条件

适用执行回转必须具备以下条件:(1)原执行依据正在执行或已经执行完毕。原法律文书已经全部或部分执行完毕,才会发生执行回转的问题。如果执行程序尚未终结,被执行的财产尚未转移,据以执行的法律文书被撤销时,人民法院应当终结执行,而不发生执行回转问题。如果是在执行过程中,发现执行根据有错误,执行人员可以报人民法院院长批准中止执行,也就不会产生执行回转的问题。(2)据以执行的法律文书被依法撤销。人民法院制作的法律文书被依法撤销的,可以适用执行回转;法律规定由人民法院执行的其他法律文书执行完毕后,该法律文书被有关机关依法撤销的,经当事人申请,也同样可以适用执行回转。(3)根据新的生效法律文

---

[1] 参见万挺:《执行异议之诉审判新思维——以三大基础关系为中心》,载《法律适用》2022年第9期。
[2] 参见陈刚:《我国民事执行回转理论基础与制度构造的革新》,载《法学研究》2022年第1期。

书执行回转。人民法院要责成申请人返还财产的，应根据执行回转裁定进行。原执行根据被人民法院或其他机关撤销，只是表明原执行根据已经失去法律效力，并不具有要求申请人返还财产的给付内容。因此，执行法院应当裁定执行回转，并以此裁定作为执行回转的根据。(4)执行回转限于原申请人取得的执行财产。返还财产的主体是“取得财产的人”，也就是原申请执行人。法律做此限定的目的在于维护人民法院执行程序的权威性，保护善意第三人的利益。

(三)执行回转的程序

执行回转既可以依当事人的申请进行，也可以依职权进行。执行回转实际上是新的执行案件，人民法院应当重新立案，并适用执行程序的有关规定。执行回转由原来的执行人民法院专属管辖，人民法院在执行回转时应制作裁定书。执行回转时，已执行标的物系特定物的，应当退还原物；不能退还原物的，可以折价补偿。若返还原物或财产，应当包括原物或原财产及其孳息。孳息包括自然孳息和法定孳息。被执行人拒不执行的，法院应当强制执行。

四、申请变更执行法院

除了上述执行救济制度外，《民事诉讼法》还规定了当事人申请变更执行法院的救济方式。人民法院自收到申请执行书之日起超过6个月未执行的，申请执行人可以向上一级人民法院申请执行。上一级人民法院经审查，既可以责令原人民法院在一定期限内执行，也可以决定由本院执行或者指令其他人民法院执行。

思考与练习

1. 在执行程序中，甲和乙自愿达成和解协议：将判决中确定的乙向甲偿还1万元人民币改为给付价值相当的化肥、农药。和解协议履行完毕后，甲以化肥质量不好为由向法院提出恢复执行程序。下列选项中正确的是(　　)。

A. 和解协议无效，应恢复执行原判决

B. 和解协议有效，但甲反悔后应恢复执行原判决

C. 和解协议已履行完毕，应执行回转

D. 和解协议已履行完毕，法院应做执行结案处理

2. 张某根据与刘某达成的仲裁协议，向某仲裁委员会申请仲裁。在仲裁审理中，双方达成和解协议并申请依和解协议作出裁决。裁决作出后，刘某拒不履行其义务，张某向法院申请强制执行，而刘某则向法院申请裁定不予执行该仲裁裁决。法院应当(　　)。

A. 裁定中止执行，审查是否具有不予执行仲裁裁决的情形

B. 终结执行，审查是否具有不予执行仲裁裁决的情形

C. 继续执行，不予审查是否具有不予执行仲裁裁决的情形

D. 先审查是否具有不予执行仲裁裁决的情形,然后决定后续执行程序是否进行

3. 甲诉乙侵权赔偿一案,经A市B区法院一审、A市中级人民法院二审,判决乙赔偿甲损失。乙拒不履行生效判决所确定的义务,甲向B区法院申请强制执行,B区法院受理后委托乙的财产所在地C市D区法院执行,在执行中,案外人丙向D区法院提出执行异议。对于丙的执行异议,D区法院应当采取下列哪种处理方式?

A. 应当对异议进行审查,异议不成立的,应当裁定驳回;异议成立的,应当裁定中止执行,并函告B区法院

B. 应当函告B区法院,由B区法院作出处理

C. 应当报请C市中级人民法院处理

D. 应当报请A市中级人民法院处理

4. 民事诉讼法执行程序的参与分配制度的适用条件作了规定。下列哪一选项不属于参与分配适用的条件?

A. 被执行人的财产无法清偿所有的债权

B. 被执行人为法人或其他组织而非自然人

C. 有多个申请人对同一被申请人享有债权

D. 参与分配的债权只限于金钱债权

5. 北京A区的甲公司与上海B区的乙公司因合同纠纷诉至法院,A区法院判决乙公司向甲公司赔偿损失10万元。判决生效后,乙公司未自动履行,甲公司遂向A区法院申请执行。A区法院立案后委托乙公司所在地的B区法院代为执行。B区法院接到委托执行书后,发现乙公司早已资不抵债,无财产可供执行。对此,下列处理方法中正确的是(　　)。

A. 由B区法院裁定中止执行,并及时告知A区法院

B. 由B区法院裁定终结执行,并及时告知A区法院

C. B区法院应及时函告A区法院,由A区法院裁定中止执行

D. B区法院应及时函告A区法院,由A区法院裁定终结执行

6. A公司和B公司于2009年10月签订了一份钢材买卖合同,合同标的额为5000万元。买方B公司在受领A公司交付的标的物后,经营严重亏损,致使该公司无法按照约定的时间交付货款。双方当事人就合同价款发生争议。后A公司起诉至法院并胜诉。B公司逾期未履行法院的生效判决。A公司申请了强制执行。经查,B公司在某城市有一处房产,价值500万元,在甲银行有存款700万元,对某一经过核准登记并领取营业执照但不具有法人资格的乡镇企业享有债权200万元,由于该乡镇企业拒绝履行债务,B公司已经对其提起诉讼,并获得胜诉判决,但还未申请强制执行。同时,由于其他民事关系,B公司对该乡镇企业的某处房产享有抵押物权,数额为50万元。但是,该乡镇企业与第三人发生经济纠纷诉讼,乡镇企业所有的上述房产已经被采取财产保全措施,在该诉讼中,乡镇企业败诉,现正在被人民法院采取强制执行措施。该乡镇企业的财产已经不足以清偿其全部债务。此外,B公

司还对C公司享有到期债权100万元。

请问:

(1)A公司申请强制执行,法院在对B公司在某城市拥有的房产进行强制执行时,案外第三人提出执行异议,声称其对该房产拥有所有权并向执行人员出示了有关的房产所有权证明。此时,法院应当如何处理?

(2)A公司申请强制执行,法院在对B公司在甲银行的存款进行冻结时,发现该存款已经被另一法院冻结。根据债权人平等原则,该法院又对该存款进行了冻结。上述做法是否正确?

(3)由于乡镇企业已经资不抵债,B公司对乡镇企业的胜诉判决以及其对该乡镇企业所享有的抵押物权应当通过何种执行方法获得保护?

(4)A公司申请强制执行,法院在对B公司的财产进行强制执行后仍然未能使A公司的债权获得全部清偿。此时,A公司能否直接依据对B公司的胜诉判决向法院申请执行B公司对C公司的债权?

CHAPTER 21

第二十一章

强制执行措施

本章导读

- 在执行中,人民法院可以采取强制性的执行措施,实现生效法律文书所确定的债权。执行措施具有强制性、法定性和多样性,因此,保证了人民法院执行行为的有效性和合法性。
- 金钱债务的执行范围很广泛,是整个执行工作中案件数量最多、适用频率最高、执行工作最繁重、意义最为重大的执行方式。对金钱债务的执行措施通常包括查询、冻结、划拨被执行人的存款,扣留、提取被执行人的收入,查封、扣押、冻结、拍卖、变卖被执行人的财产,执行第三人到期债权等。
- 对于非金钱债务的执行措施,包括指定交付标的物、强制迁出房屋或土地、对行为的执行等。
- 为了保障执行工作的顺利进行,执行法院可以采取保障性的执行措施,迫使义务人履行生效法律文书确定的义务或防止其隐匿、转移、处分财产。保障性的执行措施主要有财产报告制度、财产搜查制度、强制交付迟延利息或迟延履行金、限制出境、征信系统不良记录以及继续执行等。

第一节　强制执行措施概述

一、强制执行措施的概念和特点

强制执行措施简称执行措施,是指人民法院依法强制债务人实现生效法律文书中所确定的义务的方法和手段。对于生效法律文书所确定的义务,债务人应当主动履行,若债务人拒不履行,债权人可以申请人民法院强制执行,人民法院有权也有职责对债务人适用强制执行措施,强制实现生效法律文书的内容。因此,强制执行措施是人民法院执行工作的重要保障,是国家强制力在民事执行程序中的体现。强制执行措施具有如下特征:(1)强制执行措施具有法定性。法定性是指强制执行措施必须严格按照《民事诉讼法》及相关司法解释的规定行使，无论是强制执行措施的种类、执行对象、具体手段还是实施过程，都受到程序法的严格规范。法律未明确授权法院行使的强制执行措施，法院不得行使。强制执行措施的法定性源于民事强制执行权的法定性。民事强制执行权作为公权力，应当遵循“有法（授权）才有权，无法（授权）则无权”的原则。强制执行措施的法定性是对当事人及其他执行参与人合法权益的保障。（2）强制执行措施具有强制性。强制性是指人民法院适用强制执行措施无须征得被执行人和其他协助执行人的同意，相反，被执行人和协助执行人有义务协助法院完成执行内容。被执行人不主动履行法定债务的，法院依法采取各种手段强迫其履行。强制性是民事执行程序的基本特征，没有强制执行措施，执行程序是无法完成执行内容的。（3）强制执行措施具有多样性。执行根据所确定的内容不同，债务人须履行的义务也就不同，因此，需要针对不同的执行对象和内容采取不同的强制措施，以保证实现执行任务。强制执行措施的多样性能够保障执行措施与所要执行的债务相适应。

二、强制执行措施的种类

按照不同的标准，可以对强制执行措施进行不同的分类。

第一，金钱债务的执行措施和非金钱债务的执行措施。金钱债务的执行措施按照执行对象的不同，可以分为对动产的执行措施、对不动产的执行措施和对其他财产权的执行措施。非金钱债务的执行措施按照债权内容的不同，可以分为物的交付请求权的执行措施和行为请求权的执行措施。

第二，直接执行措施、间接执行措施和代执行措施。根据执行措施能否直接实现生效法律文书的内容，可以将执行措施分为直接执行措施、间接执行措施和代执行措施。直接执行措施是指能够直接满足生效法律文书内容的执行措施，如划拨银行存款、拍卖房产以满足金钱债权等。间接执行措施是指虽然不能满足执行根据所确定的内容，但能够促使被执行人履行义务的执行措施，如拘留、罚款等。代执行措施是指人民法院所采取的能够实现执行根据所确定的内容，但又不同于执行根据所要求的方式的执行措施。[1] 例如，义务人拒不履行继续装修房屋的裁判，人民法院可以采取请他人代为装修来实现，费用由义务人承担。

第二节　金钱债务的执行

一、金钱债务执行的概念

金钱债务也称金钱给付债务，是指以一定数额的金钱给付为内容的债务。对金钱债务的执行，是指为实现债务人向债权人给付一定数额金钱而进行的执行，即强

---

〔1〕 参见刘哲玮：《民事执行制裁措施刍论——基于〈民事强制执行法（草案）〉的分析》，载《社会科学辑刊》2023 年第 1 期。

制被执行人给付金钱,以满足权利人的金钱债权。

金钱债务的执行范围很广泛,是整个执行工作中案件数量最多、适用频率最高、执行工作最繁重、意义最为重大的执行方式。[1] 除了对金钱的执行以外,执行费用、第三人代为执行所发生的费用、迟延利息或迟延履行金等,都属于金钱债务的执行范围。

通常而言,对金钱债务的执行,如果被执行人有现金,执行现金;没有现金或现金不足的,执行其存款;没有存款或存款不足的,执行其他动产;最后执行被执行人的其他财产。金钱债务的执行对象既可以是被执行人的金钱,也可以是被执行人所有的具有金钱价值的非金钱财产。[2]

二、对金钱财产的执行措施

对金钱的执行措施包括对债务人现金、存款和收入所采取的执行措施。对于现金的执行相对简单,主要是强制债务人直接交付现金给债权人或由人民法院转交给债权人。

(一)对存款的执行

被执行人未按执行通知履行法律文书确定的义务,人民法院有权向有关单位查询被执行人的存款、债券、股票、基金份额等财产情况。人民法院有权根据不同情形扣押、冻结、划拨、变价被执行人的财产。人民法院查询、扣押、冻结、划拨、变价的财产不得超出被执行人应当履行义务的范围。

据此,对于被执行人的存款,人民法院可以采取查询、冻结和划拨等执行措施。查询是指人民法院向银行、信用合作社和其他有储蓄业务的金融机构进行调查和询问,了解被执行人存款情况的执行措施。冻结是指人民法院向银行、信用合作社和其他有储蓄业务的金融机构发出协助执行通知,不准被执行人在一定期限内提取或转移其存款的执行措施。划拨是指人民法院通过银行、信用合作社和其他有储蓄业务的金融机构,将被执行人账户上的存款直接划入债权人账户的执行措施。

人民法院决定冻结、划拨存款的,应当作出裁定,并发出协助执行通知书,银行、信用合作社和其他金融机构必须办理。

根据《执行工作规定》的有关规定,金融机构擅自解冻被人民法院冻结的款项,致冻结款项被转移的,人民法院有权责令其限期追回已转移的款项。在限期内未能追回的,应当裁定该金融机构在转移的款项范围内以自己的财产向申请执行人承担责任。被执行人为金融机构的,对其交存在人民银行的存款准备金和备付金不得冻结和扣划,但对其在本机构、其他金融机构的存款及其在人民银行的其他存款可以冻结、划拨,并可对被执行人的其他财产采取执行措施,但不得查封其营业场所。

---

〔1〕 参见江伟、肖建国主编:《民事诉讼法》(第8版),中国人民大学出版社2018年版,第457页。

〔2〕 参见张卫平:《民事诉讼法》(第6版),法律出版社2023年版,第430页。

(二)对收入的执行

被执行人未按执行通知履行法律文书确定的义务,人民法院有权扣留、提取被执行人应当履行义务部分的收入,但应当保留被执行人及其所扶养家属的生活必需费用。据此,对被执行人收入的执行可以采取扣留和提取措施。扣留是指人民法院强制留置被执行人的收入,禁止其支付和处分的执行措施。提取是指人民法院依法直接支取被执行人的收入,并将其转交债权人以实现法律文书内容的执行措施。扣留的目的在于促使被执行人履行义务。提取能够直接实现债权,既可以在扣留的基础上采取,也可以未经扣留而直接提取。扣留、提取的收入主要是被执行人的工资收入、投资收入以及其他收入等。

作为被执行人的公民,其收入转为储蓄存款的,应当责令其交出存单。拒不交出的,人民法院应当作出提取其存款的裁定,向金融机构发出协助执行通知书并附生效法律文书,由金融机构提取被执行人的存款交人民法院或存入人民法院指定账户。

被执行人在有关单位的收入尚未支取的,人民法院应当作出裁定,向该单位发出协助执行通知书,由其协助扣留或提取。有关单位收到人民法院协助执行被执行人收入的通知后,擅自向被执行人或其他人支付的,人民法院有权责令其限期追回;逾期未追回的,应当裁定其在支付的数额内向申请执行人承担责任。

三、对非金钱财产的执行

(一)对一般非金钱财产的执行

非金钱财产没有直接的流通性,不能直接用于清偿债务,而只能通过一定的方式将其转换为金钱财产,再用于清偿债务。从非金钱财产的类型上看,对非金钱财产的执行可以分为对动产、不动产的执行和对其他特殊财产的执行两类,由于执行对象不同,人民法院采取的执行措施也就有所不同。

通常而言,对非金钱财产的执行措施主要有查封、扣押、拍卖、变卖等。

1.查封、扣押

查封是指法院对被执行人的财产进行封存以禁止被执行人对其进行处分或者移动。扣押是指人民法院将被执行人的财产转移到有关场所,从而禁止被执行人占有、使用和处分的执行措施。查封和扣押都属于临时性的执行措施。

查封、扣押财产的价值应当与被执行人履行债务的价值相当。人民法院对被执行人所有的其他人享有抵押权、质押权或留置权的财产,可以采取查封、扣押措施。财产拍卖、变卖后所得价款,应当在抵押权人、质押权人或留置权人优先受偿后,其余额部分用于清偿申请执行人的债权。

人民法院查封、扣押财产时,被执行人是公民的,应当通知被执行人或者其成年家属到场;被执行人是法人或者其他组织的,应当通知其法定代表人或者主要负责人到场。拒不到场的,不影响执行。被执行人是公民的,其工作单位或者财产所在地的基层组织应当派人参加。对被查封、扣押的财产,执行人员必须制作清单,由在场人签名或者盖章后,交被执行人一份。被执行人是公民的,也可以交其成年家属一份。

对动产的查封,应当采取加贴封条的方式。不便加贴封条的,应当张贴公告。对有产权证照的动产或不动产的查封,应当向有关管理机关发出协助执行通知书,要求其不得办理查封财产的转移过户手续,同时,可以责令被执行人将有关财产权证照交人民法院保管。必要时也可以采取加贴封条或张贴公告的方法查封。既未向有关管理机关发出协助执行通知书,也未采取加贴封条或张贴公告的办法查封的,不得对抗其他人民法院的查封。

被查封的财产,执行人员可以指定被执行人负责保管。因被执行人的过错而造成的损失,由被执行人承担。当然,被扣押的财产,人民法院可以自行保管,也可以委托其他单位或个人保管。对扣押的财产,保管人不得使用。

被执行人或其他人擅自处分已被查封、扣押、冻结的财产的,人民法院有权责令责任人限期追回财产或承担相应的赔偿责任。

被执行人的财产经查封、扣押后,在人民法院指定的期间内履行义务的,人民法院应当及时解除查封、扣押措施。

2. 拍卖、变卖

财产被查封、扣押后,执行人员应当责令被执行人在指定期间内履行法律文书确定的义务。被执行人逾期不履行的,人民法院应当拍卖被查封、扣押的财产;不适于拍卖或者当事人双方同意不进行拍卖的,人民法院可以委托有关单位变卖或者自行变卖。国家禁止自由买卖的物品,交有关单位按照国家规定的价格收购。

拍卖是指法院将已经查封、扣押的财产交由专业拍卖机构以公开竞价的方式将该财产转让给出价最高者。拍卖所得的价款用于执行生效法律文书确定的债权。变卖是指法院对已查封、扣押的财产以折价、变价的方式出卖,所得款项用于履行生效法律文书确定的债务。

拍卖、变卖的规则包括:(1)人民法院在执行中需要拍卖被执行人财产的,可以由人民法院自行组织拍卖,也可以交由具备相应资质的拍卖机构拍卖。交拍卖机构拍卖的,人民法院应当对拍卖活动进行监督。(2)拍卖评估需要对现场进行检查、勘验的,人民法院应当责令被执行人、协助义务人予以配合。被执行人、协助义务人不予配合的,人民法院可以强制执行。(3)人民法院在执行中需要变卖被执行人财产的,既可以交有关单位变卖,也可以由人民法院直接变卖。对变卖的财产,人民法院或者其工作人员不得买受。(4)经申请执行人和被执行人同意,且不损害其他债权人合法权益和社会公共利益的,人民法院可以不经拍卖、变卖,直接将被执行人的财产作价交申请执行人抵偿债务。对剩余债务,被执行人应当继续清偿。(5)被执行人的财产无法拍卖或者变卖的,经申请执行人同意,且不损害其他债权人合法权益和社会公共利益的,人民法院可以将该项财产作价后交付申请执行人抵偿债务,或者交付申请执行人管理;申请执行人拒绝接收或者管理的,退回被执行人。(6)拍卖成交或者依法定程序裁定以物抵债的，标的物所有权自拍卖成交裁定或者抵债裁定送达买受人或者接受抵债物的债权人时转移。

（二）对特殊非金钱财产的执行

对特殊非金钱财产的执行对象主要包括无形资产、股权、投资收益以及对第三人的到期债权等。对于特殊非金钱财产，人民法院可以先采取冻结措施，冻结后若被执行人不履行义务的，人民法院可以对特殊非金钱财产进行拍卖、变卖，以拍卖、变卖所得实现法律文书确定的债权。

1. 对知识产权的执行

被执行人不履行生效法律文书确定的义务，人民法院有权裁定禁止被执行人转让其专利权、注册商标专用权、著作权（财产权部分）等知识产权。上述权利有登记主管部门的，应当同时向有关部门发出协助执行通知书，要求其不得办理财产权转移手续，必要时可以责令被执行人将产权或使用权证照交人民法院保存。

对上述知识产权同样可以采取拍卖、变卖等执行措施。

2. 对投资收益的执行

对被执行人从有关企业中应得的已到期的股息或红利等收益，人民法院有权裁定禁止被执行人提取和有关企业向被执行人支付，并要求有关企业直接向申请执行人支付。对被执行人预期从有关企业中应得的股息或红利等收益，人民法院可以采取冻结措施，禁止到期后被执行人提取和有关企业向被执行人支付。到期后人民法院可从有关企业中提取，并出具提取收据。

3. 对股份和股权的执行

对被执行人在其他股份有限公司中持有的股份凭证（股票），人民法院可以扣押，并强制被执行人按照《公司法》的有关规定转让，也可以直接采取拍卖、变卖的方式进行处分，或直接将股票抵偿给债权人，用于清偿被执行人的债务。对被执行人在有限责任公司、其他法人企业中的投资权益或股权，人民法院可以采取冻结措施。冻结投资权益或股权的，应当通知有关企业不得办理被冻结投资权益或股权的转移手续，不得向被执行人支付股息或红利。被冻结的投资权益或股权，被执行人不得自行转让。

被执行人在其独资开办的法人企业中拥有的投资权益被冻结后，人民法院可以直接裁定予以转让，以转让所得清偿其对申请执行人的债务。对被执行人在有限责任公司中被冻结的投资权益或股权，人民法院可以依据《公司法》的相关规定，予以拍卖、变卖或以其他方式转让。人民法院也可以允许并监督被执行人自行转让其投资权益或股权，将转让所得用于清偿对申请执行人的债务。

有关企业收到人民法院发出的协助冻结通知后，擅自向被执行人支付股息或红利，或擅自为被执行人办理已冻结股权的转移手续，造成已转移的财产无法追回的，应当在所支付的股息或红利或转移的股权价值范围内向申请执行人承担责任。

4. 被执行人对他人到期债权的执行

(1)对他人到期债权执行的概念。对他人到期债权的执行,是指人民法院通过强制转移被执行人向他人实现债权的权利,从而实现生效法律文书所确定的权利。对他人到期债权的执行,是以被执行人的到期债权为执行对象,以债权人对债务人的代位权为理论基础,将申请执行人和被申请执行人之间已经审理过的债权债务关系以及被执行人和他人之间没有经过审理的债权债务关系通过执行程序一并进行处理。

(2)执行对他人到期债权的条件。执行对他人的到期债权,应当具备以下条件:①被执行人不能清偿到期债务。被执行人在执行根据所确定的履行期限届满时,不能清偿执行根据所确定的义务。②被执行人对他人有已经到期的合法债权。③申请执行人或被执行人提出申请。人民法院不得依职权主动执行对他人的到期债权。④人民法院根据申请向他人发出履行通知。⑤他人在履行通知规定的期限内既不提出异议,又不主动履行。这是对他人强制执行的条件,而不是发出履行通知的条件。

(3)执行对他人到期债权的规则。根据《民事诉讼法解释》第 499 条的规定,人民法院执行被执行人对他人的到期债权,可以作出冻结债权的裁定,并通知该他人向申请执行人履行。该他人对到期债权有异议,申请执行人请求对异议部分强制执行的,人民法院不予支持。利害关系人对到期债权有异议的,人民法院应当按照《民事诉讼法》第 234 条的规定处理。对生效法律文书确定的到期债权,该他人予以否认的,人民法院不予支持。因此,执行对他人到期债权的规则包括以下几点:首先,人民法院可以作出冻结债权的裁定。其次,人民法院作出冻结债权的裁定后,应通知该他人向申请执行人履行。履行通知应当包含下列内容:①该他人直接向申请执行人履行其对被执行人所负的债务,不得向被执行人清偿;②该他人应当在收到履行通知后 15 日内向申请执行人履行债务;③该他人对履行到期债权有异议的,应当自收到履行通知后 15 日内向执行法院提出;④该他人违背上述义务的法律后果。人民法院可以依申请执行人或被执行人的申请,向该他人发出履行到期债务的通知,直接送达该他人,履行通知自送达后发生法律效力。再次,该他人对到期债权有异议,申请执行人请求对异议部分强制执行的,人民法院不予支持。对生效法律文书确定的到期债权,该他人予以否认的,人民法院不予支持。最后,利害关系人对到期债权有异议的,人民法院应当按照执行异议的有关规定处理。

(4)执行被执行人对他人到期债权的法律后果。该他人在履行通知指定的期限内没有提出异议又不履行的,执行法院有权裁定对其强制执行。此裁定同时送达该他人和被执行人。被执行人收到人民法院的履行通知后,放弃其对该他人的债权或延缓该他人履行期限的行为无效,人民法院仍可在该他人无异议又不履行的情况下予以强制执行。该他人按照人民法院的履行通知向申请执行人履行了债务或已被强制执行后,人民法院应当出具有关证明。在对该他人作出强制执行裁定后,该他人确无财产可供执行的，不得就该他人对他人享有的到期债权强制执行。该他人收到人民法院要求其履行到期债务的通知后，擅自向被执行人履行，造成已向被执行人履行的财产不能追回的，除在已履行的财产范围内与被执行人承担连带清偿责任外，可以追究其妨害执行的责任。[1]

四、其他特别规定

对被执行的财产，人民法院非经查封、扣押、冻结，不得处分。对银行存款等各类可以直接扣划的财产，人民法院的扣划裁定同时具有冻结的法律效力。

人民法院冻结被执行人银行存款的期限不得超过1年，查封、扣押动产的期限不得超过2年，查封不动产、冻结其他财产权的期限不得超过3年。

申请执行人申请延长期限的，人民法院应当在查封、扣押、冻结期限届满前办理续行查封、扣押、冻结手续，续行期限不得超过前款规定的期限。

人民法院也可以依职权办理续行查封、扣押、冻结手续。

人民法院在执行中需要办理房产证、土地证、林权证、专利证书、商标证书和车船执照等有关财产权证照转移手续的，可以要求有关单位协助执行。

第三节　非金钱债务的执行

一、对交付物的执行

对交付物的执行，是指为实现执行根据所确定的交付特定标的物的义务而采取的执行措施。物的交付以转移占有为直接目的，以交付行为为执行内容，以交付的动产或不动产为执行对象。由于交付物的执行以转移占有为直接目的，因此，无须将特定的标的物拍卖、变卖以实现货币化。

（一）交付动产的执行

1. 交付财物或票证

交付财物或票证的执行应遵循下列规则：（1）法律文书指定交付的财物或者票证，由执行人员传唤双方当事人当面交付，或者由执行人员转交，并由被交付人签收。（2）有关单位持有该项财物或者票证的，应当根据人民法院的协助执行通知书转交，并由被交付人签收。有关公民持有该项财物或者票证的，人民法院通知其交出。拒不交出的，强制执行。（3）他人持有期间财物或者票证毁损、灭失的，参照《民事诉讼法解释》第492条的规定处理。（4）他人主张合法持有财物或者票证的，可以提出执行异议。

2. 交付特定物

法律文书确定的执行标的为特定物的，人民法院应当执行原物。原物被隐匿或

---

〔1〕 参见陈永革等主编：《民事诉讼法教程》，四川大学出版社2017年版，第456页。

非法转移的,人民法院应责令被执行人交出原物。原物已损坏或灭失的,应当裁定折价赔偿或按标的物的价值强制执行被执行人的其他财产。执行标的物为特定物的,应当执行原物。原物确已毁损或者灭失的,经双方当事人同意,可以折价赔偿。双方当事人对折价赔偿不能协商一致的,人民法院应当终结执行程序。申请执行人可以另行起诉。

(二)交付不动产的执行

强制迁出房屋或者强制退出土地,由院长签发公告,责令被执行人在指定期间内履行。被执行人逾期不履行的,由执行员强制执行。

强制执行时,被执行人是公民的,应当通知被执行人或其成年家属到场;被执行人是法人或者其他组织的,应当通知其法定代表人或者主要负责人到场。拒不到场的,不影响执行。被执行人是公民的,其工作单位或者房屋、土地所在地的基层组织应当派人参加。执行员应当将强制执行情况记入笔录,由在场人员签名或者盖章。

强制迁出房屋被搬出的财物,由人民法院派人运至指定处所,交给被执行人。被执行人是公民的,也可以交给其成年家属。因拒绝接收而造成的损失,由被执行人承担。

在执行中,需要办理有关财产权证照转移手续的,人民法院可以向有关单位发出协助执行通知书,有关单位必须办理。

二、对行为的执行

对行为的执行,是指被执行人不履行执行根据所确定的行为义务,人民法院所采取的强制义务人履行该行为义务的执行措施。与给付金钱、交付标的物的执行不同,对行为的执行没有执行标的物,不能采取直接强制的方法,在被执行人拒绝履行行为义务时,只能通过法定的方法迫使被执行人履行行为。对判决、裁定和其他法律文书指定的行为,被执行人未按执行通知履行的,人民法院可以强制执行或者委托有关单位或者其他人完成,费用由被执行人承担。

对行为的执行可以分为对可替代行为的执行和对不可替代行为的执行两种。

(一)对可替代行为的执行

可替代行为是指法律文书所确定的履行行为是可以通过别人的行为来替代履行的,在被执行人不履行法律文书所确定的行为义务时,人民法院可以委托有关单位或他人代为履行,代为履行的费用由被执行人承担。被执行人拒绝承担费用时,按照关于金钱债务的执行程序强制执行。可替代行为的执行应遵循下列规则:(1)被执行人不履行生效法律文书确定的行为义务,该义务可由他人完成的,人民法院可以选定代履行人;法律、行政法规对履行该行为义务有资格限制的,应当从有资格的人中选定。必要时,可以通过招标的方式确定代履行人。(2)申请执行人可以在符合条件的人中推荐代履行人,也可以申请自己代为履行,是否准许,由人民法院决定。(3)代履行费用的数额由人民法院根据案件的具体情况确定,并由被执行人在指定期限内预先支付。被执行人未预付的,人民法院可以对该费用强制执行。

(4)代履行结束后,被执行人可以查阅、复制费用清单以及主要凭证。

(二)对不可替代的行为的执行

不可替代的行为只能由被执行人自己履行。一般情况下,与被执行人身份有关的行为属于不可替代的行为,应当由被执行人本人实施,如赔礼道歉、特定演员的表演。对不可替代行为的执行,应按下列规则进行:(1)对于不可替代行为的执行,人民法院一般是劝说被执行人主动履行,但对经劝说、教育仍拒绝履行的被执行人,人民法院首先可以按照妨害执行行为的有关规定处理,可以对其采取罚款、拘留等强制手段。对被执行人采取强制措施后,并不因此而免除被执行人的义务。(2)被执行人未按判决、裁定和其他法律文书指定的期间履行给付金钱义务的,应当加倍支付迟延履行期间的债务利息。被执行人未按判决、裁定和其他法律文书指定的期间履行其他义务的,应当支付迟延履行金。因此,若被执行人不履行不可替代行为义务,人民法院可以决定由被执行人向债权人支付迟延履行金。(3)对于不可替代行为的执行,人民法院还可以采取其他间接执行措施和执行威慑机制,迫使被执行人履行义务。前述的拘留、罚款等措施属于间接强制的组成部分。此外,还可以采取限制出境、限制高消费、在征信系统记录、通过媒体公布不履行义务的信息等措施,迫使被执行人履行义务。

第四节 保障性执行措施

一、财产报告制度

被执行人未按执行通知履行法律文书确定的义务,应当报告当前以及收到执行通知之日前一年的财产情况。被执行人拒绝报告或者虚假报告的,人民法院可以根据情节轻重对被执行人或者其法定代理人、有关单位的主要负责人或者直接责任人员予以罚款、拘留。

被执行人报告财产义务是一种强制执行措施,目的在于敦促被执行人主动履行法定义务。人民法院责令被执行人报告财产情况的,应当向其发出报告财产令。报告财产令中应当写明报告财产的范围、报告财产的期间、拒绝报告或者虚假报告的法律后果等内容。报告财产的范围包括:(1)收入、银行存款、现金、有价证券;(2)土地使用权、房屋等不动产;(3)交通运输工具、机器设备、产品、原材料等动产;(4)债权、股权、投资权益、基金、知识产权等财产性权利;(5)其他应当报告的财产。

被执行人拒绝报告或者虚假报告的,人民法院可以根据情节轻重对被执行人或者其法定代理人、有关单位的主要负责人或者直接责任人予以罚款、拘留。

对被执行人报告的财产情况,申请执行人请求查询的,人民法院应当准许。但是,申请执行人对查询的被执行人财产情况应当保密。对被执行人报告的财产情况,执行法院可以依申请执行人的申请或者依职权调查核实。

二、财产搜查制度

被执行人不履行法律文书确定的义务并隐匿财产的,人民法院由院长签发搜查令,对被执行人及其住所或者财产隐匿地进行搜查。在执行过程中,被执行人隐匿财产的,人民法院可以采取搜查措施,追回被隐匿的财产。

被执行人不履行法律文书确定的义务并隐匿财产的,人民法院有权发出搜查令,对被执行人及其住所或者财产隐匿地进行搜查。据此,人民法院对被执行人及其住所或者财产隐匿地进行搜查,必须符合以下条件:(1)生效法律文书确定的履行期限已经届满;(2)被执行人不履行法律文书确定的义务;(3)人民法院认为被执行人有隐匿财产的行为。

搜查令应当由人民法院院长签发,由执行法官和司法警察进行。搜查人员必须按规定着装并出示搜查令和身份证件。

在搜查时应当禁止无关人员进入搜查现场,但是,必须通知见证人到场。搜查对象是公民的,应通知被执行人或其成年家属以及基层组织派员到场。搜查对象是法人或者其他组织的,应通知法定代表人或者主要负责人到场,有上级主管部门的,也应通知主管部门的有关人员到场。拒不到场的,不影响搜查。搜查妇女身体,应由女执行人员进行。搜查中发现应当依法扣押的财产,应依照《民事诉讼法》的规定进行扣押。

在执行中,被执行人隐匿财产、会计账簿等资料的,人民法院除可对其采取强制措施外,还应责令被执行人交出隐匿的财产、会计账簿等资料。被执行人拒不交出的,人民法院可以采取搜查措施。

搜查应制作搜查笔录,由搜查人员、被搜查人及其他在场人员签名、捺印或盖章。被搜查人员或者见证人拒绝签名或者盖章的,应在搜查笔录中写明。

三、强制交付迟延利息或迟延履行金

被执行人应当按照生效法律文书指定的期间履行义务。逾期履行的,债权人可申请法院强制执行。此时,被执行人不但应当全面履行原来的债务,还必须承担因迟延履行而造成的不利后果,支付迟延履行的罚息和迟延履行金。《民事诉讼法》第264条规定:"被执行人未按判决、裁定和其他法律文书指定的期间履行给付金钱义务的,应当加倍支付迟延履行期间的债务利息。被执行人未按判决、裁定和其他法律文书指定的期间履行其他义务的,应当支付迟延履行金。"被执行人未按判决、裁定和其他法律文书指定的期间履行非金钱给付义务的,无论是否已给申请执行人造成损失,都应当支付迟延履行金。已经造成损失的,双倍补偿申请执行人已经受到的损失;没有造成损失的,迟延履行金可以由人民法院根据具体案件情况决定。

迟延履行期间的利息或迟延履行金自判决、裁定和其他法律文书指定的履行期限届满的次日起计算。对金钱债务而言,罚息的计算方法为按银行同期贷款最高利率双倍计算。对于非金钱债务,迟延履行金按照申请执行人因被执行人的迟延履行造成的实际损失双倍支付,申请执行人没有损失的,由人民法院根据具体案件的情况决定。

罚息和迟延履行金具有赔偿和惩罚双重性质,以惩罚为主。这与合同违约责任不同,合同中的违约金主要起到赔偿作用,约定的违约金数额过分高于实际损失的,违约方可以向法院申请削减。人民法院向被执行人收取罚息或迟延履行金,目的在于敦促被执行人尽快履行法定义务,是强制执行措施的一种。但是,如果生效法律文书中已经载明债务人应当支付迟延履行金,我们认为,两者不应当重复收取,但是,可以按照人民法院的罚息或迟延履行金计算较高的数额。

四、限制出境

被执行人不履行法律文书所确定的义务的,人民法院可以对其采取或者通知有关单位协助采取限制其出境措施。限制出境的目的在于防止被执行人迁徙到其他国家来逃避债务和司法机关的制裁。

限制被执行人出境应当由申请执行人向执行法院提出书面申请;必要时,执行法院可以依职权决定。被执行人为单位的,可以对其法定代表人、主要负责人或者影响债务履行的直接责任人员限制出境。被执行人为无民事行为能力人或者限制民事行为能力人的,可以对其法定代理人限制出境。

在限制出境期间,被执行人履行法律文书确定的全部债务的,执行法院应当及时解除限制出境措施;被执行人提供充分、有效的担保或者申请执行人同意的,可以解除限制出境措施。

五、征信系统记录

征信系统是对公民或其他社会成员在社会经济关系中的信用评价的记录。在市场经济环境下,良好的信用记录是市场主体参与交易的前提和基础。如果没有良好的信用记录或者信用记录有重大的违法、违约行为,将会严重影响交易主体的商业信誉和商业形象。目前,我国全国联网的征信系统尚处于建设阶段,而且仅有银行等少数金融机构才有权查询,还未对社会公众开放。我们相信,随着征信系统以及相关法律法规的建立和完善,法院采取在被执行人征信系统中记录其拒不履行生效法律文书行为的措施会具有更大的威慑力。

被执行人不履行法律文书确定的义务的,人民法院除对被执行人予以处罚外,还可以根据情节将其纳入失信被执行人名单,将被执行人不履行或者不完全履行义务的信息向其所在单位、征信机构以及其他相关机构通报。

通过媒体向公众披露被执行人不履行义务的信息也是近几年从司法实践中摸索出的比较有效的方法和措施之一。执行法院可以依职权或者依申请执行人的申请,将被执行人不履行法律文书确定的义务的信息通过报纸、广播、电视、互联网等媒体公布。媒体公布的有关费用由被执行人负担;申请执行人申请在媒体公布的,应当垫付有关费用。媒体的受众面广,法院将被执行人不履行义务的信息披露,一方面,可以发动人民群众对其进行监督和举报,如发现被执行人隐匿或转移财产的,可以向法院举报;另一方面,也是对被执行人的一种负面评价,对其商业信誉和商业形象造成不利影响,从而敦促其完成生效法律文书的执行。

六、继续执行

人民法院采取相应执行措施后,被执行人仍不能偿还债务的,应当继续履行义务。债权人发现被执行人有其他财产的,可以随时请求人民法院执行。债权人请求人民法院继续执行的,不受申请执行时效期间的限制。

此外,对于被执行人、协助执行人在民事执行过程中拒不履行债务或者妨碍人民法院正常执行工作开展的行为,人民法院可以对其采取妨碍民事诉讼的强制措施。在执行中采取的妨碍民事诉讼的强制措施主要有拘传、拘留和罚款等。

在执行终结6个月内,被执行人或者其他人对已执行的标的有妨害行为的,人民法院可以依申请排除妨害,并可以依照《民事诉讼法》的规定进行处罚。因妨害行为给执行债权人或者其他人造成损失的,受害人可以另行起诉。

思考与练习

1. 下列财产中,执行法院不得采取执行措施的是(　　)。

A. 被执行人未发表的著作

B. 被执行人及其所扶养的家属完成义务教育所必需的物品

C. 金融机构交存在中国人民银行的存款准备金和备付金

D. 金融机构的营业场所

2. 甲向法院申请执行乙的财产,乙除了对案外人丙享有到期债权外,并无其他财产可供执行。法院根据甲的申请,通知丙向甲履行债务。但丙提出其与乙之间的债权债务关系存在争议,拒不履行。法院对此应(　　)。

A. 强制执行丙的财产　　B. 不得对丙强制执行

C. 中止对乙的执行　　D. 裁定驳回甲对乙的执行申请

3. 海兴市的《现代企业经营》杂志刊登了一篇自由撰稿人吕某所写的报道,内容涉及同省龙门市甲公司的经营方式。甲公司负责人汪某看到该篇文章后,认为《现代企业经营》作为一本全省范围内发行的杂志,其所发文章内容严重失实,损害了甲公司的名誉,使公司的经营受到影响。于是甲公司向法院起诉要求《现代企业经营》杂志社和吕某赔偿损失5万元,并进行赔礼道歉。一审法院仅判决杂志社赔偿甲公司3万元,未对"赔礼道歉"的请求进行处理。杂志社认为赔偿数额过高,不服一审判决提起上诉。二审法院作出终审判决,杂志社赔偿甲公司1万元,并登报进行赔礼道歉。杂志社履行了赔偿义务,但拒绝赔礼道歉。如果甲公司要求法院强制执行,法院可以采取的措施有(　　)。

A. 采取公告、登报等方式,将判决的主要内容公布于众,费用由报社承担

B. 对报社负责人予以罚款、拘留

C. 由报社支付迟延履行金

D. 如果构成犯罪,可以追究报社负责人刑事责任

4. 范某与高某系好友。一日,范某向高某提出借款8000元用于购买液晶彩电,双方在借条中约定范某应当于2个月内向高某偿还全部借款。但是,在高某将钱借给范某3个月以后,范某始终没有还款。高某多次催要未果,遂向人民法院起诉,要求范某还款。法院查明案情后判令范某限期还款。之后,范某一直拒绝还钱,并声称自己没有财产可以用来偿还欠款。法院随后查明,范某向高某所借款项并未用来购买液晶彩电,而是用于挥霍,现范某确无财产可供执行。后经知情人余某提供信息,范某对詹某享有10000元的到期债权。

请问:

(1)人民法院可以采取哪些执行措施?

(2)如果詹某接到人民法院履行到期债务的通知后,对其内容存在异议,应怎样提出该异议?对于詹某的异议,人民法院应当如何处理?

CHAPTER 22

第二十二章

涉外民事诉讼程序

本 章 导 读

- 涉外民事诉讼案件是指具有涉外因素的民事案件。由于涉外民事诉讼案件涉及其他国家或地区的司法管辖权等问题,需要得到其他国家的司法协助,因此,对于涉外民事诉讼中涉及的特殊问题,《民事诉讼法》专设第四编,即"涉外民事诉讼程序的特别规定"予以规制。
- 涉外民事诉讼程序的特别规定主要涉及涉外民事诉讼的一般原则,管辖,调查取证、期间,仲裁以及司法协助等内容。人民法院在审理涉及涉外民事诉讼的案件时,对于上述这些方面应该适用涉外民事诉讼程序的特别规定。

第一节　涉外民事诉讼程序概述

一、涉外民事诉讼程序的概念

一般认为,涉外民事诉讼是指具有涉外因素的民事诉讼。涉外民事诉讼必须包含涉外因素,有下列情形之一的,人民法院可以认定为涉外民事案件:(1)当事人一方或者双方是外国人、无国籍人、外国企业或者组织的;(2)当事人一方或者双方的经常居所地在中华人民共和国领域外的;(3)标的物在中华人民共和国领域外的;(4)产生、变更或者消灭民事关系的法律事实发生在中华人民共和国领域外的;(5)可以认定为涉外民事案件的其他情形。因此,涉外民事诉讼中的"涉外因素"包括:第一,诉讼主体具有涉外因素,即诉讼一方或双方当事人是外国人、无国籍人或外国企业和组织。第二,争议的民事法律关系具有涉外因素,即当事人之间的民事法律关系发生、变更、消灭的事实发生在国外。第三,诉讼标的具有涉外因素,即当事人之间争议的标的物在国外。在以上三个要素中,只要具有其中之一的民事诉讼就是涉外民事诉讼,而不需要同时具备这三个因素。对于涉外民事案件,若在我国进行民事诉讼,必须适用我国《民事诉讼法》及其司法解释,当事人不得主张适用其他国家或地区的民事诉讼法律。

涉外民事诉讼程序，是指人民法院受理、审理和执行具有涉外因素的民事案件所适用的程序。我国《民事诉讼法》第四编对涉外民事诉讼程序做了特别规定，对于本编没有特别规定的，适用一般民事诉讼程序。相对于一般诉讼程序，涉外民事诉讼程序有如下特点：(1)涉外民事诉讼往往会涉及国家主权。由于涉外民事诉讼审理的是具有涉外因素的民事案件，在进行管辖、送达、审理和执行的过程中往往会涉及其他国家的主权，因此，需要所涉及的国家之间相互尊重，进行司法协助。(2)涉外民事诉讼的期间较长。涉外民事诉讼往往涉及多个国家，与国内的民事诉讼相比，在文书送达、当事人传唤等程序问题上所花的时间要多得多，因此，在相应的期间设置上，要比国内的民事诉讼长。(3)涉外民事案件在法律的适用上会涉及准据法。在涉外民事诉讼中，往往更加注重国际惯例与尊重当事人的意思自治，所以，会面临准据法的选择问题，而这是国内民事诉讼所不存在的问题。

二、涉外民事诉讼的一般原则与特殊规则

(一)涉外民事诉讼的一般原则

1.适用我国《民事诉讼法》的原则

人民法院审理涉外民事案件，只能适用我国《民事诉讼法》。在涉外民事案件中，当事人可以选择外国的实体法，但不能选择适用外国的民事诉讼法。因此，凡是我国人民法院享有管辖权的案件，我国都有司法权，由我国具有管辖权的人民法院管辖；对于专属我国人民法院管辖的案件，任何外国法院都无权管辖。任何外国人、无国籍人或外国的企业和组织，在我国进行民事诉讼，必须遵守我国的《民事诉讼法》；外国法院的判决、裁定和外国仲裁机构的仲裁裁决，未经我国人民法院承认的，在我国领域内没有法律效力，不得在我国领域内执行。

2.委托中国律师代理诉讼的原则

在涉外民事诉讼中，外国当事人需要委托律师进行诉讼的，必须委托中国律师。该原则的具体内容如下：(1)外国人、无国籍人或外国企业和组织在我国起诉、应诉，需要委托律师代理诉讼的，只能委托中国律师代理诉讼；(2)外国律师不能以律师的身份参加诉讼；(3)外国驻华使、领馆官员，受本国公民的委托，可以个人名义担任诉讼代理人，但在诉讼中不享有司法豁免权；(4)外国驻华使、领馆可以授权本馆的官员以外交代表的身份为其本国当事人在中国聘请诉讼代理人。

在我国领域内没有住所的外国人、无国籍人或外国企业和组织委托中国律师或其他人代理诉讼，从我国领域外寄交或托交的授权委托书，应当经所在国公证机关证明，并经我国驻该国使、领馆认证，或者履行我国与所在国订立的有关条约中规定的证明手续后，才具有效力。也就是说，外国人寄交或托交的授权委托书，应当先公证、后认证，或者依条约办理。

居住在外国的中国公民从我国领域外寄给人民法院的授权委托书，须经我国驻该国使、领馆证明，没有使领馆的，由当地华侨团体证明。也就是说，我国公民在领域外寄交授权委托书，只需使、领馆证明。

3. 使用我国通用的语言、文字原则

人民法院审理涉外民事案件,应当使用我国通用的语言、文字。当事人要求提供翻译的,可以提供,费用由当事人承担。使用法院所在国语言、文字进行诉讼是各国的通行原则,也是各国独立行使司法权的表现。根据该原则,外国当事人提供的诉讼文书或者外国法院委托我国人民法院代为送达、协助执行的诉讼文书,必须附有中文译本。因此,当事人向人民法院提交的书面材料是外文的,应当同时向人民法院提交中文翻译件。当事人对中文翻译件有异议的,应当共同委托翻译机构提供翻译文本;当事人对翻译机构的选择不能达成一致的,由人民法院确定。

4. 司法豁免原则

司法豁免权是外交特权的一种,是指一个国家根据本国法律或者参加、缔结的国际条约,赋予在本国的外国代表和组织免受司法管辖或者司法审判的权利。《民事诉讼法》第 272 条规定:"对享有外交特权与豁免的外国人、外国组织或者国际组织提起的民事诉讼,应当依照中华人民共和国有关法律和中华人民共和国缔结或者参加的国际条约的规定办理。"该条规定了我国民事诉讼法中的司法豁免原则。司法豁免原则是主权国家平等原则在司法领域的具体体现。对享有外交特权与豁免的外国人、外国组织或者国际组织提起的民事诉讼,应当依照中华人民共和国有关法律和中华人民共和国缔结或者参加的国际条约的规定办理。这里所说的有关法律规定,主要是指我国《外交特权与豁免条例》等规定。我国缔结或者参加的国际条约,是指我国参加的《联合国特权与豁免公约》《联合国各专门机构特权与豁免公约》《维也纳外交关系公约》《维也纳领事关系公约》等。

5. 诉讼权利义务同等或对等原则

同等原则又称国民待遇原则,是指一个主权国家赋予非本国公民与本国公民同等待遇的原则。同等原则是独立的主权国家之间在平等互惠的基础上所确立的原则,表现在司法上是指,不同国家的公民作为诉讼当事人,都同等对待,享有同样的诉讼权利,承担同样的诉讼义务,都同样受到司法上的保护。因此,同等原则的实质是对外国当事人的诉讼权利不加限制。

对等原则实质上是一项反限制的原则,是在出现限制的情况下所适用的一项原则。没有发生限制的情况,就无所谓反限制,当然就不会有对等的措施。对等措施并不一定都是限制的内容和方式相同的措施,而是相互对等的措施或者说是相互对应的措施,采取的措施应是有理、有利和有节的。

同等原则与对等原则之间存在密切的关系。同等原则是国际上普遍认同的公平原则,也是不同国家司法机关所尊重和推行的原则。但是,当同等原则被扭曲或者遭受破坏时,基于维护平等互惠的原则,就需要相应的办法来恢复和维护平等互惠的关系,由此产生了另一个原则,即对等原则。因此,从一定意义上讲,对等原则是同等原则遭到破坏后的一项补救性的原则。对等原则的意义在于以对等的措施反对限制、维护公平、坚持同等的原则。

(二)涉外民事诉讼的特殊规则

1. 外国人参加诉讼的身份证明

外国人参加诉讼,应当向人民法院提交护照等用以证明其身份的证件。外国企业或者组织参加诉讼,向人民法院提交的身份证明文件应当经所在国公证机关公证,并经中华人民共和国驻该国使、领馆认证,或者履行中华人民共和国与该所在国订立的有关条约中规定的证明手续。代表外国企业或者组织参加诉讼的人,应当向人民法院提交其有权作为代表人参加诉讼的证明,该证明应当经所在国公证机关公证,并经中华人民共和国驻该国使、领馆认证,或者履行中华人民共和国与该所在国订立的有关条约中规定的证明手续。“所在国”,是指外国企业或者组织的设立登记地国,也可以是办理了营业登记手续的第三国。

2. 涉外民事诉讼的代理人及其委托手续

涉外民事诉讼中的外籍当事人,既可以委托本国人为诉讼代理人,也可以委托本国律师以非律师身份担任诉讼代理人;外国驻华使、领馆官员,受本国公民的委托,可以个人名义担任诉讼代理人,但在诉讼中不享有外交或者领事特权和豁免。

外国人、外国企业或者组织的代表人在人民法院法官的见证下签署授权委托书,委托代理人进行民事诉讼的,人民法院应予认可。外国人、外国企业或者组织的代表人在中华人民共和国境内签署授权委托书,委托代理人进行民事诉讼,经中华人民共和国公证机构公证的,人民法院应予认可。

涉外民事诉讼中,外国驻华使、领馆授权其本馆官员在作为当事人的本国国民不在中华人民共和国领域内的情况下,可以外交代表身份为其本国国民在中华人民共和国聘请中华人民共和国律师或者中华人民共和国公民代理民事诉讼。

3. 制发调解书或判决书

涉外民事诉讼中,经调解双方达成协议,应当制发调解书。当事人要求发给判决书的,可以依协议的内容制作判决书送达当事人。

第二节　涉外民事诉讼的管辖、期间、调查取证和送达

一、涉外民事诉讼的管辖

涉外民事诉讼的管辖,是指我国人民法院有权受理涉外民事案件的范围以及我国人民法院内部受理第一审涉外民事案件的权限分工。

(一)地域管辖

因涉外民事纠纷,对在中华人民共和国领域内没有住所的被告提起除身份关系以外的诉讼,如果合同签订地、合同履行地、诉讼标的物所在地、可供扣押财产所在地、侵权行为地、代表机构住所地位于中华人民共和国领域内,可以由合同签订地、合同履行地、诉讼标的物所在地、可供扣押财产所在地、侵权行为地、代表机构住所地人民法院管辖。除前款规定外,涉外民事纠纷与中华人民共和国存在其他适当联

系的,可以由人民法院管辖。涉外民事纠纷的当事人书面协议选择人民法院管辖的,可以由人民法院管辖。当事人未提出管辖异议,并应诉答辩或者提出反诉的,视为人民法院有管辖权。

(二)专属管辖

专属管辖原则主张一国法院对与其本国利益有密切联系的特定涉外民事案件具有管辖权,排除其他国家对该涉外案件的管辖权。下列民事案件,由人民法院专属管辖:(1)因在中华人民共和国领域内设立的法人或者其他组织的设立、解散、清算,以及该法人或者其他组织作出的决议的效力等纠纷提起的诉讼;(2)因与在中华人民共和国领域内审查授予的知识产权的有效性有关的纠纷提起的诉讼;(3)因在中华人民共和国领域内履行中外合资经营企业合同、中外合作经营企业合同、中外合作勘探开发自然资源合同发生纠纷提起的诉讼。

(三)协议管辖

协议管辖原则是指允许当事人合意选择确定国内或者国外的管辖法院,是当事人意思自治原则在涉外民事诉讼中的具体体现。协议管辖原则是目前国际民事诉讼中普遍采用的一项原则。如果当事人协议由我国人民法院管辖,对于管辖协议是否成立及生效,应当根据我国法律来确定。涉外合同或者其他财产权益纠纷的当事人,可以书面协议选择被告住所地、合同履行地、合同签订地、原告住所地、标的物所在地、侵权行为地等与争议有实际联系的地点的外国法院管辖。但是,属于中华人民共和国法院专属管辖的案件,当事人不得协议选择外国法院管辖,但协议选择仲裁的除外。

(四)关于不方便法院管辖原则

不方便法院管辖原则,是指法院在处理民商事案件时,尽管其本身对案件具有管辖权,但如果法院发现其是审理案件的不适当法院且有审理案件的适当法院时,法院有权使用自由裁量权拒绝行使管辖权。不方便法院管辖原则是国际民事诉讼中一个十分特殊和重要的制度,对于解决国际管辖权冲突、方便当事人诉讼、减轻法院负担以及促进国际合作和礼让都有重要的意义。该原则发端于19世纪的苏格兰,后来在英国和美国等普通法系国家盛行,在其他一些国家也存在类似的制度,如荷兰、以色列、日本等。

我国在长期的涉外立法和司法实践中都采取了扩充中国法院管辖权的做法,不方便法院管辖原则在我国经历了一个从排斥到采纳的过程。[1] 最高人民法院最早在1993年对广东省高级人民法院的一个批复中运用了“方便管辖”的概念,变相适用了这一原则。不方便法院管辖原则尽管与我国诉讼中便于当事人进行诉讼和便于审判权运行的“两便”原则本质有差异,但也存在共通的价值。

---

〔1〕 参见黄志慧:《我国涉外民事诉讼必要管辖权制度的体系定位与规范阐释》,载《法商研究》2022年第4期。

根据《民事诉讼法解释》第530条的规定，涉外民事案件同时符合下列情形的，人民法院可以裁定驳回原告的起诉，告知其向更方便的外国法院提起诉讼：(1)被告提出案件应由更方便的外国法院管辖的请求，或者提出管辖异议；(2)当事人之间不存在选择中华人民共和国法院管辖的协议；(3)案件不属于中华人民共和国法院专属管辖；(4)案件不涉及中华人民共和国国家、公民、法人或者其他组织的利益；(5)案件争议的主要事实不是发生在中华人民共和国境内，且案件不适用中华人民共和国法律，人民法院审理案件在认定事实和适用法律方面存在重大困难；(6)外国法院对案件享有管辖权，且审理该案件更加方便。

(五)管辖竞合

当事人之间的同一纠纷，一方当事人向外国法院起诉，另一方当事人向人民法院起诉，或者一方当事人既向外国法院起诉，又向人民法院起诉，人民法院依照本法有管辖权的，可以受理。当事人订立排他性管辖协议选择外国法院管辖且不违反本法对专属管辖的规定，不涉及中华人民共和国主权、安全或者社会公共利益的，人民法院可以裁定不予受理；已经受理的，裁定驳回起诉。人民法院依据前条规定受理案件后，当事人以外国法院已经先于人民法院受理为由，书面申请人民法院中止诉讼的，人民法院可以裁定中止诉讼，但是存在下列情形之一的除外：(1)当事人协议选择人民法院管辖，或者纠纷属于人民法院专属管辖；(2)由人民法院审理明显更为方便。外国法院未采取必要措施审理案件，或者未在合理期限内审结的，依当事人的书面申请，人民法院应当恢复诉讼。外国法院作出的发生法律效力的判决、裁定，已经被人民法院全部或者部分承认，当事人对已经获得承认的部分又向人民法院起诉的，裁定不予受理；已经受理的，裁定驳回起诉。

(六)管辖权异议

人民法院受理的涉外民事案件，被告提出管辖异议，且同时有下列情形的，可以裁定驳回起诉，告知原告向更为方便的外国法院提起诉讼：(1)案件争议的基本事实不是发生在中华人民共和国领域内，人民法院审理案件和当事人参加诉讼均明显不方便；(2)当事人之间不存在选择人民法院管辖的协议；(3)案件不属于人民法院专属管辖；(4)案件不涉及中华人民共和国主权、安全或者社会公共利益；(5)外国法院审理案件更为方便。裁定驳回起诉后，外国法院对纠纷拒绝行使管辖权，或者未采取必要措施审理案件，或者未在合理期限内审结，当事人又向人民法院起诉的，人民法院应当受理。

二、涉外民事诉讼的期间

涉外民事诉讼的期间主要包括：(1)答辩期间。被告在中华人民共和国领域内没有住所的，人民法院应当将起诉状副本送达被告，并通知被告在收到起诉状副本后30日内提出答辩状。被告申请延期的，是否准许，由人民法院决定。(2)上诉期间。在中华人民共和国领域内没有住所的当事人，不服第一审人民法院判决、裁定的，有权在判决书、裁定书送达之日起30日内提起上诉。被上诉人在收到上诉状副本后,应当在30日内提出答辩状。当事人不能在法定期间提起上诉或者提出答辩状,申请延期的,是否准许,由人民法院决定。(3)审理期间。人民法院审理涉外民事案件的期间,不受《民事诉讼法》关于第一审和第二审期间规定的限制。

三、涉外民事诉讼的调查取证

当事人申请人民法院调查收集的证据位于中华人民共和国领域外,人民法院可以依照证据所在国与中华人民共和国缔结或者共同参加的国际条约中规定的方式,或者通过外交途径调查收集。在所在国法律不禁止的情况下,人民法院可以采用下列方式调查收集:(1)对具有中华人民共和国国籍的当事人、证人,可以委托中华人民共和国驻当事人、证人所在国的使领馆代为取证;(2)经双方当事人同意,通过即时通讯工具取证;(3)以双方当事人同意的其他方式取证。

四、涉外民事诉讼的送达

人民法院对在中华人民共和国领域内没有住所的当事人送达诉讼文书,可以采用下列方式:(1)依照受送达人所在国与中华人民共和国缔结或者共同参加的国际条约中规定的方式送达;(2)通过外交途径送达;(3)对具有中华人民共和国国籍的受送达人,可以委托中华人民共和国驻受送达人所在国的使领馆代为送达;(4)向受送达人在本案中委托的诉讼代理人送达;(5)向受送达人在中华人民共和国领域内设立的独资企业、代表机构、分支机构或者有权接受送达的业务代办人送达;(6)受送达人为外国人、无国籍人,其在中华人民共和国领域内设立的法人或者其他组织担任法定代表人或者主要负责人,且与该法人或者其他组织为共同被告的,向该法人或者其他组织送达;(7)受送达人为外国法人或者其他组织,其法定代表人或者主要负责人在中华人民共和国领域内的,向其法定代表人或者主要负责人送达;(8)受送达人所在国的法律允许邮寄送达的,可以邮寄送达,自邮寄之日起满3个月,送达回证没有退回,但根据各种情况足以认定已经送达的,期间届满之日视为送达;(9)采用能够确认受送达人收悉的电子方式送达,但是受送达人所在国法律禁止的除外;(10)以受送达人同意的其他方式送达,但是受送达人所在国法律禁止的除外。不能用上述方式送达的,公告送达,自发出公告之日起,经过60日,即视为送达。

第三节　司法协助

一、司法协助概述

司法协助,是指不同国家的法院之间,根据本国缔结或参加的国际条约,或者根据互惠原则,相互代为实施一定诉讼行为的制度。

涉外民事诉讼涉及多个国家主权,因此,一国正在审理的涉外民事案件,常常需要在他国进行诉讼文书送达、证据收集和生效法律文书的执行等诉讼活动。所以,此一国在审理涉外民事案件时,常常需要在诉讼文书的送达、证据的收集和法律文书的执行方面获得其他国家的协助。国家之间的这种司法协助有利于受诉法院顺利审理案件,有利于保护当事人的合法权益,也能够为国家之间的人员往来和经济交往提供司法保障。

人民法院提供司法协助,依照我国法律规定的程序进行。外国法院请求采用特殊方式的,也可以按照其请求的特殊方式进行,但请求采用的特殊方式不得违反我国法律。外国法院请求协助的事项不得有损于我国的主权、安全或者社会公共利益的,否则,人民法院不予执行。

外国法院请求人民法院提供司法协助的请求书及其所附文件,应当附有中文译本或者国际条约规定的其他文字文本。人民法院请求外国法院提供司法协助的请求书及其所附文件,应当附有该国文字译本或者国际条约规定的其他文字文本。

各国之间的司法协助是以各国缔结或者共同参加的国际条约或者互惠原则为基础的。从内容上看,司法协助主要涉及两个方面:其一,一般司法协助,即代为实施一定的诉讼行为;其二,特殊司法协助,即代为执行外国生效的法律文书。

二、一般司法协助

一般司法协助是指根据我国《民事诉讼法》的规定,人民法院和外国法院之间可以根据缔结或共同参加的国际条约或者互惠原则,相互请求代为送达文书、调查取证及其他诉讼行为。

可以进行司法协助的前提是两个国家之间必须存在共同缔结或参加的国际条约,或存在互惠关系。

请求和提供司法协助,应当依照我国缔结或者参加的国际条约所规定的途径进行;没有条约关系的,通过外交途径进行。外国驻我国的使、领馆可以向该国公民送达文书和调查取证,但不得违反我国的法律,且不得采取强制措施。除前述规定的情况外,未经我国主管机关准许,任何外国机关或者个人不得在我国领域内送达文书、调查取证。

外国法院请求人民法院提供司法协助的请求书及其所附文件,应当附有中文译本或者国际条约规定的其他文字文本。人民法院请求外国法院提供司法协助的请求书及其所附文件,应当附有该国文字译本或者国际条约规定的其他文字文本。

三、特殊司法协助

特殊司法协助,是指根据我国《民事诉讼法》的规定,人民法院与外国法院之间可以根据缔结或共同参加的国际条约,或者互惠原则,相互接受对方法院的委托,承认并执行对方法院的判决、裁定和仲裁机构的仲裁裁决。

(一)请求外国法院承认和执行我国法院的生效裁判或仲裁裁决

在中华人民共和国领域内依法作出的发生法律效力的仲裁裁决,当事人请求执行的,如果被执行人或者其财产不在中华人民共和国领域内,当事人可以直接向有管辖权的外国法院申请承认和执行。也可以由人民法院依照我国缔结或者参加的国际条约的规定,或者按照互惠原则,请求外国法院承认和执行。

当事人在我国领域外使用我国法院的判决书、裁定书,要求我国法院证明其法律效力的，或者外国法院要求我国法院证明判决书、裁定书的法律效力的，作出判决、裁定的我国法院可以本法院的名义出具证明。

我国涉外仲裁机构作出的发生法律效力的仲裁裁决，当事人请求执行的，如果被执行人或者其财产不在我国领域内，应当由当事人直接向有管辖权的外国法院申请承认和执行。

（二）请求我国法院承认和执行外国法院的生效裁判或仲裁裁决

1. 请求的程序

外国法院作出的发生法律效力的判决、裁定，需要人民法院承认和执行的，既可以由当事人直接向有管辖权的中级人民法院申请承认和执行，也可以由外国法院依照该国与中华人民共和国缔结或者参加的国际条约的规定，或者按照互惠原则，请求人民法院承认和执行。

请求程序还应遵循下列规则：(1) 申请人向人民法院申请承认和执行外国法院作出的发生法律效力的判决、裁定的，应当提交申请书，并附外国法院作出的发生法律效力的判决、裁定正本或者经证明无误的副本以及中文译本。外国法院判决、裁定为缺席判决、裁定的，申请人应当同时提交该外国法院已经合法传唤的证明文件，但判决、裁定已经对此予以明确说明的除外。我国缔结或者参加的国际条约对提交文件有规定的，按照规定办理。(2) 对外国法院作出的发生法律效力的判决、裁定或者外国仲裁裁决，需要我国法院执行的，当事人应当先向人民法院申请承认。人民法院经审查、裁定承认后，再根据《民事诉讼法》的相关规定予以执行。当事人仅申请承认而未同时申请执行的，人民法院仅对应否承认进行审查并作出裁定。

2. 对请求的处理

人民法院对申请或者请求承认和执行的外国法院作出的发生法律效力的判决、裁定，依照中华人民共和国缔结或者参加的国际条约，或者按照互惠原则进行审查后，认为不违反中华人民共和国法律的基本原则且不损害国家主权、安全、社会公共利益的，裁定承认其效力；需要执行的，发出执行令，依照本法的有关规定执行。

3. 不予承认和执行

对申请或者请求承认和执行的外国法院作出的发生法律效力的判决、裁定，人民法院经审查，有下列情形之一的，裁定不予承认和执行：(1) 根据《民事诉讼法》301 条的规定，外国法院对案件无管辖权；(2) 被申请人未得到合法传唤或者虽经合法传唤但未获得合理的陈述、辩论机会，或者无诉讼行为能力的当事人未得到适当代理；(3) 判决、裁定是通过欺诈方式取得；(4) 人民法院已对同一纠纷作出判决、裁定，或者已经承认第三国法院对同一纠纷作出的判决、裁定；(5) 违反中华人民共和国法律的基本原则或者损害国家主权、安全、社会公共利益。有下列情形之一的，人民法院应当认定该外国法院对案件无管辖权：(1) 外国法院依照其法律对案件没有管辖权，或者虽然依照其法律有管辖权但与案件所涉纠纷无适当联系；(2) 违反《民事诉讼法》对专属管辖的规定；(3) 违反当事人排他性选择法院管辖的协议。

当事人向人民法院申请承认和执行外国法院作出的发生法律效力的判决、裁定，该判决、裁定涉及的纠纷与人民法院正在审理的纠纷属于同一纠纷的，人民法院可以裁定中止诉讼。外国法院作出的发生法律效力的判决、裁定不符合《民事诉讼法》规定的承认条件的，人民法院裁定不予承认和执行，并恢复已经中止的诉讼；符合《民事诉讼法》规定的承认条件的，人民法院裁定承认其效力；需要执行的，发出执行令，依照《民事诉讼法》的有关规定执行；对已经中止的诉讼，裁定驳回起诉。当事人对承认和执行或者不予承认和执行的裁定不服的，可以自裁定送达之日起 10 日内向上一级人民法院申请复议。

4. 仲裁裁决的执行

在中华人民共和国领域外作出的发生法律效力的仲裁裁决，需要人民法院承认和执行的，当事人可以直接向被执行人住所地或者其财产所在地的中级人民法院申请。被执行人住所地或者其财产不在中华人民共和国领域内的，当事人可以向申请人住所地或者与裁决的纠纷有适当联系的地点的中级人民法院申请。人民法院应当依照中华人民共和国缔结或者参加的国际条约，或者按照互惠原则办理。

对中华人民共和国涉外仲裁机构作出的裁决，被申请人提出证据证明仲裁裁决有下列情形之一的，经人民法院组成合议庭审查核实，裁定不予执行：(1) 当事人在合同中没有订有仲裁条款或者事后没有达成书面仲裁协议的；(2) 被申请人没有得到指定仲裁员或者进行仲裁程序的通知，或者由于其他不属于被申请人负责的原因未能陈述意见的；(3) 仲裁庭的组成或者仲裁的程序与仲裁规则不符的；(4) 裁决的事项不属于仲裁协议的范围或者仲裁机构无权仲裁的。此外，人民法院认定执行该裁决违背社会公共利益的，裁定不予执行。

思考与练习

1. 关于涉外民事诉讼，下列哪一选项是正确的(　　)？

A. 涉外民事诉讼中的司法豁免是无限的

B. 当事人可以就涉外合同纠纷或者涉外财产权益纠纷协议确定管辖法院

C. 涉外民事诉讼中，双方当事人的上诉期无论是不服判决还是不服裁定一律都是 30 日

D. 对居住在国外的外国当事人，可以通过我国驻该国的使领馆代为送达诉讼文书

2. 住所位于我国 A 市 B 区的甲公司与美国乙公司在我国 M 市 N 区签订了一份买卖合同，美国乙公司在我国 C 市 D 区设有代表处。甲公司因乙公司提供的产品存在质量问题而诉至法院。关于本案，下列选项中正确的是(　　)。

A. M 市 N 区法院对本案有管辖权

B. C市D区法院对本案有管辖权

C. 法院向乙公司送达时,可向乙公司设在C市D区的代表处送达

D. 如甲公司不服一审判决,应当在一审判决书送达之日起15日内提起上诉

3. 根据《民事诉讼法》的规定,关于涉外民事诉讼,下列选项中正确的是(　　)。

A. 基层法院可以管辖相应的涉外案件

B. 经我国法院同意,外国当事人可以委托其本国律师以律师名义代理诉讼

C. 当事人在诉讼中达成调解协议的,可以要求法院依调解协议的内容制作判决书

D. 住所在我国领域内的当事人,对一审判决不服提起上诉的期限是15日

4. 下列关于涉外民事诉讼的表述中,符合《民事诉讼法》规定的是(　　)。

A. 被告对人民法院的管辖权不提出异议并应诉答辩的,视为承认该人民法院具有管辖权

B. 中外合资经营企业合同的中外双方当事人有权约定外方当事人所在国的法院管辖

C. 财产保全可以依当事人的申请进行,也可由法院主动依职权进行

D. 当事人不服一审判决的,有权在判决送达之日起30日内提起上诉

5. 日本公民五某晃因与日本日中物产有限公司(法定代表人宇佐某夫)存在借贷纠纷,经日本横滨地方法院小田原分院判决,由宇佐某夫及其公司向债权人五某晃偿还该项借款,日本熊本地方法院玉名分院又下达扣押令和债权转让命令,追加宇佐某夫在中国投资的中日合资企业大连发日海产食品有限公司为第三人,要求第三人将宇佐某夫在该公司的投资款人民币485万元扣押,并转让给五某晃。上述判决的扣押令、债权转让命令经日本有关法院依据《海牙公约》委托我国司法部向大连发日海产食品有限公司送达后,该公司认为日本有关法院的判决对中国法人不应产生法律效力,故拒绝履行。为此,五某晃向大连市中级人民法院提出申请,要求承认并执行日本有关法院的判决及扣押令、债权转让命令。

请问:

(1)对于五某晃的申请,大连市中级人民法院应怎样处理?为什么?

(2)根据我国《民事诉讼法》中有关涉外民事诉讼程序的规定,五某晃应当采取哪些诉讼手段,才能充分保障自己的合法权益?

REFERENCES

参考文献

1. 毕玉谦:《证据制度的核心基础理论》,北京大学出版社 2013 年版。

2. 常廷彬:《民事判决既判力主观范围研究》,中国人民公安大学出版社 2010 年版。

3. 陈杭平等:《新范式下的民事诉讼标的理论》,中国法制出版社 2020 年版。

4. 陈杭平:《统一的正义——美国联邦上诉审及其启示》,中国法制出版社 2015 年版。

5. 陈荣宗、林庆苗:《民事诉讼法》(修订 8 版),台北,三民书局 2014 年版。

6. 崔玲玲:《诉的类型研究》,法律出版社 2018 年版。

7. 段厚省:《诉审商谈主义:基于商谈理性的民事诉讼构造观》,北京大学出版社 2013 年版。

8. 段文波:《规范出发型民事判决构造论》,法律出版社 2012 年版。

9. 韩波:《民事诉讼判决生效后救济程序研究》,商务印书馆 2019 年版。

10. 胡萌:《诉讼法中禁止反言规则研究》,法律出版社 2019 年版。

11. 季卫东:《法治秩序的构建》(增补版),商务印书馆 2014 年版。

12. 江必新:《程序法治的制度逻辑与理性构建》,中国法制出版社 2014 年版。

13. 江必新:《民事审判的理念、政策与机制》,人民法院出版社 2019 年版。

14. 江必新主编:《新民事诉讼法条文理解与适用》,人民法院出版社 2022 年版。

15. 江必新主编:《执行规范理解与适用:最新民事诉讼法与民诉法解释保全、执行条文关联解读》(增订本),中国法制出版社 2018 年版。

16. 姜世明:《新民事证据法论》,厦门大学出版社 2017 年版。

17. 李大雪:《德国联邦法院典型判例研究 · 民事诉讼法篇》,法律出版社 2019 年版。

18. 廖浩:《民事确定判决反射效力研究》,中国社会科学出版社 2018 年版。

19. 倪新枝编著:《民事诉讼法规则编释》,法律出版社 2022 年版。

20. 齐树洁主编:《民事诉讼法》(第 13 版),厦门大学出版社 2019 年版。

21. 人民法院出版社编:《解读最高人民法院司法指导性文件 · 民事诉讼卷》(第 2 版),人民法院出版社 2019 年版。

22. 人民法院出版社编著:《最高人民法院民事案件案由适用要点与请求权规范

指引》,人民法院出版社 2019 年版。

23. 人民法院出版社编:《人民法院办理执行案件规范》(编注版),人民法院出版社 2017 年版。

24. 邵明编:《民事诉讼法一本通:中华人民共和国民事诉讼法总成》(第 3 版),法律出版社 2020 年版。

25. 邵明:《现代民事之诉与争讼程序法理:诉·审·判关系原理》,中国人民大学出版社 2018 年版。

26. 宋朝武、纪格非、韩波:《民事证据规则研究》,首都经济贸易大学出版社 2010 年版。

27. 孙祥壮:《民事再审程序:从立法意图到司法实践》,法律出版社 2016 年版。

28. 孙政、王夏编著:《新民事诉讼法条文对照与重点解读》,中国法制出版社 2023 年版。

29. 汤维建:《民事诉讼法学精论》,中国检察出版社 2022 年版。

30. 唐力等:《新民事诉讼法实施状况评估与对策建议》,中国法制出版社 2018 年版。

31. 田平安主编:《民事诉讼法原理》(第 6 版),厦门大学出版社 2015 年版。

32. 王合静:《民事判决理由可接受性研究》,法律出版社 2017 年版。

33. 王亚新:《社会变革中的民事诉讼》(增订版),北京大学出版社 2014 年版。

34. 吴英姿:《作为人权的诉权理论》,法律出版社 2017 年版。

35. 肖建国主编:《民事执行法》,中国人民大学出版社 2014 年版。

36. 肖建华主编:《诉讼证明过程分析:民事诉讼真实与事实发现》,北京大学出版社 2018 年版。

37. 许可:《侵权责任法要件事实分析》,人民法院出版社 2018 年版。

38. 翟志文:《日本民事再审事由研究:以判例分析为中心》,法律出版社 2019 年版。

39. 张卫平:《法学研究与教育方法论》,法律出版社 2017 年版。

40. 张卫平:《民事诉讼法》(第 6 版),法律出版社 2023 年版。

41. 张旭东:《民事诉讼程序类型化研究》,厦门大学出版社 2012 年版。

42. 张艳丽主编:《民事诉讼法》(第 3 版),北京大学出版社 2022 年版。

43. 赵言荣:《审前证据收集与案件事实发现》,北京大学出版社 2019 年版。

44. 周晓霞:《民事判决理由研究:以一审判决为中心》,法律出版社 2014 年版。

45. [德]奥拉夫·穆托斯特:《德国强制执行法》(第 2 版),马强伟译,中国法制出版社 2018 年版。

46. [德]康拉德·赫尔维格:《诉权与诉的可能性:当代民事诉讼基本问题研究》,任重译,法律出版社 2018 年版。

47. [德]莱奥·罗森贝克:《证明责任论》(第 5 版),庄敬华译,中国法制出版社 2018 年版。

48. [日]高桥宏志:《重点讲义民事诉讼法》,张卫平、许可译,法律出版社 2021 年版。

49. [日]伊藤真:《民事诉讼法》(第 4 版补订版),曹云吉译,北京大学出版社 2019 年版。